普通高等教育“十一五”国家级规划教材

北京高等教育精品教材
BEIJING GAODENG JIAOYU JINGPIN JIAOCAI

新编21世纪中国语言文学系列教材

美学概论

第四版

An Introduction of Aesthetics

牛宏宝 著

中国人民大学出版社
·北京·

作者简介

牛宏宝　中国人民大学哲学院教授、博士生导师，中国人民大学美学与现代艺术研究所所长。中华美学会常务理事，国际美学协会（IAA）会员。主要从事西方美学史、现代西方美学、美学理论、跨文化语境分析和中西艺术史的研究与教学。出版专著《现代西方美学史》（2014）、《美学概论》（2005、2007、2013）、《形与色的魔幻：绘画美》（2012）、《西方现代美学》（2002）、《汉语语境中的西方美学》（2000）、《20世纪西方美学主潮》（1996）；译著：《文学社会学方法论》（1989）、《拉康》（1999）、《艺术基础：理论与实践》（2009）等。在《文艺研究》、《中国人民大学学报》、《北京大学学报》等刊物发表论文60余篇。

内容简介

以往的美学教材，不是哲学太多，艺术太少，就是教训太多，思想太少。

这本教材则力图创新，以独特的方式与读者一起思考美学所归属的纯粹诗性直观的领域。全书以“人的存在性境域的显现活动”为诗性直观的根基，形成了一个回到审美活动之“事情本身”的切实理路，从而摆脱旧美学的“美的本质设问”、“主观—客观二元对立”、“审美静观”等理论陷阱，梳理出了既交美学的底，又适应21世纪美学发展的美学体系，在美学体系方面深具创新性。

本书附有关于重要美学家、美学现象、美学流派和一些前沿问题讨论等的“插文”，这是专为读者更加真切地进入审美活动的诗性天地而特别设计的。这些“插文”具有采光的效果，让人获得一种通透和开阔的视野，就像建筑物上的落地窗一样。

第四版的修订不仅增补了近几年的美学研究成果，而且尝试运用新技术，将教学大纲和作者开讲视频转换为二维码，放在封底，既节省了篇幅，也增加了教材的互动性。此外，作者专门制作了教学课件，欢迎大家登录www.crup.com.cn/rw本书页面下载。

目　录

第一章

什么是美学

导读烛光

我感到，
高尚的思想带来的欢乐搅动了
我的心；这是一种绝妙的感受——
感到落日的余晖、广袤的海洋、
新鲜的空气、蔚蓝的天空
和人心这些事物总有什么
已经远为深刻地融合在一起；
是一种动力和精神，激励一切
有思想的事物和思想的对象，
并贯穿于一切事物之中。
…………

我知道大自然
从没有叫这颗爱她的心失望，
所以就这样祈求：请给以殊荣，
让她在我们今后的生活中引导我们
从快乐走向快乐。因为她
会告诉我们的内心，会用宁静
和美打动。会用高尚的思想灌输，
使一切恶毒的话、轻率的判断、
自私者的讥嘲、假惺惺的祝贺
以及和沉闷生活的日常接触
都不能对我们发生影响，不能
来干扰我们满怀喜悦的信仰，
并使我们所看到的充满祝福。
…………

人类从蛮荒中走来，穿过由危险、陷阱、无知、黑暗构成的道路，走向未知的、不确定的、无尽的未来……

人类就像一个孤独的旅行者。

有谁陪伴着这孤独的旅行者呢？是什么支撑着人类进行这艰苦的旅行呢？

是天上的月亮、太阳和群星陪伴着人类吗？是天国的神陪伴着人类吗？是人类的理性陪伴着人类吗？

陪伴着人类进行漫长、孤独旅行的，只能是这样一种力量：这种力量自身发光，点亮月亮、太阳、群星，照彻黑暗及危险的道路，使孤独而漫长的旅行成为可能。

这点亮月亮、太阳和群星的力量是什么？这自身发光照彻黑暗和道路的力量是什么？

是人类自身生命的创造性的活力，使得整个世界充满生命之光。这生命之光，点亮群星，照亮道路，将自身投射到历史道路两旁所有的事物上，并使它们在这光中呈现自身。没有这生命之光，人类将生活在黑暗、无知和蛮荒之中。

这种生命之光，就是人类历史的根基，也是人类审美活动的根基。

从盘古开天辟地之时，到今天的太空时代；从人类祖先装饰的身体，到今天人们的化妆；从原始人刻画在岩石上的岩画，到今天遍布世界各地的艺术博物馆；从原始部落篝火旁的舞蹈到《天鹅湖》里的芭蕾舞；从荒野牧羊人的歌唱到今天的音乐会；从"关关雎鸠"到毛阿敏的《思念》；从荷马的《奥德赛》到 J. K. 罗琳的《哈利·波特》……人类在艰苦卓绝的奋斗中，一直有审美活动陪伴在自己的身边。

正是有了这审美活动的陪伴，人类的漫长旅行才不再是枯寂的孤旅。

审美活动是人类活动的最基本部分。

在人类历史中，审美活动不仅留下了深深的刻痕，而且一直伴随着人类对其的不断反思。这种反思构成了"美学"的基本领域——美学史。

上引诗是英国湖畔诗人华兹华斯《丁登寺》（黄杲炘译）最著名的两节。当读完这两节的时候，你或多或少会有所触动，这触动就已是一种审美经验。而在这审美经验形成之际，你也会思考这触动的性质和方向。这思考应该就已经是一种美学的萌芽了。在这两节诗中，诗人不仅把大自然当作具体的事物来感受，同时把它感受为一种有思想的事物，一种神圣的东西从中显露。对于你的任何具体的审美经验，我们也应该如是观：它们是具体的经验，也是有思想的经验。你的美学之旅，应该从这里开始：让体验与思想融合在一起，从体验通向思想，让思想穿过体验。

第一节
美学学科的发展史

◎**美学学科的形成**○美本身○诗学　◎**美学学科如何能够成立**　◎**维柯对"诗性智慧"的发现**○诗性智慧　◎**鲍姆嘉通对"美学"的设定**○感性学○完善的感性　◎**康德对美学学科的界定**

美学作为一门独立的学科，是由德国哲学家鲍姆嘉通于1750年在其所著的《美学》一书中首次提出来的。鲍姆嘉通因此成为“美学之父”。但是，人类对自身审美活动的关注却很早就开始了。所以，对美学的研究，可以分为美学的学科理论史和美学学科形成前对审美活动相关问题的广泛思考两个部分。就学科史而言，它只有很短的历史；就对审美活动的思考而言，则不仅有漫长的历史，而且范围广泛。

这里我们先来看美学学科的形成。

一、美学学科的形成

人类直接或间接地注意到美的现象和诗意创造的世界，并对其进行有意识的思考，是从公元前6世纪的古希腊和中国开始的。

文献记录表明，古希腊的毕达哥拉斯学派（该学派主要活动在公元前6世纪）是最早开始思考美的。这个学派主要的智力活动，是在数学和音乐两大领域。该学派认为，宇宙是由数构成的。于是他们就按照数的关系，探究了诸如身体、音乐和图形中能够带来和谐美感的比例关系。比如他们认为，图形中最美的是球形和圆形。毕达哥拉斯学派因之成为西方从形式角度研究美和艺术的滥觞。

公元前5世纪，是古代理性思维崛起的时期，古希腊哲学家苏格拉底、柏拉图和亚里士多德等，开始从理性思维的高度来思考美和丰富的艺术的历史过程，企图在概念和定义的水平上赋予“美”一个恰当的内涵。

柏拉图的《大希庇亚篇》，是西方历史上第一篇企图给“美”下定义的文章。这是一篇由苏格拉底为一方，希庇亚为另一方所进行的关于“美”的智力对话。在对话中，苏格拉底要求他的辩论对手不要告诉他什么东西是美的，而是要告诉他什么是“美本身”，即那使一切美的东西美的要素是什么。柏拉图坚持有这样一个“美本身”，是“美”这个词从一般名词上升为概念的重要步骤。柏拉图在这篇文章中的两个观点，即认为在所有的美的事物中有一个美的共相，它是一切美的事物之所以美的最终原因，以及坚持应该给这个美的共相下定义，给后来的西方哲学和理性思考探索美的现象带来了巨大的影响，确定了它们探究的方向——追寻什么是“美本身”。从此，给“美”下定义的漫漫征程开始了。

知识版图扩张

柏拉图

柏拉图（前427—前347）在西方哲学和美学上的影响非常深远。这不仅因为他是西方最早对美的问题进行了系统的哲学思考的哲学家，而且也因为他在哲学上也提出了当时的最高的本体概念“理念”（或译作“理式”）。他认为，我们生活于其中的这个世界之外，有一个绝对的、更为本质的、永恒不变的“理念”的世界，我们的现实世界只不过是作为本体的“理念”世界的现象而已。比如，你坐的这把椅子，柏拉图就认为先有一个椅子的“理念”，然后才有现实的这把椅子。现实的椅子只是对“理念”的椅子的模仿。基于对这个绝对的“理念”世界的坚信，柏拉图也就认为应该有一个美的“理念”，现实的各种美只是分享了这个“美的理念”，才变得美。这就是为什么柏拉图在不知道美是什么的情况下，坚信有“美本身”的存在，并执著于追寻“美本身”的方法论基础。

基于这样的思想，柏拉图认为艺术是对现实的模仿，那么，艺术与本体的、绝对的、更本质的“理念”的关系，中间就隔了一个现实世界。因而艺术只是对“理念”的本质世界的模仿的模仿，只是“理念”的“影子”。这就是他著名的“影子说”。著名英国美学史家鲍桑葵认为，柏拉图的这一理论“把整个可以感知的世界变成了各种理念的象征”。因此，可以说，柏拉图的美学思想中隐蔽地存在着一种“象征主义”的精神。

柏拉图是通过撰写一系列的对话体文章，如《理想国》、《巴门尼德篇》、《斐多篇》、《斐德罗篇》等来阐述自己的思想的。这些文章具有理性分析的睿智和思辨力量的双重魅力。

亚里士多德（前 384—前 322）的《诗学》则带来了另一个重要的范畴，这就是“诗学”。“诗学”是研究所有诗性活动的形式的学问。亚里士多德的研究范围包括了当时所有的艺术形式：悲剧、其他戏剧、音乐和抒情诗等。他用“诗”来概括这些艺术，是因为它们有一个共同的东西，即“诗性的形式”。《诗学》不仅是西方最早对艺术进行哲学思考的著作，而且“诗学”这个范畴也被沿用了几千年。从此以后，对“美”的概念的追寻和在“诗学”的名义下对“诗性形式”的艺术活动的研究就结伴而行，构成了对“美”的现象进行哲学思考的主要方面，直到“美学”被提出。

古代的中国也与古希腊一样，很早就意识到了美的现象。孔子在其思想中就提供了中国文化中最早的对“美”的思考。他把美与善联系起来，如他所说的“尽善尽美”，为中国文化在此领域的发展奠定了基础。也正是孔子删编的《诗》（即《诗经》）为中国提供了第一部诗歌总集。他还同时提出了“诗可以兴”、“兴于诗、立于礼、成于乐”等主张。然而，无论是孔子，还是此后漫长历史中的中国思想家们，都从来没有把“美”作为一个概念或范畴来加以思考，也从来没有形成给“美”下定义和追寻“美本身”的历史，但却到处留下了关于艺术的道德关怀和各种具体的审美体验的灵动描述。

美的现象和艺术的诗意世界之所以在公元前 6 世纪—公元前 5 世纪进入了人类的思考领域，有以下两个重要原因：（1）原始巫术—神话思维开始解体，理性思维崛起，人类开始用理性思维来确定周围的一切；（2）由于原始巫术—神话思维的裂变，人类艺术活动从原始巫术活动那里获得了相对的独立性，并凸显出了它们的独特品质——纯粹的审美特质和诗性特质。正是这两点，促成了人类开始思考美的现象和诗意的现象。

从此，人们就开始了对美的现象和诗意现象的持续思考，而且从未间断过。但这些思考不是把美的现象纳入哲学的范围，就是把它与伦理、宗教等混在一起，直到18世纪的理性时代。

二、美学学科如何能够成立

自从美的现象进入人类的思考领域之后，美的现象向人类的思维提出了一些尖锐的问题：诗性的或审美的现象是理性的还是非理性的？如果是理性的，那么它与科学、哲学和伦理学等有何区别？如何把它们之间的界限清晰地描述出来？如果是非理性的，那么其真正的品质是什么？当这些问题越来越清晰地呈现出来，并迫使人类用知识理论来回答这些问题时，产生或确立美学学科的时机就到来了。

但是，一个学科的建立，不仅取决于这个学科所要研究的对象的自身发展，而且还取决于人的思维的发展水平。一个学科要成立，必须具备下列条件：（1）必须有确定的研究领域，这个研究领域必须在整个人类的知识体系中居于不可或缺的、独立的地位；（2）该学科在人类的整个知识体系中要有自己的特殊的任务，并因此形成自己要解决的问题领域；（3）还必须形成与这项研究领域相适应的研究方法以解决其问题。因此，美学要成为独立的学科，也必须满足以上的条件。

美学学科成立所需的这些条件，在18世纪的欧洲形成了。

欧洲的18世纪是人类理性思维第二次崛起的时代。欧洲人经过漫长的宗教统治后，开始从宗教的梦中醒过来，重新把一切决断的权能交给人的理性思维。这种觉醒，在自然科学领域以哥白尼、伽利略、牛顿为代表，在哲学领域以德国的莱布尼茨和沃尔夫、法国的笛卡儿等为代表。他们的思考产生了一个影响深远的要求——一切都应该接受理性的裁决，并在理性的法庭上接受审判，以申辩自己存在的权利或者放弃自己存在的权利。这就是启蒙运动的要求。

启蒙哲学不仅坚信理性思维能分析事物的本质，揭示事物中存在的秩序，而且还相信思维能够产生这种秩序。因此，它的伟大的工作，就是按照不同的本质划清不同领域的界限，按照逻辑的秩序把它们安排成系统。启蒙哲学家首先划分出了科学的领域和信仰（宗教）的领域以及诸如思维的领域，而对应于这些领域的是哲学、宗教、逻辑学等学科。在这一切就绪之后，他们发现，有一个领域却无法归类，这就是包括艺术活动在内的丰富的诗意活动的世界。没有一个学科对应这一领域。他们还发现，人的心智中有三种能力，一是知，二是意，三是情。与“知”相对应的是哲学，与“意”相对应的是伦理学，但却没有一个学科对应“情”。正是在这样的分类、排序的逻辑工作中，一个巨大的领域——与感性、想象等相关的诗性活动的领域——显露了出来，并要求在整个人类的认知体系中居于一定的地位。

在这样的要求下，西方的启蒙哲学家们开始探讨诗性活动这一领域所积累的所有材料和所有线索，看看这个领域是什么性质的领域，应该归于哪个学科，如果需要建立新的学科，那么就要确定这个新学科是否能够成立。当这些肩负启蒙哲学使命的哲学家带着他们的逻辑学工具踏进这一领域的时候，他们才发现，这个领域完全是个混乱的泥沼，没有一个概念是清晰的：审美经验完全的感性特征，使得把它归于理性的还是非理性的变成难题。还有，审美的快乐是道德的还是与道德无关的？作出美的判断是人人不同的，还是有共同标准的？艺术的想象力是虚假的还是真实的？作出美的判断是不是一种客观的知识？它是主观的，还是普遍客观的？更为严重的是，艺术和审美现象的整体性、直观性，使得这些哲学家所携带的逻辑工具似乎对这一领域根本没有办法进行分析。也就是说，理性思维的分析方法对审美活动的整体性、直观性的任何分解，都会破坏这些特点，这反过来又对启蒙哲学的理性分析的信仰提出了挑战。如果理性的逻辑分析不能对美的现象或诗性现象进行完美的分析，那么，理性思维的完美性就应该大打折扣。

于是，启蒙思想家们就面临这样一种抉择：是宣布审美活动的领域为非理性的活动，因而理性应该排斥它，还是坚持理性的能力能够最终分析清楚这个非理性的领域呢？启蒙思想家们最终选择了后者。这些思想家对这一领域的澄清，是一个材料一个材料，一个观点一个观点锤炼出来的，就像铁匠打铁一样，去掉杂质，淬出本质。在这种锤炼中，一个观念逐渐清晰起来，这就是在审美的经验中，有这样一种品质，我们无法单凭概念去认识，也不能通过一堆个别的经验进行归纳加以把握，而只能直接去体验，去直觉地加以理解，即审美活动的直觉品质。另外一个重要的见解是，我们不应该在物质的对象上去寻找美，也不应该在我们的主观心理中去寻找美，而应该在创造的过程中发现美的存在中心。这样就揭示了审美世界的真正深度。无论是缓慢地从一个概念到另一个概念的推理思维，还是对特定现象进行敏锐耐心的观察，都无法达到这个深度。只有一种直觉悟性能达到这个深度，这个悟性不是从部分到整体，而是从整体到部分，这就是审美活动区别于其他活动的关键。

在如此严格精细的研究中，一个独特的领域逐渐呈现出来，它与逻辑的知识、伦理的知识完全不同。这些研究的线索首先被当时的意大利哲学家维柯抓到了。

三、维柯对“诗性智慧”的发现

意大利的维柯（1668—1744）在1725年出版了他的《新科学》，1730年又出版了增订本。在这部著作中，他提出，相对于逻辑推理的智慧，人类还有一种智慧，它比逻辑推理的智慧要更原始、更根本也更重要，这是一种“诗性的智慧”。他认为，诗性智慧先于知性，后于感觉。人类首先进行的是没有感知的感觉，其次才以不安和激动的灵魂来感知，最后才以纯粹的头脑来自省。因此，诗性活动形成于情欲和感觉，与形成于理性的自省的哲学正相反。维柯甚至认为，诗性的幻想构成了人类活动的起源的第一个阶段，它是人类所有活动的根源和本源，一切人类的文化都从诗性智慧发源而来。因此，它并不是如柏拉图认为的那样低于知性，而是高于知性。

维柯认为，诗性智慧的阶段，是独立于知性的阶段的。诗性智慧有自己的运行规则，它不是走向理性和概念，而是耽于感觉的具体性；它不是放弃肉体，而是强调从肉体到精神的欢欣；它不是抽象的，而是幻想的。因此，诗性智慧有两个基本规则：一是以己度物的隐喻，即人把自己变成衡量一切事物的尺度，仿佛万事万物也和人一样是活的、有生命的、有情感的。二是形成想象性的类概念。“原始人仿佛是些人类的儿童，由于还不会形成关于事物的通过理解的类概念，就有一种自然的需要，要创造出诗的人物性格，这就是形成想象性的类概念或普遍性相，把它作为一种范型或理想的肖像，以后遇到和它相类似的一切个别事物，就把它们都统摄到它（想象性的类概念）里去。”① 基于对原始人的诗性智慧的揭示，维柯认为原始的语言是诗性的。这是一个巨大的发展，这一观点不仅对美学认识语言的诗性，而且对认识审美活动与符号形式之间的关系，都开启了全新的视野。

鉴于诗性智慧的独特性和在人类文化中的独立地位，维柯提出应该建立一种相对于逻辑学、哲学的“新科学”。虽然维柯没有明说这个“新科学”就是“美学”，但后来的克罗齐认为它就是“美学”。

应该说，维柯对“诗性智慧”的揭示深入到了一个重要的根基，这就是诗性活动的本性和它在人类文化中的奠基地位，从而凸显出了诗性活动的重要性。虽然他的著作当时被忽略，但应该说，他对“诗性智慧”的研究开辟了美学走向成熟的一条路径。这条路径与鲍姆嘉通的路径不同。

四、鲍姆嘉通对“美学”的设定

德国哲学家鲍姆嘉通（1714—1762）对诗性活动领域的分析，不是返回到历史的起源处，而是纯粹对人的心智的逻辑分析。他在1735年发表了论文《关于诗的哲学沉思录》，首次提出了建立一门特殊学科——“美学”的设想。1750年，他出版了以“美学”（aesthetics）命名的书，从此开启了美学的学科史。

鲍姆嘉通之所以能够进行这一分析，主要因为他是当时经过严格训练的、“卓越的分析家”。他在概念阐述上的精确性和逻辑的清晰，论证的周密和证据之确凿，在当时是被推为楷模的，就连后来的康德也大为赞赏。他是一个纯粹的理性主义者，对人类的知识体系有着清晰的、界限分明的把握。正因为如此，他才在人类的整个知识大厦中，为美学找到了恰当的地位，也为美学奠定了哲学基础。

由于审美现象是与感觉、感官有密切关系的，许多理性主义者就把它排斥在理性知识的范围之外。鲍姆嘉通通过对审美现象的感性的考察，把这种感性的活动置于理性认知之前，把它确定为朦胧的认识活动。鲍姆嘉通在古希腊词汇中找出“埃斯特惕卡”（aesthetic）一词，来命名这种活动，意即“感性的”，加一个词缀“s”即为“感性学”，与逻辑学正好相对。它就是一种研究感性观念或者“朦胧的观念”的学问。鲍姆嘉通认为，美学是感性认识的科学，自由艺术的理论，低级认识论，以美的方式去思维的艺术，理性类比的艺术。从“感性”的角度，他给“美”下了定义：“美”就是“完善的感性”。因此，作为一门独立的学科，它给感性认识提供规则，并探求“感性认识的完善”，也就是美。这里所谓“完善的感性”，是相对于“混乱的感性”而言的。“混乱的感性”不仅指形式上的混乱，而且其内容也因缺乏观念而混乱。因此，“完善的感性”就是具有真理属性的感觉或感受，同时，这种感受因为有真理的属性而各部分都内在地融合为一个和谐统一的整体。

在这一思想中，大家要注意两点：（1）美的现象属于感性的领域，它不提供任何明确的观念或概念；（2）任何感性的东西都是具体的，也就是与具体的形象相关，但“完善的感性”却

① 转引自伍蠡甫主编：《西方文论选》，上卷，537页，上海，上海译文出版社，1979。

包含真理，虽然它并非概念的真理。

因此，鲍姆嘉通不像其他的理性主义者那样，把感性的领域彻底排斥在知识的领域之外，而是把它归于知识和认识的范围。在鲍姆嘉通按照严格的逻辑次序排列的知识序列中，逻辑的知识是最高的，而美学只是一种“低级的认识”。虽然只是一种“低级的认识”，但它终于还是进入了知识的活动范围。把审美活动这个完全感性的世界纳入理性认识的范围，这正是鲍姆嘉通对“美学”这门学问的重要贡献。

虽然鲍姆嘉通对美学的界定并不是最完善的，他把美定义为“完善的感性”以及“研究完善的感性的学说”等，也并不是被普遍接受的；但是，“美学”这个学科毕竟开始在整个知识的体系中赢得了存在的地位。正是这个地位，为后来的美学家们开辟了发挥才智的领域。

五、康德对美学学科的界定

虽然鲍姆嘉通确立了美学，但真正为美学学科奠定理论基础的是康德，因为康德从哲学的角度为审美判断确立了一个独立的原则。

知识版图扩张

康　德

康德（1724—1804）是德国18世纪最伟大的哲学家、美学家。他是西方近代哲学理论课题的规范者，是近代学术范式的奠定者，其地位相当于亚里士多德。因此，要学习康德以后的人文学科，就必须懂得康德，以康德为起点。

康德的主要著作是著名的“三大批判”：《纯粹理性批判》（1781），主要研究认识论问题，即人是如何认识事物的，以及这些认识的有效性如何；《实践理性批判》（1788），主要研究伦理学，即人的意志的功能如何，人去行动的最高原则是什么；《判断力批判》（1790），主要研究人是如何进行趣味判断和目的判断的，趣味判断就是他的美学，目的判断就是他的目的论。

康德的美学理论主要集中在《判断力批判》的上卷，但他早在1764年就出版了一部美学著作，叫做《关于崇高感和优美感的考察》，把“崇高感”与“优美感”对立起来加以研究。在《判断力批判》中，康德仍然延续了这一观点，将其研究分为“美的分析”和“崇高的分析”两个部分。在这两个部分，康德的研究都关涉到一个核心概念，这就是“趣味判断”。康德的“趣味判断”其实就是“审美判断”，之所以用“趣味”，是因为在他的时代，学术界把这种属于人的情感活动领域的问题，都归为“趣味问题”，即我们判断一个事物“美”或者“不美”的判断，是一种情感活动，而这种情感活动主要涉及我们的“趣味”、“喜好”等，因此叫“趣味”。比如你喜欢冬天，我喜欢春天，这只是我们各自的“喜好”、“趣味”问题，与春天、冬天各自的季节本性没有关系。但是一旦涉及一个事物是否符合我们的某种目的，这样的判断就不是“趣味判断”，而是目的判断了。比如，对一个穷人来说，冬天他没钱买棉衣，所以冬天是“坏的”，春天天气变暖了，他没有了严寒的威胁，所以春天是“好的”。这种依据是否符合我们的目的所做的“好”或“坏”的判断，就不是“趣味判断”，而是“目的判断”。康德认为，审美判断就是“趣味判断”，而非“目的判断”。

在“美的分析”这部分，康德提出了“趣味判断”的四个原则，为美学学科确立了可靠的理论原则。

第一，“趣味判断”是一种不关利害的判断。即我们作出一个事物是“美的”、“不美的”，或者是“令人愉快的”、“不令人愉快的”的判断，都与利益、好坏没有关系。这就叫做“审美趣味的无功利性”或“审美判断的超功利性”。

第二，“趣味判断”是一种无概念的判断。我们知道，“判断”都会涉及概念，但审美判断却没有概念，审美判断总是当下的、具体的判断。比如，一个人登上黄山，看见一棵松树，觉得这棵松树很美。这时，这个人的心身全都凝聚在这棵松树的当下的形象上了。这就是一种当下的、具体的判断。但如果这个人根据这一判断得出这样的结论——所有的松树都是美的，那么这样的结论作为判断，就不是“趣味判断”，而是“概念判断”。

不过，“趣味判断”虽然是无概念的，但却是“普遍有效”的。但问题是，我们知道只有“概念判断”是“普遍有效”的，“趣味判断”如果只是一种当下的、具体的判断，那么就不具有“普遍有效性”。康德认为，“趣味判断”虽然是无概念的，不是“概念判断”，但却是“普遍有效”的判断。康德将之归于这样一点，即作出真正审美判断的是人的想象力与知性能力的自由游戏的心灵状态。这个自由的心灵状态要求每个人都赞同这个审美判断。

因此，“趣味判断”的第二个原则，就简称为“无概念的普遍有效性”。

第三，“趣味判断”既是“无目的”的判断，又是“合目的”的判断。这里的“无目的”指两个方面：一方面指判断者对一个事物作“趣味判断”，他是没有利益目的的，因此，他作出一个事物的“美”或“不美”的判断，并不是根据自己的利害算计来进行的，这叫做主观上的“无目的”。如果用利害的考虑来判断事物，就是有目的的判断。另一方面指事物的无目的，即事物成为什么样子，并不是按照人的目的来形成的。但是，当我们对一个事物进行“趣味判断”，并判断它“美”时，虽然我们的判断不是按照目的进行的，事物也不是按照目的形成的，但这个事物的形式却是合乎主观目的的。比如，清新的空气本身没有目的，它并不是为了人的健康才清新的，但却合乎人的健康的目的。因而，我们判断这种清新的空气为美的。这就叫做事物的“客观形式的合目的性”，就这个判断而言，它是一个“无目的的合目的性”判断。

据此，康德就给美下了一个定义：“美是一个对象的符合目的的形式。”

第四，“趣味判断”是一个“无概念”但具有“必然性”的判断。我们知道，只有概念的判断具有必然性。因为，概念包括了事物的本质规律，按照本质规律对事物进行判断，就是一种必然判断。但“趣味判断”中不涉及事物的概念，而是一种当下的、就事物的具体形象所做的“美”或“不美”的判断，它完全是主观的。这样的无概念的主观判断，却具有“普遍必然性”。为什么呢？康德认为，虽然“趣味判断”是具体的、当下的、无概念的、主观的，但它却是合乎事物本性的判断，也就是说，与事物的规律有关。并且这种判断在主观上是与人的“共通感”相关的。这就是“无规律的合规律性”。

康德对“趣味判断”所作的四个方面的规定，澄清了“审美判断”的基本根基。可以说，鲍姆嘉通虽然确立了美学是研究“感性认识的完善”，并认为“美”就是“完善的感性”，但这个“完善的感性”到底是怎么回事，它遵循什么独立的原则，这些问题在他的《美学》中都尚未得到确定。大家知道，如果审美活动没有自己独立的原则，那么审美活动的独立性就不存在，美学这门学科的成立基础也就不存在。从这个意义上来说，虽然鲍姆嘉通设立了“美学”，但真正奠定“美学”之学科基础的是康德，是康德的“趣味判断”四原则奠定了审美判断的独立基础，并由此而划定了美学的研究领域。

我们应该从康德的四个“趣味判断”的原则中，认识到审美活动的复杂性，同时认识到，“美”并不是事物的一个属性，而是人与事物之间的一种“合目的性与合规律性”的统一体。

那么，中国是什么时候开始有美学这个学科的呢？中国自古就有对美的思考，但没有建立严格的美学学科。19 世纪末在中国的传教士将“aesthetics”译成了“美学”，然后“外销”到日本，中国学者于 20 世纪初又从日本引入了“美学”这个概念。从此，“美”作为概念、“美学”作为学科进入了中国的学术界。

总之，现代的学科制度，是在启蒙运动中形成的。美学作为一门学科，也是在这个学科制度中被确立的。中国建立美学，也是这个现代学科制度的结果。

第二节 美学研究什么

◎关于美学研究对象的几种主张○主张美学的研究对象是艺术○主张美学是研究现实和艺术中美的本质及美的规律的科学○主张美学就是研究人与现实的审美关系的科学○主张美学就是研究表现活动的科学 **◎审美现象的复杂性**○美的现象是属人的现象○审美经验是美的现象的唯一见证○美的现象的历史性 **◎美学研究人类的审美活动**

确定研究的对象和范围，是一个学科成立的重要标志。要研究美学，也必须这样做。

那么，美学作为一门学科，到底应该研究什么呢？有人会说，美学当然应该研究美。

但是，由于美并不像一尾鱼那样简单，在美学学科的发展中，就有不同的主张。我们先来看这些主张，然后再谈谈我们自己的看法。

一、关于美学研究对象的几种主张

美学史上在美学这门学科到底研究什么的问题上，有许许多多主张，总结起来，有代表性的是这样几种。

（一）主张美学的研究对象是艺术

这种主张认为，美学应该集中体现各种各样艺术活动中美的现象。因此，美学就是艺术哲学。持这一主张的代表人物是德国哲学家黑格尔。该主张认为，现实中虽然也有美的现象，但艺术中美的现象却是最经典的，通过对艺术的把握，就足以探究所有的审美现象。这是有一定道理的。但这种观点把美的现象局限于艺术范围，会令美学的深广意义受到极大限制，同时，它也很难与一般的艺术理论区别开来。

（二）主张美学是研究现实和艺术中美的本质及美的规律的科学

这种主张的突出特点是，它认为有一个“美本身”存在，因此，它把“美本身”作为研究的对象。这样，一方面，它能划清美学与艺术理论的界限。也就是说，它并不研究艺术，而只是研究艺术中的美。另一方面，它也将美学的研究范围扩展到了艺术之外的现实，即现实中的美和美的规律。不过这种主张的缺陷也是明显的，这就是“美本身”是否存在仍是一个疑问，也就是说，艺术和现实中是否存在着“美的本质”和“美的规律”，是一个问题。

（三）主张美学就是研究人与现实的审美关系的科学

这种主张认为，美的现象只存在于人与现实的审美关系之中，没有人与现实之间的审美关系，也就没有美。这个主张把美学研究锁定在了“关系”上，也就是说，这种观点已经明确了美既不是在客观事物方面，也不是在人的主体方面，而是在人与现实之间的关系中形成的。但是，这个“关系”的锁定，却也有问题，这就是人与现实之间的“审美关系”是怎么来的呢？追问起来，大家就会发现这个“审美关系”是后起的，并不是本源的，本源在于“审美活动”，没有“审美活动”就没有“审美关系”。这样，就不能将一个作为结果的东西确定为研究的对象。这是其一。其二，这个主张的最大弊端是它本身包含人与现实的二元划分，也就是说，它预先设定了在审美活动中人与现实的分离。这种二元论会把美学引向歧途。

（四）主张美学就是研究表现活动的科学

这是意大利现代美学家克罗齐（1866—1952）的主张。他认为，“美学是表现（表象、幻想）活动的科学”，“只有当幻想、表象、表现的实质……被确认时，美学才会出现”，反之，“离开这样的概念，就必然发生偏差和酿成错误”①。

这一主张把美学严格锁定在了“表现活动”的范围之内，与“表现活动”相关的就是直觉、幻想、表象、象征和语言—符号的形式表达。因此，这些方面也应归属于美学的范围。克罗齐的这一主张应该说是抓住了问题的要害，因为对审美现象来说，表现无疑是其最实质性的

---

① ［意］克罗齐：《作为表现的科学和一般语言学的美学的历史》，1页，北京，中国社会科学出版社，1984。

方面。如果不从表现、直觉、象征和语言—符号形式的表达方面来认识美的现象，肯定就会走错方向。

虽然我们赞成克罗齐的观点，不过还是觉得，用表现来涵盖美学的研究对象有些不妥，因为，表现只是审美活动的一部分。

当然，关于美学研究什么还有其他许多主张，但上面这些观点是最为典型的。大家或许觉得这些观点之间差异不是很大，但由于它们聚焦的焦点不同，还是会导致不同结果的。

二、审美现象的复杂性

为什么在美学到底应该研究什么的问题上有许多不同观点呢？究其原因，是由审美现象的复杂性所致。

大家可能会觉得审美现象是很自然的，也是很容易理解的。譬如，一段音乐是美的，一朵花是美的，秋天的红叶是美的等，这不是很自然、很好理解吗？但是，当你真正思考美的现象的时候就会发现，事情并不那么简单和显而易见。审美现象的复杂性体现在以下几个方面。

（一）美的现象是属人的现象

我们来看“这朵花是美的”这个判断。这个判断是否说“花本身是美的”而与看花的人之间没有关系？显然我们不能这么说。因为，这样说意味着这朵花的“美”与“这朵花是红的”的判断一样，揭示的都是一个自然的事实。显然，“这朵花是美的”和“这朵花是红的”是两类不同的判断，我们可以说“红”是花的自然属性和事实，但我们不能说，“美”是一个自然属性和事实。如果说“美”是一个自然的事实，那么就会产生这样两个结论：（1）“美”是一个物理的事实，可以通过诸如解剖、物理提炼手段呈现出来。（2）无论有没有人看，这朵花都是美的；同时，这个世界无论有没有人，都会有美。显然，这两个结论都是荒谬的。首先，美不是一个物理的事实，我们不能从一朵美的花中提炼出或解剖出“美”来。其次，如果没有人看这朵花，这朵花就只是一朵花，美或不美是没有意义的。同样，如果这个世界上没有人存在，自然界的美或不美也是无从说起的。

因此，美的现象不是物理的事实，它首先是与人相关的，是属人的现象。没有人也就不会有美。“美的现象是属人的现象”是研究美学必须恪守的第一个底线。这就意味着：（1）在没有人之前，世界上不会有美的现象，一个物理事物如果不与人发生关系，也不可能具有任何审美意义。（2）美的现象不会出现在其他非人类的活动领域，如一只蝴蝶在花丛中嬉戏，但却绝不会感受到花的美。同样，一只蜜蜂虽然在筑巢方面可以与最伟大的建筑师媲美，但在筑巢时绝不会使用“美的尺度”。（3）凡是提到“美”这个词时，都意味着一种人与对象之间所形成的独特的“关系”，除了这个独特的“关系”领域外，美不可能出现在别的任何地方。

到此，大家应该铭记一个知识上的关键点：说“这朵花是美的”和说“这朵花是红的”，是两个截然不同的判断。前者是审美判断，后者是客观的认知。“美的”是审美者参与其中所进行的主观判断，没有这种主观参与，就不能说这花是否美；“红的”则是客观的概念判断，它是对事物的客观属性所做的认知判断，这朵花的“红的”属性与认知者没有关系。也就是说，“美的”和“红的”属于两种截然不同的属性。一个研究美学的人，必须明确这种界限和区别。

这是我们得出的第一个重要的结论。

对这个结论，或许有人会反驳说，在没有人之前，璀璨的群星不是照样在天穹中闪耀吗？不是仍有无数的鲜花在大地上盛开吗？不是同样有灿烂的霞光在天边绽放吗？我们的回答是，这些现象的存在只是物理的事实，它们如果不与人发生关系，那么，美或者不美都是不得而知的。

（二）审美经验是美的现象的唯一见证

我们说，美的现象不是物理的事实，它是一种属人的现象。如果没有人，就没有美。也就是说，美的现象只存在于人与对象发生审美关系的那一刻，即人的审美经验中。这样说来，审美经验是美的现象的唯一见证。

“审美经验是美的现象的唯一见证”这句话，有这样几层意思：（1）美的现象只出现在审美经验之中，如果没有审美经验，我们就不能断定美的现象的所谓客观存在。所以，它是“唯一见证”。（2）如果一个事物与我们没有发生审美关系，它就还只是一个物理的事实，我们无法断定它美或者不美。即使是一幅画（见图1—1）、一尊雕像、一首诗，如果没有出现于审美经验之中，那么它们也还都只是物理的事实。譬如，《红楼梦》这部小说，如果你不阅读它，不与它发生审美关系，它就是一件被置于书架或床头的纸制的物品，至于它美不美，你是不知道的，对它是否是美的现象也是不能断定的。所以，审美经验是美的现象的“见证”。（3）审美经验出现于何处？只出现于人的审美活动中。只有人有审美经验，世界上的其他事物都没有审美经验。这正是美的现象的属人性的根据。（4）美的现象只出现在审美经验之中，而审美经验总是意味着当下性，即它总是即时发生的，因此，美的现象也就是一种时机性的现象。所谓“时机性”，就是指没有谁会在发生审美经验之前就预见到审美经验会发生或必然发生，也没有人能用一种办法控制审美经验的发生或不发生。因此，它是在某种机缘下才发生的，同时，它的发生不会被延后，也不会被提前，它的发生就是此时此刻发生。只有发生了审美经验，美的现象才出现。这就是它的“唯一性”。

图1—1　梵高《日落时的播种者》(1888)

那么，这是否意味着，美的现象是完全主观的？是否意味着我们判断一个事物美或者不美完全根据我们的主观臆断？这里必须承认，审美经验包含心理感受的基本层面，正是这心理感受的基本层面，使得审美经验变得如此鲜活、生动和感人。但我们却不能因为审美经验的心理层面，就断定美的现象变成了纯粹主观的东西。审美经验虽然有它的心理层面和当下性，但并不能由此断定审美经验是纯粹主观的，是人的主观任意为之。因为，审美经验的根基并不在于主观的心理活动，它的真正根基是人的审美活动。

美的现象是属人的现象，审美经验是美的现象的唯一见证，但美的现象又不是完全主观的，这正体现了美的现象的复杂性，也是大家要记住的又一个重要的原则。

(三) 美的现象的历史性

美的现象的复杂性还在于，它不是一旦存在，就一成不变地存在，而是随着时代、文化和个性的变化而不断变迁的。这就是美的现象的历史性。

先来看美的现象随时代而变化。"环肥燕瘦"就是美的现象随时代而变迁的最好例证。任何一种艺术的变迁史，其实就是美的现象随时代变化而变迁的最好证明。古代神话的美与现代小说的美是完全不同的，古代建筑与现代建筑的审美风格也是完全不同的。每一个时代都有该时代的审美风尚，服装的变化、装饰的变化等就是这种风尚的表现。没有人也没有任何权威能够强制一种永恒不变的美。

图 1—2　汉画像砖《车马出行图》

再来看美的现象随文化的不同而不同。人类社会有不同的文化，我们知道有东方文化、西方文化、希伯来文化、非洲文化、印第安文化、埃及文化、阿拉伯文化等。就东方文化来说，又存在印度的、中国的、日本的、南亚的等差异。不同的文化又有不同的美的现象。比如，西方人以直率为美，中国人以含蓄为美。中国人喜欢线条的表现力（见图 1—2），西方人则喜欢造型的表现力。

最后就是美的现象因个性的不同而不同。不同的人会有不同的审美偏好。有些人喜欢悲剧，有些人喜欢喜剧。有些人喜欢春天的绚丽，有些人喜欢秋天的明朗，有些人则喜欢冬天的凝重。同样，阅读同一部《红楼梦》，不同的人也会获得不同的审美经验。这些就是个性所带来的美的现象的差异。

美的现象随时代、文化和个性的差异而发生变化，这说明了什么问题呢？它说明：(1) 没有固定不变的美，也同样没有所谓的"美本身"；(2) 美的现象无论是随时代变化，还是随文化和个性而不同，都说明美的现象是随着人的审美活动的变化而变化的。

三、美学研究人类的审美活动

那么，美学到底应该研究什么呢？要回答这个问题，我们就需要在美的现象的复杂性中理出一个头绪。

上文所说的美的现象是属人的，美的现象不是物理的事实，人的审美经验是美的现象的唯一见证，美的现象随人的活动的历史性展开而具有不同的面貌等，都揭示了一个重要的事实，这就是美的现象只存在于人的审美活动之中。因此，我们可以得出这样的结论：(1) 不存在作为物理事实的"美"；(2) 不存在人的审美活动之外的美，也就是说，没有超越人的审美活动之外的美；(3) 不存在所谓的"美本身"或纯粹的"美"，没有审美活动就没有美；(4) 同样，没有审美活动，也就没有艺术；(5) 没有人的审美活动，也就没有所谓"人与现实的审美关系"，审美活动本身就是美得以生成的唯一方式，人与现实的审美关系就存在于审美活动之中。

确定一门学科的研究对象，有一个主要的标准，这就是必须抓住该领域不能被化约的根基。通过分析，我们发现，在美的现象的广阔而复杂的领域中，美的现象的唯一根据就是人的审美活动。审美经验、美的感受和表现以及艺术活动等，都是由审美活动生发出来的。没有审美活动，就不会有审美经验、美的感受，当然也不会有表现和艺术活动。同时，审美活动也不可能再被化约。

因此，我们认为，美学的研究对象就是人的审美活动。所谓审美活动，就是人在其历史性的生存展开中所形成的生存境况的形式表达，即"存在性境域的显现活动"。它主要包括：审美活动的起源、审美活动的经验形态、审美活动的本质以及审美活动的形式呈现（符号形式、艺术）等方面。

第三节 如何研究美学

◎研究美学所适用的方法○哲学的和逻辑的分析方法○符号学和语言学的方法○心理学的方法

◎如何学好美学：你的审美经验是进入美学大门的通行证

我们应该如何研究美学呢？

研究美学的方法是根据美学研究对象的特殊性质来决定的。我们前面说了，美的现象有它的复杂性和特殊性，这样，研究美学的方法相对来说就较为复杂。我们把这个问题分为两部分，一部分研究美学所适用的方法，另一部分研究美学须具备的条件。

一、研究美学所适用的方法

做任何学问，关键是方法。如果方法有效，就能保证研究过程的正确和结论的有效，如果方法不对，就会徒劳无功。所以，现代的学术研究是讲究方法论的，就是一定要按照某种方法的规范来进行学术的研究。美学研究和学习也不例外。

（一）哲学的和逻辑的分析方法

由于美学研究对象的复杂性，我们必须使用一种哲学的和逻辑的分析方法。理由有二。

其一，哲学是所有人文学科中地位最高的学科，研究世界观和认识论。就研究世界观而言，它对人在世界上的存在本质进行基本解释，因此，可以说哲学为人文学科的所有子学科制定纲领和规范，任何一门子学科都必须把自己置于哲学的总框架之中，才能获得自己的资源。这就像我们要研究眼睛，就必须把眼睛置于人的身体的总框架之中才能研究一样。

其二，哲学可以为美学提供认识论和方法论的基础，建立和理解这个学科的基本概念和概念系统。在此，我们要把具体的审美与研究美学区别开来。如果我们仅仅是审美，如欣赏一件艺术品，那么可以不要很多的哲学的、逻辑的知识，只需我们的感受力就足够了。但是，如果是研究美学，那么就必须要有哲学的和逻辑的知识。因为美学是一门人文学科，提供的是关于审美活动的可靠知识，所以美学必须使用哲学的和逻辑的资源来建立自己的可靠知识基础。

人类对美的现象的思考从来就没有离开过哲学，美学学科自建立以来，也同样没有离开过哲学。对美的现象的思考和美学的研究，一直就是哲学的基本问题。美学研究也一直借助于哲学的研究成果和方法来解决自身的问题。因此，要学美学，就必须具备一定的哲学素养。

哲学既研究世界观，同时也研究人的思维规律，即关于思维的科学。它不仅研究概念在思维中的运动，而且应用概念的运动，获得科学的、真实的知识。因此，对于美学这样复杂的学科来说，哲学的运思方式是至关重要的。对于初学美学的人来说，最大的困难莫过于掌握这种哲学的运思方式。

应用哲学的运思方式来探究美学的基本问题，是美学研究的基本方面。因此，大家在学习美学的过程中，一定要记住基本概念的基本内涵以及概念与概念之间的理论推论和逻辑关联。这是学好美学的关键。

要训练自己的哲学思维，简单的办法就是读哲学史。读哲学史不仅可以让我们知道人类的智者们是怎样思考的，而且可以让我们知道这些智者是怎样运用概念来建立关于世界、关于人的知识的。这样，回过头来，大家也就可以运用这些知识来探究作为人的活动之一的审美活动了。

（二）符号学和语言学的方法

诗是以有韵律的语言表达的，绘画是色彩、线条、形体构成的，音乐是声音的运动形式……明白这一点，就能明白人的审美活动在基本的层面上，是形象的创造和符号的呈现，是诗意的形式。也就是说，审美活动与符号学、语言学之间有着内在的、本质的关联。这就需要美学有它自己的符号学和语言学，这样我们才能理解审美活动中的符号显现和表现。

语言学是研究人类的语言活动、语言结构及语言体系的学科。语言学在现代的西方已经发展成为一种具有基础地位的学科。我们要理解文学和诗，就需要语言学的帮助。同时，语言是一切符号系统的典范，因此，语言学又可以帮助我们了解所有的符号活动。

符号学是研究符号、符号体系以及符号的意义表达的学科。它的研究包括各种习俗、代码、句法和语义的因素以及逻辑的符号结构等方面。它们的研究方法对我们研究审美活动中的诗意形式、形象呈现，都会有很大的帮助。

审美活动作为人的“存在性境域的显现活动”，其基本面涉及显现的符号、语言和图像方面。显现的唯一通道是语言—符号形式，因此，美学研究在一个非常严格的意义上，需要建立审美符号学。在这个意义上，语言学、符号学对美学就是最基本的了。现代结构主义语言学大师雅各布森下面的话对所有想从事美学、文学和艺术研究的人，都是非常有启发性的："假如一些批评家仍然怀疑语言学家进入诗学领域的能力，那么，我个人认为，这是因为一些偏执的语言学家的拙劣诗歌分析能力被错当成了语言学科学本身的不足。然而，我们在这里都明确地认识到：一个对语言的诗歌功能充耳不闻的语言学家和一个对语言学问题毫无兴趣、对其方法也知之甚微的文学学者同样是全然不合时宜的人。"①

（三）心理学的方法

因为审美经验是美的现象的唯一见证，而审美经验首先表现为心理感受，所以，美学研究也需要心理学的支持。我们进行审美活动时，也涉及审美活动中的心理活动层面。这就要求我们用一些心理学的知识来追溯我们的审美心理活动。比如精神分析心理学、完形心理学、实验心理学等，都会对我们有很大帮助。精神分析心理学是由奥地利心理学家弗洛伊德发展起来的，在20世纪非常流行。传统理论认为人的心理活动主要是一种有意识的活动，但弗洛伊德的理论却揭示了人的心理活动中的意识的层面和"无意识"的层面，并认为无意识的层面才是人的"精神实质"。而"无意识"主要是由被压抑的性欲望构成的。这种"无意识"在我们自己不知道的情况下自主地发挥作用，并偷偷实现着它的"快乐原则"，人的夜梦、白日梦和各种各样的幻念就是它的杰作。这样的心理学理论，对我们理解自身的心理活动，了解审美活动的心理奥秘以及艺术作品的创作过程中的无意识方面，都会有很大帮助。完形心理学是20世纪发展起来的一个重要的心理学流派，它主要研究人在建立事物的形式方面的先验倾向和心理的形式动力机制。德国心理学家阿恩海姆将这种心理学延伸到了美学领域，揭示了审美和艺术活动中的人的心理活动的"完形倾向"。而实验心理学则主要通过实验研究，来揭示人在审美和艺术活动中的心理过程和机制。这些对研究美学都有很大的帮助。

以上三种方法是研究美学所需要的最基本的方法。

二、如何学好美学：你的审美经验是进入美学大门的通行证

如果一个人要进入美学领域，那么他必须具备什么样的知识呢？除了要有一定的哲学知识、语言学和符号学的知识和心理学的知识外，还要有丰富的艺术鉴赏的经验。

应该说，艺术鉴赏的经验是每个人进入美学大门的通行证和最好的老师。欣赏美或艺术鉴赏的能力是每个人生命里就有的，譬如，你不一定要懂得电影知识，才可以坐在电影院里看电影，并从中获得审美感受。同样，你即使不懂作曲，也不会妨碍你欣赏一首乐曲。鉴赏力是建立在感受力的基础上的，每个人都具有这种感受力。

当然，不能仅仅靠这种感受力。丰富的艺术鉴赏的经验是在长期的艺术欣赏中积累、训练

① 转引自［美］罗伯特·休斯：《文学结构主义》，34～35页，北京，三联书店，1988。

图 1—3　古希腊雕像

出来的。这就要求大家多读文学作品，多观赏绘画、雕塑作品（见图 1—3），多听音乐。当然，读名著、赏名作最好。因为，名著、名作是大师们最深刻的审美活动的见证。当你阅读、欣赏这些名作、名著的时候，你就是与这些大师为伴。他们和他们的作品就会把你带入真正的审美活动的王国，并带你领略审美活动最深刻、最丰富也最壮丽的领域，而单凭我们个人的经验有时是不能达到这样的丰富程度和高度的。

当有了丰富的审美经验或艺术鉴赏的经验时，你就能够用自己的经验来理解美学理论中所讨论的问题的实质，并可以根据自己的经验来验证某些理论或学说是否正确。如果你的感受力足够强劲，你的思考又很有深度，那么，你自己就可以总结出你自己的美学思想。那时，你就可以直接进入到艺术批评之中去了。

第四节
美学的目的是成就人自身

◎从审美活动认识人的自由　◎从审美活动理解人的完善　◎培养审美能力，创造美的生活

为什么要研究美学呢？

要直截了当地回答这个问题是有些困难的。因为美学既不像经济学那样可以帮助人们赚钱，也不像法律那样可以帮助人们打官司。但是，人类自诞生以来，没有一天停止过审美活动。因此，不能从一般的“有用”性来看美学。研究美学的目的大致有以下三个方面。

一、从审美活动认识人的自由

自从有了人，世界上就有了审美活动。即使在生计无着、惨淡经营之际，抑或在烽火连天、马背征战之时，都会有审美活动。杜甫正是在穷困潦倒的时候，吟唱出了《茅屋为秋风所破歌》。“安得广厦千万间，大庇天下寒士俱欢颜”，这就是杜甫在穷困中所唱的思想之歌。王昌龄在寒风刺骨的大漠守边时，唱出了“青海长云暗雪山，孤城遥望玉门关。黄沙百战穿金甲，不破楼兰终不还”。甚至人类的祖先在茹毛饮血的时候也会在狩猎结束之后，在荒野上点起篝火，踏着步子，拍着手，围绕篝火跳舞。

这些都表明了人类并不是被环境所束缚住的奴隶，人类在任何艰苦的环境中都能超越环

境，吟唱出自由，让灵魂中的一阵飙风指引自己前行。这就是他审美活动作为人的自由之见证的证据。可以说人类的审美活动正是扎根在人的自由之中的。

因此，美学研究人的审美活动，目的就是让我们深刻认识审美活动与人的自由的关系，以及人的自由本身。这既可以通过审美活动本身来认识，也可以通过对审美活动的研究来认识，并以此改善我们的生活本身。

二、从审美活动理解人的完善

德国诗人、美学家席勒曾说过：只有感性的人是野人，只有理性的人是蛮人，而真正自由的、完善的人则是理性与感性完美结合的和谐的人。这并不是说，人的感性方面和理性方面天然便是对立和分裂的。其实，在审美活动中，人就是作为一个完整的人出现的。我们在审美活动中感到愉快、自由，就是因为我们在审美活动中是一个完整的、自由和谐的人，表现着我们自己。

但是，随着人类社会的发展，劳动分工的不断加深和细化，完整的人分裂为不同的部分。当一个人为了生计而劳作的时候，他是一个劳动者，此时，他的审美的方面就被简单的生存目的所遮蔽，因此，他在劳动的时候就不知道自己还会歌唱。当他拼命赚钱养家糊口的时候，他仅仅是一个被生存压力所占据的工具，而不会是一个完整的人。当我们在社会生活中必须遵从法律、道德和制度等方面的理性规约，而竭力克制我们的感情和感性活力时，我们就变成了理性的单面人。当这种理性的压力和约束过大时，我们甚至会遗忘我们的感性存在。比如在宗教的压抑下，我们会彻底否定我们的肉体，这时，我们作为人就是不健全的。只有当审美活动真正在人的生活中出现的时候，他才能恢复作为一个完整的人的自由和谐的生活。

据此，可以说，美学研究的目的之一就是要让人们了解自身作为人的整体的和谐存在，并努力按照这样的整体性来创造自己的生活，从而使人的生活以自身为目的。

三、培养审美能力，创造美的生活

美学研究的一个重要目的，就是学习美学知识，培养每个人的审美能力。这是人文素质中的一个重要方面。

马克思在《1844年经济学哲学手稿》中说，蜜蜂只是按照本能来建造它的巢，但人却能够每时每刻都按照"美的尺度来建造"。我们可以把这个意思用得更广泛一些，人其实每时每刻都是按照美的尺度来生活的。所谓"按照美的尺度"来生活，并不是用某种固定的尺度来规定我们，而是说，人是依照人作为人的方式去生活的。正是这样，我们的"吃"不是"进食"而是"美食"，我们的"穿"不仅仅为了"蔽体"而变成了"服饰"，我们的"住"不是"巢居"而是"诗意的栖居"，我们的"行"不是动物的觅食行为而是"游"……

人们常说，爱美之心人皆有之。我们前面说，每个人天生具有感受力。不学美学我们照样可以欣赏音乐、唱歌、读诗或小说，照样可以选购适合自己的服装。但是，这些都是在非自觉情况下的所为。学习美学就是要把这些都变成自觉的、有意识的作为。我们应该自觉地按照美的尺度来营造我们每一天的生活，使我们不只是在美术馆才能感受到美的现象，不只是在电影院、音乐厅才能知道美的存在，而是要在我们的工作及衣、食、住、行的每个环节，都按照美的尺度去生活，这样，才能真正提高我们作为人的生活质量。

从以上几个方面，大家一定会得出一个简单的结论，即作为人文学科中的一个学科，美学才真正是一种“人学”，即不仅仅研究人，而且是为了人、成就人。

【思考题】

1. 意大利美学家克罗齐认为，维柯从“诗性智慧”入手开创的美学研究，比鲍姆嘉通从认识论入手开创的路径优越，你愿意选择哪条路径？说明你的想法。

2. “这朵花是红的”和“这朵花是美的”是两种不同的判断，前者属于性质判断，后者属于趣味判断。你还能举出别的例子吗？

3. 为什么说审美经验是美的现象的唯一见证？根据自己的审美经验写一篇辨析的短文。

4. 你同意“美不是物理的事实”这个判断吗？为什么？

5. 一首诗的韵律所传达的意味可能比诗中的具体内容更为深远，从这个角度谈谈语言学、符号学与美学研究的关系。

6. 有些人认为美学理论对艺术创作毫无益处，但在艺术史上却有很多艺术大师写了许多谈创作经验的文字，那里面充满着丰富、灵动的美学思考，譬如达·芬奇的笔记、《罗丹论艺术》、苏轼的文论等。找一本这样的著作，谈谈自觉的美学思考对创作的作用。

7. 在你自己的阅读或观赏经历中，是否曾有一部作品深深地触动了你？思考一下这种触动是否改变了你？

8. 有一个文学系的学生毕业工作后，撰写了一篇文章，认为过去觉得不读《红楼梦》是一种缺陷，工作以后才发现，读不读《红楼梦》无所谓，但不懂金融理财，才是人生的失败。你赞同这个观点吗？可以在课堂上进行辩论。

第二章

审美活动的发生和发展

导读烛光

德国思想家尼采提出艺术起源于人身上的两种精神力量：一种是人身体中的汪洋恣肆的生命活力，他用古希腊神话中的酒神狄奥尼索斯来代表，称作酒神精神或狄奥尼索斯精神；另一种是人身上的静观的力量，他用古希腊神话中的日神阿波罗来代表，此为日神精神或阿波罗精神。狄奥尼索斯在古希腊神话中是酿造葡萄酒之神、春天复活之神、生命力和本能之神，也是直觉之神，代表原始的生命力量和生命母体。酒神精神的最高状态即生命力达到最高状态的陶醉和漫溢，这种醉塑造了审美的最初形式。尼采认为正是人身上的酒神精神滋生了音乐、舞蹈和民歌，以及一切象征化的表达，形成了从音乐、舞蹈、神话、民歌到悲剧的酒神艺术谱系。而日神阿波罗则是太阳神，是光明之神，同时也是各种手工智慧之神，代表着生命的个体化原则和理性原则。尼采认为人身上的日神精神能把任何东西都转化为静止的、清晰的、合乎秩序的空间形象来加以把握，日神精神也就成了所有造型艺术如雕刻、建筑、绘画的来源。它所形成的不是酒神的醉，而是一种具有清晰形象的静观或观审的快乐。

尼采认为：这两种创造性的力量是一道发展起来的（虽然尼采后来越来越强调酒神的重要性，并认为酒神是艺术家背后唯一的神），它们常常处于激烈的敌对状态，每一种力量都迫使另外一种力量创造出更加生动有力的作品。

其实，尼采所讲的并不是已经消失的远古的事情，这两种创造性力量不仅在远古的神话中存在，在以后人类的艺术活动和审美活动中仍然活着，在你、我、他，在我们每个活着的人的灵魂中活着。它们是两个一直活跃着的原型。

对于起源的追溯，就是要找到审美活动原初形态的线索，揭示审美活动在远古经过几万年漫长的凝聚之后所形成的原型。而原型是一种母体，从中我们能发现和获得万变不离其宗的生命之源，以后的东西都是从这里开始源源流出。一旦后来的人们觉得失去了方向，变得迷离，他们就可以返回起源，回归初始母体，并从那里汲取力量和方向。这是精神分析学家荣格的“原型理论”所揭示的内容。

审美活动的起源当然是人类的生活实践。过去美学界有一个说法，就是审美和艺术活动的起源是劳动。但笼统地说生活实践或劳动，都无法从实践或劳动中开辟出审美活动和艺术活动的符号表现的层面。因此，我们必须对生活实践或劳动进行细分，从中找到与符号表现活动相关的层面，才能揭示审美和艺术活动的真正起点。如果我们对生活实践或劳动进行细分，就会发现，原初人类生活实践和劳动中有两个层面，是直接与符号表现形式的创造有关的，这就是原初人类的巫术—神话活动和劳动生产中的“手艺”。

从人类审美活动的历史来看，现在可以明确地说，自旧石器时代起，人类就有了审美活动。但这个时期的审美活动不是纯粹的审美活动，而是夹杂于当时人类活动的最重要的形式——巫术活动和直接的生产活动的“手艺”之中。因此，我们可以说，人类的审美活动有两个起源，一个是巫术，另一个是生产活动中的“手艺”。所以，我们对审美活动的发生和发展的探究，就得从原始时代的巫术和当时的身体劳作的“手艺”两方面进行。

思想深呼吸

关于审美活动起源的研究

关于审美活动起源的研究，迄今形成了两条研究的路径，一条是实证主义的，另一条是直觉主义的。实证主义的路径从19世纪就开始了，代表性的人物有俄国的普列汉诺夫、德国的恩斯特·格罗塞。这条研究的路径，主要从原始人的生活、生产、劳动等方面的现实需要来解释所有原始艺术和审美活动，认为原始艺术是与原始人的社会现实生活需要紧密联系在一起的。中国过去美学理论中的审美活动“劳动起源论”，也属于这种实证主义的路径。因为，劳动在这种理论中被过分实用化和理智化了。

但实证主义的研究路径的最大问题在于，无法从实用的角度真正解释原始人艺术活动的真正意义，更无法解释原始巫术活动的直觉、巫术符号的魔法效力以及语言的诞生与生产劳动是如何结合起来的。同时，在实证主义的解释中，存在着一种错误的前见，仿佛原始人的生活一开始就是在一种非常清晰的生存实用逻辑中进行的。但事实却不是这样的。

直觉主义的路径主要是在19世纪浪漫主义的思潮中逐渐形成的。19世纪末叶，德国思想家尼采对音乐、悲剧起源的考察，就是直觉主义的路径。他在《悲剧的诞生》中提出悲剧、音乐等都根源于人的生命活力，即一种生命意志，他称作“酒神精神”。到了20世纪20年代，德国哲学家、美学家恩斯特·卡西尔（1874—1945）提出了一种符号形式的哲学，力图从哲学角度来解释所有人类符号形式的起源。他的基本观点是，所有的原始的符号形式，包括神话、原始语言、原始艺术等，都不是起源于对事物的理性的认识和分析，而是起源于人的生命的表现活动——直觉。

我们这部教材，遵循柏拉图的遗训，即艺术有两个起源，一是灵感，二是手艺。灵感与巫术直观相关，手艺与身体劳作相关。这是两条有交叉但又有分别的路径。

第一节
巫术直观与世界的象征化

◎**巫术及巫术直观**○什么是巫术活动○巫术活动的特征○巫术直观○巫术直观的意义　◎**世界的象征化和神话、语言、符号**○世界的象征化○巫术符号与神话、语言、艺术○巫术符号及其魔力○神话○语言和词语的魔力○原始艺术○绘画、雕刻○诗、乐、舞

追溯审美活动的起源，不能从笼统的生活实践说起，而应以原初人类的生活实践活动中最早的符号表达活动作为起点，方能揭示其中的奥秘。起点之一就是巫术。说到巫术，大家想到的无非是占卜、算命。然而，占卜和算命只是巫术活动的一个方面。其实，巫术是人类一切文化活动的源头，它是神话、语言、宗教的真正源头，艺术、科学、哲学等也都是基于它而逐渐积累，并最终从中分离、独立而成的。巫术活动虽然与我们所称的纯粹的审美活动还不是一回事，但已经包含审美活动的根基。

一、巫术及巫术直观

(一) 什么是巫术活动

巫术是人类原始的活动方式，它是人类按照自己的生命活动特征来构建世界的一种方式，也是原始人类经验世界的方式和信仰的方式。它的核心就是把人自己的生命活动的力量（即生命活力或生命力）看作世界的普遍力量，认为这种力量神秘地沟通了事物间的联系，并超越时间和空间的限制而发挥着超常的威力。巫术由此企图通过进入这种力量内部，预测到这种力量的运动，并企图通过这生命活力影响事态的发展或者预测其结果。人是有灵魂的，世界万物也被当作有灵魂的；人是有生命的，世界万物也被当作有生命的；人是有感情的，世间万物也被当作有感情的；人会生育，世间万物的产生也被人从“生育”的方面加以把握；人会死亡，世间万物也被人从“死亡”的方面加以体会……在巫术的世界中，世间一切都是有灵的、有情的、有生命的、有生有死的。因此，巫术在用人自身的生命活动特征来建构世界的过程中，包含一种根深蒂固的信念，即世界是由某种隐蔽的、神秘的生命力所支配的。这就是它的宇宙观。

基于这种对生命活力的信念，世界上的任何现象都不会被看作一个简单的事实，而是被当作生命活力的体现。如太阳从东方升起，在西方落下，在原始人看来就不那么简单，他们按照生命活动的方式，将之理解为某个神驾驶着巨大的车子，把太阳从东边运到了西边。同样，草木在春天发芽开花，在原始巫术世界的人们看来也不是一个自然的过程，而是一个被隐蔽的神秘力量所支配的过程。因此，原始巫术世界的人们会在春天举行仪式，祈祷春神的到来。

在今天的人们看来，这是一种迷信，是一种欺骗，但对原始人类来说，却是真实的，认识到这一点很重要。更为重要的是，在这样建构世界的方式中，包含一种真理，这就是整个世界被人所接近、理解，并不是通过我们现在所说的理性认识，而是通过人自身生命活动与世界之间的直接交往。正是这种生命活动的直接交往，外部世界才逐渐变得亲近起来，否则它们就是冷冰冰的、漠然的物质，与人之间没有任何关系。也正是在这样的活生生的交往中，人自身的生命力被交付于万物，成为万物的以至整个世界的核心。这就是巫术活动在它表面的迷信、虚妄背后所包含的真理。

因此，在这里大家一定要把握巫术活动的核心，这就是原始人类是通过自己的生命活力来与外部世界打交道的，也就是按照人自己的生命力的方式来建构世界的，外部对象进入人的活动就是通过这种生命活力的方式。这就是巫术向我们告知的事实。

（二）巫术活动的特征

基于对神秘生命力支配世界的信仰，巫术世界具有以下特征：(1) 人的生命是与万物的生命未分离的，它们之间是相通的，也是相互影响的。因此，巫术的世界是一个浑然的整体世界，即一个受一种神秘的但普遍的生命活力支配的整一世界，在这个世界中，每一个事物都是与其他事物彼此关联的。如中国古代的“天人合一”就是这种整体性的表现。(2) 人的生命与外部世界之间是交互影响的，也是可以直接沟通的。人的意愿可以影响外部事物的运行，外部事物的力量也可以影响人的生命运行。如中国古代的“天人感应”就是这种巫术思想的产物。英国人类学家弗雷泽把这种巫术的交互感应称作“交感巫术”。即认为隐藏于事物之中的神秘生命力可以交互感应、交互影响、交互渗透并交互起作用。比如，人的生育可以影响、作用于植物的生长。(3) 巫术世界是一个“存在”与“非存在”不分的世界。也就是说，巫术世界中没有“非存在”的概念，一切显现的东西都具有感性的现实性，即使是梦、幻觉、想象的东西，也同样具有现实存在的真实性。同样，任何符号性的东西、朕兆性的东西也同样具有现实的真实性和严重性。比如，原始人类对待梦的态度，就是把它当作真实的事实，而不是虚幻的东西。(4) 巫术世界是一个隐喻的世界，也是一个受魔法支配的世界。作为一个隐喻的世界，一个事物的任何一部分都代表了这个事物本身，任何人只要把事物的一部分置于自己的控制之下，就意味着支配了该事物的整体。比如，一个人的影子就是整个人本身，对影子吐唾沫就是对这个人的污蔑。作为一个受魔法支配的世界，巫术相信万事万物之间有一种神奇的关联，有一种由神奇的魔法控制的因果链。本来没有关系的东西，也被认为在神奇的魔法下是关联在一起的。比如，任何时间上先后出现的东西，都会被认为是因果性的关联，并列出现的东西也是因果性的。这就把偶然性与必然性混同在了一起，任何偶然性都会被任意的关联制造成必然性。比如，一个人诅咒某人说“你不会有好下场”，这个人如果这一天跌了一跤，那么他就会怪罪那个诅咒者。这种受魔法支配的关联链，是巫术活动得以成立的关键，而这个魔法关联链的根基却是“万物有灵论”和“泛神论”。

知识版图扩张

弗雷泽

詹姆斯·乔治·弗雷泽（1854—1941）是英国著名的人类学家，主要著作有《金枝》（1890 年第 1 版）。这部堪称人类学经典的著作是弗雷泽着力最多也最尽心的著述，该书在 1915 年出完第 3 版时，已从第 1 版的 2 卷约 830 页增加到了 12 卷约 5 000 页。这部著作的研究主题是原始巫术、原始宗教等的起源。他通过研究认为，巫术可分为两类：一类为通过事物之间的“相似”而建立的，即通过一个相似物就可以对其所相似的事物发挥作用或影响，比如，通过对一个人的模仿就可以作用或影响这个人本身。这称为“顺势巫术”或“模拟巫术”。另一类为通过事物之间的“接触”而建立的，即通过接触一个事物，就可以对接触的双方发挥作用或影响，即使这种接触已不复存在，但影响依然存在。比如，与某个神圣的东西接触那么一下，就可能感染上这事物的神圣性并保持下来。这称为“接触巫术”。弗雷泽认为，无论是“顺势巫术”还是“接触巫术”，都基于一个共同的力量，即巫术相信事物之间是交互感染、交互作用的。因此，又都可称作“交感巫术”。“把‘顺势’和‘接触’这两类巫术都归于‘交感巫术’这个总的名称之下可能更便于理解些，因为两者都认为物体通过某种神秘的交感可以远距离地相互作用，通过一种我们看不见的‘以太’把一物体的推动力传输给另一个物体。”*

通过弗雷泽对巫术活动的这个总结，大家可以更好地理解巫术活动的特征。

* ［英］弗雷泽：《金枝》，21 页，北京，大众文艺出版社，1998。

（三）巫术直观

原始人类的巫术活动大致由巫术仪式、巫术符号、巫术世界观和巫术直观四部分构成。其中的核心是巫术直观，是巫术直观将巫术仪式、巫术符号和巫术世界观从内部贯穿为一个神秘的、充满活力的整体。

从表面来看，巫术直观表现为一种人的通神能力，一种与神或神秘的事物进行沟通的能力。比如，在占卜中，通过某些占卜的朕兆来预测未来，就是巫术直观的表现，它表现为人与神秘力量的直接的、无间隔的沟通的能力。因此，巫术世界和巫术活动的核心，是人的生命与世界万物之间的直接可沟通性，是其间的交互感应。这种直接的可沟通性、交互的感应，就是巫术直觉。对于原始人类来说，这种与外部世界的直接沟通，并不是一种认识的过程，而是远古人类的一种直接的生活现实。然而，对于我们这些生活过分理性化的人来说，我们与世界之间只是一种认识和被认识的关系。

但是，在巫术直观以“我”“观”物的神秘洞见下，在通神术的神秘面纱下，隐藏着生命创造的本源。这个生命本源就是人的生命活动和创造性活动，它以其自身的活动度量万物，把整个世界活生生地体验为一个受生命活力支配的世界。正因为整个世界都受神秘的生命活力所支配，人的生命就可以无间隔地进入万物，用自己的生命召唤万物，使得所有生命之间发生本质的亲近和关系。对于原始人类来说，整个世界与他们之间是通过神秘的、普遍存在的生命力而直接关联在一起的。在这个世界中，没有客观与主观之分，也没有物我之别，而是通过生命活力彼此之间、内外之间完全地构成一个整体的宇宙生命体，这个生命力周流于万物，使得万物之间无间隔地相互沟通。也正是通过这种无间隔的沟通，事物从冷漠的、无关的外在之物变成了人的关联之物。

所以，巫术直观不能单纯被看作人的一种主观能力，而应被看作人的生命活力被外化为周流于世界的普遍力量后所产生的生命力的普遍可沟通性。因此，巫术直观就是原始人类通过生命活力的普遍可沟通性而与周围世界直接的、前理性的交流方式，它把世界万物都变成了充盈着生命活力的活的形象，而人也与这些充盈着生命活力的活的形象一样，受普遍的生命活力的支配。

（四）巫术直观的意义

剥离了其巫术的、神秘的外衣之后，巫术直观包含如下的重要意义：(1) 巫术直观是人的生命活力的本源性奠基，是生命活力对世界的第一次创造性构造。它不是人按照自身生命活力的方式对世界的想象，而是直接把世界整个地体验为生命活力的创造。虽然这种生命活力的本源被当作人之外的神秘的力量，但它其实是本源于人的生命活动的。(2) 巫术直观是生命活力的创造性显现。生命活力总是表现为“去成为什么”的动力，它是形成性的和构成着的，它不是停滞不动的物质，而是流动的、总是趋向于“去成为什么”的形成过程中。因此，巫术直观是创造性的、显现的。它显现或形成的东西，不是任何别的东西，而是这形成着、创造着的生命活力的本身。(3) 巫术直观是前认识的、前概念的和前思维的，这可以称作“原始思维”。在原始阶段，人类还未形成今天我们所拥有的清晰的、概念性的认识，它也不是逻辑的，而是非逻辑的。正是这种前认识的、前概念的活动，构成了人类思维活动的源头。理性认识或概念的认识，就是后来在发展中从这种前认识的、前思维的巫术直观中分离出来的。作为前认识的、前思维的活动，巫术直观体现为一种模糊的认识，体现为对事物的隐约把握，它不是清晰的、可以界定的概念，也不是用分析的方式来把握事物的，而体现为用生命活力的整体来度量万物，把事物作为一个生命整体来把握和体验。在这种原始思维的整体的生命把握中，事物和生命本身被一起把握和呈现，而不是单纯呈现客观的事物。因为，在巫术直观或原始思维中，还没有客观这样的概念，一切都是与人自身的生命活力纠结、混杂在一起而被呈现的。(4) 巫术直观还包蕴着“诗性直观”的内核。巫术直观作为前概念的生命活动的智慧功能，它本身就是“诗性的”。这里的“诗性的”，并不是指任何我们后来所说的“浪漫的”、“风雅的”，而是指生命活力在自身的“去成为什么”的活动中，把自身直接呈现出来或表现出来，并持守于这种表现的形式中。比如，原始人类看到天上的彩云，他不是看到了客观存在的彩云，而是把它体会为只有生命活力才能形成的活生生的彩云，于是“天女散花”的神话便赋予了彩云的诞生和出现以生命活动的特性。在“天女散花”的神话中，既有彩云的被把握，也有人的生命活力的直接呈现，这两者是交织在一起的。这就是说，对于原始人类来说，没有客观的彩云，只有天女散花的生命活动所成就的绚烂花朵，在这“天女散花”的神话中，既有生命的呈现，也有这生命呈现所形成的形式。重要的是，“诗性直观”并不超越也不破坏这种呈现的具体形式，更不会去追问这样的具体呈现是否正确，或是否科学，而是逗留于、游戏于这样的具体形式之中，并在这逗留与游戏中非自觉地隐约地回归自身的生命，这就是“诗性直观”。巫术直观所包蕴的核心，其实就是这样的“诗性直观”。所有的神话、诗歌、歌舞，都是从这原始的巫术直观的诗性层面发展出来的。

从以上的分析，我们可以断定，巫术直观本身产生于人的生命或灵魂极为自然和自发的运动中，生命活力通过同事物交流而体验着围绕着人自己的世界，同时通过与事物直接的交流而隐约地体验着具有意义和激情的自己。围绕着人的世界，在这种“直观”中被把握，生命通过这种对世界的经验也同时被把握，在真正的巫术直观中，这两个方面是同时获得的。因此，巫术直观是生命智慧的形成性的和创建性的活动，是一种诗性的、创造性的活动。人作为人、人作为自由、人的文化活动包括审美活动，都在这里扎下了根。

二、世界的象征化和神话、语言、符号

我们在艺术活动、审美活动中普遍遇到的现象，是象征和活生生的符号的表现。按照传统的说法，审美活动和艺术活动具有形象性。那么，它们是从何而来的呢？它们都是从巫术活动中产生的。在人类的发展中，正是巫术活动首先将围绕着人的世界象征化了；同样，也正是这种象征化产生了人类文化活动的符号和各种符号形式。图 2—1 是先民制作的陶壶，上面布满了抽象的水波纹和圆形、三角形等几何纹饰，这些水波纹和几何纹饰就是先民创造的符号形式。这些符号形式使得陶器这种实用器皿充满了人所创造的意义。

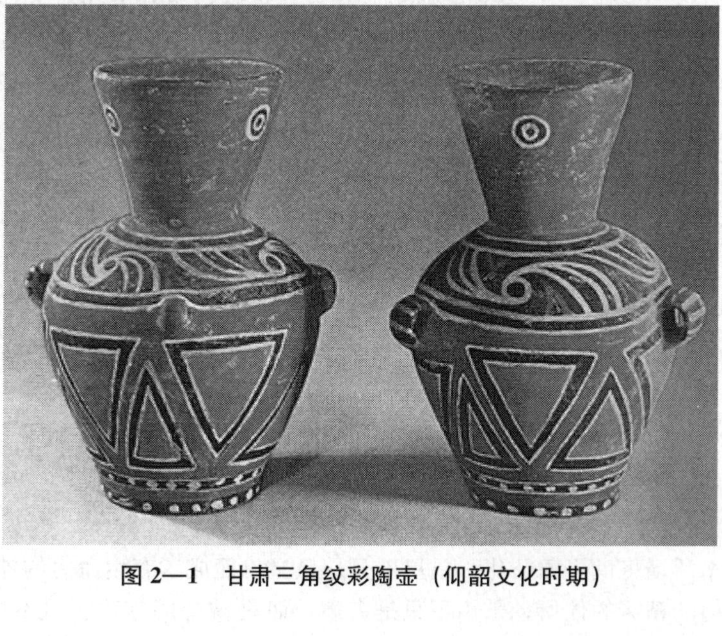

图 2—1　甘肃三角纹彩陶壶（仰韶文化时期）

（一）世界的象征化

什么是巫术活动的世界象征化呢？

在原始人类的巫术活动中，人类将自身的生命活力体验为万事万物都有的活动，体验为万物有灵、万物有情、万物有神、万物有生有死，这样就将生命活动于其间的世界变成了生命活动的象征。这里的“象征”，就是以具体的显现形式成为某种隐蔽的力量或意义的表征。也就是说，在巫术活动中，凡进入到人的活动范围的东西，都被呈现为生命活力的表征，这就是世界的象征化。

知识版图扩张

象征和象征化

黑格尔在其《美学》第2卷中，给“象征”做过这样的分析：“象征一般是直接呈现于感性观照的一种现成的外在事物，对这种外在事物并不直接就它本身来看，而是就它所暗示的一种较广泛较普遍的意义来看。因此，我们在象征里应该分出两个因素，第一是意义，其次是这意义的表现。意义就是一种观念或对象，不管它的内容是什么，表现是一种感性存在或一种形象……象征首先是一种符号。不过在单纯的符号里，意义和它的表现的联系是一种完全任意构成的拼凑。这里的表现，即感性事物或形象，很少让人只就它本身来看，而更多地使人想起一种本来外在于它的内容意义。”

这就是说，首先，象征是一个形象的符号，但是这个形象的符号其意义却不就是自身，而是另有所指，即“象征所要使人意识到的却不应是它本身那样一个具体的个别事物，而是它所暗示的普遍性的意义”*。也就是说，象征物和它所象征的意义之间有游移性和不确定性。这样，我们就可以区别一般符号和作为象征的符号：

$$\text{一般符号}=\frac{\text{所指}}{\text{能指}}\qquad \text{象征符号}=\frac{\text{直接意义/象征意义}}{\text{能指}}$$

在原始的巫术活动中，象征不是以一种修辞手段出现的，而是一种建构世界、理解世界的方式，这样，这个世界就被看作隐蔽的、普遍的生命活力的外在显现，这就是象征化。黑格尔认为，艺术的前艺术，都是象征的。

---

* ［德］黑格尔：《美学》，第2卷，10、11页，北京，商务印书馆，1979。

正是这种巫术活动将世界象征化：星星不只是星星，而成了有生命力的神的存在；树木不只是树木，而是树的精灵的住所；雷声不只是雷声，而是雷神的咆哮；风不再是空气的运动，而是风神的呼吸；太阳，成了太阳神；月亮，成了月神；大地，成了大地之神；天空，成了天神；海，有海神……这些在我们今天看来属于纯粹自然的东西，在原初的巫术活动所构成的世界中，都是生命活动的象征。同样，人自身的活动也是象征化的：节日，有节日之神；当收获的季节来临时，又有收获之神；狩猎，有狩猎之神；命运，有命运之神；爱，有爱神；人死后，还有灵魂以看不见的形式继续存在。这些人类的活动，在象征化的世界中，都被归于神秘的生命力的体现。当然，与神的世界相对应的是另外一个象征的世界，即妖魔的世界——地狱、冥界，它们是“坏”的神秘生命力的表征。

这里要理解的核心在于，是什么力量使夜晚的群星不是遥远的、与人没有关系的发光体，而是向人眨着眼睛并对人说话的星星呢？是什么力量使得雷电变成了天神的咆哮呢？是什么力量使得不具有任何生命力的石雕变成了具有神奇生命力的神像或人像呢？……这不是想象力的问题，也不是幻想的问题，更不是人迷信的问题。其根源在于，是人的生命活力的创造将整个世界变成了生命的象征。据此，世界的象征化意味着整个世界的万事万物变成了自身拥有生命的、独立自主的力量，它们与人说话，向人歌唱，对人发出愤怒的吼声，向人倾诉……因此，世界万事万物与人发生关系，首先不是以认识的方式，而是以生命的象征方式直接进入了人的世界，与人发生着直接的活生生的关系。人之外的万事万物，正是以这样的方式进入了人的活动范围，进入了人所构建的“世界”。

因此，世界的象征化，其实质就是人的生命活力将自己外化为万物的本性，并使万事万物也受这种生命活力的支配和主导。这样，万事万物也就成了这种普遍生命力的体现。这里的外化，就是将自己所拥有的生命力让渡给外在的事物，以为它们也拥有与人相同的生命力，它们也按照生命力的活动方式活动着。所以，世界的象征化意味着，世界对人而言并不是先已给定的客观存在，而是被人的生命活动表现为灵魂的一种延伸，体现为生命活力的自身创造。在原初人类的活动中，凡是进入了人的活动范围的，无论是现实的存在，还是仅仅作为人的经验世界的存在，都被体验为某种神秘且普遍的生命力的外在显现。这就是人类文化起源的秘密。

（二）巫术符号与神话、语言、艺术

在巫术活动中，不仅世界被象征化，而且在被象征化的同时，出现了人的符号创造活动。巫术的世界是一个象征的世界，更是一个充满了符号的世界。就其表现形式来说，巫术活动是由许多仪式构成的，如祭神的仪式、祭祖的仪式、狩猎的仪式、生育的仪式、葬礼的仪式，当然还有许多节日的仪式，当一个人得病，也会有在病人身边进行的祈求神灵保佑的仪式。原始社会的巫术活动是一个充满仪式的世界。这些仪式是离不开象征和符号的。这些现象在今天美洲的印第安部落和非洲的原始部落仍然广泛存在。围绕着仪式，巫术活动形成了丰富的符号系统形式。原始初民的巫术世界的符号形式，可分为狭义的巫术符号、神话、语言和艺术四种类型。现在我们就来分析这四种符号形式。

1. 巫术符号及其魔力

在巫术活动中，几乎没有什么东西不可以成为它的符号，也没有任何东西不可以作为神秘力量的显现和表征。狭义的巫术符号系统包括图腾符号、占卜符号、祭祀符号、装饰符号等。

比如：中国的龙就是一种图腾符号；中国的八卦就是占卜符号；戴神的面具就是祭祀的符号；文身、涂面等，就是装饰符号。无论是什么类型，每一个巫术符号都有其独特的用途和魔力。

应该说，巫术符号的形成与世界的象征化紧密相关。世界的象征化就是最初的符号创造活动，是一切符号活动的本源，没有世界的象征化，也就没有符号创造活动。为什么这么说呢？

我们先看一个例子。大家可能都见过祭祀的活动。在祭祀中，神灵总是看不见的，要祭祀，就得把神灵请来，让它们到场。让神灵到场的办法，就是树立一个被祭祀的祖先的牌位或神的神位。在原始社会的时候，还没有雕刻，神位或牌位都是简单地竖立一块石头或起一个高台，来代表神灵的存在，然后人们就在这竖立的石头和高台前献祭、膜拜、祈祷、赞颂。这个时候，那竖立的石头和筑起的高台，就是神灵的住所，就是神灵的代表，或者更准确地说，它们就是神灵本身。这种用竖立的石头和高台来代表神灵的在场，就是一种象征。也就是说，凡用在场的事物代表或呈现某种不在场的事物，或者用可见的东西呈现某种不可见的东西，就是象征，也是符号。所有的符号，都是用可见的东西来代表或呈现不在场或不可见的事物。符号和象征，用简单的公式表示，都是用A代表B。A是在场的、可见的；B是不在场的、不可见的。

这里重要的不是怎样使用符号来代表，也不是用什么符号来代表，重要的是A作为没有生命的符号，为什么能够象征或代表有神奇生命的B。或许有人会说，人可以指令A来象征或代表B。也就是通过指令的方式将A与B关联起来，就像给囚犯编号一样。但问题的根本在于，如果通过指令的方式，可以用A来代表B，那么B如何会拥有A那样的神奇和生命呢？也就是说，在指令的情况下，如何让人们相信A就是B，而不会把A看作一种虚假的东西呢？因为祭祀的活动是严肃的、认真的，A如果只是没有神秘生命的代替物，那么如何能够让人们在它面前顶礼膜拜，并献祭牺牲呢？

因此，在巫术符号活动中，A代替B的过程中必然发生了神奇的事情，即A被赋予了与B同样的魔力和生命力，这样，一个符号才能不再是死的、没有生命的符号，而是一个活生生的生命。这种现象也同样发生在人们今天的生活中。譬如，当一个人把他逝世的祖先的照片放在灵台上献祭时，这照片就不简单是一个没有生命的照相印刷品，而是他那逝去的祖先活生生的见证，活着的子嗣们会在这照片前奉献他们的思念、崇敬和爱。

那么，巫术活动的符号世界是怎样变成一个富有生命力的世界的呢？符号的神奇魔力从何而来呢？答案是，从巫术活动的世界象征化而来。在巫术的象征化世界中，有两个根本的方面使得这种符号的神奇魔力成为可能：（1）在巫术世界里，每个事物背后都有自己的灵魂和神奇魔力，这个事物显现出来的形象，就是藏于不可见之处的灵魂的和神秘生命力的象征或“象”。因此，我们所看见的天空，并不是天本身，而是“天之文”；我们看见的地理、地貌，也并不是地本身，而只是“地之理”。这里的“文”、“理”都是一种象征，都是隐蔽的、不可见的神或神秘力量的外在显现。（2）在巫术世界里，灵魂和神奇魔力是可以转移的和分离的。这样，任何一个“象”，任何一个隐蔽力量的象征，就拥有或分享着这个力量本身的灵魂和生命。因此，当一个人去世后，他的灵魂还会保留在他所使用过的东西上。当某种奇迹发生时，周围的事物也会感染上这神奇的魔力。正是在这样的巫术世界中，一个本来无生命的符号才不再是死的东西，而是其所象征的力量本身的显现，因此，一个人的雕像、画像，一个神的面具，一个用石头竖立起来的神位等，也就拥有了其所“象”之人或神的同样的生命、神奇和魔力。

据此，巫术符号的神奇魔力，并不是想象力的结果，也不是简单的人的意愿的结果，而是在巫术活动中将整个世界象征化的结果。在整个世界的象征化中，所有的东西，包括现实的、非现实的、有生命的或无生命的，都是某种神奇力量的显现或“象”，这样，它们也拥有或分享了其所显现的隐蔽力量的灵魂、生命和神奇。人类活动所创造的符号，也正是根据这样的原则而获得了自身的生命和灵魂。大家知道，中国古代的《易经》就是一部古人的占卜书，其中有“六十四卦”的“卦象”，每一个卦象就是一个符号，它被当作某种神秘力量的显现。大家也知道，在河南的安阳曾发现了殷商时期的甲骨文，这些甲骨文其实就是在骨头上、龟甲上烧出裂纹，然后对这些裂纹进行吉凶判断所下的判词。在这样的占卜中，龟甲或骨头上烧出的裂纹，就被当作有神秘生命力的符号，或某种命运的显现，人们通过解读这些神秘的裂纹来判断吉凶和命运。这就是巫术符号的魔力。

思想深呼吸

原始艺术和数字复制时代艺术灵韵的消失

原始艺术起源于巫术和原始宗教，造就了艺术的仪式性、可膜拜性以及纪念碑性质。所谓的仪式性，是指艺术从巫术和原始宗教活动继承来了作为祭奠仪式的一部分的性质，原始艺术总是作为巫术和原始宗教的仪式的一部分而出现。这种性质造成了艺术出现的一种体制，就是艺术的仪式性。所谓的可膜拜性，是指艺术从其原始身份中继承了神秘的灵韵和不可触摸、不可亵渎的灵物的性质，使得今天的人们到博物馆或美术馆参观时，也会把艺术品作为圣物或灵物来看待和膜拜。所谓的纪念碑性质，是指艺术从它的起源处获得了神圣纪念的性质，它总是伴随着重大的、神圣的事件，并作为承载着这些事件的符号或圣物而被保持和崇敬。此后的艺术，无论是绘画、雕刻还是建筑，都有一种纪念碑的功能。

20世纪重要的德国美学家瓦尔特·本雅明在他的重要论文《机械复制时代的艺术作品》中，把艺术从这种原始巫术和原始宗教继承来的仪式性、可膜拜性和纪念碑性质，描述为艺术的灵韵。但他认为，在机械复制的艺术中，这种灵韵就消失了、瓦解了。

值得进一步思考的是，对于今天的人们来说，随着互联网的发展以及大批量数字复制现象的涌现，艺术从起源时便拥有的仪式性、可膜拜性和纪念碑性质的灵韵，是否荡然无存了呢？这是今天的人们所面临的尖锐问题。

从这个意义上说，人类最初的活动是表现性的，这种表现性就是巫术的符号或象征化活动。人类是唯一进行符号活动或象征化活动的动物。人类的审美活动最初也就存在于这种符号活动或象征化活动之中。

巫术的符号活动和象征化活动孕育了神话、语言和原始艺术。这三者不是先后产生的，而是共同产生于巫术的符号世界和象征化活动之中。

2. 神话

世界上不同的民族或文化，都有它们各自的神话。神话是先民创造的最重要的符号世界，也是直到现在还在滋养着人类活动的符号世界，没有一个民族能够完全脱离她的神话本源来创造她的伟大文化。神话是人类的符号活动向人类的生存投下的第一束灿烂的光芒，就像群星照亮了暗夜的天空一样，神话第一次开辟出了人类生存的璀璨星空。

神话一般分为三类：第一类是起源神话。所谓起源神话，就是关于宇宙的起源和人的起源的神话。如中国古代的“女娲抟土造人”的神话，就是中国人的起源神话。《圣经》中上帝在七天里创造天地万物，创造亚当、夏娃以及亚当、夏娃如何堕落而生育人类，则是以色列人的“创世神话”。第二类是诸神神话。所谓诸神神话就是关于不同的神的故事和传说。在这方面最丰富的是古希腊的神话，它有非常复杂的神的谱系和家族，如酒神狄奥尼索斯、日神阿波罗、海神波塞冬、天神宙斯、战神阿瑞斯、爱与美之神阿佛洛狄忒等等。每个神都有自己的故事，他们之间也像人类一样有各种争斗，他们也有像人类一样的感情和喜好等，只是他们是不死的，住在天国，同时有着比人类更强大的力量。第三类是英雄神话。所谓英雄神话，就是神话中的人物是历史上的英雄，但他们却有着神般的力量和奇迹。比如：中国古代大禹治水、夸父逐日的传说，就属于英雄神话；古希腊荷马的史诗《奥德赛》、《伊利亚特》等，也属于英雄神话。

那么，什么是神话呢？表面上看，神话是人类按照想象的方式对世界的解释。但本质上说，神话不单是想象的产物，神话也不主要是对世界的解释。神话是不死的、自由的生命活力或灵魂独立自主活动而形成的王国，在这个王国中，自由的生命活力和不死的灵魂不再受肉体凡胎的束缚，它超越了生与死的界限而进入了永恒的、无限的领域。在那里，它具象化为绝对和自由的力量的形象，这绝对的和自由的力量的形象进行着无所不能的活动。因此，神话是生命活力摆脱肉体凡胎和时空限制而向超越性领域的形象投射，是神奇的生命力的形象呈现，并折射着人的超越性的影子。它不是任何想象力的结果，而是生命活力和灵魂的灵动的自身创造。因此，大家看神话的时候，不能单了解故事，而是要领会支配神话人物背后的自由的生命力。

神话世界的诞生和创造，显示了原始人类前认识的智慧思维的巨大创造力。这种前认识的智慧思维，就是进行神话运思的思维，我们可称作神话思维。神话运思的特征如下：(1) 它是“万物有灵论”的或“泛神论”的。在神话世界中，没有一样东西不是有灵魂的和有生命活力的，甚至生命活力所呈现的任何一种独特的表现，如嫉妒、爱、仇恨、智慧等，也都转化为具体的生命形式，也都有自己的活的形象。如在古希腊神话中，智慧是以女神的形式出现的，嫉妒也是以女神的形象出现的。(2) 这些形象不是肉体的、世俗的形象，而是一种超凡脱俗的、没有肉体的形象，即使它们也有类似人的欲望和一个形体；它们也不是抽象的东西，而是显现为一个个完整的形象，即一种象征化的形象。作为自由的、绝对的生命活力的象征化，这些形象体现了自由、绝对的生命力的所有特征：独立、自主、自由，不受任何现实原则的支配，绝对自由地按照自己的意志行为着。神话世界中的一切，都是以活生生的完整的形象出现的。但在这种形象中却包藏着一个具有相当概括力的模糊的观念或思想。(3) 神话形象超越空间，超越时间，可以在空间中自由穿梭，并生活于永恒的时间之中。这种超越时间和空间的形象，正体现了原始人类对运行于自身内的活生生的生命力的体验，包括它的灵动、自由和绝对的自主性。(4) 在神话世界中，也与巫术象征化世界一样，神话形象可以在不同的东西之间自由转换，那灵动的神性可以一会儿变成天鹅，一会儿变成少女，一会儿成为云彩，一会儿又变回它自己。神话人物所拥有的超凡力量也可以自由转移，如智慧女神想要支持谁，就可以把智慧赋予这个人或神，嫉妒女神想要惩罚谁，就可以让谁妒火中烧。这正表明了神话世界是一个“万物有灵论”的整体的、有机的世界，不同的生命体的生命活力是贯通的，可以转换的。这四个方面构成了神话世界的神奇、超凡和魔力。

神话运思植根于巫术直观，由有魔力的诸神构成的璀璨的神话世界，正是在巫术直观的象征化世界中孕育、滋生的。但比起巫术直观来，神话还是有诸多的发展：(1) 神话运思减少了几分迷信，多了几分信仰。巫术世界更多的是一个迷信和信仰混杂的世界，但神话则对由生命活力转化成的神的信仰变得坚决起来。(2) 神话减少了几分模糊性，增加了几分形象的清晰。如果说，巫术世界的形象更像飘忽的影子，那么，神话中诸神的形象则是轮廓清晰的画像。(3) 巫术世界充满着吉凶感与宿命感的混合，神话世界则充满着命运感。因此，神话世界比起巫术世界来，要更有故事性。当然，这并不意味着神话世界可以脱离巫术世界。巫术世界永远都是神话世界丰富肥沃的土壤，神话不过是这片肥沃厚土中的一棵树上所挂满的鲜艳而丰硕的果实。

因此，神话运思是巫术直观中前思维的诗性智慧的总爆发，是巫术活动的象征化世界向由生命活力转化而成的魔力四射的形象世界的迈进。在神话中，所有的生命活力或灵魂都转化为独立的形象并自主地行动着和运动着，或演绎出神奇的故事，或展现出悲剧的命运。比如古希腊的“西西弗斯神话”。

知识版图扩张

西西弗斯神话

西西弗斯是诸神中的一员，有一天他在奥林匹斯山上的天庭那里偶尔听到了一个诸神的秘密，天神宙斯将要惩罚某一位国王，因为这位国王冒犯了诸神。这位国王与西西弗斯是好朋友，西西弗斯认为这位国王是一个诚实的人，不应该受这样的惩罚，于是他就把这个秘密告诉了国王，让国王赶快躲起来。后来，天神宙斯知道是西西弗斯泄露了天庭的秘密，违反了天规，就给西西弗斯以巨大的惩罚：罚他每天把一块比磨盘还要大的石头从山下推到山上，又从山上把石头滚下来，然后再把石头推上山顶，再滚下来，如此周而复始。从此，西西弗斯每天毫无目的地推着这块石头，循环往复，日复一日，无法停歇。大家通过这个故事可以发现，它既是一个故事，又是对某种或某些人的命运的概括。“西西弗斯的命运”具有高度的概括力。20 世纪的时候，法国作家加缪就认为，西西弗斯无目的的、周而复始的劳作，其实象征的就是人本身的命运。这表明了神话具有强大的象征性的概括力。

但神话的概括不是理性概念的概括，而是一种凝聚于具体形象的概括，因此它是故事形象，但这种故事形象却是浓缩的、概括性的形象。同时，神话形象的浓缩、概括，具有超凡的穿透力，它的形象的活力和它所概括的命运之间天衣无缝地结合为一个整体的、完善的形象，这使得它逾千年而不失魅力。这正是神话形象的魔力。神话运思的诗性智慧就是从事这种形象创造的智慧，是把洞见和思想凝结为活的形象的智慧。

通过活生生的形象来凝聚人生活（生命活力）的历史、经验和命运，正是神话运思的独特智慧。这智慧就是把任何东西都正好把握为完整的、活的形象，它既不超越形象而走向抽象，也不仅仅是形象而没有凝聚的概括。它是将完整的形象与生活的概括完美地、浑然地呈现出来的智慧。这就是神话思维或诗性智慧。它是巫术活动发展出来的最非凡的、最具魅力的表达方式。人类审美活动正是在这种神话运思的诗性智慧中，获得了广阔而深厚的生命活动的本源性根基。

3. 语言和词语的魔力

与神话一样，语言也产生于巫术活动的符号创造之中，也就是说，孕育神话的力量同样也孕育了语言。

我们现在的人都认为语言是人类发明出来的一种进行交流的工具，并认为语言是建立在对事物的理解的基础上的，认为有了理解，我们才给事物命名，用一个符号来代表某个事物。这样，就诞生了语言。但这个观点是不符合历史事实的。语言产生于原始巫术活动这个事实就证明，语言不是思维或理解的结果，而是前思维的、前概念的巫术直观的结果。在那样的时代，人类还没有那么发达的理性认识来建立如此复杂的语言符号系统。

语言起源于巫术的符号活动之中，起源于认为世间一切都是神秘的生命力的象征和显现的巫术信仰之中。语言诞生的最初行为就是“命名”。“命名”并不是给事物一个约定俗成的人为符号或代号。我们前面已经说过，巫术活动中的符号本身是有魔法的。因此，在巫术活动中孕育的符号并不是指示性符号（representative sign），而是一种魔法符号（magic symbol）。在原始社会中，没有指示性符号，只有魔法符号。指示性符号就是用一种人为的抽象形式来指示某个事物或意义，比如交通指示灯。在这种情况下，符号与符号所指示的意义之间是分离的。但魔法符号本身就是有生命的，它本身也拥有魔法和神秘的力量，比如咒语、卦象等。它和它所代表的事物或意义是一体的，严格地说，它不是“代表”某事物，而就是那事物，拥有那事物本身的生命、活力、意志和独立的力量。在这样的情况下，一个符号和它表达的事物或意义之间、词语与事物之间、意象和“对象”之间，是完全同一的。不是符号、词语、意象同一到了事物之中，相反，是事物、意义、神秘的力量完全浓缩、消失和淹没在了符号、词语、意象之中。在巫术活动中，“符”本身就可以治病、可以降魔，这体现了魔法符号的魔力。大家都知道，中国造字的人传说是仓颉，史书上说，仓颉造字后，“鬼神为之号泣”，说的就是文字的魔法。

这样，作为巫术符号的原始语言具有如下的特征和功能：(1) 词语、符号和意象不是“指称”或“代表”某物或对象，而是就是那对象本身，词语和它的内容之间完全是同一的，在这种同一中，根本发现不了任何“指称”的痕迹。不仅如此，因为词语、符号和意象是其所表达的事物的聚集、彰显和显明，因此，它们甚至比那要表达的事物更是那事物，甚至更为真实，也更具本质性。(2) 词语、符号、意象不再只是人为的抽象的东西，而是一种与事物一样的实在，是有生命的存在，它们一旦出现，就像活生生的存在物出现一样，是不能轻易被消除或抹去的。也就是说，词语、符号、意象都与其所表达的事物一样，是实际存在的。（3）词语、符号和意象都拥有神奇的魔法，具有自身的生命力和意志。它们本身就可以独立地发挥神秘的作用。古代社会中对词语、符号、意象的崇拜、敬畏就根源于它们的神秘力量。

因此，语言和神话一样，产生于同样的符号创造过程，这就是世界的象征化。显现的生命活力把自己凝结为神话形象，与词语通过发声说出而把直观中出现的事物凝聚、召唤于声音或刻写的符号中一样，都是世界象征化的具体实现。词语的起源与神话运思一样，都爆发于这样的时刻：所有的东西都凝结、聚集于突然出现的直觉形象上，并逗留、执著于这直觉形象上，其他东西和周围的世界消失不见，唯有这直觉的形象占据了所有的注意力，一个人的全部领悟力被这个直觉的形象所迷住，自我将其全部能量、全部精神都倾注到这唯一的对象上，生活在这个对象上并迷恋于这个对象。在这一刹那，人的经验不走向分析，也不走向理性的逻辑推断，而是凝聚于这直觉的形象，使它成为某种意义的活的唯一的形象呈现。这就像我们在山野间漫步，突然被眼前的一处景致所迷住，其他一切都暂时隐退，只有这一片景致与我们同在，而我们自己也倾向于与这景致融为一体，成为这景致的俘虏。李白的一首诗《独坐敬亭山》表达了同样的经验："众鸟高飞尽，孤云独去闲。相看两不厌，只有敬亭山。"在那一刹那，"我"与山融为一体。开始还是"相看"，最后则是"只有"了，"我"融入了敬亭山之中，此时的敬亭山也已不是"相看"着的山，而是"我"融入其中的那山了。

词语作为事物向直觉经验的凝聚并不是简单地给事物一个名字，命名并不是给事物一个代码，而是把事物作为一个整体，召唤、聚集于直觉到的形象或显现的符号之中。因此，词语作为命名是对事物的召唤、聚集和凝结，它不是分析事物，而是凝结事物于一个直观的形象中，无论这直观的形象是一个独特的声音，还是一个独特的字符，它们都是事物在凝聚中的显现。因此，词语作为聚集、凝结，比那还未被聚集、凝结的自然事物本身要更具本质性，因为，聚集、凝结和召唤，就是进入显现，就是获得显示的符号形式，就是从隐蔽中走向澄明之光中的存在，这也就使得符号形式比自然事物更具有魔力。

在这种意义上，原初的语言或原始的语言并非交流的工具，而是诗，是本源性的诗。原始语言是一个诗意的世界。这里所谓的"诗意"，并不是"浪漫的"、"文雅的"，而是指事物在直观的形象中凝结并在直观的凝结中显现自身。

原始的诗意的语言，只有在后来的发展中，才走向了指示或指称性的语言，即当语言从词语的魔法中摆脱出来，并获得自身的逻辑意义时，语言就不再是本源性的诗，而是交流的工具，这才有了科学的语言。但是在语言走向指示性的科学语言的同时，它的诗性的本性却并未消失，而是保留在了文学的语言中。在文学中，比如诗歌，语言的诗性比原始语言的诗性更为纯粹，因为，原始语言的诗性还笼罩在魔法和巫术符号的阴影之中。

但是，无论如何，从语言的诞生，我们可以看到审美活动在原始符号活动起源中的根基。反过来，从理解语言的诗性本性开始理解审美活动和艺术活动，是一个基本的途径。正如德国现代美学家恩斯特·卡西尔所说："诗的语言包含着最强烈的情感因素和直觉因素。语言的形式符号不仅是语意的同时还是审美的形式符号。不仅在诗的语言中而且在日常语言中都不能排除这一审美因素。离开了它，我们的语言就会黯然无光，就会丧失生命力。"①

① ［德］恩斯特·卡西尔：《语言与神话》，169页，北京，三联书店，1988。

4. 原始艺术

原始社会没有我们今天的所谓纯粹艺术作品，即纯粹为了观赏的艺术作品。我们所说的原始艺术主要指原始社会围绕着巫术活动而形成的绘画、雕刻、舞蹈、音乐和诗歌，它们不是独立的，而是依附于巫术活动，并构成了巫术活动的一部分。

（1）绘画、雕刻。

先看原始绘画。原始绘画就考古发现的情况而言，依据所用媒介可分为三类：第一类是岩画，就是画于岩石上的图画；第二类是器物画，就是画于用具上的图画；第三类是身体装饰画，就是画的面具和文身。就原始绘画的风格类型来说，也有三类：一是抽象的装饰图案型，二是动物画和人类活动的画，三是抽象符号。

现在发现的最早的岩画是旧石器时代的。旧石器时代大约从公元前 3 万年持续到公元前 9000 年左右，新石器时代则从公元前 9000 年左右持续到公元前 2000 年左右。这是一个漫长的时期，它的历史要比有记录的文明史长。旧石器、新石器时代的岩画在世界上分布相当广泛，欧洲、非洲、亚洲和美洲都有。图 2—2 是发现于西班牙北部阿尔塔米拉洞穴中的一幅野牛图画。阿尔塔米拉的洞穴岩画是在 1879 年被旅游者偶然发现的，这是一个震惊世界的事件。这个洞穴是个隐秘的洞穴，其中发现的岩画面积非常大。画面中大多为野牛、野马，有些动物图画的身上还画有箭镞，此外就是抽象符号。至今尚无人能够理解这些抽象符号的含义。

图 2—2　阿尔塔米拉岩画

考古发掘表明，这些动物图画和抽象符号之所以画在隐秘的洞穴中，显然不是为了观赏，它们是原始人类进行巫术活动时留下的。原始人类在狩猎前都要进行巫术活动和祭祀活动，以祈祷神灵帮助他们狩猎成功。他们把这些动物画下来，就是通过对动物的图像的控制来完成狩猎的活动。也就是说，原始人类相信，通过控制动物的图像就可以控制动物。因此，他们把动物的图像当作动物本身，控制了动物的图像也就控制了动物本身，在巫术活动中给动物的图像施魔法，也就是给动物本身施魔法。所以，原始绘画作为巫术活动的一部分，也运用着与巫术符号活动、神话和语词相同的规则，这就是图画与符号、神话形象一样，都是具有魔法效力的、有生命活力的东西，它们和它们所代表的动物是同一的。

从这个画面来看，大家会发现，野牛是用完整的轮廓线呈现出来的。野牛的轮廓线是如此完整、如此娴熟，简直令人叹为观止。这头牛仿佛活生生地站在那里，它仿佛是一个活物，而不是一幅图画。当然，画这幅画的不是什么画师，而是在原始社会中掌握巫术技巧的巫师。在当时的社会中，只有他有这个权利。但从这些画面中，我们会发现，这些巫师是多么娴熟地掌握了绘画的技巧，又是何等高超地把握了他所要画的动物的整体轮廓。

原始绘画还没有使用什么透视法，也不是写生，但它却以一种整体直观的方式把握了事物的整体轮廓，这个整体轮廓虽然忽略了许多细枝末节，但也正是因为删除了这些细枝末节，轮廓才如此清晰、饱满地呈现出来，让今天的绘画大师自愧不如。

画在器皿上的画则主要出现在木器、陶器以及青铜器上。新石器时代的器物画还是非常抽象的图案。这些图案有两个功能，一是装饰，二是表达某种巫术意念。图 2—3 是发现于中国西安半坡遗址的彩陶盆。这个陶盆的图案是抽象的，其含义还不清楚。画面中有两个人头的抽象图案，每个头像的嘴两边都各有一条鱼，耳朵上也各有一条鱼。显然，这表达了先民们对鱼的渴望。然而尽管这图案是具体的形象，但人头和鱼的画法也同样是轮廓线的画法，它们不是据实画出的。这正表明了原始绘画的轮廓线的抽象风格。

图 2—3　人面鱼纹彩陶盆

再看原始雕塑。原始时代的雕塑像绘画一样有相同的轮廓线风格，那时还没有圆雕，而是以线条浮雕为主。内容多以神的面具、祖先的面具为主，主要使用于祭祀和祝神的活动中。古埃及给雕塑家下过这样一个定义：雕塑家是使人永恒的人。也就是说，雕塑是使人永恒的一种方式。为什么雕塑能够使人永恒呢？因为在原始社会中，雕像并不是对人的模仿，而是通过刻画把人的形象镌刻进石头或木头，以变成永恒的符号。这表明，雕塑也同样享有巫术符号的神奇魔法：雕塑将会死的人转化为不死的符号，而符号作为凝聚和聚集，不仅与要表达的对象是同一的，而且比对象更为长久。这也就是雕塑总是被用于纪念的缘故。同样，当这样的雕像被置于神坛的时候，它就不只是一尊木头的或石头的雕像，而就是那神本身。中国古代所说的

“祭神如神在”，就表明了这个意思。只有当这雕像就是神本身，而不是一个模仿品，更不是一个简单的木头或石头时，才能唤起人们的崇拜、歌颂和献祭。如果雕像不是神本身，那它如何唤起人们的崇敬和膜拜的热情呢？

图 2—4 是一个非洲部落的保护神木雕。大家通过它可以看到原始雕刻的基本风格。

图 2—4 非洲木雕

总之，原始绘画和原始雕刻，都不是起源于对事物的再现，也不具备写实的功能，而是施魔法的符号形式。这就使得原始绘画和原始雕刻都具有强烈的抽象风格和象征特征，即具有强烈的表现性。

（2）诗、乐、舞。

现在，我们来看原始的诗、乐、舞。在原始社会，没有单独的诗，也没有单纯的音乐和舞蹈。诗、音乐和舞蹈三者是互不分离地结合在一起的。歌唱时必有舞蹈，歌唱中当然也会有歌词，这歌词就是后来的诗。这就叫做诗、乐、舞“三位一体”。诗、乐、舞“三位一体”是原始乐舞的第一个特征。其第二个特征是乐舞中的扮演者要戴面具。这些面具或是神灵、祖先的象征物，或是图腾崇拜的动植物的形象化。

中国古代《尚书·尧典》中有一段舜帝命夔典乐的话：“诗言志，歌永言，声依永，律和声。八音克谐，无相夺伦，神人以和。夔曰：‘於！予击石拊石，百兽率舞。’”[①] 意思是，诗是言志的，歌则延长诗的语言，把诗的语言徐徐唱出，而唱的声音又要高低相配合，要合音律。八种乐器的声调要相互和谐，不能相互扰乱，这样，才能达到乐神、敬神，使人与神和谐。夔则回答说：好！我击石磬，拊石磬，戴着百兽面具的舞者就会统一地起舞。这里的“百兽率舞”并不是说诸多的动物跳舞，而是说戴着动物面具的诸多的舞者会步伐整齐地起舞。这段话说明了这样几个意思：舜的时代诗、乐、舞是合一的；诗、乐、舞是用于祝神的、乐神的，是为了达到“神人以和”；在乐舞中，舞蹈者是戴着动物面具的。

中国汉代流传下来的《毛诗序》，对这种情况做了更清楚的描述。《毛诗序》说：“诗者，志之所之也，在心为志，发言为诗。情动于中而形于言，言之不足故嗟叹之，嗟叹之不足故永歌之，永歌之不足，不知手之舞之，足之蹈之也。”[②] 这段话的意思是，诗，是内心志向和情感的表现。在内心中是志向，用言语表现出来就是诗。内心有了要表现的情感、志向，就用言语的形式把它们表现出来。言语的形式若不足以表现这些情感、志向，就用感叹的语气来表达，嗟叹若不足以表现，就用歌唱的方式把言语唱出来，歌唱的方式若不足以表现，就会不由自主地手舞足蹈起来，这样就有了歌舞。这清楚地表明了歌舞与音乐、诗的密切关系。

---

① 转引自孙星衍：《尚书今古文注疏》，上册，70～71 页，北京，中华书局，1986。

② 转引自郭绍虞主编：《中国历代文论选》（一卷本），30 页，上海，上海古籍出版社，1979。

图 2—5 是出土于中国青海上孙家寨的彩陶盆上面绘制的歌舞场面。

图 2—5　舞蹈纹彩陶盆

诗、音乐、舞蹈结合所形成的乐舞，主要出现在祭祀、祝神、节日、庆典等场合。在原始社会，它们的主要用途是祝神、乐神，因此是巫术活动的主要部分。而那个时候是没有谁会成为观众的，如果有观众，那么这个观众只有一个，就是“祭神如神在”的神。所有的参加者都是演员，是歌唱者或舞者，是卷入乐舞的成员，乐舞的上演不是为了人的观赏，而是为了让神观赏，是要让神在人的献祭和歌舞中获得快乐。但是，从实际的心理过程来说，既然在乐舞中达到了“神人以和”，那么，人也会从中获得快乐。但这时人获得的快乐不是我们今天所谓的观赏的快乐，而是在具体的表演中获得的快乐。

原始乐舞的实质体现在两个重要方面：(1) 在乐舞中舞者、歌者、诵唱者获得了自身的表现，他们获得的是表现情感的快乐。原始乐舞都是“表现性”的，而不是“再现性”的。他们把自己的身体交付于所扮演的角色，这些角色可能是某个神灵，也可能是某个神话中的人物。扮演者在把自己的灵魂交付于这个神话人物或神灵时，就让自己的灵魂脱离了自己的身体，脱离了自己的肉体凡胎，从而进入了生命活力自由运动的领域。(2) 原始乐舞的表演是要戴面具的，而面具使它们具有符号形式呈现的象征意义。面具在原始乐舞中的普遍使用表明，当人们戴上面具而扮演神灵时，他们不是假装自己是这个神灵，而是他们就是那个神灵的显身，就是那个神灵的活生生的出场。应该说，面具是一种施魔法的手段，面具将扮演者的世俗身份革除在外，将他们现实的人生革除在外，而将扮演者的生命聚集于面具本身所赋予的性格和神灵上，这样面具就将赋予扮演者以神秘的魔法和生命力。戴面具是原始乐舞施魔法的方式，也是将扮演者符号化和象征化的方式。也就是说，面具具有施魔法和进行符号化的双重功能。这也就是为什么直到现在某些戏剧还沿用脸谱（如京剧）或面具的缘故。当然，面具之所以具有魔法和生命力，则同样基于原始巫术活动的世界象征化这一基本原则，只有当面具是符号、是表现、是生命活力的显现时，它们才是有魔法的，才是活生生的。

到此，我们将结束对原始艺术的讨论。我们的结论是，原始艺术，无论是绘画、雕塑、身体装饰，还是诗、乐、舞合一的乐舞，都不是纯粹的艺术，而是原始巫术的符号活动。作为原始巫术的符号活动，绘画、雕像、装饰符号、诗、音乐、舞蹈等都是以具有魔法和具有表现力的符号出现的，它们是神灵或某种神秘的生命活力的象征和显现。就其作为生命活力的象征和显现而言，它们揭示了人类审美活动的原初根基。

第二节
身体劳作与“手艺”

◎**身体劳作与“手艺”**○身体劳作○身体劳作的本源性意义○“手艺”的诞生○“合目的性”○“合规律性” ◎**“手艺”与“艺”**○“艺”本源于“手艺”○“手艺”为“艺”奠定本源性根基

巫术活动在原始社会中，并不仅仅在观念世界中进行，它其实就是原始人的社会生活现实，巫术活动是和当时具体的生产活动纠缠在一起的。虽然如此，我们还是可以区分出一个基本的社会生产领域，这就是具体的劳动。就在这具体的劳动中，也有艺术和审美活动的起源。但是我们不能把劳动概念理解得过于笼统，过于简单，我们需要揭示出劳动中与艺术和审美活动的关联点，从这个关联点入手，我们能够从劳动过渡到艺术和审美活动。这个关联点就是劳动中的“手艺”。

古希腊的柏拉图就明确地说，艺术活动有两个起源，一是灵感，二是手艺。他甚至认为：“无论什么东西从无到有中间所经过的手续都是创作。所以一切技艺的制造都是创作，一切手艺人都是创作家。”（《会饮篇》）柏拉图所说的“灵感”，归属于原始巫术活动的巫术直观，“手艺”则归属于具体的生产劳动。现在，我们就着手了解具体的生产劳动是如何产生“艺”的。

一、身体劳作与“手艺”

原始人类从旧石器时代到新石器时代，走过了近三万年的漫长路程。在这漫长的路程里，人类靠什么生活呢？靠的是人自己的身体劳作，他们是用自己的身体来进行具体的生产实践的。身体有能量爆发，这就是体力；身体有手，可以把捉；身体有腿，可以奔跑；身体有欲望，可以驱使人去行为；身体中会产生意愿，可以使人按意愿行事……在原始的生产实践中，一切都是围绕着身体进行的。

（一）身体劳作

什么是身体劳作呢？大家可能会很简单地回答：身体劳作就是干体力活，就是体力劳动。但是，问题并非这样简单。因为，“体力劳动”是在与“脑力劳动”的对立中出现并被理解的。这是在出现了劳动分工之后的事情。但是，劳作的本源现象却不是这种分裂的现象，而是以身体为核心的有机的整体活动。因此，理解审美活动和艺术活动在劳动中的起源，不能从抽象的劳动开始，而是必须还原到劳动的本源现象，即身体劳作中才能进行。

为什么说身体劳作是劳动的本源现象呢？首先，身体的处身性存在是人的存在的唯一现实。离开了身体存在，就不可能有人的存在，更不可能有人的劳动实践活动。其次，原初劳作是以身体为核心进行的，原初劳作其实是身体进行生产实践活动，并在此实践活动中形成人自身的世界。在这里，不存在智力与体力、意愿与激情、思考与动作之间的任何区分，而是一切都包含在身体的有机整体自身的展开之中，即身体有机整体的生命活力的绽出和投射。我们把身体有机整体的生命活力的这种绽出与投射叫作“身体的绽出性”。身体有机整体的生命活力的这种绽出和投射，就是身体劳作。人类的一切都是植根于这种身体有机整体的生命活力的绽出和投射之中的，没有身体有机整体的生命活力的绽出和投射，人类不会有知觉，也不会有事物与之相关联。因此，在原初劳动的本源性现象中，身体劳作是作为人类生存的本源性奠基而向人们呈现的。

对身体有机整体的生命活力的绽出和投射，我们应该这样来理解：在身体的奔跑和追逐中，人类狩猎；在狩猎中，人类不仅发现了自己身体活动的灵巧、力量，而且发明了狩猎的工具（如弓箭），了解了动物的自然生长习性。从此，人类与动物之间建立了关系，驯养成了人类生活的食物新来源，于是在野生动物之外，有了家畜、家禽。人类用双手采集果实，在采集果实的身体运作中，植物的习性进入人类的视野，人类由此开始了对植物的培育，于是在野生植物之外，有了属人的庄稼和蔬菜。在身体劳作中，人类用双手打磨石头，制作木器，于是在自然的石头、树木之外，有了属人的工具，譬如石器，工具正是人身体的延伸。在身体劳作中，人类用树皮、动物毛皮缝制自己的躲避风雨霜冻侵袭的外加保护，于是在人的生物肌肤之外，有了属人的衣冠，衣冠是人的肌肤的延伸。在身体劳作中，人类走出自然的洞穴，用双手建造了自然界没有的屋宇，于是人作为人有了属人的居所。在身体劳作中，天空不再是冷漠的、遥远的外在之物，而是人的生活的穹庐，大地也第一次显现为大地。中国古人说的“天无所不覆，地无所不载”，就是指在身体劳作中向人显现的天空和大地。白天，太阳照亮人生活的领域，给人温暖，于是太阳成了人的太阳神；黑夜，群星和月亮与人为伴，于是群星和月亮成了孤独夜行人的伴侣……

总之，人并不是单纯地站在那里，首先用他的理性去认识周围的一切然后才行动的；相反，人首先进行的是身体劳作，在身体劳作中，与这种劳作发生关系的事物才第一次从冷漠中、从晦暗不明中向人类走来，并聚集于身体劳作者的周围，构成了人自身的世界。同样，人也不是单纯出于求生的欲望才去有所作为的，在原初的意义上，人的身体本然地趋向于去成就什么。这样，才有身体有机整体的生命活力的绽出和投射。正是在这些意义上，身体劳作在本质上是人类生存的本源性奠基。

因此，身体劳作不是单纯的为求生而进行的体力劳动，而是身体在趋向于成就什么的生命活力的绽出和投射中，将自己交付出去，并在这种交付中使世界与自身发生最切己的、最实在的本然关系的活动。只有从这样的身体劳作中，我们才能揭示出“手艺”中的“艺”的本质。

知识版图扩张

身　体

谈论审美活动和艺术活动与劳动的关系已经很久了，但是在过去的理论中，劳动都是一种抽象的劳动，因为这些理论排除了身体的核心地位和优先性。这样，劳动与审美活动和艺术活动的关系就是空洞的和抽象的。因此，这里必须从理解身体开始。

虽然我们每个人都有身体，但要正确地界定它，却不是件容易的事情。

首先，我们面临着几千年来文明史对身体的压抑和遮蔽。这个压抑和遮蔽的历史，可以分为三个阶段。第一个阶段是道德的压抑和遮蔽阶段，从公元前700年人类第一次理性崛起的时代开始。它通过主张要过一种道德礼教的生活而贬低身体，认为身体是欲望之源，因此必须压抑它才能过道德的生活。第二个阶段是宗教的压抑和遮蔽阶段，这个时候身体被看作不洁的、邪恶的、原罪的。宗教认为，只有彻底放弃身体，我们才能进入天国。第三阶段则是启蒙运动的理性主义阶段。这时，主要是通过理性与生理、精神与肉体的二元对立，来贬低和压抑身体的，并认为精神生活才是人的本质，理性才是人的精神实质，而身体则是生物的、低级的、俗不可耐的。在这样漫长的压抑和遮蔽中，道德、理性、精神被看作最重要的，也是居于优先性的地位，而身体已经被我们所鄙弃和遗忘，仿佛人可以没有身体，单凭道德、理性、精神就可以生活似的。结果是，人的生活越来越贫乏，越来越骨瘦如柴，而身体的本源性也越来越蔽而不显。

但人类存在的基本事实却是，并非是道德、理性和精神优先，而是身体优先，即身体存在是最基本的，身体存在本身构成了人的活动的奠基，是身体存在以及身体的敞开使人拥有了世界。身体存在和敞开的奠基性在从旧石器时代到新石器时代的人类历史中得到了完整体现，那时没有文字，也没有理性，是身体的活力支撑着人的历史的创建。在这里，我们必须把身体当作整体的存在来看待，而不是把它当作“生物体”来看待。同时，我们也必须看到，人类的智慧，首先是身体的智慧，后来才有理性的智慧。

因此，在分析审美活动和艺术活动的起源时，我们不能单纯从劳动开始。因为劳动不是抽象的，劳动首先是身体劳作。而正是身体劳作，为我们开辟了一切，包括审美活动和艺术活动。这里，我们必须突破文明史对身体压抑和遮蔽所带来的所有偏见，才能返回到身体存在的本源性根基。

尼采在他的美学和哲学中，谈到了身体的首要性，主张从肉体出发，并从肉体中来阐发酒神精神。20世纪的现象学家梅洛-庞蒂在其知觉现象学中提出了身体知觉的首要性，并把美学的许多问题关联到身体知觉。20世纪末，福柯和美国新实用主义美学家舒斯特曼，都以不同的思想路径讨论了身体美学问题。

（二）身体劳作的本源性意义

身体劳作作为人类生存的本源性奠基，主要体现在如下几个方面。

第一，在身体劳作中，外在的事物落到人类的手头，与人发生了实实在在的关系，并在人类的劳作中显现出自身的本性，即在身体劳作中，事物向人敞开自身。如果没有身体劳作对事物的作用，那么事物将永远是外在于人的，是与人疏远的东西，它们不可能与人发生任何关系，它们也因此保持着自身晦暗不明的封闭性。正是在身体劳作中，事物不再保持其依然故我的封闭性，而向人类身体劳作的打磨、敲击敞开，并在这种打磨、敲击中向人类敞开了自身的秘密。于是，在打磨和敲击中，石头显现出自身的坚硬；在具体的手工制作中，木头显现出自身的牢固和支撑的本性；在手工采集和耕作中，土地显现出其生产本性……因此，在身体劳作中，事物向人显现自身，并聚集于人周围，不再是与人疏远的、漠然的异物，而是人的朋友，围绕着人构成了人的世界。相比较而言，其他动物，哪怕是灵长类动物，都不能把事物聚集于自身，并形成一个世界。

第二，在身体劳作中，不仅事物向人敞开，人也向事物敞开，在这种自身敞开中，人发现了自己。在原始的身体劳作中，人自身向自身显现的首先是自己身体的隐蔽的秘密——生命活力。这活力在他的奔跑中，在身体的爆发中，在与事物的角斗中，在身体姿态的灵动中，在生命情感的无常变化中，在自身生与死的变迁中……显现出的就是这神奇、隐秘的活力。原始人类为这生命活力的自主、独立、自由的运作而惊奇，以为这生命活力有他自身的生命。于是他们将这自由、独立、神奇的生命活力体会为一种独立于人之外而存在的神秘力量。这就是神的起源，也是巫术活动的起源。他们以为所有的事物都享有这生命的活力，以为树的发芽、动物的奔跑和凶猛、火苗的奔蹿、河水的流动、潮水的起落、太阳和月亮的升降等等，都受这生命活力的支配。

第三，更为重要的是，当身体劳作在事物上面刻印上自己劳作的痕迹时，人类更多地知道了自己，即出现了对身体的生命活力的绽出和投射的反观。当人类打磨出石器，他们就不仅仅是打磨出了石器，同时，他们还会在这石器上发现他们打磨的痕迹。也就是说，在身体劳作中，事物被改变，而这改变正是他劳作的结果。这样，人类就会更深刻地在劳作中发现他自身的活动刻画在、嵌入了他劳作的东西上。特别是当这个刻画、嵌入了他自身活动痕迹的东西作为劳作的结果，报偿了他劳作的目的时，他就会更深刻地体会到自身的劳作本质。这样，人就不仅劳作，而且在劳作中把自己嵌入劳作的东西上，而这嵌入劳作的东西上的他自己的痕迹，反过来就证明了人自身的存在和他的劳作。这就像小孩发出声音，而这声音以回声的方式返回给他自己时，他会在回声中发现他自己。这时，小孩就会惊奇和欣喜。当一个少年把一块石头扔进平静的水里，石头激起了涟涟的波纹，这时，少年就会在涟涟的波纹中发现自己行为的结果和结果中的他自己，他也同样能感到某种快乐。当人类在他的身体劳作的制造物中发现他自己，并发现这是对他的劳作的最大肯定时，他就会获得最大的快乐。只有当人类发现了这一秘密时，人类才开始了他对所有属人的东西的装饰——器物的装饰和身体的装饰。这种装饰的目的就是证明自己的存在。

总之，人在劳作中将自己刻画在了劳作的结果中，并在这种刻画的痕迹中反观自身和发现自己。这就是人在劳作中的自我存在的证明——一种自我反观。人正是在这种反观中获得了极大的自我肯定的快乐。这是其他的快乐所不能比拟的。

第四，当事物在身体劳作中暴露出自己的本性，并且人在身体劳作中与事物暴露出的本性结合为一个统一体而实现人的劳作的目的时，人就开始形成自己的属人的世界。正是在这劳作的本性与劳作中事物显露的本性的统一中，石头不再是自然的石头而成了石器，木头不再是自然的木头而成了木器，黏土不再是自然的黏土而成为陶器……自然的事物不再依然故我，而成了活生生的属人的世界的一部分。

以上四个方面，可以说是人类的身体劳作对人之所以成为人的本源性奠基的意义。这里大家一定要记住，人类并不是首先认识世界，然后才有目的地去创造它的。相反，人是首先在劳作中开辟出属人的世界的。在这个开辟出的世界中，有一个重要的领域——“手艺”。

(三)“手艺”的诞生

艺术活动在生产活动中的本源是“手艺”。“手艺”是身体劳作的一种凝结和提炼，是身体劳作所形成的完整技艺，它是三万年的原始身体劳作的结晶，并在身体劳作中持续地进行这种技艺的凝结。

那么，什么是“手艺”的本质呢？“手艺”不能简单地被认为是某种劳作的技巧。为了弄清这个问题，让我们从石器的制造开始。

大家知道，旧石器和新石器时代，都与人类对石头的使用有关。在旧石器时代，人类只是拣取自然界的石头来用，拣取的原则是其自然形状能被用来为人的生活目的服务，如尖利的石头，可以用于砍、削等。那时人们很少有意地去加工石头，即使有加工，也只是局部加工，且很粗糙。但到了新石器时代，人就不再只是拣取石头，而是对石头进行加工，以便更好地为人类生活的目的服务。在新石器时代的高峰期，打磨出来的石器已经不再有任何自然的形状，而完全是一个人工制造品，而且加工非常精美、细腻，比如在新石器遗址的考古发掘中看到的完整的石斧。这个石斧已经不再是一个自然物，不再是自然的石头。一方面，它的锋利、光滑、易于把握等特性完全实现了人使用的目的，即与身体的使用和活动方式相适应；另一方面，它的锋利、光滑、坚硬同时又显露了石头作为石头的物性。只有当石头的石头物性与人的身体活动的方式和使用完美地结合在一起，形成一个人工的制造物时，石头才不再是自然的石头，而是一件石器。这时，也只有这时，打磨石器的“手艺”才出现。

我们再来看陶器的制造。现在的考古发掘还不能清楚地了解人类是怎样发明陶器的，但在新石器时代却出现了完整的陶制品。我们不知道制陶经过了多么漫长的反复实验，因为制陶在自然界中找不到任何现实的启示，它比石器的打磨要更复杂，因为它包含了多种因素的结合：黏土、黏土形成素胎、火以及素胎在火中的烧制。我们在图2—3中所看到的半坡彩陶的器形，在自然界也是没有的。当制陶的身体劳作者将黏土、盛东西所需的形状、火的控制等因素结合起来，烧制出半坡类型的彩陶时，制陶的“手艺”也就出现了。因为，这样的陶器也同样地将人盛装东西的目的，与黏土的本性、火的本性完美地结合在了一个完整的器形之中。

图2—6　古希腊石雕

图2—6是在古希腊一位工匠墓室中出土的一件石雕，上面雕刻的是这位工匠生前使用过的工具。它向我们展示了身体劳作与“手艺”之间的关系。

可以说，大多数人类的手艺，都是在漫长的旧石器、新石器时代奠定的，石器的手艺、木器的手艺、种植的手艺（过去称作“农艺”）、驯养动物的手艺（如驯马师）、射箭的手艺、陶艺、雕刻的手艺、绘画的手艺、皮匠的手艺、厨艺……都是在这个时期形成的。

因此，“手艺”作为身体劳作的凝结和提炼，本质地包含两个层面：（1）身体劳作的目的与事物在身体劳作中显露的本性之间的一致。这一条讲的是在劳动中被揭示的事物的本性与人劳作的目的之间的一致，即事物本性的“合目的性”。（2）身体劳作的活动方式与事物的“合目的性”的本性的显露的契合。也就是说，仅有事物在劳动中显露的本性的“合目的性”是不够的，还必须有人的劳动方式娴熟于如何让事物的合目的本性显露出来。因此，这一条讲的是人的身体劳作的方式必须契合于事物的本性的显露，即人的劳动的“合规律性”。这两个层面缺一不可。譬如，土地生长出的植物的果实是能够满足人对食物的需求的，人通过他的劳作让土地长出果实来满足自己的食物要求，这就是土地的“合目的性”。但仅有这一点还不够，人的劳动还必须熟练于如何让土地生长出果实，娴熟于让自己的身体劳作契合于土地的生长。这样，才是“手艺”。如果一个人在劳动中知道土地能够生长出果实，但他却不知道如何用自己的劳动使土地生长出果实，那么这个人就是无手艺的。

这里要强调的是，“手艺”是在身体劳作的具体活动中形成的，因此，它与基于理性认识活动之上的技术完全不是一回事。技术是理性认识活动所形成的，它导致了后来的技术化生产。但“手艺”完全是身体劳作在实践中凝结而成的，它是实践的智慧、身体劳作的智慧，这种智慧不把人带向抽象的思考，而是就在身体劳作的打磨、敲击、摸索中，把身体劳作的目的与事物在身体劳作中显露的“合目的性”的本性、把身体劳作的活动方式与事物的“合目的性”的本性的显露这几个方面天衣无缝地凝结为一个整体，这才是“手艺”的真正生命。

这样，我们就可以为“手艺”下一个定义：“手艺”就是身体劳作的有目的性活动与事物在这种劳作中所显露的“合目的性”的本性、身体劳作的活动方式与事物的“合目的性”的本性的显露的完美契合。当这种契合程度达到炉火纯青、巧夺天工的境界时，就是“艺”。

二、“手艺”与“艺”

当人类在漫长的身体劳作中逐渐积累、凝聚起“手艺”，而且这些“手艺”越来越成熟时，就出现了各种手艺人。其实，当身体劳作是原始社会的核心时，所有从事身体劳作的人，都是手艺人。即便这些身体劳作者是奴隶，他们也都是身体劳作的手艺人。大约在公元前3000年前后，这种身体劳作所形成的“手艺”达到了登峰造极的时期。于是，在历史上出现了许多以某种手艺为核心的传说，比如：中国的轩辕氏，传说就是发明车的人；周的祖先后稷据传就是“教民稼穑”的第一个“农艺师”；燧人氏则是发明燧石取火的人……甚至巫师也是手艺人，他的巫术活动就是他所从事的手艺。

在以身体劳作为核心的社会中，“手艺”奠定了“艺”的根基。

（一）“艺”本源于“手艺”

我们现在往往将艺术与“手艺”对立起来，认为艺术是高于“手艺”的，仿佛艺术纯粹是一种精神的、观念的、想象力的活动，与身体劳作之间没有关系。这是一种非常错误的看法，它把艺术完全局限于精神活动的范围，恰恰使艺术失去了根基。其实，艺术的“艺”正是在“手艺”中获得本源的，没有“手艺”，就没有“艺”。

在公元前1000年左右的古希腊和中国几乎都出现了“手艺”向“艺”的方面凝聚，“艺”就从“手艺”中凸显了出来。这凸显的标志就是形成了“艺”的专门领域，并分离出了“工”的领域和“艺”的领域，两者形成对境。“艺”成了描述手艺之出神入化境界的一个概念，而“工”、“匠”等则降低成了普通的手工技巧。古希腊在公元前4世纪左右对“艺”和“技艺”的区分、贬低“技艺”而抬高“艺”，就是明显的标志。那么什么是“艺”?

我们前面对“手艺”的分析表明，“手艺”的核心是“艺”。当身体劳作的目的与事物在身体劳作中显露的“合目的性”的本性、身体劳作的活动方式与事物的“合目的性”的本性的显露，这几个方面形成和谐一致的统一体时，这个统一体就被命名为“艺”。当然，古人并没有这样来定义“艺”。中国古代的“艺”字，是与侍弄庄稼相关联的。它的基本含义，就是对野性的东西进行驯化并使其为人的目的服务。

因此，“艺”不单在身体劳作者方面，也不单在身体劳作中事物的“合目的性”的本性的显露方面，而是两者的一个“中间”，即这两个方面完美契合而形成的统一体。这里我们着重来解释一下什么是“身体劳作中事物的‘合目的性’的本性的显露”。我们知道，事物都有本性，且本性各有不同。如果事物不与人发生关系，其本性就是锁闭的，与人疏远的、冷漠的。我们以水为例：水既有解渴的本性，也有漂浮的本性，还有淹死人的本性。如果水不被饮用，那么其解渴的本性就是锁闭的、未显露的，只有当人饮了水，并且解了渴，这时水才显露出它的“合目的性”的本性。同样，当有人涉水过河，被水淹死了，这水就暴露了它的非“合目的性”的本性。但是，当某个人游过了河时，水的淹死人的非“合目的性”的本性就被抑制住了，而显露出另一个“合目的性”的本性，即它的可漂浮性——水的浮力。这说明：当水不与人的身体劳作的目的相遇时，水只是水；只有当它在人的目的性活动中被揭示时，它的“合目的性”的本性才能显露，比如水的浮力。但这里的“显露”不仅仅是指从锁闭、冷漠中暴露出来的意思，还有重要的一点，那就是这暴露出的“合目的性”的本性还必须被人所掌握，并使用于目的的实现，比如掌握水的浮力并在水的浮力作用下游泳。因此，“身体劳作中事物的‘合目的性’的本性的显露”，就是指身体劳作能够使事物的“合目的性”的本性得以揭示，以及人的身体劳作本身还能够使这被揭示的“合目的性”的本性牢固地承担实现目的的任务。

这样，有目的的身体劳作与身体劳作中事物的“合目的性”的本性的显露完美地契合为一个整体，这就是“艺”。这里的“完美”，就是指达到了出神入化、游刃有余的境界；这里的“契合”，是指有目的的身体劳作及其劳作的方式与事物的“合目的性”的本性在这种劳作中的显露这两个方面，没有任何障碍，没有任何间隙，而是结合得天衣无缝，仿佛自然天成。

于是，基于有目的的身体劳作与身体劳作中事物的“合目的性”的本性的显露两者契合所达成的出神入化、宛若天成的境界，“艺”也成为一种人在劳作中的自由本性。在原始社会中，“艺”也就被赋予了某种神性和魔法的特性。这种被赋予的“神性”和“魔法性”，指的就是身体劳作与事物的“合目的性”的本性的显露之间宛若神助的契合那令人惊奇的特征。“鬼斧神工”、“巧夺天工”、“宛若神助”等词汇，描述的就是这种“艺”的境界。

综上所述，我们的结论是，“艺”并非是想象力、精神活动的产物，而是本源于身体劳作中所成就的“手艺”。

(二)“手艺”为“艺”奠定本源性根基

历史证明，“艺”在身体劳作的“手艺”中获得了它的本源性根基，这些本源性根基一直滋养着“艺”的发展。那么，在“手艺”中奠定的“艺”，到底获得了哪些本源性根基呢?

第一，“艺”的根基是有目的的身体劳作与身体劳作中事物显露的“合目的性”的本性、身体劳作方式的“合规律性”与身体劳作中事物的“合目的性”的本性的显露的完美契合，是“合目的性”与“合规律性”两个方面的统一体，这个统一体既不完全属于主观方面，也不完全属于事物方面，而是两者的出神入化的结合体。这个结合体是一种形成性的和生成性的创建。因此，“艺”本源地属于创造。

第二，“艺”归属于身体劳作的实践领域，是身体劳作对一个属人领域的开辟和生成，是向未知领域的创造。在这种生成与开辟中，人不仅把自己的目的与事物的“合目的性”的本性凝结在一起，而且把自己的生命力投射于这种契合与凝结。因此，所有的“艺”中都有生命力的意味，都有人的生命活力的投射和表现。这正是“艺”永恒不灭的价值。在历史博物馆中，我们所看到的原始石器、陶器等，它们已经不再有用，但它们身上所凝结的原始人类生命活动的投射和表现，使它们具有了永恒的艺术价值。所有“手艺”制品的不可磨灭的价值也正在于此。

第三，“艺”的创造不是凭空想象，而是在对事物的“合目的性”的本性的揭示、把握中进行的，“艺”不能离开对事物的“合目的性”的本性的揭示。这就像木匠离不开对木头本性的揭示，乐师离不开对声音本性的揭示，雕刻家离不开对石头本性的揭示一样。在这里，这些“合目的性”的事物并非是与“艺”没有直接关系的材料或媒介，它们也不是完全被动的，而是以它们的“合目的性”的本性的显露，构成“艺”的直接现实性的根基。也就是说，“艺”必须建立在对事物的“合目的性”的本性的揭示之中，在这种揭示中，事物的“合目的性”的本性的显露是“艺”的基本方面。因此，艺术活动中的颜料、石头、木头、语言、声音、光等，就不只是材料、媒介等被动的东西，而是其“合目的性”的本性的显露，是艺术的根本方面。如在绘画中颜料发光和显形的本性的显露，雕刻中石头的坚硬、光滑以及它的耐久性的本性的显露，音乐中声音的鸣响和震颤的显露，诗歌中语言的表达本性的显露等，都是“艺”的根基。这也就意味着，所有的艺术家在根基处都是“手艺人”。

第四，就“艺”是身体劳作的“合规律性”与身体劳作中事物的“合目的性”的本性的显露的完美契合而言，它凝结和体现了一种实践的智慧，即令身体劳作直接捕捉自然的奥秘的方式与自然的“合目的性”的本性的显露之间能够如此吻合的能力。“艺”的最深处就是这种实践的智慧。它是在身体劳作的几万年的具体实践中凝聚和提炼出来的一种用身体活动直抵事物本性，并在事物本性中实现自己的目的的洞察力和直觉能力。这种身体活动方式与事物的“合目的性”的本性的显露方式之间的契合，也同样是“艺”的根本方面。基于此，我们应该说，那种只想把艺术限定在想象力、纯粹精神活动范围内的做法，那种离“器”以求“道”的思想，那种“不著一字，尽得风流”的空想，都是有悖于“艺”的本源性根基的。

第五，作为有目的的身体劳作的“合规律性”与身体劳作中事物的“合目的性”的本性的显露的完美契合的统一体，“艺”在最深处揭示和见证了人的自由。因为，“艺”的“合目的性”与“合规律性”的完美统一就是自由。因此，“艺”归属于自由的领域。“艺”给人的快乐感和归属感正是源于这种自由。这也是无论人在什么情况下，在什么境遇中，都感到有对“艺”的需要的缘故。

可以说，以上五个方面为“艺”奠定了坚实而肥沃的本源性根基。作为审美活动的艺术正是在此基础上生长、结果的。

思想深呼吸

关于“艺术”与“手艺”的争论

在以往的艺术理论和美学理论中，关于“艺术”与“手艺”的关系一直存在着一种或隐或显的统一看法，这就是把“艺术”与“手艺”截然分开，甚至对立起来。为了追求纯粹的“艺术”，那些文人和鉴赏家们通过贬低“手艺”，通过贬斥“匠气”、“画工”，来抬高纯粹的“艺术”。当这样的理论持续下来后，就在艺术史和理论史上形成了一种看法，仿佛纯粹的“艺术”与“手艺”是没有关系的，而真正纯粹的“艺术”也就被看作纯然来自于“顿悟”、“灵感”、“气韵”等，要“离形得似”，要“不落言筌”。这样，艺术活动也就逐渐地被压缩为一种抽象的内在精神活动，远离了它得以诞生的“手艺”的大地。这尤其体现在中国传统文人绘画的后期历史中。

这种将“艺术”与“手艺”割裂和对立起来的思想，来源于两种力量：一种是文人对手艺人的贬低，它是劳动分工的结果；另一种则来自于道德教育者为提高“艺术”的道德功能和精神价值，而贬低“手艺”。其结果有以下方面：(1)“艺术”从“手艺”的根基上被连根拔起，使其变成一种纯粹内在的精神活动。(2) 身体的智慧被遮蔽，而理智的智慧则被拔高为唯一的智慧。(3)“艺术”根植于物的物性的显露的层面被贬低为纯粹的材料、媒介，物的物性的显露层面的诗性意义也就不能直接支持“艺术”的发展了。(4) 与此相应的是对“艺术”的形式层面的贬斥，这种贬斥是以种种“反形式主义”的所谓正当名义进行的。但是，“艺术”的“手艺”本源正显示出“艺术”的王国是一个纯粹形式的王国，它必然是由各种形式语言，由形状与图案、旋律与节奏等构成的世界。离开了形式语言，“艺术”就什么都不是。因此，“艺术”与“手艺”的分离和对立，使得“艺术”失去了根基。“艺术”因为失去了这一肥沃的土壤，而最终枯萎。中国绘画的创造力丧失就与此有关。

严格来说，没有任何“艺术”的种类能够脱离“手艺”的根基。雕刻家必须处理石头或木头；画家必须处理颜料及其他造型材料；音乐家必须处理声音和懂得乐器；建筑家必须同时是结构力学家、材料学家和空间问题的专家；诗人必须掌握语言，并让语言的韵律说话。所有这一切，都是“艺术”的“手艺”根基。所有艺术家的原型，都是“手艺人”。在公元前500年前后的古希腊，艺术、手艺、技艺、手工制作等，统统被称作“艺术”，而“诗”的原意则是“生产”。这就表明了在本源上“艺术”与“手艺”的同一性。

所以，要充分揭示“艺术”的本性，就不能将它与“手艺”割裂或对立起来，从而把它从“手艺”的大地上连根拔起，使它成为纯粹精神的活动，那样只能使“艺术”失去自己的根基。相反，必须充分地揭示“手艺”的丰富内涵，而不是贬低它，这样，才能使“艺术”获得它的真正本源性根基。

第三节
审美活动的诞生：诗性直观与“艺”的结合

◎**从巫术直观到纯粹诗性直观**○理性的崛起与巫术活动的分裂○诗性直观的脱颖而出 ◎**从“艺”走向艺术**○“艺”向自由艺术演变○对“艺”的诗性直观的自觉○对“艺”的自由形式的自觉○诗性直观和自由的形式产生纯粹美感经验 ◎**独立的审美活动**

前面我们分析了原始巫术活动中所包蕴的巫术直观、巫术符号，在巫术符号活动中所产生的神话、语言和艺术，以及在身体劳作中所诞生的“艺”，进而揭示了审美活动和“艺”在身体劳作的“手艺”中的原始的、本源性的根基。但是，所有这一切都还只是审美活动的起源和奠基，而不是纯粹的审美活动和艺术活动。

它们之所以还不是纯粹的审美活动，主要原因在于，巫术直观、巫术符号以及巫术符号所产生的神话、语言和艺术都还笼罩在巫术的神秘面纱之下，还处于神秘的迷信以及泛神论的腐蚀之中。在这种巫术的笼罩和腐蚀下，直观还被体验为外在于人的神秘生命力的神奇作用，尚不能彰显出这种直观其实就是人的生命活力的自身力量。巫术活动中的符号、神话、语言和艺术，被神秘的、泛神论的超越于人的外在力量所控制和操纵，也同样不能彰显出人自身的生命活力的自由创造。身体劳作中凝聚的“艺”，一方面被掩盖在对身体劳作的歧视下，另一方面又把其最深处的智慧和自由归于神秘的、外在于人的神力，同样不能显示出人自身生命活力的创造和自由，以及包含在“艺”中的生命智慧的属人性质。

因此，需要有一种力量，把审美活动、符号活动和艺术，从巫术活动和对神秘力量的迷信的纠缠和裹挟之中分离和解放出来，把“手艺”中的“艺”提升出来，这样才能有纯粹的审美活动和艺术活动。这个分离和解放的时机，在公元前 9 世纪到公元前 3 世纪之间到来了。这个时期，在世界上的两个文明古国——中国和古希腊，都出现了审美活动和艺术活动从巫术活动和“手艺”中分离和解放出来的运动。

我们前面说，审美活动和艺术活动有两个起源，一个是巫术活动，另一个是手艺。下面我们就分别分析纯粹的审美活动和艺术活动从这两个领域分离和解放的过程。

一、从巫术直观到纯粹诗性直观

我们前面已经陈述，巫术活动中包含一种巫术直观，而巫术直观中所包蕴的是人自身生命活力的直接穿透力和生命呈现的力量，这种生命活力的穿透力和生命呈现力就是一种诗性直观。只有当这种诗性直观从巫术的裹挟下分离和解放出来时，它才能成为作为审美活动的纯粹诗性直观。那么是什么力量使巫术活动中的诗性直观从巫术直观中分离出来呢？

（一）理性的崛起与巫术活动的分裂

使得诗性直观从巫术直观中分离和解放出来的力量，是理性思维的崛起。

从公元前 7 世纪到公元前 3 世纪之间，西方的古希腊和东方的中国同时爆发了人类历史上的“思想造山运动”。这场“思想造山运动”，在中国，产生了以老子、孔子为代表的思想家——诸子百家；在古希腊，产生了从毕达哥拉斯到柏拉图、亚里士多德等诸多哲学家。这场思想巨变的实质，就是理性思维从原始的、整体性的巫术—神话思维中崛起，这使得原始的、整体性的巫术—神话思维不可能再保持其原始的整体性。在理性思维的崛起的推动下，原始的、整体性的巫术—神话思维被分裂成了三个独立的部分：一是理性思维和认知，二是纯粹诗性直观，三是神秘的迷信。

巫术—神话思维向理性认知转变，在中国，是在殷周之际，其主要特征是“史官文化”取代“巫祝文化”。孔子说：“殷人尊神，率民以事神，先鬼而后礼……周人尊礼尚施，事鬼敬神而远之，近人而忠焉。”（《礼记·表记》）意思是说：殷商时代的人是事鬼神的人，做什么事都是先鬼神，然后才讲究“礼仪”；但周人则相反，他们遵从“礼仪”，不信鬼神。这说明，从周王朝建立起，中国文化就开始了巫术信仰的解体和理性思想的崛起的转变。这场转变在古希腊则可以苏格拉底（前 469—前 399）之死为界标。苏格拉底因为主张理性认知的核心地位，从而亵渎了神在民众中的神圣地位，被当局判处死刑。苏格拉底的死是祭祀与哲学家、神话思维与理性思维之间的一场白刃战。苏格拉底死后，神话世界开始崩溃，他所主张的“认识你自己”、“知而后幸福”等理性原则，成了人们普遍接受的原则。

那么，什么是理性思维呢？理性思维就是按照概念的实质性含义和具有普遍效力的规律进行论断的推理活动。它最主要的是提出了对人类生活的各方面必须做理性的思考，对民族的历史命运和道路必须进行理性的决断，而不再把这些方面交付于巫术活动的神秘决断，如占卜和求神谕。由此产生了对生活的各方面进行理性决断的方式。在中国，形成了依据历史事实进行实用理性的判断，如历史经验的借鉴作用模式，以及“天行健，君子以自强不息”、“人定胜天”等观念，孔子提出“敬鬼神而远之”，倡导在“仁”、“道”中求生存等等，都可以说是当时的理性原则。在古希腊，则提出了遵从逻辑的理性思维，如毕达哥拉斯学派发展出了数学，欧几里得发展出了几何学。再如，苏格拉底把“认识你自己”置于人类活动的核心地位，认为“知而后幸福”，理性认知成了生活决断的中心和唯一的裁决者，同时神话却被置于不重要的位置。柏拉图和亚里士多德则更是把思辨理性以及在思辨理性中追求真理的精神，发展成了古代社会理性的高峰。理性认知不仅发展出了自身的一套分析、理解和判断的规则、系统，而且产生了具有规范意义的宗教、政治和伦理的基本模式，并为西方文明和东方文明的不同发展奠定了思想持续演进的基础。

由于理性思维的崛起以及理性思维被置于生活决断的核心地位，原来的巫术—神话思维在生活和民族命运中的决定性地位就被取代了。中国古代有句话叫作“大事不问卜”，意思是说，遇到大事，不能靠占卜来决断。这就表明了巫术活动的地位的降低。巫术地位的降低，同时意味着巫术—神话的一套判断事情的可信度的丧失，也就是说，人们不再相信巫术中有真理。这样，巫术活动就降低为神秘的迷信。当然，神秘的迷信作为巫术—神话思维的残存，在一些纯粹的民间活动中还发挥着作用，比如在祭祀活动、在人们无法用理性思维来决断的某些时候，但它已经不居于重要地位了。

思想深呼吸

诗与哲学之争

古希腊哲学家柏拉图在他的《理想国》中，列出了诗和艺术的种种罪状，并将诗人从他所设想的理想城邦中驱逐出去。同时在《理想国》卷十中，他宣布了诗与哲学之间的斗争，并认为“这场斗争是重大的。其重要性程度远远超过了我们的想象。它是决定一个人善恶的关键”。柏拉图所揭橥的诗与哲学之争，对大家理解本节所讨论的内容具有直接的启发性。

表面上看来，柏拉图揭橥诗与哲学之争，是由于诗败坏道德，亵渎神灵，同时诗只是对现实事物的模仿，而不能告诉我们理性的知识。但其实，柏拉图所揭橥的诗与哲学之争，显露了一次人类文化史的重大转换，即从巫术—神话思维向理性思维的转换。它是由于人类古典理性崛起而爆发的冲突，它包含诗性神话与哲学、感性与理性、想象与推论的知识、神话诗人与哲学家之间的冲突。其核心是言说真理的话语斗争。从明言的层面来看，柏拉图认为诗和艺术只是幻想、虚构，与真理无关，因此要把诗人驱逐出城邦。但却从消极的方面显示了诗性真理与哲学真理之间的对立，并使此后的美学思考艺术与真理的关系。

到了19世纪的德国浪漫派，尤其是谢林在他的艺术哲学中阐释出了一种艺术表达诗性真理的理论。此后，尼采和海德格尔沿着这一思想线索进一步向前。尼采从酒神精神出发，阐释出了酒神艺术与生命本体意志之间的关系。海德格尔则从存在论的角度，阐明艺术与存在者真理之间的关系，并从存在之澄明显现的路径上，力图把诗与思关联在一起，从而解决诗与哲学之争。

有兴趣的读者，可进一步阅读谢林的《艺术哲学》、尼采的《悲剧的诞生》和海德格尔的《艺术作品的本源》等。

在理性思维攫取决断权力，并把巫术—神话思维变成一种不可信的迷信的同时，逐渐凸显出了巫术—神话思维中的坚硬内核——直观，并把它独立出来，形成了一个纯粹诗性直观的领域，这就是艺术活动和审美活动的领域，对美和艺术活动的探讨也从此开始。

在这里大家要记住，诗性直观领域的形成，是在理性思维对巫术—神话思维的总结以及对巫术神秘活动的清理中进行的。没有理性力量的崛起和它的清理作用，诗性直观不可能从巫术的包裹下分裂出来。

（二）诗性直观的脱颖而出

诗性直观从巫术直观中分裂和脱颖而出，既不是一朝一夕的事，也不是轻易就能做到的事。它经过了漫长的历史，也经过了一段斗争的历史。这段斗争历史，同时在两个方面进行。

第一，在理性思维的领域，不断地驱逐巫术的力量，把夹缠于巫术活动中的直观分离出来，提出了审美活动和艺术活动的独立原则，这个独立的直观原则，在中国就是先秦时期的“赋、比、兴”，在古希腊就是柏拉图的“灵感”和“模仿”。

在中国，这一过程可以从两个重要的历史事件看出。一是先秦历史中对“郑卫之音”的贬斥和把诗性活动纳入道德规范的历史过程。“郑卫之音”在中国先秦有过一段漫长的被谴责的历史。它被视为“靡靡之音”、“亡国之音”。其实，“郑卫之音”是郑国和卫国的地方音乐，而这两个地方都是殷代的腹地，因此遗留了殷人的风俗习惯和音乐传统。在殷人的风俗中，巫风盛行，所以“郑卫之音”就不仅是靡靡之音，也是巫祝之音。当周人统治天下，开始注重历史的理性分析和理性道路的选择时，他们就必然贬斥巫祝音乐。《尚书》中有《酒诰》一篇，就是周人告诫自己的子弟，不要像殷人那样沉迷于无节制的饮酒，可作为旁证。而把诗性活动纳入理性道德范围内，则是中国春秋至战国时期所有思想家的统一要求。二是孔子的“删诗”行为和对“兴”的原则的确立。孔子“删诗”，把古代流传下来的诗作删削得仅剩300余首，即《诗》。被删削的应该都是不合当时伦理理性的诗，其中不仅有过于粗野的民歌，肯定也有巫师的作品。孔子对《诗》的总结就是“思无邪”，这个“邪”也包括“巫”。单就孔子“删诗”的行为本身来看，它也是对诗性活动的一次大规模的提炼和凝聚。在这种对诗性活动的提炼和凝聚中，孔子把诗的活动总结为“赋、比、兴”。所谓“赋”，就是诗歌以铺陈的方式来描写事物；所谓“比”，就是比喻，即诗歌是用比喻的方式来表情达意的；所谓“兴”，就是起兴，即让心中的情趣勃发和显现为某种具体的形象。“赋、比、兴”应该说是中国那个时期对诗性直观的独特总结和阐发，尤其“兴”是对诗性直观的最经典概括。这个总结成为从孔子到魏晋时期论诗的核心主张，用刘勰的话说，就是“独标兴体”。与此同时，音乐也被纳入了理性思考的范围，音乐活动被归诸人内在情感的勃发和表现。

在古希腊，也同样产生了将“诗人”赶出“理想国”的观点和对诗性活动的理性解释。这里以柏拉图的思想为例。柏拉图认为，神话诗人所说的一切都是虚假的，会导致人不务正业，因此建议把这样的诗人赶出理想国。这种驱逐神话诗人的思想，应该说与中国贬斥“郑卫之音”殊途同归。同时，柏拉图对直观做了新的理性的解释，他所说的直观就是“灵感”。尽管柏拉图承认灵感是一种迷狂，承认灵感是神灵在诗人身上的附着，但他也认为，灵感的真正来源是现世的人对理念王国的回忆。这些都应该看作理性对诗性直观的提炼和从巫术—神话活动中对直观的抢救。

在理性思维的作用下，诗性直观从巫术—神话活动中被剥离了出来，并成为此后描述诗性活动的主要的根据和理论。

第二，相对独立的艺术从巫术—神话活动中逐渐分离了出来。在这个时期之前，是没有独立的艺术领域的。但就在这个时期，出现了相对独立的艺术领域。

这种艺术自身的独立发展和从巫术活动中的剥离，在中国有三个重要的标志：(1) 出现了独立的诗。《诗》的结集，应该被视为独立于巫术活动之外的诗的形成的重要标志。从此，诗成了独立的“言志”的表现形式。屈原则创造了楚辞。(2) 出现了独立的为怡情乐性而演奏的音乐以及独立的音乐理论。譬如，伯牙演奏的中国古琴音乐，就已经不是巫术祭祀、祝神活动中的仪式音乐，而是表现个人情感的独奏音乐。在春秋战国时代，古琴音乐是士人、君子的个人陪伴艺术。孔子就是一位操琴的高手。这个时期的音乐理论很发达，仅《乐论》就有好几部。这是音乐独立发展的重要标志。(3) 出现了独立的艺术家，如音乐家有伯牙、师况等，诗人有屈原。他们不是支配魔法符号的巫师，而是“言志”的艺术家。

这种从巫术—神话中剥离出来的艺术的独立发展，在古希腊的表现形式更为丰富。在这个时期，古希腊出现了独立的戏剧、抒情诗、雕刻、绘画和音乐等艺术种类。仅悲剧诗人，在古希腊就有许多，如埃斯库罗斯、欧里庇德斯、索福克勒斯等，著名的雕刻家则是菲迪亚斯。

以上这些表明，在这个时期，艺术已不再是巫术活动的一部分，而成为一个独立的领域，并形成了自己相对独立的职能，即表现人类的情感，并在这种表现中获得快乐。这正是诗性直观的领域。

这样，诗性直观就脱离了巫术—神话活动，成为一个独立的、人类创造的领域，即审美活动和艺术活动的领域。

知识版图扩张

诗性直觉

为了使大家对纯粹的诗性直觉有更深的了解，这里我们引述法国现代哲学家和美学家雅克·马利坦论“诗性直觉”的三段话：

> 诗性直觉本身产生于灵魂自然的和极为自发的运动中。灵魂通过同事物交流而探索作为具有意义和激情的自身。有时候，在成熟的年代，精神在饱尝了经验和体验之后便返回朝向自身，它尽兴地体验酣睡的乐趣，而诗性经验则在这种体验中被唤醒——而且它也以另一种方式，以辛辣的新鲜味存在于儿童和原始人之中。诗性认识对于人的精神犹如鸟之于栖巢那样地自然，而且正是世界和精神一道返回灵魂的神秘巢穴。因为诗性直觉的内容既包括世界的事物的实在，又包含诗人的主观性，这二者都通过一种意向性的或精神化的情感而被隐约地传达。通过一种不认识自身的认识，灵魂在世界的经验中被认识，而世界又在灵魂的体验中被认识。因为这种认识不是为认识而认识，而是为创造而认识，它朝向它所倾向的创造性。

在诗性直觉中，客观实在和主观性，物质世界和灵魂的全部，不可分割地同时存在。在那一时刻，意义和感觉被带回到心中，活力被带回到精神中，激情被带回到直觉中。

诗性直觉——它本质上是一种智性的闪现……在另一种意义上，由于它出自人的思想的最自然的智能，所以我们必须承认，所有人都潜在地拥有这种诗性直觉。在那些不曾意识到自己拥有它的人们中，许多人事实上是在自身内压抑了或扼杀了它。因而，他们产生了对于诗人本能的不满。*

* ［法］雅克·马利坦：《艺术与诗中的创造性直觉》，100页，北京，三联书店，1991。

二、从“艺”走向艺术

在纯粹诗性直观从巫术—神话思维中剥离和解放出来的同时，淹没在被歧视的身体劳作和巫术解释下的“艺”，也走向了自由艺术。这一发展包含了四个方面的内容：一是“艺”向自由艺术演变，二是对“艺”的诗性直观的自觉，三是对“艺”的自由形式的自觉，四是诗性直观和自由的形式产生纯粹美感经验。

（一）“艺”向自由艺术演变

公元前7世纪到公元前3世纪，是从身体劳作中发展出来的“手艺”彻底改变人类生活的时期。培育的植物、驯化的动物都已经稳定地进入了人类的生活，手工技艺形成了一个稳定地控制自然物的系统，如木艺、石工、陶艺、皮艺、造船技术、航海技术、青铜技艺、造车、酿造的技艺（如酿酒）等都已成熟。这些身体劳作中形成的技艺，给人类的生活带来了巨大的改变。应该说，正是在这些手工技艺发展的基础上，才出现了人类思想上巨大的、前所未有的变革。如果说近代的科学技术改变了世界是一次“技术”革命的话，那么，公元前7世纪到来的手工技艺对世界的改变，也是一次“技术”革命，即“手艺”带来的革命。

正是在这种成熟手艺的积累和凝聚中，“艺”被逐渐聚集和提炼出来，成了一个标志着自由实践的领域。把“艺”从身体劳作中提炼出来，是一个巨大的进步，也是对“艺”所蕴涵的实践自由的升华。这种对“艺”的升华，表现在以下方面。

首先，“艺”从身体劳作中被独立出来，成为培养自由人的方式。这种培养自由人的“艺”在中国古代的历史见证，就是“六艺”，在古希腊则是“七艺”。

中国古代形成的“六艺”，即礼、乐、射、御、书、数。这里的“礼”，就是指古代的礼仪方式；“乐”就是诗、音乐、舞蹈合一的乐舞；“射”就是射箭；“御”就是驾车；“书”就是明《尚书》；“数”就是算术，包括《易经》的易数。其中，“礼”、“乐”、“数”，在过去是掌握在巫师手中的，但它们也在根基上包含手艺的基本内容。这可以从“巫”这个字形中看出，它是两个人中间加一个“工”。“工”就是中规中矩的劳作，即“手艺”。其中的“射”、“御”，则是手工劳作者所掌握的。而“书”则是史家的才能。“六艺”是从殷商到周代，贵族子弟必须修习的教育内容，是成为上等人的标志。在孔子教授弟子的课程中，就包含了“六艺”。从表面上看，“六艺”并未脱尽手工劳作的痕迹，但显然，“六艺”作为培养贵族子弟的内容，并不是要真正培养手工劳作者，而只是注重“六艺”中的“艺”，即自由的技艺。

与此同时，古希腊也形成了“七艺”，包括天文、算术、几何、音乐、文法、修辞、逻辑。古希腊人把“七艺”直接确定为自由人必修的课程，古希腊的自由人也主动地把他们的子弟送到老师那里，学习这些课程。初看“七艺”，大家可能觉得它们与身体劳作的“手艺”似乎关系不大，但它们其实都属于“手艺”的范围，或者同时属于巫术活动的“手艺”和身体劳作者的“手艺”。现在它们被抽取出来，单独地成为一门课程。在古希腊，“七艺”因为属于培养自由人的方式，所以也被称作自由艺术，以区别于真正属于工匠的“手艺”。

其次，“艺”脱离身体劳作的层面，走向自由艺术，也同样在仍然被限制在手工技艺范围内的其他活动上得到实现。比如雕刻、建筑、绘画等在当时仍然只是工匠或奴隶的“手艺”，但这时的这些“手艺”，也已充分发展为一种自由的艺术。这些工匠虽然身为奴隶，但他们的“手艺”却使他们不再是物的奴隶，而成为驾驭物的主人，他们驾驭物使物的“合目的性”的本性被用来自由地表现他们的思想感情。在这种“艺”的自由中，大理石成了人性化的活雕像，颜料成了表现思想感情的自由和谐的形式。正是手艺人的“艺”所凝聚的自由表现的力量，才使得这些仍掌握在劳动者手中的“艺”，成了人类伟大的创造，成为人类伟大的文化财富，最终，它们从被歧视的苦力中独立为真正自由的艺术——独立的雕刻、绘画和建筑。中国先秦就流传的“鲁班的神话”，典型地呈现了“手艺”向自由艺术的演化和“手艺人”向“自由”人的转变。

这里，我们可以以古希腊的雕刻和建筑为例。大家可能都知道古希腊的巴特农神庙。虽然它仍是巫术活动的祭祀场所，是神的居所，建造神庙的人也仍是奴隶，但你看那神庙所蕴涵的精神，是如此清爽，如此静穆，它的高大、辉煌虽然标志了它的神圣性，但它在技艺上很巧妙，造型上符合几何规律，沉重的石头被布置得如此轻盈、和谐，这些都使它不再是巫术的世界，而是一个完全人性的自由世界。

现在，我们来看一幅古希腊墓碑上的浮雕，如图 2—7。这幅浮雕被称作“赫格索墓碑”。这是一个纪念死者的浮雕，但在画面中，大家既看不出任何悲戚，也看不出任何巫术世界的神秘，看到的只是一个和谐、静穆、充满人情味的画面。画面中，一个女子坐在椅子上，另一位女子——一个侍女，正在拿着针线盒让坐着的女子挑选。这完全是一个活生生的生活场面。大家看看雕刻家的绝技，女子的手臂、脸庞、脖颈被雕得多么浑圆，仿佛我们按一下还会弹起来似的，再看那身上的衣纹，是多么自然流畅，多么栩栩如生，而每个女子身材的比例，又是多么适当。看着这样的雕刻，你只能为艺术家杰出的艺术创造所倾倒。

图 2—7　古希腊赫格索墓碑

这就是由“艺”而来的自由艺术。它不再被巫术的力量所笼罩，而是被人的自由创造和生命力的表现所拥有。这就是纯粹诗性直观的艺术，是纯粹审美活动的表现。

（二）对“艺”的诗性直观的自觉

在“艺”从身体劳作的掩盖下走向自由艺术的同时，“艺”中包蕴的自由本性也就被人自觉到了，并被人揭示了出来。这里主要以中国先秦著作中的描述为例，来说明对“艺”中的自由和诗性直观的自觉。

首先，来看孔子如何从“艺”中提炼升华出了自由本性和诗性直观的。我们刚才已经说了，“六艺”在先秦时期，是作为培养自由人的基本内容来设定的。孔子的思想对“六艺”与自由的关系做了自觉和丰富的总结。孔子作为一位伟大的教育家，他不仅把学与乐结合起来，主张“学而时习之，不亦乐乎”，而且主张“兴于诗，立于礼，成于乐”，意思就是既要在诗中勃发情感，又要用礼来规范自己，使人站得住，立得正，最后则在音乐的快乐中成就一个内心有修养的人。所以，孔子并不是一个迂腐的儒生，而是一个把学习、修养、做堂堂正正的人的原则都建立在快乐上的哲人。他把这种思想总结为“游于艺”。意思是说，自由地优游于“六艺”之中。这里的“游”就是游戏，就是自由。“游于艺”、“兴于诗”是孔子对“艺”的自由本性的揭示和总结，也是对艺术的诗性直观的提升和确立。

其次，来看《庄子》是如何从“艺”中揭示出自由和诗性直观的。大家都知道中国的《庄子》一书，或许在高中的语文课上还学过诸如《逍遥游》片段、《养生主》中的“庖丁解牛”等。庄子思想的核心就是追求“天地与我齐一”、“入于廖天一”的自由境界，用他的概念来说就是“游”，也就是孔子“游于艺”的“游”。但是，庄子对“游”这种自由境界的解释，几乎都是从“手艺”的“艺”中而来的。“庖丁解牛”最能说明这一点。庖丁其实就是宰牛的屠夫，也就是一个“手艺人”。当庖丁在解牛的过程中达到“以神遇而不以目视”、“官知止而神欲行”的境界时，他就是一个自由的人。在庖丁的“艺”中，人与对象的对立消除了，即人的身体劳作与对象的对立消除了。同时，手与心、技术与心的关系也自由了，对象的“合目的性”的本性显露与手的运作达到了契合无间的境地，这样，对象的自身规律性就不再是人的身体劳作的障碍，而是他运作的自由渠道，也就是说，“技”对“心”的制约解除了。于是，他的解牛，就成为他的无所束缚的心身游戏。

在《庄子》一书中，有许多这样的“手艺人”的故事，被用来揭示这种“艺”的自由境界。粘蝉老人的绝技、梓庆削木以成乐器、女偊养生之道等，都深刻地揭示出手艺的“艺”中“游”的本性。在“庖丁解牛”中，他把这种自由的本性阐释为“以神遇而不以目视”；在“女偊养生之道”中，“艺”的自由本性被解释为“见独”；在“梓庆削木以成乐器”中，“艺”的自由本性被解释为“凝神”和“忘形”。很显然，《庄子》中的自由精神和“以神遇而不以目视”、“独与天地精神往来”的诗性直观精神，都不是从巫术而来，而是从他那个时代所达致的高超的“手艺”而来。应该说，“手艺”的身体智慧是《庄子》思想的真正根源。当然，“手艺”的身体智慧也被他提升和升华成了一种自由的思想。

知识版图扩张

梓庆削木为鐻

梓庆削木为鐻（一种乐器），鐻成，见者惊犹鬼神。鲁侯见而问焉，曰："子何术以为焉?"

对曰："臣工人，何术之有！虽然，有一焉。臣将为鐻，未尝敢以耗气也，必斋（指斋戒）以静心。斋三日，而不敢怀庆赏爵禄；斋五日，而不敢怀非誉巧拙；斋七日，辄然忘吾有四枝（肢）形体也。当是时也，无公朝（不知有朝廷），其巧专而外滑（滑指乱，即消除外在的干扰）消；然后入山林，观天性；形躯至矣，然后成见鐻（即胸有成鐻），然后加手焉；不然则已。则以天合天，器之所以疑（凝）神者，其由是与!"（《庄子·达生篇》）

总之，无论是孔子的"游于艺"，还是庄子的"以神遇而不以目视"，都揭示出了"艺"的"游"的本性，即自由的本性。同时，这种自由就是一种诗性直观，即"神与物游"。应该说，把"艺"的境界中所蕴涵的有目的的身体劳作与身体劳作中事物的"合目的性"的本性的显露之间的契合无间，揭示为"游"，揭示为"神与物游"的诗性直观，是"艺"走向自由艺术的完成。从此，中国传统艺术活动就在"神与物游"、"以神遇而不以目视"的自由精神和诗性直观的奠基下长河自流了。

(三) 对"艺"的自由形式的自觉

对"艺"的自由本性的自觉，还体现在对"艺"的自由形式的自觉中。

我们前面说过，"艺"的精髓是有目的的身体劳作与身体劳作中事物的"合目的性"的本性的显露之间的契合无间，那么，这其中包蕴的就不仅是自由、"游"，还有一个重要的方面，这就是身体劳作的活动方式与身体劳作中事物的"合目的性"的本性的显露方式的契合与和谐，这就是"技"。这个"技"不是观念的，而是要实现和体现为具体的形式。那么，这种实现有目的的身体劳作与身体劳作中事物的"合目的性"的本性的显露的形式，也同样是自由的，因为，它是"合目的性"与"合规律性"的结合与契合，也就是一种"游"的或自由的形式。在"艺"中的"游"的精神、自由本性、诗性直观的本性被自觉，并被描述的同时，这种"艺"所实现的形式的自由本性也被凸显出来。这也就意味着，这个形式本身也是诗性的。

这种自由的、诗性的形式，并不是对物的形状的单纯模仿或照搬，也不是人的单纯主观观念，而是这两者的完美结合，即人的有目的的身体劳作与事物"合目的性"的本性的显露的契合所凝结而成的自由形式。分析开来说，在人的方面，其身体劳作的活动形式必须与事物的本性的显露方式相契合，这就是"合规律性"；在事物方面，则是它的事物本性的显露方式与人的目的是一致的，这就是"合目的性"。这种"合目的性"与"合规律性"的形式，在本质上，一方面是事物的"合目的性"的本性的显露的形式，另一方面是人的身体劳作所开启的目的得以实现的形式。这样，在“艺”中所获得的、生成的形式，就既渗透了人的活动的目的性，也渗透了事物“合目的性”的本性的显露所构成的规律性。因此，它也是“中间”，是一种创造，是“艺”所形成、生成的一种自由的形式。这种自由的形式既展现了人与事物之间的和谐，同时也展现了人的活动的自由的尺度。

孔子关于“质”、“文”关系的理论，应该就是这种对“艺”的自由形式的自觉。但这方面的自觉，在古希腊更为完善和成熟。因为在公元前5世纪前后，古希腊人已经非常明确地自觉到了“艺”所实现的形式的“美”与“和谐”的品质。毕达哥拉斯学派的理论把这种自由的形式规定为数量关系的和谐。他们自觉到了诸如“平衡”、“匀称”、“对立因素的和谐统一”等形式的独立美感和价值。亚里士多德对“艺”的自由形式的自觉要更为丰富和成熟。他明确提出，“美的主要形式”是“秩序、匀称和明确”，认为“一个美的事物——一个活东西或一个由某些部分组成之物——不但它的各部分应有一定的安排，而且它的体积也应有一定的大小。因为美要倚靠体积与安排”（《诗学》）。他还提出了形式的一些主要原则，如“多样统一”、“整体性”等。

对“艺”的自由形式的自觉，应被看作“艺”走向独立的重要标志。对自由形式的自觉有两个重要的意义：其一，它既然意味着形式脱离了巫术所笼罩的神秘阴影而获得了自身独立的意义和价值，形式本身就可以作为有价值和独立意味的东西，即成为自身有生命的形式。同时，人们也不再在形式的背后去寻找神的或神秘力量的作用，而是只关注于形式的自身意味。这对“艺”的发展是至关重要的。其二，形式也同时脱离了在身体劳作中被物所掩盖的一面，摆脱了物的遮蔽，而显示出自身作为自由的形式的存在。反过来说，如果表达的符号形式还被神秘的观念所笼罩，或者还纠缠于事物的实体上，还没有获得纯粹的形式的意义，那么就还不是纯粹的“美的表象”。在这里，大家可以看图2—7中所体现的纯粹形式美。

在一定的意义上说，对“艺”的自由形式的自觉，是纯粹审美活动和独立艺术诞生的最重要标志。自由形式独立的标志性作用在于，它比“游”的本性更为彻底地摆脱了巫术—神话思维的纠缠，形成了一个独立的、有自身意味的自由形式的领域。独立的、纯粹的审美活动，就是以这种独立的、有自身意味的自由形式为存身之基的。

（四）诗性直观和自由的形式产生纯粹美感经验

独立的审美活动和艺术活动的产生，还有一个重要的标志，这就是纯粹的美感经验的形成。当身体劳作中的“艺”走向了自由艺术，当身体劳作的活动方式与身体劳作中事物的“合目的性”的显露契合无间时所蕴涵的自由本性和诗性直观变成一种自觉的意识，当身体劳作的活动方式与身体劳作中事物的“合目的性”的显露之间的契合凝结为自由的、独立的和有自身生命的形式时，所有这一切所结合在一起的整体氛围，就会给人带来极大的自由的快感，即对生命自由创造的直观的快乐。这就形成了非生理的、非功利的审美快感，即纯粹的美感经验。

考察人类的审美活动和艺术的发展历史，我们就会发现，正是在公元前7世纪到公元前3世纪，古希腊和中国都产生了一种纯粹的美的经验。这种美的经验，既不是来自巫术活动，也不是来自生理的快感，而是来自纯粹的诗性直观的自由感和纯粹形式的快感。古希腊的毕达哥拉斯学派对纯粹数学关系的“和谐”所造成的美的描述，就是对纯粹自由的形式所带来的快感的揭示。同样，当柏拉图在企图给“美”下定义的时候，他对于超越了“合适”、“恰当”、“有用”、“善”、“生理的快适”等等方面的“纯粹美”的寻找，其实就暴露了一个纯粹的美感经验的诞生，只是他把这个纯粹的美感经验客观化为一种存在而已。同样，孔子关于古代音乐“尽善”、“尽美”的论辩，他提出的《诗》可以“兴观群怨”的观点，他的“成于乐”的“成”、“游于艺”的“游”等，都指向了一种纯粹由诗性直观和自由的形式而产生的纯粹美感经验。尤其在老庄的学说中，提出了“大美无形”的“大美”概念、“至乐无乐”的“至乐”概念，以及“物我混冥”的“凝神”状态，都是这样一种独立的纯粹的自由快感。无论是孔子的“兴”、“成”、“游”，还是老子的“大美”，或者庄子的“至乐”、“物我混冥”、“凝神”，都是指审美活动中的一种充实感，一种永恒的存在，一种超越了日常生活计较、烦恼的超越感。这就是纯粹美感经验的基本特点。

三、独立的审美活动

我们从以上的分析中，了解了审美活动三个主要方面的发生和发展：从原始巫术活动中诗性直观脱颖而出，从身体劳作的“手艺”中“艺”和“艺”中的自由脱颖而出，从“艺”中诞生了自由的形式。这三个方面构成了我们所说的审美活动的核心。与此同时，诗性直观、“艺”及其自由和自由的形式也产生了一个重要的心理现象，这就是审美快乐。我们把这种审美的快乐称为“美”。

这样，审美活动就在人类历史的发展中形成了。一旦诗性直观、自由的“艺”与自由的形式表现结合在一起，就构成了一个既不是逻辑的理性思维的领域，也不是道德的善的领域，更区别于实用的生产领域的新领域，一个以诗性直观和人的自由表现为核心的领域，即审美活动的领域。这个领域一旦独立，就会形成属于自身的辉煌历史，即纯粹的审美活动和纯粹的艺术活动的独立发展的历史。

当独立的审美活动进入人类的认识和理性思考的范围时，“美”的概念就形成了，也开启了人类以理性思考“美”的现象的漫长历史。纯粹的审美活动、独立的艺术在公元前4世纪前后形成，而且人类对纯粹的“美”的概念的思考也形成了，它们是同时形成的。我们前面谈的毕达哥拉斯学派、柏拉图以及孔子、老子、庄子对“美”的思考，就是与审美活动的独立相呼应的。

总之，本章追溯了人类审美活动的两个起源，一是巫术，二是身体劳作中“手艺”中所蕴涵的“艺”。

【思考题】

1. 什么是巫术直观，它有什么意义？

2. 写一篇短文，讨论巫术直观在现代生活中还有没有意义。

3. 阅读一本描写部落生活的人类学的书，写一篇小论文，谈谈什么是巫术活动中的世界象征化和符号活动。

4. 语言是怎样从巫术符号活动中产生的？

5. 查阅一些原始艺术的相关资料，谈谈从原始巫术符号活动中诞生的原始艺术有什么特点。

6. 亲自参加一次诸如陶艺制作或雕刻制作的活动，领会身体劳作的本源性意义。

7. “手艺”是怎样在身体劳作中产生的?

8. 什么是“手艺”? 为什么说“手艺”为“艺”奠定了本源性根基? 试举例说明。

9. 你认为艺术与“手艺”之间是什么关系? 你是否倾向于把它们截然分开? 写一篇短文，或在课堂上分两个辩论组进行辩论。

10. 举例说明“艺”是怎样向自由艺术演变的。

第三章

美感经验与美

导读烛光

叶落了。随着细微的响声，一片秋叶从高高的树上飘落下来。红色中透着金黄。叶落时直接穿过树枝，然后在空中犹豫片刻，在最低层的树枝下飘了一会儿。在阳光的照射下，上面的露珠光彩熠熠，雾气蒙蒙。现在，落叶在空中画出一个悠然的弧形，在最后落到地面之前又在空中滞留了片刻。

你见证了叶落的全部过程。其中有某种东西使你惊奇得透不过气来。你周围的城镇、乡村和花园已被忘却。时间陷入停顿状态。你的思路也被打断。树叶上的金红色泽，飘落时弧形的优美形式，充满了你的整个意识，充满了你的心灵。好像你的存在，就是为了凝视这片树叶的下落似的，倘若你有其他关注的事情和目的，那你已经将其抛到了脑后。你不知道这个过程持续了多久，也许只是短暂的一瞬，却包含一种永不过时的特性，一种永恒的特性。你因此获得一次审美体验。

…………

农夫看到叶落时叶在空中画出的弧形，他会从中推导出风向或迫近的降雨，因此会匆匆忙忙地走开，在下雨之前赶忙做完所有农夫该做的事情。植物学家看到叶落时，他会想到今年的叶落早于以往，因此捡起一片，检查其毛细管，看看是什么症状或什么原因导致叶脉组织衰竭等等。一个心灵敏感的人在看到叶落时，则会反思人世辉煌的短暂，人生的不确定性，人性的易变性，通常会沉浸在忧伤的思虑之中。一个诗人看到叶落时，有可能会也有可能不会从审美的角度去体验这一经历，但他一定会想出可能在下一首诗中所采用的一个诗韵或节奏，或者想出一个令人惊叹的隐喻。我们这里将要思考如何来分析观看叶落的审美体验，假如能够诱导某人经历这种体验的话。

唯有经历过这一体验并乐于停留在这一体验中的观者，无意从中得出什么结论或进一步将其加以利用，也无意从叶落的已知体验背后去追究其中可能的原因（譬如导致植物组织衰竭的原因）或象征的意味（譬如人生短暂），而是依然徜徉在审美的领域。

除了看到观者观看落叶的方式之外，你将会发觉观看落叶的种种其他方式所具有的两个共同特点。首先，他们都试图把落叶的发生同落叶之外的事情联系起来，试图在某个由界说分明的因果关联所组成的系统中为落叶寻找一个位置。其次，他们都试图把落叶的发生与生活中种种令人关切的问题联系起来，想利用落叶这一事件来达到某种外在的目的……

唯有观者本人无意将落叶同落叶之外的任何事情联系起来，也无意利用落叶来达到任何其他目的，他视落叶为一个整体，一个完整、绝对和珍贵的自在，只是一味地关注落叶本身，既无必要对其加以解释，也无必要对其加以利用。*

* 转引自［英］奥斯本：《鉴赏的艺术》，45～46页，成都，四川人民出版社，2006。

上面的话来自学者海兹拉伊在其《凝神观照活动》中对美感经验的描述和分析。它或许能给我们一束光，使我们透视我们每个人都有的经验。

在了解了审美活动的诞生和起源之后，现在我们来讨论美感经验。美感经验又称作美感。本章主要讲什么是美感经验、美感经验的特征和美感经验与美的关系等问题。为了进入对美感经验的分析，先让我们读一段德国哲学家、美学家对美感经验的描述。

知识版图扩张

雅斯贝尔斯论美感经验

因在艺术作品观赏之中，将艺术成为我自己的东西，而给人产生出感动、解放感、快乐感、安全感。在合理之中，难接近于绝对；但作为直观的语言，（艺术）在完全当下呈现的完结性之中，没有任何的不满足。一面打破日常性，又一面忘却现存在之实在性，人会经验到一个大解放。在此解放之前，一切的忧虑与打算、快乐与苦恼，却好像于一瞬之间消失了。然而，在此一瞬间，人又一面仅仅想起抛弃了自己的美，而急转直下，返回到现存之中。观赏艺术这种事，不是什么中间的存在，而是一种别样的存在……艺术一面照出现存的一切深渊和恐惧；但在此处，是在较之最明晰的思维更为透彻的、确信存在的明朗意识之中，用光明充满了存在。此时，人不仅离开了兴奋与热情，瞥见了一切东西在此所止扬的永远性，并且人自己也好像在永远之中一样。*

* 转引自徐复观：《中国艺术精神》，67页，上海，华东师范大学出版社，2001。

第一节
什么是美感经验

◎美感经验是审美活动的唯一标志 ◎美感是审美活动发生时产生的一种经验状态○美感经验与一般感觉的区别

一、美感经验是审美活动的唯一标志

我们在讨论了审美活动的起源之后，接着就来讨论美感经验。或许有朋友会产生疑惑：为什么我们不直接讨论什么是审美活动呢？我们之所以这样做，理由在于，对我们每个人来说，使我们知道我们刚刚进行了审美活动的唯一标志，就是我们有了美感经验。也就是说，没有美感经验，我们就不知道我们是否进行了审美活动，只有我们产生了美感经验，我们才知道我们进行了审美活动。这也就是我们在第一章中说“审美经验是美的现象的唯一见证”的缘故。因此之故，我们得先了解美感经验，通过美感经验这个“开门咒”，来进入审美活动的天地。

那么，为什么说美感经验是审美活动的唯一标志呢？我们来看两种情况。

一种情况：你和朋友们在秋天的林间散步，边走边看，还聊着天。你们来这里散步，目的只是想休息休息，和大自然接触，使身心在工作之余得到放松，本意并不是去进行审美活动。走着走着，突然你们被前面的一片景色所迷住，不由得驻足观赏。这种突然被景色“迷住”的本身，就是一种美感经验。这时，也只有这时，你才知道刚刚发生了审美活动。

相反的另一种情况：你买了很贵的门票，去看一个绘画展览，初衷是打算进行审美活动。但是，看完整个画展，你却被拙劣的画技和胡涂乱抹弄得兴味索然。虽然你的初衷是进行审美活动，结果却没有任何的美感产生。这时你也就很难准确地说你进行了审美活动。

显然，对于大家来说，知道有“美”这回事，并不是从书本上知道的，也不是因为学了美学，更不会是某个地方有“美”在那里等待我们去观赏，我们去了就会发现它在那里。相反，只有我们在某些时候产生了特别的、令人难忘的美感经验，才知道“美”这回事。譬如，某个风清月明的夜晚令你产生了一种身心通透的清爽明快之感，你会不由自主地慨叹“真美啊”；再如，在一个不曾料想的邂逅中，你遇到了一个终生难忘的人，这终生难忘的感觉也使你经验到“真美”的体验。这就是你的美感经验，你就是通过这样的美感经验具体地见识到“美”这回事的。

因此，对于具体的审美现象的发生来说，应该先有审美活动，然后有美感经验。但是，对于具体的经验者来说，美感经验却反过来成了审美活动的标准和见证。有时，恰恰是由于有了不能释怀的美感经验，有了“真美啊”的感触之后，我们才会回过头来检讨我们的审美经验是怎么发生的，去检验是什么东西引起了这样特别的感受，这个引起美感感受的对象是什么，它有什么样的特点，它的形式是怎么构成的，等等。出于这个缘故，过去的美学研究者认为，是先有了美感经验，才有了“美”，“美”是美感经验的结果。当然，有时候我们其实很难区分出美感经验与审美活动的前后次序，它们仿佛是同时发生的。正是由于审美活动与美感的形成是如此糅合在一起的，有时候我们也就很难区分出彼此来。

无论如何，美感经验的形成过程，就是审美活动的过程，美感是审美活动过程的结果，而不是相反。不过，我们得承认，审美活动即美感经验的形成过程，可能是一瞬间就达成或形成了的，它可能丝毫没有引起我们的注意，然后我们就被它所形成的美感所俘获、所震撼、所慑服，而完全忘记了美感经验的形成过程。但这并不能从逻辑上得出这样的结论：美感经验产生在前，审美活动在后。

因此，就人的审美活动来说，最基本的事实是，美感经验是审美活动和美的现象的唯一见证，是其唯一的标志。没有美感的产生，我们也就不能说我们进行了审美活动，只有产生了美感经验的活动，才能称作审美活动。这两者是紧密联系在一起的。

二、美感是审美活动发生时产生的一种经验状态

那么，什么是美感或美感经验呢？

所谓美感或美感经验，从心理感受上说，就是审美活动（包括艺术创造和艺术鉴赏）发生时所产生的一种独特的心醉神迷的瞬间经验状态。在这一刻，你的整个生命仿佛被一种神奇的光所照彻，你的身心仿佛被凝结、聚集在这一瞬间状态之中，你仿佛被眼前的景象、形象所震慑、吸引，这使你暂时忘记了此外的一切，既包括你的俗常生活和操劳，也包括利益的算计和得失的考虑，你整个地凝神关注于此情此景之中，在那里流连忘返。用法国现象学美学家杜夫海纳的话说，在美感经验的那一纯粹的瞬间，“对世界的信仰被搁置了起来，同时，任何实践的或智力的兴趣都停止了，说得更确切些，对主体而言，唯一仍然存在的世界并不是围绕对象的或在形象后面的世界”，而是属于美感经验凝结的这一顷刻。虽然你可能很快就又回到了现实的生活和日常的烦恼之中，但却因此发现了生活的另外一重天，另外一种存在，另外一种比油盐酱醋甚至钱更重要的东西。

这里，大家要注意“经验”这个词的基本含义。按一般的理解，“经验”就是指经历了某事并对所经历的有所领会。在这个意义上，它其实指的是“曾经的事件”，“领会某事”，仿佛经验者是在事件之外，“领会”也只是对自己之外的事件的领会。这是一般意义上的“经验”。比如，大家刚刚经历了从宿舍到教室的过程。但是，审美经验不能单纯从“曾经的事件”或“经历某事”来讲。德国哲学家狄尔泰是用“lived experience”来表述我们所说的“经验”这个词的，它的意思是“生命经验”。“生命经验”是一种生命的经历，或者是一种生命事件，即只有自己的生命参与其中才能发生的事件经历。这个意义上的“经验”中有整个生命作为一个整体的渗透和卷入，如果没有整个生命作为一个整体的卷入和参与，就不会有“经验”或者某事发生。所谓“生命事件”或“生命经验”，就是指一个生命到场、敞开、绽放和意义生成所构成的事件和经历。如果没有生命的出场、敞开、绽放和意义生成，就不是“生命事件”或“生命经验”。

因此，从质的方面说，美感经验是一种“生命事件”或“生命经验”，是人的整个生命的出场、绽放和意义生成的全部内涵的瞬间凝聚。美感的达成并不是外在某个对象刺激的结果，就像我们的耳、鼻、眼、舌等器官接受外部事物的刺激所形成的纯粹感官感觉那样。美感经验

不是单纯的感官感觉，而是一种将人的整个身心体验和某个外部对象熔铸为一体的经验。有时候甚至不需要具体的外部对象，仅仅我们自己的一种心境、一种情感、一种悟知等，就可以形成一种完整的美感经验。这里可以以初唐诗人陈子昂的《登幽州台歌》为例。

理论释例

从陈子昂《登幽州台歌》分析美感经验

前不见古人，后不见来者；
念天地之悠悠，独怆然而涕下。

诗题说的虽然是“登幽州台”，却没有一个字写登临，甚至连幽州台周围的景色也一点没写，而是横空出世，把登临时产生的生命情怀直接化为苍茫的诗句，凝结为自身在漫长历史长河中的处身性经验。显然，这不是对具体对象的凝神观照而产生的审美经验，而是来自自身生命体验而凝结的纯粹表现，一种对人生的时间感悟，一种旷世的孤独，以及在这种旷世孤独中将自身的存在与悠悠过去和不可见之未来连接起来的浩大气概。这种人生的时间感悟，这种旷世的孤独，这种“观古今于须臾，抚四海于一瞬”的生命绽放和意义生成，构成其诗性经验的核心。在这里，登幽州台的实际游历过程一点也没有出现在诗中，因此，对诗人来说，这个实际的游历过程并不是他要描写的“经验”，也就是说，“登幽州台”的实际游历事件并没有构成他的生命事件，而是那在幽州台上的生命的时间感悟、那旷世的孤独和将自身的现存在与幽眇的过去和不可及的漫漫未来连接起来的博大怀抱，成了他生命中触目惊心的、难以弃绝的生命事件。正是这一生命事件刻画出了诗人生命的深度，构成了诗人生命意义生成的里程碑。当众多的读者阅读这首诗，并被诗人的诗情所感染，产生了与诗人一样的生命投射和意义凝结的时候，读者也就拥有了自己的生命事件。

从陈子昂的这首诗中，大家可以领会到审美经验的真正底蕴。

因此，美感经验是不同于一般感官感觉的，两者的差别在于：（1）一般感官的感觉只是感官对外部刺激作出生理反应的结果；美感经验不是外部刺激的结果，而是内在心身和情感活动熔铸为一个整体所形成的结果，有时候它会与某个外部对象相关联，但有时候它并不需要外部对象，就可以熔铸出一种完整的经验。（2）一般感官的感觉是被动的，它不具有任何生命创造的因素；美感经验却不是被动的，不是只有在外部刺激下才形成的，而是表现性的、形成性的。这里所谓“表现性”，主要是指美感经验是人的内在心身的外在显现，这种由内向外的呈现，即“表现”；所谓“形成性”，是指它是自主形成的、自主创造的，即使在没有外部刺激的条件下，它也会自主形成。同样，即使有外部事物的作用，这种作用也不是刺激作用。美感经验只有经过人的内在心境和情感的自主创造才能诞生。（3）感官的感觉是局限于生理感官层次上的，但美感经验不是纯粹的生理感官层次上的，而是人的心、身、情感等整个生命活动突然凝结的状态。在美感经验中，有一个完整的人熔铸其中，并在这种熔铸中把经验者摆渡到一个超越的领域——获得更为本真的存在。没有整个完整的人的熔铸和超越，是不可能有美感经验的。美感经验是一个完整的、活生生的人所熔铸的经验状态，因此，它是人的活生生的生命的体现。这也就是美感经验总是如此迷人的缘故。

第二节 美感经验的特征

◎**美感经验是一种快感**○快感是美感经验的普遍特性○美感经验的快感是非功利的○美感经验的快感的来源 ◎**美感经验是直觉的经验**○什么是美感经验的直觉○作为美感经验的直觉的特点 ◎**美感经验的表现性**○什么是表现○表现与直觉的关系 ◎**美感经验是一种自由的经验**○美感经验作为自由的经验的基本含义○美感经验作为自由的经验的游戏品质

美感经验是我们人生中非常独特的经验，它和我们人生的其他经验都不同。那么，美感经验有什么特征呢？美感经验主要有以下特征。

一、美感经验是一种快感

美感经验的最突出特点是它总是一种快感。美感经验是一种愉悦的、快乐的、心醉神迷的感觉。

（一）快感是美感经验的普遍特性

美感经验的最显著特点，就是它给获得此种经验的人以极大的快感。在获得美感经验的一刹那，人的整个心灵与身体都处于巨大快适之中，我们的整个身心都为这种快适而迷醉，甚至为它而震撼，仿佛在瞬间通达天庭而具有了完满感和通透感，仿佛与生命中的终极意义达成了沟通，仿佛人不再为俗常的事务所纠缠，而是直接与人生的本真意义不可分割地交融在了一起，以至于仿佛获得了一个非俗常的新的本真生命。

当然，在某些美感经验中，快感的体验是混杂在许多复杂感受之中的，但这并不影响美感经验的快感特征是普遍存在的这一事实。在欣赏悲剧时，即使获得的美感经验包含悲痛、撕心裂肺的痛苦，甚至恐怖、震撼，但其基本的底蕴还是快适；在欣赏喜剧时，即使我们为人生的啼笑皆非而叹息，为人生的缺憾而流下笑的眼泪，但喜剧中间基本的感受仍然包含快感。我们在欣赏诸如中国青铜器上的狞厉的图案时，在欣赏蒲松龄《聊斋志异》里怪诞不经、充满鬼气的故事时，在欣赏西方现代派艺术抽象的、变形的、荒诞的形式时，也同样有快感产生。没有这样的快感发生，我们就很难断定我们获得了美感。

（二）美感经验的快感是非功利的

人可以通过不同的途径获得快感。譬如，饮食可以获得快感，性爱可以获得快感，洗澡可以获得快感，喝酒也可以获得快感……所有满足身体需要的方式都可以使人获得快感，甚至吸食毒品、挠痒痒也可以使人获得快感。但是，美感经验的快感与这些其他的快感有明显的区别。

美感经验的快感是一种非功利的快感。这里的“功利”主要指人的基本生存所需要的利益。这些基本生存所需的利益，可分为两个层面，一是生理的利益，二是道德的利益。美感经验的快感与这两种“功利”都没有关系。

美感经验的快感与生理快感的差别如下：（1）美感经验的快感不是纯粹生理的快感，而是生理、心理和精神处于和谐状态所形成的快感。（2）美感经验的快感不是生理需要满足之后的产物，而是人的整个身心处于自由状态的经验。在这种自由状态的经验中，人作为人得到了完满的呈现和实现。（3）纯粹生理的快感只能维持很短的时间，然后就会消失并产生下一轮的生理需要，因此它既不能赋予人的生活以意义，也不能把人的生命提升到一种新的有意义的境界。但美感经验的快感却可以持续一生，并把人的生命提升到一种新的意义状态。（4）生理快感不具有创造性，它是被动的生理满足的结果，但美感经验的快感却是生命活动自由创造的结果。因此，它是形成性的和创造性的。当然，在美感经验的快乐中，必然地包含身体的陶醉，但这种身体的陶醉并不是单纯生理上的满足而导致的，而是生命的意义生成事件带给身体的。

美感经验的快感也与我们的利害、算计没有关系。人可能会为得了一笔钱而感到快乐，或者因得到奖励而感到快乐，或者因占了便宜而感到快乐。这些都是因利害而生的快感。美感经验的快感不是这种因利害而生的快感。我们不能说一个守财奴在数着自己的钱财时的得意和快感就是一种美感经验的快感；也不能说一个企业家赚了大笔的钞票所获得的快乐为美感经验的快感。同样，一个投资家在拍卖行拍到了一幅价值连城的名画，他很得意。他的得意产生的快乐也不是美感经验的快感，而是投资成功所带来的快感。这些快感都产生于实用的活动，是与利害、实际的利益紧密联系在一起的。这种快感是一种“善”的快感，而不是美感经验的快感。

思想深呼吸

“失恋的少女与丧失金钱的守财奴”的论辩

有一句格言：少女可以为失去的爱情而歌唱，而守财奴却不能为他失去的金钱而歌唱。

这句格言也被历史事实所印证，流传下来的有失恋者的歌，却没有一首丧失金钱者的歌。

为什么呢？

这句格言可以使我们辨析美感经验的快感的非功利性。大家可以就此进行辩论。

道德判断产生的是“好的”、“合适的”、“适当的”这样的结论。美感经验所产生的是“美的”、“令人心醉的”这样的经验。“好的”与“美的”是有差别的。当然，在日常生活中，人们往往用“美的”这样的判断来说“好的”。比如，某人做了一件好事，我们就说他做的事“真美”。这时所说的“美”其实不是美感经验，而是一种道德判断。这都是我们在用语方面不严格造成的。这就要求我们对具体的判断先作辨析，然后才能知道它的确定意思。

总之，美感经验与道德经验是不同的。德国哲学家康德说：美感经验的快感是非关利害的，它不直接产生于“善”；美感经验的快感也不产生于任何实用的目的，它是非实用的。这就是著名的美感经验之“超功利”或“非功利”原理。

（三）美感经验的快感的来源

既然美感经验的快感不是来自生理的满足，也不是来源于利害的计算，那么，美感经验的快感从何而来呢？美感经验的快感主要根源于这样几个方面。

1. 来源于人的心身之间和谐、自由的状态

当美感经验达成时，人的身体、心灵和精神就处于一种和谐自由的状态。他不再是一个单纯的劳动者，不是一个为了生计而受苦的人，也不是一个被理性所限制的人，而是一个完全处于自身生命活动的自由状态的人（见图 3—1）。这就使人获得了极大的快乐。这种快乐是非同寻常的。

知识版图扩张

瑞士 19 世纪的诗人阿米尔的体验

现在又一度享受到过去曾经享受过的最不可思议的幻想的时候。……早上，坐在芬西尼城的废墟之中的时候；在拉菲之上的山中，当着正午的太阳，横躺在一株树下，忽然一只蝴蝶飞来的时候；又某夜在北海岸边，看到横空的天河之星的时候；似乎再次回到了这些壮大而不死的宇宙的梦中。在此梦中，人把世界涵融在自己的胸中；而觉得满饰星辰的无穷，是属于我的东西。这是神圣的瞬间，是恍惚的时间。思想从此世界飞翔向另一世界……心完全沉浸在静的陶醉之中。*

* 转引自徐复观：《中国艺术精神》，51 页。

2. 来源于人的生命活动所达致的完满感、充实感

每一种美感经验都包含人自身的完满感和充实感。它是人生的完满和充实，因此不会像生

图 3—1　竹林七贤画像砖（局部）

理快感那样由欲望的满足来实现，而是由生命活动所达成的境界来实现的。欲望的实现，意味着还会有新的欲望要求得到满足，它是没有止境的。但美感经验的快感却是一种终极体验，它是人的生命活动达到一种充实的、完满的境界而获得的快乐。孟子说："充实之谓美，充实而有光辉之谓大，大而化之之谓圣……"[①] 这里所谓"充实"，就是人作为人得到了完满的体现，这就是"美"；而"充实"圆满到自身发出光明，到了"放光辉"的地步，就是"大"。在孟子看来，"大"比"美"高一个境界。但其实，他所说的"充实"、"大"都是人自身达到完满感、充实感而获得的境界。

3. 来源于生命活动的自由创造和内在意义的表现

无论是人的心身的和谐、自由，还是人的生命活动的充实感、完满感，都离不开生命活动的自由创造和内在意义的表现。因为，美感经验是形成性的、创造性的，它是整个生命意义的突然凝聚，是生命价值由内向外、由隐蔽向显现、由不可见向可见的突然爆发。美感经验的快感就是在这突然爆发的瞬间产生的。可以说，没有创造、没有形成、没有表现，也就没有意义的实现和创造，当然也就没有美感经验，更不可能有美感经验的快感。因此，美感就是生命表现所得的快感。对此，英国美学家科林伍德有过这样一番论述："如我们所看到的，一种未予表现的情感伴随有一种压抑感，一旦情感得到表现并被人所意识到，同样的情感就伴随有一种缓和或舒适的新感受，感到那种压抑被排除了。这类似于一个繁重的理智或道德问题被解决之后所感到的那种放松感。如果愿意，我们可以把它称为成功的自我表现中的那种特殊感受，我们没有理由不把它称为特殊的审美情感。但是它并不是一种在表现之前就预先存在的特殊情感，而且它具有一种特殊性，即一旦它开始得到表现，这种表现就是富有艺术性的。"[②]

就美感经验中快感的这三种来源而言，有时是三者并存，有时则偏重于后两种。也就是说，生命的充实感、自由感和生命内在意义生成的表现，是美感经验之快感的主要来源。

---

① 杨伯峻译注：《孟子译注》，下册，334 页，北京，中华书局，1960。

② ［英］罗宾·乔治·科林伍德：《艺术原理》，120 页，北京，中国社会科学出版社，1985。

二、美感经验是直觉的经验

美感经验从根本上说是一种直觉经验，美感经验的陶醉、沉迷和快乐，其实都是根源于这种直觉的。我们前面在追溯审美活动的诞生和起源的时候，就曾说巫术活动中所蕴涵的诗性直观是审美活动的重要根源。这诗性直观指的就是美感经验的直觉。我们所说的美感经验就是直觉，或诗性直观。

（一）什么是美感经验的直觉

关于美感直觉，过去有许多神秘的说法和看法。其实，所谓美感经验的直觉性，就是美感经验的达成既不是在理性分析中进行的，也不是在概念的推理中进行的，而是人的整体生命与一个对象之间不假思索地在瞬间直接达成的整体契合。所以，康德说："美是不依赖概念而作为一个普遍愉快的对象被表现出来的。"① 康德在这里所说的"不依赖概念"就是指美感经验这瞬间的直接性达成的直觉。钟嵘在《诗品序》中也说："观古今胜语，多非补假，皆由直寻。"意思是说，古今精辟的语言表达或者诗句，都不是补缀出来的，而是一下子就获得的。他这里的"直寻"就是直觉。

美感经验的直觉性，可以从美感经验的感受者和感受对象两方面加以了解。从美感经验的感受者方面来说，直觉就是感受者对某一对象的"顿悟"，是无间隔地进入对象内在并瞬间把握到其内在本性的过程。所以，过去人们就把这种直接地、不依赖逻辑判断而形成的对对象本性的把握，称作"顿悟"、"直寻"。在这种情况下，感受者与感受对象之间仿佛达成了一种亲密无间的契合，形成了一种内在生命的共鸣，仿佛享有着同一的生命、感情和生命的节奏，彼此不可分割地融合为一个和谐自由的整体。

从美感经验的感受对象方面来说，直觉就是感受对象的完整的被给予性。也就是说，在直觉中，感受对象完美地被呈现，它的本性被不打折扣地以其所是完整呈现出来。从感受者来说，感受对象的完美被呈现，也同时呈现了他的感受方式本身的完美性。美感直觉就是这两个方面的统一。

因此，美感的直觉性，就是这种直接进入对象、与对象契合无间地结合以及使对象的本性完美地被呈现和被给予的统一体。美感直觉既不是感受者单方面的主观或主体行为，也不是感受对象单方面的自主呈现，而是感受者与感受对象之间所达成的一种完美的契合状态。在感受者方面是无间隔地进入感受对象，无间隔地与对象契合为一；在感受对象方面是无遮蔽地呈现于感受者的感受之中。反过来说，感受者之能无间隔地进入对象、与对象契合，不仅要求感受者有此能力，还要求感受对象能够敞开自己。同样，感受对象之能使自己完美地被呈现，不仅依赖于其自身的敞开性，更有赖于感受者的最完美的呈现能力。因此，在美感直觉中展现出的是感受者与感受对象之间的无间隔的、无遮蔽的、无障碍的交融、契合和交互贯通。

---

① ［德］康德：《判断力批判》，上卷，48页，北京，商务印书馆，1985。

在这个意义上来说，美感经验的直觉，就是一种无遮蔽的敞开呈现。所以，以往的美学理论中，将直觉单从主体性方面来加以解释显然是错误的。

（二）作为美感经验的直觉的特点

美感经验的直觉与一般的感觉是不同的，美感经验的直觉发生时，具有如下特点。

1. 直觉是不假理性概念或逻辑的推断而获得的直接的悟知

我们人类的悟知有许多是建立在理性的概念或逻辑的推断之上的，但美感经验的直觉却不依赖于概念或逻辑的推断，就获得了关于对象的一种本质的洞见。所以，直觉不仅是直截了当地、不假思索地在瞬间达成的，而且是非理性的。当然，直觉的非理性并不意味着它是反理性的。但是，大家要记清楚，美感经验的直觉是不依赖于理性概念和逻辑的，相反，理性却要依赖直觉。

2. 直觉是高度专注的经验

在美感经验中，我们往往是凝神观照，目不旁涉，身心全都凝聚在一种无遮蔽的敞开呈现的经验之中，尽管天地之大，万物之多，但此时此刻，美感经验者却心无旁骛，而是全神贯注于此情此景，忘记了世俗的生活，忘记了身外之物的存在，仿佛整个世界、整个历史、整个生活都浓缩在这一经验之中。这就是在美感经验中产生直觉时的高度专注性。通常情况下，我们的感觉很难达到如此不由自主、情不自禁的专心致志。

3. 直觉是一种具有洞穿力的经验

当美感经验达成时，人们会有一种突然洞穿彼此之间的界限的豁然贯通之感，仿佛强大的电弧划破长空，照亮了黑暗的夜晚，使得一切都昭然若揭、清晰透明地呈现了出来。因此，直觉的洞穿力所带来的是透明感和豁然贯通之感，所以，我们往往把直觉与洞见、洞察力、穿透力等关联起来加以认识。

4. 美感经验的直觉是形成性的和造就的

前面所说的美感经验直觉的瞬间达成、它的高度专注性、它的洞穿力等，最终都将凝结为一种力量：美感经验的瞬间生成和创造。所以，直觉就是形成，就是创造。在直觉中，情与景交融在一起，形与神结合在一起，心与造化契合为一，从而形成一个神形兼备的、生气灌注的、有机的形象统一体。因此，我们说，在美感经验发生时，直觉是一道划过黑暗的炽热的电弧，在它的照彻下，在它的融化下，在它的凝结下，一个生气灌注的形象，一个气运生动的图像，一个趣味盎然的境界熔铸成形。没有直觉的熔铸、凝聚，一切都很难是有机的整体。

正是由于直觉具有上述四种特点，人们也就赋予直觉某些神奇的甚至神秘的魔力，仿佛那不是人力所为，而是在神秘的力量或神灵的帮助下获得的。其实，直觉就是人的一种与世界进行直接沟通的方式。它的出现比理性的、逻辑的概念的认识和沟通要早，也更为基础和基本。没有直觉，也就不会有后来才发展出来的理性和逻辑。正是基于这样的认识和理解，我们认为，过去一些认为理性是直觉的基础，认为直觉是建立在理性认识积累的基础上等的观点都是不正确的。

三、美感经验的表现性

美感经验的表现性是与其直觉性紧密关联的，只揭示美感经验的直觉性，而不揭示美感经验的直觉性所关涉的表现性，就不可能充分认识到美感经验的本性。

（一）什么是表现

什么是美感经验的表现性呢？我们先来看什么是“表现”，所谓“表现”，通常是指把不可见的、隐秘的或内在的东西呈现为可见的、外在的。但是，并不是所有的“表现”都可以形成美感经验，如“暴露癖”的“表现”、“表现欲”的“表现”，就不是美感经验中的“表现”。美感经验中的“表现”是伴随着美感经验的直觉活动而产生的内在生命的外在呈现，是隐秘的生命活力的展现。用刘勰在《文心雕龙》中的话说，就是“沿隐以至显，因内而符外”。这也就是说在美感经验产生的时候，我们不仅把握了对象、创造了形象，而且同时也在把握对象、创造形象的过程中“投射”了我们自己的内在生命。这两个方面是同时进行的。就我们把握对象、创造形象来说，那是一个由外到内的过程；但在把握对象的同时又表现了把握者的生命，这则是一种由内向外的过程。按此，我们在听音乐的时候，不仅听到了音乐，同时也听到了自己的听；在绘画的时候，就不仅画出了对象，同时也画出了自己的画；在写书法的时候，不仅写出了字，也同时写出了自己的写；在与一片山水形成审美经验时，不仅那片山水被把握了，而且从那山水上也发现了自己以及自己的感情。这就是表现的基本含义。

知识版图扩张

表　现

美学和艺术理论中“表现”这个概念是近代以来才被广泛使用的，尤其是在欧洲浪漫主义以及以后的现代主义美学理论中，这个概念才变得丰富起来。在此之前的古典主义美学和艺术理论中，最重要的概念是“模仿”和“自然”。因此，“表现”的概念是在与“模仿”、“自然”等概念的对抗中获得其意义的。

美国学者艾布拉姆斯在对欧洲浪漫主义美学思想做出出色总结的著作《镜与灯》中，对“表现”的概念做过这样的表述：

> 表现说的主要倾向大致可以这样概括：一件艺术品本质上是内心世界的

外化，是激情支配下的创造，是诗人的感受、思想、情感的共同体现。因此，一首诗的本原和主题，是诗人心灵的属性和活动；如果以外部世界的某些方面作为诗的本质和主题，也必须先经诗人心灵的情感和心理活动由事实而变为诗（华兹华斯道，“因此诗……从人类心灵中适时而生，将其创造力传给外界的种种形象”）。*

这段总结可以帮助大家理解审美经验中“表现”的含义。

因此，审美和艺术中的“表现”概念，主要是指审美主体将其内在的意蕴传达和表达出来，以形成意义或符号形式。也就是说它与审美主体的主体性有直接的关系。

* ［美］艾布拉姆斯：《镜与灯》，25～26 页，北京，北京大学出版社，1989。

因此，美感经验从来就不是单纯接受外在对象或感受外在对象的单一过程，而是一个呈现对象与表现生命同时进行的双向过程。这与一般的感觉不同。在一般的感觉中，感受者只是接受一种外物的刺激而形成一种感觉。如我们前面所述，美感经验并不是一种外物刺激而成的感受，而是一种直觉创造。在此直觉创造中，美感经验者在形成美感的过程中，通过表现自己而形成了一个充满意义的世界，既表现了自己的内在生命，也把握了外在世界或赋予了世界以有意义的形式。这就意味着，所谓的“白描”、“客观描写”等，也都有“表现”在其中，只是相对隐蔽一些而已。中国古代诗论有“一切景语皆情语”的总结。其中的“景语”就是客观描写，而“情语”就是内在感情的表达，就是表现。

图 3—2 是后印象派画家梵高的《星夜》。这幅名作中，满是星斗的夜空是用燃烧的笔触画出的，它表现了画家心中至高的神性。夜幕下是一个安静的、在沉睡中的村落，它被连绵的山所环抱。在村落的中央有一个教堂高高的尖塔，直通那体现至高神性的星空，象征性地表现了

图 3—2　梵高《星夜》

尘世的人们与至高神性的关系。画面前景有一棵也用燃烧的火焰状的笔触描绘的孤独的绵柏树。当你凝视这棵柏树时，你就会与这棵柏树融合为一，仿佛它就是你的象征，而这个作为你的象征的柏树正对那个以高高的教堂尖塔通向至高神性的天空的村落，投射你归属的神圣情感，并渴望那与神性存在合一的诗意的栖居。在此幅画中，大家可以深入体会到一种审美经验的深湛的象征表现。

（二）表现与直觉的关系

我们说美感经验本质上是一种诗性直观的经验，或就是直观，那么，其表现性也就必然在这种直觉之中有其根基。也就是说，美感经验的表现性是伴随直觉而诞生的，没有美感经验的直觉性也就不会有真正意义上的表现性。

基于此，美感经验的表现与通常的表现之间的区别在于：（1）美感经验的表现是一种自足的、以自身为目的的活动，它不以任何其他目的为目的。比如，“表现欲”的表现就是为了博得某种荣誉，它是功利性的。而美感经验的表现以自身为目的，它是超功利的。（2）与一般的表现所具有的表示、呈示、暴露不同，比如孩子的哭闹、女性的眼泪等，也都可以看作是情感的表现，但这些表现与美感经验没有关系。美感经验的表现，在根基上说，是内在生命活力的创造性呈现。美感经验的表现性就是将内在的情感、生命活力创造性地表现在外在的、可见的形象之中。在这个意义上，美感经验的表现就是赋形活动，即通过创造形式来呈现内在的情感和生命活力。

正是在这个意义上，意大利美学家克罗齐主张：直觉即表现，表现即艺术。这是克罗齐的著名等式。他认为：“一个真直觉或表象同时也是表现。没有在表现中对象化了的东西就不是直觉或表象，就还只是感受或自然的事实。心灵只有借造作、赋形、表现才能直觉。若把直觉与表现分开，就永没有办法把它们再联合起来。”① 克罗齐的看法是非常深刻的。按照这种看法，在美感经验中，直觉与表现是互为表里的，两者不可分割。有直觉必有表现，有表现必是直觉中的表现。不是在赋形、形象创造中进行的表现，就不是美感经验的表现。

表现并不是简单地把内在的东西呈现为外在的，把不可见的展现为可见的，把没有形式的呈现为有形式的等，而是通过直觉的形象的创造，通过获得直觉的形式而表现出来的。所以，表现就是通过直觉进行赋形。这是区分美感经验的表现与非美感经验的表现的试金石。没有赋形就不是表现，而只是一种含糊不清的事情。如果一个人说他进行了表现或进行了创作，但却不能把这些展示为一种清晰的、创造性的形象或形式，那么，我们也就可以认定他并没有进行表现。

因此，与直觉相连接的表现，包含两个基本的类型：第一，在直觉的形象创造中赋予事物以形式。在美感经验中形象并不是自然的形式，而是生命活动赋予事物的形式。我们把这样的形式称作“心灵的形式”。比如，美感经验中形成的意境、形象等，就不是简单地对自然形式的模仿，而是直觉创造的结果。在这种创造中，直觉就把生命内在的东西表现在了那直觉的形式之中。如果没有这样的赋形和表现，自然的形式、自然的形象就还只是自然的事实，而不是

① ［意］克罗齐：《美学原理》，14～15页，北京，人民文学出版社，1983。

心灵的表现。因此，直觉就是心灵给事物赋形，或者把外在的东西纳入到心灵的形式之中。正是在这种赋形中，心灵表现了自己。第二，内在生命或情感直接表现自己，也就是我们所说的“直抒胸臆”。中国古代的诗学总原则“诗言志”，就体现了这种表现的思想。刘勰所谓的“登山则情满于山，临海则意溢于海”、杜甫的“感时花溅泪，恨别鸟惊心”等，就是此类内在情感或生命的直接表现。我们前面所分析的陈子昂的《登幽州台歌》就是这种赋形活动的经典体现。但这种直接表现也必须转换为独特的形式或形象，否则就会落入概念化的贫乏之中。这里，大家可以来鉴赏北宋诗人秦观的《春日》。

理论释例

从秦观的《春日》看“表现”

一夕轻雷落万丝，霁光浮瓦碧参差。
有情芍药含春泪，无力蔷薇卧晓枝。

这首诗写的是春天雨过天晴后的景色。一夜的轻雷细雨，次日雨过天晴，阳光照射在春雨洗过的高低参差的屋顶上，碧蓝的屋瓦显得非常清爽。雨过之后的芍药花沾满露水，就像满含春泪；而娇弱的蔷薇花却在雨水的打击下困乏无力地开放着。在这首诗中，作者不仅写了雨后春天的景色，同时也表现了自己惜花伤春的情感。作者的感情完全是通过对自然物象的拟人化而获得的形象来表现的。通过对这首诗的体会，大家可以具体而微地体认美感经验中的“表现”。

美感经验的表现性，是美感经验带来快乐的根源之一。

四、美感经验是一种自由的经验

就美感经验是一种快乐的、直觉的和表现的经验而言，它也就必然是自由的。美感经验是人的诸多经验中唯一具有自由本性的经验。

（一）美感经验作为自由的经验的基本含义

人无论处于单纯的理性约束之下还是处于单纯生理需要的压迫之下，无论是处在外部自然世界的控制之下还是处于社会生存的压力之下，人的经验都不会是自由的。比如，被道德的法则所强制的生活就不是自由的，因为要遵从道德规范，人就必须约束自己的感性，控制自己的需要，以便使自己的行为符合道德规范。这时，人自身就处于理性与感性的冲突之中，因此是不自由的。同样，被生理需要所强制的生活，也是不自由的，譬如被饥饿、情欲、求生目的所支配。德国哲学家席勒认为，受纯粹的生理支配的人是“野人”，这种人把自然规律视为自己的“绝对主宰”；而过分高估自己的理性，不仅忽略自然法则，而且忽略人的自然感性存在的人，则是“蛮人”，这种人是自己理性的奴隶。那么，人在什么情况下会获得他作为自由存在者的经验呢？答案是在美感经验中。

美感经验作为自由的经验，包含这样几个基本含义。

第一，美感经验作为自由的经验，首先是一种人的感性和理性、肉体和精神、形与神处于和谐融通的经验。也就是说，在美感经验获得的那一瞬间，人的感性和理性不是处于分裂状态，也不是处于对立状态，而是处于和谐的、相互融合为一个浑然的整体的状态。人不再处于自身的感性与理性的分裂、对立的境况之中，而是作为一个完整的、整体的和谐存在的人而存在着。只要人被分裂为感性的和理性的两个方面，人就不是自由的，也不是整体的。只要人处于自身的完整性之中，并生活于自身的完整性之中，人就是自由的。

第二，美感经验作为自由的经验，是人与自然的和谐统一经验。这就是说，在美感经验形成时的快乐的状态中，人不是外在于自然的，自然也不是人的异己的、默然的敌人，人与自然不是对立或分裂的状态，而是处于一种和谐的关系中，人与自然是相互契合的。这里的“自然”，就是代表着必然性的自在的世界，就是由规律性构成的世界；相对于自然而言，人则是一个有目的的活动者，因此，他构成了一个为实现自己的目的而进行活动的意志的世界。因此，人与自然的统一，就意味着人的活动的目的与自然的必然性之间，不是对立的、分裂的，而是契合无间的，这就是人的活动的目的性与自然世界的规律性之间的和谐，即我们前面所说的“合目的性”与“合规律性”的契合。

第三，美感经验作为自由的经验，是人与自己和谐统一的经验，即在美感经验中人获得了他的生命整体性存在。在美感经验中，人对于自己既不是手段，也不是工具；人对于世界上的任何东西也都既不是工具，也不是手段，而是人作为人获得了一种人的自足独立性。大家知道，人为生存，不得不把自己变成手段、工具；大多数情况下，我们不得不将我们分裂开来，过着片面的生活，甚至是生活于我们自己之外。那么，在美感经验获得的那一瞬间，人就回归于自身，以自身为目的，并持驻于自身的完满性、自足独立的整体状态。这个时候，人就作为一个完满的、和谐的人而存在了。

上述三点无论是人的感性与理性处于和谐状态，还是人与自然的和谐，抑或人回归自身并以自身为目的，都意味着人的自由的获得。因此，我们说，美感经验是一种自由的经验。

正是由于美感经验的自由性质，当我们获得美感经验的时候，我们也就从现实的片面生存中、从各种不自由中、从生命的分裂中、从日常的贫乏和沉沦中，回归于生命本真的自由之境，超越于平庸的日常存在，进入到了生命整体的自由的本源。这也就是人类对美感经验如此痴迷的缘故。

（二）美感经验作为自由的经验的游戏品质

由于美感经验是一种自由的经验，所以，美感经验具有游戏的品质。也就是说，美感经验是一种游戏，这种游戏的品质就是人们在美感经验中所体验到的娱乐性。康德把这种游戏品质界定为“无目的性”。但是，康德又说，美感经验的“无目的性”又是“合目的”的。而“无目的性的合目的性”类似于孔子所说的“从心所欲不逾矩”。所谓“无目的性的合目的性”，就是说，美感经验本身是没有目的的，它没有任何生理的、利害的目的考虑，它既不能用来换取生活用品，也不能用来博得功名，这就是它的“无目的性”；但美感经验在“无目的性”的同时，又不是反目的的或者与人的目的对立的，而是在“无目的”中又合于目的的，是与人的目的相契合的。这种“无目的性的合目的性”就是自由，就是游戏。

一说到游戏，许多人以为就是无所事事地玩。其实，游戏不单只是玩。按照席勒的分析，人只有当自由的时候才游戏，人也只有在游戏时才是自由的。这也就是说，自由与游戏是对等的，或者可以说，游戏是自由的表现。席勒曾认为，人在谋生的过程中，只有在有了剩余精力或精力过剩时，才游戏。其实，无论是精力过剩，还是有剩余精力，都意味着人在某一时刻超越了其起码的生存所需，这时才会游戏。而这种超越就是自由。因此，没有自由，就没有游戏。当一个人不能温饱时，他是不可能游戏的，这同样说明他是不自由的。我们的结论就是，人只有当超越必然性和自然的规律而进入自由境界时，才有游戏。这就意味着，人只有处于真正的超越状态，处于真正自由的状态，才能有游戏。那种没有超越也没有自由的人，却故作游戏状，就是虚假的自由。比如为了逃避责任而过隐居生活的隐士，就是一种虚假的自由和虚假的游戏。所以，他们隐居中的“无目的性”，就显示出一种穷酸的意味。

知识版图扩张

席勒与《审美教育书简》

席勒（1759—1805）是18世纪末德国著名的诗人和美学家。在诗歌创作上与歌德一起促成了德国“狂飙突进运动”，在哲学思想和美学思想上，他追随康德。美学著作有《谈美书简》（即《给克尔纳论美的信》，1793）、《论崇高》（1793—1794）、《审美教育书简》（即给丹麦亲王的信，1793—1794）、《论素朴的诗与感伤的诗》（1795）等。

在《审美教育书简》中，席勒把审美活动与人的自由紧密地结合起来进行讨论。席勒认为，人是自由的，自由的人应该具有完整的性格，任何不完整的性格，或者社会与个体的分裂、个体自身人格的内部分裂等，都是自由被磨灭的表现。席勒把古希腊人的那种将“想象的青春性和理想的成年性结合在一个完美的人性里”看作最理想的人的自由生活。也就是说，在古希腊时期，人是完整的人，是自由的人。

但到了近代时期，人的完整性被破坏了。近代社会“是一种精巧的钟表机械，其中有无数众多的但是都无生命的部分组成一种机械生活的整体。政治与宗教、法律与道德习俗都分裂开来了；欣赏与劳动脱节，手段与目的脱节，努力与报酬脱节。永远束缚在整体中一个孤零零的断片上，人也就把自己变成了一个断片了；耳朵里所听到的永远是由他推动的机器轮盘的那种单调无味的嘈杂声音，人就无法发展他的生存的和谐；他不是把人性印刻到他的自然上去，而是变成他的职业和专门知识的一种标志”。而这种分裂的最深刻方面，就是人的“感性冲动”与

"理性冲动"之间的分裂。他认为，"只有感性的人，是野人，只有理性的人，则是蛮人"。只有理性和感性和谐统一的人，才是完整的、自由的人。

那么，人如何才能获得完整性，恢复人的自由呢？席勒认为，唯一的解决之道就是美：只有通过美，人才可以走向自由。因为只有在审美条件下，人才摆脱他的分裂而回归他的自由和完整。这个标志就是在审美活动中，人处于游戏状态。"游戏状态"在席勒这里，就是指"自由活动"。"自由活动"是与"强迫"对立的。当人受其感性冲动的单方面牵制，人就是受其感性冲动的强迫；当人受其理性冲动的单方面牵制，人也就处于"强迫"之中。游戏冲动则消除一切强迫，使人在物质方面——感性方面和理性方面——恢复自由。

现在，我们来看一下游戏的结构。在游戏状态中，人把自己一分为二：一方面投入自己的精力于游戏的把玩中，成为一个游戏者；但另一方面，这个参与游戏的人又是一个观看游戏的人，在游戏的同时反观自身。比如下棋，每一个棋手，一方面是一个下棋的人，另一方面又是观棋的人。也即是说，在游戏中，人一方面出离自身成为游戏者之一，另一方面又作为旁观者而把整个游戏纳入自己的观赏之中。其中，那个游戏的"我"是在游戏中"表现"自己，那个观看的"我"则在观赏着这种"表现"。这个游戏的"我"和旁观的"我"，就体现为既表现自身又反观自身的循环过程。这种既表现又反观自身的过程，是游戏的本质。游戏的快乐就来自这种既表现自身又观赏自身的状态。

美感经验作为自由的经验，其实就是这样一种以自身为目的的游戏，在其中，美感经验者既"表现"（出离）自身，又反观自身。他表现自己并没有别的目的，是为了观赏自己，而观赏的不是别的，正是自己的表现。这种游戏的品质，就是自由的美感经验的体现。

第三节 美感经验与美

◎**摆脱美感经验来探讨美的本质的失误**○绕开美感经验来追问"美本身"的失误○不存在美感经验之外的"美"或"美的事物"○不存在美感经验之外的"形式美"○"美"只能通过美感经验而得到界定　◎**美感就是美**○美感经验是美的现象的根源○"美"是审美活动中人与对象之间所形成的关系性体验○一个对象的"美"是美感经验在对象上的附着○作为美感经验的"美"的特性

在探讨了美感经验的本性和美感经验的特征后，我们就面临一个最基本最重要的问题，这就是美感经验与"美"的关系。既然美感经验是"美"的唯一见证和标志，那么，探讨"美"就不能脱离美感经验。也就是说，没有超出美感经验之外的"美"这样的东西存在，一切所谓"美"都是在美感经验之中。这样，我们就必须通过美感经验来探讨"美"，通过对美感经验与

"美"的关系的探讨，我们就能够弄清楚"美"到底是怎么一回事，即对美感经验与"美"的关系的分析，是我们揭开"美的本质之谜"的契机。

思想深呼吸

恩斯特·卡西尔在"美"的门前做向导，说"请这边走"

德国美学家恩斯特·卡西尔的下面这段话，可以作为我们进入"美"的殿堂的指路牌。

> 美不能根据它的单纯被感知而被定义为"被知觉的"，它必须根据心灵的能动性来定义，根据知觉活动的功能并以这种功能的一种独特倾向来定义。但是这种过程的本性并不是纯粹主观的，相反，它乃是我们直观客观世界的条件之一。艺术家的眼光不是被动地接受和记录事物的印象，而是构造性的，并且……这种生命力只有靠我们自身中的一种相应的动态过程才可能把握。*

* ［德］恩斯特·卡西尔：《人论》，192页，上海，上海译文出版社，1985。

一、摆脱美感经验来探讨美的本质的失误

我们知道，在美学理论史上，一直存在着试图追问所谓"纯粹客观的美"，或者寻求美感经验之外的所谓"美本身"，或者认为"美"就是事物的一种品质等探讨"美的本质"的理论路径，这些理论路径的一个共同失误，就是企图摆脱美感经验来探讨所谓"美的本质"。

（一）绕开美感经验来追问"美本身"的失误

企图绕开美感经验来探讨"美本身"，这是沿袭了许多世纪的探讨"美的本质"的理论路径。这种路径的始作俑者就是古希腊的柏拉图。

柏拉图在他的《大希庇亚篇》中，设定了一个探求"美的本质"的哲学路径，即摆脱掉"具体的美的事物"，也摆脱掉人的美感经验和人的美的判断，来追寻使所有"美的事物"美的最终原因。由于他的这个设定中包含一种基本的假设，那就是使所有的事物"美"的原因只有一个，这就是"美本身"。柏拉图的这个设定为千百年来的西方美学理论规定了一条探询的道路，这就是寻求"美本身"是什么。他的答案就是在抽象的理念世界中，有一种抽象的"美的理念"，它是使所有"美的事物"美的最终原因。遵循柏拉图所设定的对"美本身"追问的路径，两千多年来，哲学家和美学家们一直企图揭开"美本身"是什么的"美的本质之谜"。

这个对"美本身"进行追问的思路中，有一个最重要的前提，这就是"本质设问"。所谓

“本质设问”，就是优先假定世界上的每一事物都有使该事物成为该事物的本质，这个本质是客观的、独一无二的，也是不以人的主观意志为转移的。因此，人类对任何事物的认识，都必须优先追问其客观的、独一无二的、不以人的主观意志为转移的本质。这样就规定了我们探讨问题的思路：先行认定有本质存在，然后去追问这个本质是什么。在“本质设问”中，还包藏着一种价值设定，这就是人的理性认识应该认识一种客观的、永恒不变的真理。基于“本质设问”的思考方式，在思考“美”的问题时，提出的基本问题往往如下：什么是“美”或“美的本质”是什么？

为了追问“美的本质”或“美本身”是什么，美学家和哲学家通过许多途径和方案来求得解答，企图破解“美的本质之谜”。在这些理论路径的设想中，有一个共同的理论愿望，那就是摆脱参与美感经验形成并作出美或不美的判断的人的“主观性”，使美的现象不受这些主观性的左右，而成为一种纯粹客观的现象。这样，美感经验也就被排除在了探讨“美的本质”的“本质设问”之外了。概括起来，这些摆脱美感经验来探讨客观的“美本身”或“美的本质”的理论路径，可以分为三种。

第一，在自然事物中寻找“美本身”。这种观点认为，自然事物中就有“美”，因此，“美本身”就被归于自然的事实，它与人的美感经验没有关系，仿佛“美本身”自古以来就存在于自然事物中，等待着人去观赏。但是很显然，要在自然的事物中确定“美”，是很困难的，因为“美”不是事物的一种物质属性。所以就有学者将自然事物的“美本身”限定为“典型”，即认为“典型的事物是美的”。但是，再典型的癞蛤蟆也不可能美。

第二，在世界的客观本体中寻找“美本身”。这种观点认为，世界上的万事万物之外有一个本体，是它造就了世间的一切，因此，世间万事万物的“美”也是由它造就的。比如，柏拉图认为，世界上的万事万物都是对“理念”的模仿，在作为世界“本体”的“理念”中，就有一种“美的理念”，正是它使事物成为美的。同样，中世纪基督教美学认为神是万事万物的最终原因，因此，神的美是使万事万物美的终极原因，神性的美就是“美本身”。在黑格尔的哲学中，他所设想的世界本体是客观的“绝对精神”，“绝对精神”也就构成了“美本身”，因此，他认为美就是“绝对精神”的感性显现，即“绝对精神”完满地实现于一个感性形式之中。

第三，在事物的形式构成中寻找“美本身”。这种观点认为，并不是所有的自然事物都是美的，只有那些符合了某种形式原则的事物才是美的。这样他们就把“美本身”归结为形式规则，即认为“美在形式”。如中世纪意大利神学家托马斯·阿奎那就一方面认为美在神性，另一方面又认为美在形式组合。他说：“美有三个要素：第一是一种完整或完美，凡是不完整的东西就是丑的；第二是适当的比例或和谐；第三是鲜明，所以鲜明的颜色是公认美的。”①这一观点所总结的能构成美的形式规则是对称、比例、和谐、适称等。

除了上面所列举的寻找“美的本质”的三种路径之外，尚有许多其他的观点，如认为“美在关系”（狄德罗）、“美在生活”（车尔尼雪夫斯基）、“美是人的本质力量的对象化”（李泽厚）等。这里就不一一列举了。

种种追问“纯粹客观的美”的努力虽然取得了许多成就，得出了许多不同的美的定义，但却没有一个定义能够被普遍接受。这样就导致了似乎永远也无法解开的谜题——“美的本质之

---

① 转引自北京大学哲学系美学教研室编：《西方美学家论美和美感》，65页，北京，商务印书馆，1980。

谜”。可能各位来学习美学，起先也有一个先入之见，以为美学就是想要解开“美的本质之谜”。大家的这个先入之见就是这种对“美”的提问方式所导致的：先行断定有一个客观的“美本身”或客观的“美的本质”存在，然后再来追问这个“美的本质”。

现在，是我们反思这些寻求“美的本质”的路径的错误和失误的时候了。因为，自柏拉图以来人类就开始企图解决“美的本质是什么”的问题，并绞尽脑汁给“美”下了种种定义，但目前看来非但没有结果，反倒把美学带到了毫无前途的死胡同。这就使得我们反思关于“美本身”或“美的本质”的这个设问或提问的方式是否出了问题。

思想深呼吸

20世纪美学理论对“美的本质”追问的消解

西方美学理论发展到了20世纪，对“美的本质”的追问基本上就被搁置了，几乎没有出现过哪个美学家继续尝试给“美”下定义。在这种情况下，出现了两个走势，一种是转向了对艺术的界定，或是对艺术的符号形式的构成的分析，另一种是转向了对审美经验的描述和分析。前者以克莱夫·贝尔的《艺术》、苏珊·朗格的《情感与形式》以及结构主义美学为代表，后者以现象学美学为代表。

在这样的发展趋势下，中国美学界保持了对“美的本质”追问的兴趣，但努力的效果同样不能令人满意，这是值得我们深思的。读者朋友可以对此做出自己的分析。老师们可以组织课堂讨论来推进对这一选择的认识。

总体来看，这些追问“美本身”的路径，有一个共同的提问前提，这就是它们都认为有“美本身”或“美的本质”存在。而这个设问或提问的前提是否正确呢？分析起来，我们就会发现，这种提问的前提，有一个最根本的误会，这就是它们都企图通过回避或忽视美感经验在“美的现象”之发生中的决定性作用，把“美”设定为在美感经验之前就已经先行存在，而美感经验不过是这先已存在的“美”在审美者的心理引起的效果而已。它们以为，无论我们是否与对象发生审美关系，“美的现象”都在那里等着我们去看、去观赏，就像物体的某种性质，如玫瑰花的红、水的流动性等性质那样，“美”也具有事物的这样一种客观的性质。这样，“美”也就被当成了类似于事物存在一样的客观存在的属性。

但是，“本质设问”的思考方式这个适用于自然现象的原则，能否也同样适用于“美的现象”呢？也就是说，因为先行假定每个事物都有其客观的、独一无二的、不以人的主观意志为转移的本质，所以对事物的思考也应该去追问这个本质，这样思考问题的方式在自然范围内如果有效的话，那么是否在思考“美”这个“属人的现象”时也同样有效呢？如果要让这一原则在思考“美的现象”时有效，就必须先行确定“美的现象”是一种与诸如玫瑰花、玉米、蛇、狮子、水等等事物一样客观存在的事物。但是，“美的现象”是否就是这样的事物呢？显然，我们不能把“美的现象”看作这样一种事物。因为，“美”或者“美的现象”，是在我们进行审美活动之后才产生的判断，也就是说，是先有审美活动所产生美感经验，即美感，我们才作出

“美的”这样的判断。这即是说，“美的现象”是起于审美活动的判断，如果没有发生美感经验或美感，那么我们就不能说美或者不美。因此，脱离美感经验或绕开美感，把“美的现象”当作类似于一种客观事物一样，来追问或谈论抽象的“美本身”，是一种巨大的误解。

(二) 不存在美感经验之外的“美”或“美的事物”

那么，我们是否可以断定“美的现象”是类似于一块岩石、一朵玫瑰花那样的客观事物呢？我们是否能绕开美感经验的判断来讨论“美本身”呢？

或许有人会说，我们之所以有美感经验，是因为事物本身的“美”或“美的事物”打动了我们，使我们感受到了事物的“美”，我们对事物本身的“美”的体验构成了美感经验，而不是我们的美感经验决定了事物美或不美。因此，在我们对事物进行审美判断之前，“美”就已经存在于事物之中了，是“美”的客观的存在决定了人的美感经验，而不是我们的美感经验决定事物的“美”。比如，一朵花、一个人、一片风景等的“美”，就是一种客观存在，就是“纯粹客观的美”。再如，我们也常常作出诸如“杨贵妃很美”、“这是一座美的建筑物”等判断，或者作出诸如“美的音乐”、“美的事物”等判断。在这些表述中，“美”就仿佛是归属于事物本身的，就是事物的一种属性。

这种观点看起来似乎有道理，但其实却不能成立。理由有以下三方面。

第一，如果承认事物本身的“美”，或者“纯粹客观的美”，如果我们把“美”归属于事物的一种客观品质，那么就意味着，在没有人的审美活动参与的情况下，这种客观的“美”就已经存在，同时也就意味着，世界上不论有没有人类的审美活动，都有“美”存在。但是，事实证明，这种推断是不能成立的。我们在前面已经讨论过，如果一幅画放在箱子中，或者《红楼梦》这本书放在图书馆里，我们根本不去观它、读它，就无从知道它美或不美。同样，如果一个事物不与人发生审美关系，如果在发生关系的那一刻人没有产生美感经验，那么我们也不能说它美或不美。因此，不仅在人类之前或在没有人类的情况下，世界上不存在“美的现象”，就是有了人类以后，要是没有人类的审美活动，也同样没有“美的现象”。

第二，如果说“美”是纯粹客观的存在，这种客观的存在，或者是类似于玫瑰花或岩石一样的事物，或者是事物的一种属性，那么，“美”就可能被归于一种物理的、自然的事实。但恰恰相反，“美”的现象不是物理的、自然的事实。如果“美”是事物的自然的、物理的属性，那么，我们就可以将其拿到实验室进行分析。那样，就可以建立一门自然科学来研究“美”了。然而，我们对事物的颜色、冷热、结构等性质都可以进行分析，但对“美的现象”却不可能进行这样的分析。

第三，凡是客观的东西和事物的属性，都可以通过人的理性分析加以认识和把握。如果“美的现象”是事物的属性，是纯粹客观的，那么就意味着，“美的现象”就是一种外在于人，并等待着人来认识的对象，或者在“美的现象”一面是刺激，而在人的一面是接受刺激。这样，人与“美的现象”的关系，要么是一种纯粹的理性认识的关系，即认识与被认识的关系，要么就是一种刺激与被刺激的关系。但是，事实上，“美的现象”的发生既不是被理性认识的结果，也不是接受刺激的结果，“美”根本就不是理性认识的对象。“美”是人的审美活动所形成的。这就是康德在讨论审美判断时，明确指出审美判断不是认识，它也无助于增添我们对某个对象的本质的理性见解的原因。

正是基于这三点基本的反证，可以得出如下结论：其一，设定有所谓“纯粹客观的美”，或者认为“美的现象”就是一种自然的、客观的事实等，这些观点都是对“美的现象”的巨大误解。其二，“本质设问”在自然领域里的正当性在“美的现象”领域则是无效的。其三，我们可以得出美学的又一个“底线原则”：客观的“美本身”是不存在的，“美”起于审美活动。

到此，或许有人会更进一步反问：寻求“美的本质”或“美本身”已经几千年了，难道那些大哲学家和美学家都是傻瓜吗？回答是他们都不是傻瓜，但是他们却都没有摆脱规定他们提出问题、思考问题和解决问题的话语逻辑或思维定式，这就是“本质设问”的话语逻辑。在这种“本质设问”的话语逻辑中，包含一种价值设定或追求，即理性思维应该认识真理，而真理是客观的、永恒不变的唯一，因此，要认识真理或获得真理，就应该把人的主观性排斥在外。这样，几千年来，人们就守着“本质设问”的话语逻辑不动摇，认为它是普遍适用的和普遍有效的，于是，“美的现象”被归于自然的、客观的事实，美感经验在“美”的形成中的核心地位，也就被置于了错误的位置。

思想深呼吸

康德的启示

在西方美学史上，超越了对“美本身”进行追问的哲学家和美学家中，康德是最重要的人物。康德的美学思想主要体现在他的《判断力批判》中。在这部著作中，康德并没有先行设定有一个“美本身”存在，然后来追溯这个“美本身”是什么。相反，他主要研究的甚至不是“美”，而是“趣味判断”，即审美判断。他在“美的分析”中的第一段话是这样的：“为了判别某一对象美或不美，我们不是把（它的）表象凭借悟性联系于客体以求得知识，而是凭借想象力（或者想象力和悟性相结合）联系于主体和它的快感和不快感。鉴赏判断（趣味判断——引者）因此不是知识判断，从而不是逻辑的，而是审美的。至于审美的规定根据，我们认为它只能是主观的，不可能是别的。”从这段话可以看出，康德开宗明义地表示所要研究的就是美或不美的判断是如何作出的，而不是要解答“美本身”是什么。在整个《判断力批判》中，康德从来没有说过在趣味判断之外有“美”这种现象存在。他所说的“纯粹美”和“依存美”，都是与审美判断的纯粹与不纯粹有关。因此，康德已经确定了美和不美是起于审美判断这个基本的事实。所以，他在《判断力批判》中的中心工作，就是分析审美判断是如何进行的，它遵循的先验原理是什么。在该著作中，他从没有直接给“美”下过定义。他关于“美”的定义，都是他从审美判断的原理中间接获得的。而这样的定义也就注定只能从审美判断方面才能加以理解。正是他的这一研究和对审美判断所遵循的先验原理的分析，真正为美学澄清了根基和地盘。

遗憾的是，中国美学界在过去引进美学的过程中，虽然对康德的观点吸收最多，但康德研究美学不是设定有一个“美本身”，而是研究审美判断是如何进行的、遵循的是什么原理这样一个正确的思想路径，却没有得到中国美学学者足够的重视和吸收。这才导致了在过去的百年间，中国美学也循着柏拉图探求“美本身”、寻找“客观的美的本质”的路径，走了许多弯路。现在，我们应该很好地吸收康德研究的路径的积极因素。

除康德外，另外一个给我们启示的是现代德国的存在主义哲学家海德格尔。

（三）不存在美感经验之外的“形式美”

在认识到从抽象的“美本身”和从“纯粹客观的美”等理论路径不能解释“美的本质”的情况下，一些学者另辟蹊径，试图从纯粹形式方面来揭示“美的本质”，认为“美”就是对象的形式。这种路径同样暗含一种理论上的设定，那就是摆脱美感经验来讨论或追问一种“纯粹客观的美”，只不过将这种“客观的美”不再看作“客观的事物”，而是看作一种纯粹的形式而已，认为是独特的形式构成了美。这就是“美是形式”。持此观点的人以为这样就可以避免把“美”当作客观的事物所带来的理论上的尴尬。

但是，我们认为，如果摆脱了美感经验，也就不存在“纯粹的形式美”。任何形式如果没有经过审美活动中直觉和表现的作用，就仍只是自然的和物理的元素，并没有任何美的含义。只有在审美活动中，一个对象的自然的和物理的形式才能通过直觉的和表现的方式，获得情感和内在生命的投射，变成具有意味的形式。这时，这些物理的或自然的形式和形象，才不再是没有生命的东西，而成为生命投射的表现和象征，变成“活的形象”。比如，树叶的对称、花瓣的结构、玫瑰花的红、河流弯曲的形状等，这些事物的形式只是自然的事实，本身无所谓美或者不美。只有当它们与人之间发生了审美关系时，才可能被创造性地改变为生命的形式，从而成为“美的”。

因此，即使是自然的形式，在卷入美感经验或审美活动之前，也无所谓美或不美。只有在进入审美活动，并成为美感经验的一部分时，它才能成为美感经验的形式元素，并被情感或生命所投射或灌注，进而才能变成“美的形式”。这也就是诸如对称、和谐及多样统一等形式构成，可以被称作“美的形式”的原因。

（四）“美”只能通过美感经验而得到界定

从以上的分析，我们已经清理出了思考“美的现象”的这样几个“底线原则”。

（1）“美的现象”是“属人的”，而不是物理的、自然的事实。

（2）美感经验是“美的现象”的唯一见证，“美”只出现于美感经验之中，没有美感经验之外的“美的客观存在”或“美本身”。

（3）“美的现象”不是理性认识的对象，也不是审美活动的对象，而是审美活动的创造。

据此，我们可以得出一个简明思想：“美”或“美的现象”，只能通过美感经验而得到界定和确认。任何企图摆脱或脱离美感经验来讨论“美”或“美的现象”的努力，都势必滑入误解的路途。它们不是误入设定抽象的但不存在的“美本身”或“纯粹客观的美”的歧途，就是误入设定“美是客观事物的属性”的歧途，或者滑入寻求所谓“纯粹的形式美”的道路。而所有这些途径，都不是揭示“美”的秘密的途径。

所以，在经过许多的探求和追问之后，在经历了太多的迷途之后，是返回美感经验本身来探求“美”的时候了。也就是要回到作为“美的现象”的唯一见证的美感经验中，来探求“美”是什么。既然“美的现象”只出现在美感经验中，我们为什么要在美感经验之外去探求“美”呢？当我们返回美感经验本身时，就会发现，“美”并不神秘，而是一种我们活生生的生命经验或人的存在性境域所成就的切身体验。

二、美感就是美

（一）美感经验是美的现象的根源

既然我们已经承认并确定，美感经验是美的现象的唯一见证和标志，在美感经验之外，我们无法也不可能确定是否出现了美的现象，甚至可以说，没有任何美的现象是在人的美感经验之外出现的，所有被人认为是美的现象或者人作出的美的判断，都不会超出人的美感经验，那么，这就意味着美的现象不可能脱离美感经验而出现。

因此，美感经验是一切美的现象的根源和萌发之地。这可以通过三个方面加以说明：（1）美或美的现象都源于美感经验的形成，没有美感经验我们就无从作出美或者不美的判断，也就没有所谓美的现象的出现。所有美的现象都是在形成了美感经验的情况下才形成的。（2）只有在一个对象进入审美活动过程并卷入美感经验之中时，才能就它作出美的判断。但是即使如此，这个美的判断也不是单就卷入美感经验中的这个对象本身做出的，而是就美感经验中一个表现性的、创造性的形象作出的。美感经验是一种综合体，它是在审美者与某一对象之间通过审美活动而达成的，因此，美感经验中虽然关涉到一个对象，但这个对象是在审美活动中才被关涉到的。这也就意味着，这个对象只能通过审美活动所形成的“物”与“我”的关系而得到解释，否则它就仍只是一个自然的或物理的事实，尚未与人的审美活动发生关系。对于一个没有进入到审美活动中的事物，我们可以通过理性来认识它，也可以通过知觉来了解它，但却无从谈论这个对象本身是美或者不美的。任何一种美的现象都只有在形成或产生了美感经验的情况下才能出现。这就意味着我们不应该在美感经验之外去寻找所谓客观的“美本身”。（3）既然一切美的现象都形成和萌生于美感经验的形成过程中，那么美就是美感经验的结果，或者说是美感经验所形成的一种品质。没有超出或独立于美感经验的美。凡是涉及美或美的现象的，都只能从美感经验的奠基意义上加以理解。

（二）“美”是审美活动中人与对象之间所形成的关系性体验

既然美感经验是美或美的现象的根源和奠基，那么，我们应该怎样在美感经验的范围内解释美或美的现象呢？

现在，我们需要大家追溯一下自己曾经有过的美感经验的发生过程。当你判断某个人、某个事物、某个作品“美”时，你的判断过程是怎样进行的呢？是通过一种理性认识的方式，认识到了它的“美”呢？还是通过审美活动与它建立起审美关系，从而在你与对象之间形成一种关系性的体验，这种关系性体验使你有了美感经验并作出了“美的”判断的呢？如果是前一种情况，那就意味着美就在事物本身，它就在那里等待着你去认识，无论你与这个对象之间是否形成审美关系，这样的美都作为客观存在而必然被你看到，不受任何条件的限制。如果是后一种情况，那就意味着，只有当你与对象之间建立起一种审美关系时，在这种关系中你才有了“美”的体验。这样，“美”并不是对象的一种属性或者品质，而是你与对象之间所形成的关系的一种属性或品质。

如果严格追问并检讨我们所进行的审美判断的过程，就会发现，我们所作出美或不美的判断，并不是针对对象的性质作出的，而是针对我们与对象之间达成的关系性体验而得出的。也就是说，只有当我们与对象形成了审美关系，并产生或形成了美感经验时，这个美感经验才使我们作出了美或不美的判断。因此，我们前面所分析的两种进行美的判断的情况中，第一种就不能形成美的判断，只有第二种才能形成美的判断。

由此可见，美或美的现象不是先已存在于对象之中的品质，也不是对象的自然的或物理的属性，后来才被我们认识到；相反，它是我们与对象之间所形成的审美关系所具有的一种关系性体验。这种关系性体验中的快乐、自由、直觉等表现性质，使我们作出了“美”这样的判断。所以，美或美的现象并不是别的任何东西，它就是我们与对象之间达成审美关系时所形成的关系性体验。

图 3—3 是 20 世纪著名的抽象画家米罗的《世界的诞生》。在这幅画中，没有描述任何所谓客观的物象，完全是由某些抽象的符号形式构成的意义传达。通过这样的纯粹抽象绘画，大

图 3—3　米罗《世界的诞生》

家或许能够更深入地认识到美的非物质性。

但这并不是说，美或美的判断就是审美者的纯粹主观所为，或是简单出自人的单方面的决定。根本在于，它是建立在审美活动中人与对象之间所形成的关系上的。审美活动中人与对象的关系，既不是认识与被认识的关系，也不是刺激与被刺激的关系，而是人的内在生命与对象之间的或契合——“无目的的合目的性”的关系，或表现——外在对象作为人的内在生命的象征或显现的关系。正是在这些关系中，“美”作为一种关系性体验被形成或达成。我们通常所说的“美”或“美的现象”，其实就是这样一些关系性体验。

这就向我们展示了美的判断的基本性质：美的判断或美感经验在严格意义上不是一种理性认识和逻辑推断，而是人的整个生命都卷入其中的与对象之间的一种关系性体验。离开了这种关系性体验，美就没有存身之地。

(三）一个对象的“美”是美感经验在对象上的附着

到这里，我们遇到了一个最基本的问题：既然美或美的现象只是审美活动中人与对象之间达成的一种关系性体验，那么，我们为什么通常会说一个对象“美”，会说一片“美”的风景、一幅“美”的画、一首“美”的诗呢？我们为什么常常把“美”归属于对象本身呢？

其实，这个问题非常简单。一个对象被称作“美”，并不是这个对象本身“美”，而是在审美活动中当人与它达成了一种关系性体验——“无目的的合目的性”关系或者说作为情感或内在生命的象征和表现的关系时，我们才说这个对象“美”。在这种情况下，这个“美”并不能严格地归属于对象本身，确切说来，它应该归属于审美活动中人与对象的这种关系性体验。而我们之所以把这种关系性体验归属于一个对象本身，是因为我们把这种关系性体验所形成的“美”，反过来附加、投射或转接到了这个对象身上，把关系性品质归为关系中的一个对象的品质。结果，我们就误以为“美”是这个对象的品质或属性，以为是这个对象“美”，然后才在我们的心理上激起了美感经验。将人与对象的关系性体验所形成的品质转接或附加到关系中的对象上，这在心理活动中就叫作“投射”。它的最简单的例证，就是“情人眼里出西施”。

这种将审美活动中人与对象的关系性体验所形成的“美”“投射”或附加到对象身上的做法，使我们将一种形成于人与对象之间的关系性体验误解为是对象本身的品质，表面上看来是一种简单的主观任意行为，实际上却有着深刻的审美活动的根据。这根据就是，在审美活动或美感经验中，人与对象之间所达成的审美关系的关系性体验本身，就是一种人与对象之间的相互直接渗入的关系，是“物以貌求，心以理应”的关系，是“神与物游”的关系。在这种关系性体验中，或者准确地说，只要这种关系能够达成，那么不是对象具有一种“合目的性”形式并与人的生命活动或情感活动相契合，就是对象的形式具有投射人的内在情感和生命的因素，并成为人的情感和生命的表现和象征。在这两种情况下，一个对象的形式方面就成了将人的内在情感和生命外化为可见的符号和形象的基础。这样一来，事物的形式方面其实已经不单纯是自然的形式或物理的形式，而成了生命活动的象征或表现，其自然的或物理的性质已经改变，自然的或物理的对象演变成了表现的形式或象征，人们也就很容易地认为，对象本身具有“美”的性质了。

但是，大家应该弄清楚，这种作为表现或象征的形式，已经不再是纯粹自然的或物理的形式，而是作为情感或生命活动的表现或性质的形式，它们已经经过了审美活动中表现或生命外化的投射的作用和改变。也就是说，作为表现或象征的形式与作为自然或物理的形式，完全是两回事。前者是经过审美活动的直觉或表现的赋形活动而形成的形式，后者却只是自然的或物理的事实。

经过审美活动中的赋形和表现的投射，事物就被审美活动构造过了，并且按照审美活动的赋形形式呈现自身。这样，事物就仿佛具有了“美”的属性和品质。其实这品质和属性是由审美活动中构造或创造而形成的。

（四）作为美感经验的“美”的特性

现在，我们已经知道，诸如超越美感经验的“美本身”、“纯粹客观的美”或“美的事物”等表述，都是一种将基于美感经验所获得的人与对象之间的审美活动所形成的关系性体验的品质投射到或附加到对象上的结果。因此，可以说，这都是一些美丽的误解。

其实，“美”就是美感经验，就是在审美活动中人与对象之间形成的美感经验所凝结的关系性体验。在这种关系性体验中，人与对象之间或者是一种“无目的的合目的性”的关系，或者是表现的和象征的关系。因此，“美”既不是单纯来源于关系中人的方面，即纯粹主观的，也不是单纯地来源于对象方面，即纯粹客观的，而是这两个方面之间形成的关系所凝结的体验。

“美”作为审美活动中人与对象之间形成的美感经验所凝结的关系性体验，它具有这样一些特性。

第一，“美”不是客观的、物理的或自然的事实。也就是说，“美”不是对象的物理的或自然的属性，因此，它也就不是一种事物意义上的客观的东西。企图把“美”当作物理的或自然的客观事实，只是一种误解，并会导致理论上或实践上的困境。

第二，“美”也不是纯粹主观观念。“美”既不是想象力的结果，也不是主观臆断的结果，而是在审美活动中所达成的我与物、神与形之间的关系性体验的凝结。因此，“美”作为美感经验，并不就意味着美就是纯粹主观的，或是纯粹的观念。

第三，这个意义上的“美”的客观性，只能从人与对象的关系的存在性本源上加以揭示。也就是说，“美”的真正的客观性不是物理意义上的客观性，而是存在意义上的客观性。将“美”看作人与对象的一种关系性体验，并不意味着这种关系就是纯粹主观的，或者是纯粹意识活动的结果。因为，美感经验中人与对象的关系是一种生命关系或存在性关系。就美感经验本身而言，它既不是一个纯粹的心理的或主观的过程，也不是单纯主观的臆断，而是一个人的整个生命都参与其中的形成过程。这个过程本身既有人的参与，也有对象的参与，并形成了人与对象之间的独特关系。因此，美感经验必须从参与其中的人、对象以及它们之间所形成的关系来加以界定。

就人的参与来说，其中并不是只有人主观的、心理的或想象力的参与，而是人作为一个整体的生命体和存在体的参与。我们受过去哲学的误导，往往把人分裂为历史的、实践的人和观念的、意识的、精神的人，并将两者对立起来，认为卷人美感经验的只是分裂出来的观念的、意识的和精神的人，而人的历史的、实践的那部分是不参与审美活动的。这就导致了将美感经验归诸纯粹主观领域的误解，或者为了摆脱美感经验的所谓主观性，而把“美”从美感经验中分离出来。这种分裂的人，只存在于哲学或理论的分析中。在历史中活动的人，从来都是一个不可分割的整体。卷入美感经验中的人就是这样一个未被分裂的浑然的有机整体。因此，对卷入美感经验形成中的人，只能从其历史的实实在在的存在的展开中加以理解。

就美感经验中的对象的参与方面来说，它具有不可忽视的一面，即事物的是其所是的呈现，它构成了审美活动中除人本身的存在显现之外的另一层真理。正是这个不可忽视的物性的方面构成了人的审美活动的一个基础。当然这个物性并不是纯粹的、自然的或物理的异己元素，而是历史性的人进行活动的奠基，这个奠基使历史性的人的活动总是体现为物与我的关系，并使人的活动的呈现成为可能。

因此，就美感经验中人与对象之间的关系来说，这种关系既不是认识的关系，也不是利害的关系，而是人的生命（人的方面）在世界中存在（对象的方面）所达成的关系域。这种关系域或者是契合的，或者是表现的，或者是象征的。就这种关系域而言，它既不是主观的，也不是物理的，而是存在性的，即人在自身“去成为什么”的历史性构成中所形成的一种非认识的、非利害的生命关系。因此，“美”的客观性不是物理意义上的，而是存在或历史意义上的客观性。

第四，基于上述分析，“美”这个术语，从语义的使用上说，就既不能用于指称一个物理的、自然的属性，也不能用于指称一个纯粹主观的判断，而是一个关系性术语。在任何情况下，“美”这个术语都是指一种人与对象（世界）之间的独特的存在性关系。将“美”这个术语单纯地指向事物方面，或单纯地指向主观判断，都是对这个术语的误用。也就是说，凡是说到“美”这个现象，都意味着它是一种人在其历史存在的展开中所形成的关系。这可以当作一个定律。

从以上的特性分析，我们就能知道“美”这种现象的性质。

当然，作为美感经验的凝结，美的现象只能形成于审美活动之中。那么，对审美活动的认识，将会使我们对美的认识更深入。对审美活动的讨论我们将在第五章进行。

【思考题】

1. 从你自己阅读一本好书或观赏一件艺术品所产生的感触，谈谈什么是美感经验。

2. 美国作家爱迪生说：“我们走遍了全世界想找到美，其实我们还必须将美随身携带。否则，我们就不能发现美。”爱迪生的意思是什么？他的意思与我们所说的“美感经验是美的现象的唯一见证”这个意思一样吗？

3. 美感经验的特征是什么？

4. 找一幅复制较好的齐白石的绘画作品，比如《红荷蝌蚪图》，或者郑板桥画的墨竹，谈谈其中的表现性与你自己的美感经验之间的结合。

5. 作为美感经验的“美”具有什么特性？

6. 许多人会因为觉得一个人美或一个自然事物美，而坚信“美是事物的客观属性”。你能根据这一点来反驳本书的观点吗？或者做支持的论述？

7. “本质设问”的话语逻辑在审美领域里同样有效吗？为什么？

8. 一个人可能一生都没有经历过审美的“意义生成事件”，也从来没有进过美术馆，但是有份收入不错的职业，你认为这样的生活值得过吗？可以进行分组辩论。

第四章

美感经验的形态

导读烛光

在《一千零一夜》里，有个脍炙人口的故事。说一个老渔翁以打鱼为生，但是他的运气很不好，连续三天一条鱼也没打到，虽然他每天都会祈祷，乞求神灵保佑，但都无济于事。这天他还是照样祈祷，希望今天不要空手而归，因为再打不到鱼，他就只好饿死了。他来到海滨，撒下了网。在往上拉的时候，他觉得这网特别沉，以为会打到很多鱼。可当他把渔网收上来的时候，才发现里面一条鱼也没有，只有一个瓶子。老渔翁打开瓶盖，一股青烟直上云霄。一会儿，一个魔鬼出现在了老渔翁面前。魔鬼张着大口说，他要杀死老渔翁。老渔翁感到非常不幸和无辜，就问魔鬼为什么要杀死他。魔鬼说，所罗门王把他装进瓶子的时候，他曾经发誓说，谁在这一百年里救了他，他就让谁享尽荣华富贵。可是一百年过去了，没有人救他。第二个世纪，他又发誓说，谁在这个世纪里救了他，他就替他开发地下的宝藏。可是还是没人救他。第三个世纪，他又发誓说，谁在这个世纪里救了他，他就满足他的三个愿望。可是三百多年过去了还是没有人救他。魔鬼一气之下，再发誓说，谁要是在这个时候救了他，他就要杀死谁。老渔翁就是在这个世纪里救他出来的人，所以他要杀死老渔翁。老渔翁更加感到自己倒霉，就乞求魔鬼放了他。但魔鬼根本不改口，坚持要杀死老渔翁。这时，老渔翁急中生智，对魔鬼说："这一切都是你说的。你怎么能证明你是从这瓶子里出来的呢？这瓶子这么小，你这么大，怎么可能待在这个瓶子里呢？"魔鬼狞笑着说，这很容易。说完，就又化作一股青烟，钻进了瓶子里。老渔翁赶紧把瓶盖扣死，把魔鬼死死关在里面，任魔鬼在里面怎么乞求、许愿，老渔翁也不动心。

我们中间有许多人，以为美感经验纯粹是对古典美的观赏，仿佛美感经验全是由鲜花、海贝、小桥流水编织而成的，将美感经验或艺术等同于狭义的、古典的和谐美。这样，他们也就无法担当与魔鬼打交道的任务，无法在审美活动中正视人世间的邪恶、非理性和灰暗的方面，当然他们也就发展不出老渔翁那与魔鬼打交道的智慧，更不会生成战胜魔鬼的诗意。被这种古典美所拘禁的心灵，把美感经验当作了安慰剂，当作了"心灵鸡汤"，从而也就堵塞了美感经验广阔的发展空间。以古典之心来对待人类广阔的美感经验，在毕加索的作品面前，在歌德的《浮士德》面前，在乔伊斯的《尤里西斯》面前，在希区柯克的电影面前，就只有面孔惨白、恐怖战栗了，那里面伟大的诗意和海洋般壮丽的景象，也就无法丰富他们的心灵了。与伟大的东西失之交臂，对生命只有一次的人来说，实在是太遗憾了。

19 世纪初的德国美学家韦塞曾经说：没有丑，美的具体变化就是不可能的。这句名言或许可以伴随你走得很远，直至事物的深处，让你了解审美活动中所产生的并非只有优美，还有更为丰富的美感经验形态。

美感经验是审美活动所形成的感性体验，这些感性体验虽然都是审美活动所达成的感性的和心理的体验，但却会呈现为不同的面貌。美学上把这些不同的面貌称作美感经验的诸形态，或称作审美范畴、美感经验类型等。这一章，我们主要讨论美感经验诸形态及其各自的品性。

第一节 美感经验诸形态及其形成

◎什么是美感经验的形态　◎美感经验形态的形成○美感经验形态的形成简史○美感经验形态形成的原因

一、什么是美感经验的形态

我们在进行审美活动时，会有明显不同的体验、感受和心理状态。譬如：当你读到“梨花院落融融月，柳絮池塘淡淡风”或者“小荷才露尖尖角，早有蜻蜓立上头”诗句时，你的美感经验是一种如沐浴在甜美柔和的春天里的感受；但当你读到“大江东去，浪淘尽，千古风流人物”，或者听到贝多芬的《命运》交响曲时，你的美感经验就不再是那样平和的感受，而是一种紧张的、激荡胸怀的感受；当你观看卓别林的喜剧电影或听侯宝林的相声时，你获得的美感经验又是另外一种，它的最主要特点就是一种独特的笑的感受，甚至是一种啼笑皆非的感受；而当你看莎士比亚的《哈姆雷特》或看曹禺的《雷雨》时，你又会被一种强烈的悲剧感所震撼；当你看卡夫卡的小说如《变形记》或者看贝克特的《等待戈多》等时，你就不会有上面所说的那些体验了，而是体验到一种压倒一切的荒诞感和虚无感。

当然，我们不仅能在不同的艺术品或不同的生活经验中，感受或获得不同形态的美感经验，而且有时也会在同一作品或同一对象中形成不同形态的美感经验。比如，面对浩瀚的海洋，我们既可能获得崇高感，也可能获得对碧水、蓝天、白云所构成的平和之美感体验。再如，同样一部《红楼梦》，我们会从不同的章节中获得不同形态的美感感受：在读到刘姥姥进大观园时，我们可能会获得一种喜剧感；大观园的少男少女结社赋诗，表现他们那年轻的心理和年少的烂漫情态时，正是大观园最辉煌的阶段，在此，我们获得的就是一种“少年不识愁滋味”的轻松和快乐，那是一种优美感；但从黛玉葬花到黛玉之死和宝玉出家，则逐渐把读者带进了强烈的悲剧感的经验中。

美感经验的这些不同的体验状态，说明了美感经验不是单一的，而是丰富多彩的。美感经验的这些不同的心理的和体验的状态，就是美感经验的形态。这里的“形态”是指围绕一种感性结构而形成的状态，这种状态具有某种稳定性和独特性，从而使一种形态与其他形态之间有明确的可区别性。这种具有稳定性和独特性的围绕感性结构所形成的不同状态，使得美感经验表现出非常丰富的样态。而呈现这些经验形态的内在结构状态，就成为美感经验研究的主要任务之一。

美感经验的体验状态按其稳定的感性结构的特性，可分为优美、崇高、悲剧、喜剧、丑和荒诞等。

二、美感经验形态的形成

我们上面所列的美感经验的不同形态，并不是一下子就形成的，而是在历史中逐渐展开的。

（一）美感经验形态的形成简史

美感经验的诸形态并不是有意识分类的结果，而是在人类审美活动的过程中，自然而然地形成的，当然，这种自然而然是历史性的，并且深刻地体现了人类自身的生存或存在的状况和不同的存在性境域。只因为如此，美感经验的诸形态才值得美学进行研究。

在人类有了独立的审美活动和艺术活动之后，审美活动所形成的美感经验的丰富形态，并没有进入人们的眼帘，更没有进行任何形态的划分。虽然在漫长的审美活动中，人们意识到了美感经验之间有差异，但并没有对此进行形态上的划分。

第一部涉及美感经验形态划分的著作是亚里士多德的《诗学》。亚里士多德在《诗学》中遇到了美感经验中一个非常棘手的问题，这就是悲剧和喜剧何以都给人快感。因为，悲剧都是“好人遭遇不幸”，而喜剧则都是“有弱点的人”被暴露。那么，为什么看悲剧的人在观看这些“好人遭遇不幸”时，还会有美感经验的快感呢？这在道德上是讲不通的。这使得悲剧感与一般的美感经验之间有了区别。同时，在看喜剧时，我们会对“有弱点的人”报以笑声，这似乎在道德上也讲不通。这样，悲剧和喜剧作为两种戏剧种类，其所带来的不同美感经验也进入了美学的讨论之中。罗马帝国时期，罗马人朗吉努斯提出了“崇高”的概念。但他的“崇高”主要指罗马艺术的那种普遍的壮观风格。

到了英国经验主义那里，由于美感经验中的崇高感的地位越来越突出，美学理论逐渐清晰区分出了“优美”与“崇高”、“悲剧”与“喜剧”。这些区分为康德在《判断力批判》(1790)中将美感经验划分为“优美”与“崇高”奠定了基础。应该说，美感经验形态的划分的基本理论，是在康德的《判断力批判》中才奠定的。有了康德所奠定的理论，美学才有了进行更广泛和细致的美感经验形态的划分的理论依据。

康德认为，人类的美感经验可划分为“优美”和“崇高”。康德之所以要把美感经验划分成明显对立的两个范畴，那是因为在他的时代，美感经验内部真正出现了分裂，即在古典的和谐的美的世界之外，出现了真正的崇高，比如在莎士比亚的戏剧中，在拜伦的浪漫主义诗歌中，在贝多芬的交响乐中，都出现了近代意义上的崇高。这种崇高再也不能用“纯粹的美”来涵盖了。这才使康德在“美”之外，确立了一个新的美感经验形态的类型，将“美”（优美）与崇高对立了起来。

但是，紧接着到了19世纪，西方现代艺术和现代审美活动的发展，就突破了康德所确立的优美与崇高的对立范畴的范围，产生了具有现代特征的美感经验形态，这就是审美的“丑”和“荒诞”。

美感经验形态在中国美学史和艺术史中的形成过程，却是不清晰的。中国传统美学和艺术活动早已形成了以不同风格为标志的类型，比如“诗品”中提出的“雄浑”、“自然”、“超逸”、“清新”等品格，“画格”中所树立的“神品”、“妙品”、“逸品”等类型。中国审美活动的历史也经过了一系列的变化，比如，春秋战国时期的美感形态就不同于唐代的美感形态，明清之际中国也发展出了“审美的丑”。尽管如此，但在理论上，中国传统美学史却从来没有进行过美感经验形态的严格区分。

从美感经验形态的这个简略的形成史，我们可以看出，人类的审美经验并不是一成不变的，而是丰富多彩的和不断变化的。这种丰富性和变化性体现为：(1) 在同一个时代，审美活动会形成不同的美感经验形态。(2) 美感经验形态在人类审美活动的历史中是变化的，或者说是处于不断的裂变之中的，不同时代会产生不同的美感经验形态。一般来说，一个时代会有一种美感经验形态居于主导地位：审美的原始时代（公元前5世纪以前）是神秘的原始崇高占优势；审美的古典时代（公元前5世纪到公元16世纪）则是优美占优势；审美的近代时期（16世纪到19世纪中叶）则是崇高的时代；审美的现代时期（19世纪中叶至今）则是丑和荒诞占优势。图4—1是古埃及的狮身人面像，图4—2是古希腊的断臂维纳斯，图4—3是席里柯的《梅杜萨之筏》，图4—4是毕加索的《亚维农的少女》。它们分别可看作以上四种美感经验形态的代表。(3) 在一个时代被认为不可思议、不可理解的东西，在另一个时代，却进入了审美活动的殿堂，成了这个时代最主要的美感经验形态类型。譬如，中国商周青铜器上那些狞厉而神秘的图案，就曾经表达了那时人们的美感经验，但却不能直接被后世的人所接受。同样，毕加索的绘画所具有的变形和人体拆解，也很难让许多有古典之心的人获得美感经验，但对真正经历了审美现代性洗礼的人却成了经典的美感经验形态。

图4—1 狮身人面像

图4—2 断臂维纳斯

图 4—3 席里柯《梅杜萨之筏》

图 4—4 毕加索《亚维农的少女》

(二) 美感经验形态形成的原因

为什么人类的美感经验会在形态上发生如此大的变化呢？美感经验形态变化的主要原因是人类审美活动的方式发生着巨大的变化。而人类审美活动方式发生变化的原因，又在于审美活动中几个主要关系的变化。这些关系包括：审美主体与客体的关系、审美主体内在的意识与无意识的关系、审美主体与表现符号的关系等。这几个在审美活动中形成的关系，并不总是相同的和稳定的，它们是随着人类历史的发展而变化的。审美活动中的这些诸关系的不同组合，就构成了美感经验的不同的感性结构。正是这些美感经验的不同的感性结构产生了美感经验形态的不同类型。这些审美活动中的诸关系之所以变化，又是因为人的存在性境域的不同，从而最终形成了不同形态的美感经验。

所谓审美主体，就是进行审美活动的人。他之所以被称作“主体”，是相对于在审美活动中有一个被“审”的客体或对象而言的。当一个自然人与一个客体或对象，比如一幅画、一首诗、一部电影等，形成了审美关系时，这个进行审美活动的人就是审美主体。所谓客体或对象，就是被纳入到人的审美活动中的一个外部对象。它可以是一件艺术品，也可以是一个自然物，或人类活动所形成的事件。

无论是审美主体，还是审美对象，其情形都是复杂的和变化的。审美主体是变化的，比如新石器时代的人，与今天的人之间就有差别，农耕时代的人与互联网时代的人也是不同的。与此同时，审美客体也是变化的，比如，一朵花与海洋上的风暴是不同的，如果与一朵花发生审美关系，其所形成之美感经验就会不同于与海洋上的风暴发生审美关系所形成的美感经验。这里面的核心就是，审美主体与审美对象之间由于各自的不同，会形成不同的关系。如果一个对象与审美主体之间的关系是和谐的、顺畅的，那么所获得的美感经验就是优美的；如果这个关系是不和谐的，是冲突的，甚至相互之间有紧张的斗争和较量，那么这个审美关系中的美感体验，就可能是不和谐的崇高。比如，原始时代人与自然之间是不和谐的、冲突的，所以，这个时期的美感经验形态，就以原始崇高为主导；古典时代则是人与自然之间处于相对稳定的关系之中，这个时期就以人与自然的和谐优美为主导，多是通过对自然的观赏来表达人的美感经验；而到了近代，人的地位被夸大到了自然的主宰的位置，于是人以征服者的姿态出现，这样，人与自然的关系也就脱离了古典的和谐，而进入到近代的崇高之中。

影响美感经验之形态的第二种因素，是审美活动中主体的意识与无意识的关系。美感经验是一种感性经验，即直觉的经验。而人的感性活动是由意识和无意识两部分构成的。所谓意识，就是合乎理性的感性心理；无意识却是无理性的，甚至是反理性的。因为，美感经验是一种感性的直觉经验，任何一种美感经验中，都有合乎理性的意识活动，也有非理性的无意识活动。就美感经验中的意识部分而言，它也不是直接地呈现为理性的概念活动，而是呈现为直觉的"合目的性"的非概念活动方式。也就是说，即使是合乎理性的方面，也不是表现为概念的或逻辑的方式，而是表现为直觉的非概念方式。因此，在美感经验中，始终存在着意识部分与无意识部分的关系。当美感经验中合乎理性的意识活动占上风时，美感经验的形态就是优美的形态；而当美感经验中的无意识或非理性的部分占优势时，美感经验就会是丑的或荒诞的。

影响美感经验之形态的第三种因素，是审美主体与表现符号之间的关系。历史中审美主体的变化及其生存境域的变化会以不同的符号形式加以表现，这样也就出现了不同的甚至是截然对立的符号呈现形式。因为美感经验的呈现形式或符号表现可以是多种多样的，有的以"合规律"的形式或符号呈现出来，有的则以"非合规律"的形式或符号呈现出来。这里所谓"合规律"的形式，就是指合乎自然的或人的感性尺度和理性的规律的形式，如对称、比例、平衡等；所谓"非合规律"的形式，则是指不合乎自然的和人的理性规律的形式，如变形的、扭曲的、无规则的形式。如果美感经验以一种"合规律"的形式出现，它就是优美的；如果美感经验以"非合规律"的形式出现，它就是丑的或荒诞的。比如，古典的艺术就多以"合规律"的形式呈现，而现代性的艺术则多以"非合规律"的形式呈现。

美感经验的不同形态正是由于上述不同的关系而形成的。这说明，人类的美感经验是变化的，它具有丰富的、复杂的历史性，而不是单一的或一成不变的。不过大家要记住，无论什么形态的美感经验，它们都是美感经验。

以下就不同形态的美感经验加以分析和探究，看看其中的奥秘。

第二节
优美与崇高

◎**优美**○什么是优美○优美的特征　◎**崇高**○崇高在美学史上的发展○古代对崇高感的认识○博克对崇高感的分析○康德奠定关于崇高的理论基础○崇高的本质○崇高的基本性质○崇高与丑的关系○丑○"非合目的性"

优美和崇高是两个相互对立的美感经验形态。把它们并列在一起讨论，有助于我们把握它们各自的感性结构。

一、优美

优美又可称作优美感、阴柔美、秀美或典雅美。它是美感经验中最常见的一种形态，我们通常所体验的“美”，就是这种优美感。所以，优美又被称作“狭义的美”。

（一）什么是优美

深秋时节，去北京西山，看到那漫山遍野的灿烂红叶，你会发现自己被那红叶所陶醉，心身为之舒畅，从而获得一种赏心悦目的快乐。或者，你走在乡间小道上，旁边是一弯小溪，小溪中流淌着清澈的水，在弯弯曲曲的小溪旁，布列着青竹、灌木和农田，空气清新而湿润，此时你会被这田园风光所迷住，乐不思归。这番景致，在杜甫的一首诗中得到了这样的表达：“日出篱东水，云生舍北泥。竹高鸣翡翠，沙僻舞鹍鸡。”杜甫这首诗句句构成一幅自然的画境，整首诗有机结合为一个完整的田园居的平和自然之美境，读后让人顿生优美之感。或者，你读李煜的词《清平乐》：“别来春半，触目愁肠断。砌下落梅如雪乱，拂了一身还满。　雁来音信无凭，路遥归梦难成。离恨恰如春草，更行更远还生。”虽然词中充满离愁别怨，你却恰被这纤细的离愁别怨所感动。所有这些都是一种优美的美感经验。

优美的美感经验，在感受上是一种无功利而普遍令人愉快的、轻松的体验；在审美主体与对象的关系上是一种和谐的、契合的关系，而不是一种抵触的或矛盾的关系；在审美主体心理活动的意识与无意识之关系上，优美感作为纯粹的感性活动，却是合乎理性的；在心理反应上是一种顺受反应，即我们的心理活动中没有与对象之间的对抗和矛盾，而是很快乐地接受对象，并在情感上与对象之间亲和、亲密；在美感经验的呈现形式上，则是“合规律性”的形式，即既不违反自然形式，也不违反人的基本感性形式。

在人类审美活动的历史上，优美虽然不是最早的美感经验，但却是持续时间最长的美感经验，也是最让人感受到“纯粹美”的经验。在整个古典时期，人类的审美活动是以优美的美感形态为主导的。所以，优美是一种古典的美感经验。中国《诗经》中的“美目盼兮，巧笑倩兮”、“昔我往矣，杨柳依依；今我来思，雨雪霏霏”等诗句，就是中国审美史上最早的优美感的表达。此后，中国艺术进入对自然的观赏阶段，中国艺术中人与自然的和谐关系，构成了中国审美经验中最丰富也最经典的优美形态。大家在阅读和欣赏那些古人所作的散文、山水诗、田园诗、山水画和宋词时，就可以充分体会到这一点。公元前5世纪—公元前3世纪，古希腊的艺术就是以洋溢着人性的和谐而表达出古典优美感的最辉煌的艺术。直到文艺复兴时期结束，优美都是西方艺术唤起的最主要的美感经验形态。大家看古希腊的雕塑、文艺复兴时期的意大利绘画，听莫扎特的音乐等，都会获得优美感。

在美学史上，对优美感的界定，最清楚而被普遍接受的理论，是康德在其《判断力批判》中提供的。康德认为，优美是一种“纯粹美”或“自由美”，而崇高则是一种“依附美”。优美感包括了这样四个原则：“无功利的趣味”、“无目的的合目的性”、“无概念的普遍有效性”、“无概念的普遍必然性”。所谓“无功利的趣味”，指的就是优美感是一种无关利害但却令人愉快的经验；所谓“无目的的合目的性”，指这种经验中虽没有明确的目的，但却与人的目的并不相悖和冲突；所谓“无概念的普遍有效性”和“无概念的普遍必然性”，指的就是优美感的达成虽然全然是感性的，但却与理性的思维或逻辑的必然性的判断并无违逆，而是一致的。这其实指的就是我们所谓的呈现形式上的“合规律性”。

（二）优美的特征

阴柔美在中国有悠久的传统，它主要从天道有阴阳刚柔来描述这种美感经验。清代文人姚鼐对阴柔美有这样一番描述："其得于阴与柔之美者，则其文如升初日，如清风，如云，如霞，如烟，如幽林曲涧，如沦，如漾，如珠玉之辉，如鸿鹄之鸣而入寥廓。其于人也，漻乎其如叹，邈乎其如有思，暖乎其如喜，愀乎其如悲。"① 这番描述可以使我们对优美的特征有直接的感性的认识。

优美有如下特征。

1. 和谐感

优美在整体感觉上是一种和谐感。优美是人与自然、人与对象、人自身内部都处于和谐状态的一种美感经验。其中，没有任何人与自然、人与对象或人自身内部的冲突、争斗的痕迹，而是一种内在与外在的和谐。在这种和谐感中，人自身的存在得到了一种最直接的也是最单纯的肯定，因此它伴随着舒畅、轻松、欢快与明朗等感觉。

2. 自由感

优美在心理反应模式上是一种顺受反应，也就是说，在优美的经验中，没有任何忤逆、反抗等因素，而是一种"合规律性"与"合目的性"的统一。因此，它的心理反应模式就是一种自由自在、无忧无虑的感觉，仿佛整个世界都是按人的存在目的而安排的，一切都那么安闲、平静而静穆，一切都遂人愿。这正是一种一切都合乎人的存在目的的自由感。

3. 纯粹的形式感

唤起优美感的形式，多具小、柔、轻、媚、精、润、秀、纯等特征。小孩、小鸟、小草、小花等，往往都是与优美感关联在一起的；女性的特征也往往与优美感联系在一起，女性的羞怯、纤细、娟秀、妩媚等都会唤起优美感。所以，优美又被称作女性的美，以相对于崇高的男性的美。

优美的表现形式，则是和谐的、光滑的、绚丽的、整齐的、对称的、合乎比例的形式。优美的表现形式与变形的、扭曲的、夸张的等没有关系，它也不表现为冲突的、悲剧的、争斗的、矛盾的形式，而是呈现为舒缓的、雅致的、精细的、圆润的形式。

在优美感的表现形式中，形式与其内涵的关系，也显得很平衡，既不是形式压过了内容而显得空洞、轻浮，也不是内容压过了形式而显得沉重，而是形式与内容正好相称。内容就在形式之中，形式就是呈现内容的，达到了内容与形式、血与肉、形与神的浑然统一，因而显得珠圆玉润、气韵生动，既像"清水出芙蓉，天然去雕饰"一样自然，也像"杏花春雨江南"和亭亭玉立的少女那样洋溢出生机。

由于这些形式特点，优美就更多的是一种纯粹的形式感，它所唤起的快感也属于纯粹的形

---

① 转引自郭绍虞：《中国文学批评史》，652页，上海，上海古籍出版社，1979。

式的快感。正因为它是一种纯粹的形式感，康德就把它看作一种“纯粹美”、“自由美”。

二、崇高

崇高又可称作崇高感，或阳刚之美、壮美等。

当你面对一朵郁金香花，心中会唤起优美感，但当你面对的是白浪滔天的大海，你胸中唤起的就不是优美感，而是一种复杂的经验——崇高感。王维的“明月松间照，清泉石上流”是一种优美感的经验，但杜甫的“车辚辚，马萧萧，行人弓箭各在腰”所唤起的就是崇高感。当你看到拉斐尔的《圣母像》，你获得的就是优美感，但当你走进西斯廷教堂，看教堂天顶上米开朗基罗的末日审判的壁画，你获得的就不是优美感，而是崇高感。

（一）崇高在美学史上的发展

崇高虽然是一种发展比较早的美感经验形态，比如埃及的金字塔和狮身人面像、中国古代青铜器上的狞厉的图案等，都会在人的美感经验中唤起崇高感，但人类对这种形态的美感经验的认识，经历了一个过程。因为崇高中包含一些对人构成否定的因素，而对人构成否定的因素又何以能产生美感经验，是需要一个认识的过程的。

1. 古代对崇高感的认识

在中国，古代人已经从阴阳中分出了相对的“阳刚”与“阴柔”。“阳刚”与男性的气质有关，并与诸如壮美、雄浑等相关。清代文人姚鼐在我们前面讨论优美时所引的同一篇文章中，也精彩地描绘了“阳刚之美”。他说：“其得于阳与刚之美者，则其文如霆，如电，如长风之出谷，如崇山峻崖，如决大川，如奔骐骥；其光也如杲日，如火，如金镠铁。其于人也，如冯高视远，如君而朝万众，如鼓万勇士而战之。”① 但这些论述，都是在古典美学的范围内，描述了一些壮大的形式特征。

在西方，古希腊的毕达哥拉斯曾把音乐分为两类：一种是男子气的、尚武的、粗犷的、激动人心的；另一种则是女子气的、甜蜜的、缠绵的。从这种区别已经可以看出将美感经验分成崇高与优美的端倪了。

到了罗马时期，罗马的建筑和艺术都以宏伟而著称，所以有“宏伟即罗马”的说法。这就为人们认识崇高提供了契机。古罗马时期的西塞罗把美分成“秀美”和“威严”。他说：“一种美在于秀美，另一种美在于威严。我们必须把秀美看作是女性美，把威严看作是男性美。”但第一个提出崇高概念并加以论述的，是罗马艺术批评家朗吉努斯（213—273）。他写了一部著作《论崇高》，主要探讨了诗的崇高风格。他认为崇高的艺术风格包含五个方面的因素：庄严伟大的思想、强烈深厚的热情、修辞格的妥当运用、高尚的文辞以及把上面四方面联系为一个整体的“庄严而生动的布局”。

---

① 转引自郭绍虞：《中国文学批评史》，652页。

但无论是中国古代的论述，还是西方的毕达哥拉斯、西塞罗、朗吉努斯，他们讨论的主要还是一种风格上的东西，这种崇高的风格仍属古典审美经验范围内的东西，尚未将崇高作为与优美严格对立的形态加以讨论，因此，未触及崇高形态的美感经验本身。

2. 博克对崇高感的分析

明确地将崇高作为一种美感经验形态提出，并与优美对立起来加以讨论的，是英国经验主义哲学家博克（1729—1797）。他在 1757 年出版了《论崇高与美两种观念的起源》（他所说的“美”就是优美）。在这部著作中，博克分析了崇高感与美的生理心理根源和各自的客观性质。博克对崇高和美的看法，有两点在美学史上起到了巨大的作用：（1）明确地将崇高与美对立起来；（2）第一次揭示了崇高感中包含痛感，也就是揭示出了崇高感中包含美的经验所不包含的否定性因素。

博克对崇高感的分析，主要包含如下内容：（1）崇高感的心理经验的特征。崇高感的心理经验一定是某种痛苦或危险，它们在情绪上的表现一般是恐怖或惊惧，这种恐怖或惊惧正是崇高感的主要心理内容。“凡是能以某种方式适宜于引起苦痛或危险观念的事物，即凡是能以某种方式令人恐怖的，涉及可恐怖的对象的，或是类似恐怖那样发挥作用的事物，就是崇高的一个来源。”①（2）唤起崇高感的对象之特征。崇高感的对象都有一个共同性，就是可恐怖性。崇高感的对象的感性性质主要有：巨大，如大海；晦暗，如神庙；力量，如猛兽、雷电；空无，如空虚、沉寂等；无限，如天空、风暴等；壮丽，如星空、日出等；突然性，即事件的突然爆发并迅疾终结，等等。（3）崇高感的心理活动过程。崇高的对象所引起的情绪是惊惧，在这种惊惧的心情中，心灵的一切活动都由于这种惊惧而凝固、停顿。“这时心完全被对象占领住，不能同时注意到其他对象，因此不能就占领它的那个对象进行推理。所以崇高具有那样巨大的力量，不但不是由推理产生的，而且还使人来不及推理，就用它的不可抗拒的力量把人卷着走。惊惧是崇高的最高度效果，次要的效果是欣羡和崇敬。”② 也就是说，崇高感远不像优美感那么单纯、平和，它包含一定的痛感、恐惧等对人构成否定的因素，但也正是这样的对人构成否定性的因素，促成了崇高感的形成。

知识版图扩张

博克对崇高和优美的比较

因为崇高的对象在它们的体积方面是巨大的，而美的对象则比较小；美必须是平滑光亮的，而伟大（崇高）的东西则是凹凸不平和奔放不羁的；美必须避开直线条，然而又必须缓慢地偏离直线，而伟大的东西则在许多情况下喜欢采用直线条，而当它偏离直线时也往往作强烈的偏离；美必须不是朦胧模糊的，而伟大的东西则必须是阴暗朦胧的；美必须是轻巧而娇柔的，而伟大的东西则必须是坚

① 转引自朱光潜：《西方美学史》，上卷，237 页，北京，人民文学出版社，1979。

② 转引自上书，上卷，242 页。

实的，甚至是笨重的。它们确实是性质十分不同的观念，后者以痛感为基础，而前者则以快感为基础；尽管它们的在以后可能发生变化，违背它们的起因的直接本性，可是这些起因却仍然使它们保持着永恒的区别，这种区别是任何一个以影响人们的情绪为职业的人所永远不能忘记的。*

* 转引自北京大学哲学系美学教研室编：《西方美学家论美和美感》，123页。

那么，为什么人会对唤起恐惧、惊惧、痛感的东西，产生崇高感呢？也就是说，本来是对人构成否定的东西，人为什么反而会对之产生崇高感呢？这是理解崇高感的难点。对此，博克的解释是这样的：事实上，如果对象所带来的恐惧、危险是直接的，并真的构成对人的求生的威胁，那么，崇高感也不会产生，而只能产生恐惧本身。但如果人与产生恐惧的对象还有一段距离，或得到某种缓和，危险和痛感就会转化为愉快，这样就产生了崇高感。

博克确实抓住了崇高感的真正实质，这就是崇高感中的痛感、恐惧和危险等因素。他把崇高感与美，即优美感对立起来，应该说揭示了西方近代美感经验所发生的一场巨大的裂变，即由传统的古典的和谐美——优美感向近代的崇高感的突进。但他对崇高感的解释，却仍然不能让人满意，还不够深入透彻。

3. 康德奠定关于崇高的理论基础

我们知道美感经验是一种愉快的、对人有肯定价值的经验，那么，为什么在崇高感中却包含痛感、恐惧和危险呢？为什么产生崇高感的对象都具有巨大、无限、威力等对人构成威胁的因素呢？而人为什么又反而对这样的对象产生崇高感呢？这正是博克时代人们所面临的问题。随着人类审美活动的发展，近代的审美活动已经不再以和谐的优美为主导。自意大利文艺复兴的米开朗基罗开始，审美活动和艺术创作中的不和谐因素就在逐渐增强。这使得崇高感变成美学必须解决的棘手问题。德国哲学家康德从博克的研究中，接过了这一美学课题。

康德在他的《判断力批判》中，分析了两种"趣味判断"即审美判断，一种是优美，一种即崇高。他认为，崇高感的产生，来自两类对象：一是数量的无限大，如巨大的群山、海洋、天空、银河等；二是力量的无限大，如风暴、雷电、猛兽的力量等。这些其实都是一些从自然形式上引起崇高感的对象的特征。但他还认为，有一种来自神或神的"绝对律令"，也是唤起崇高感的对象。譬如，他说，基督教中"不许给上帝造像"就是一种崇高的体现。因为，神或神的"绝对律令"都属于"绝对"的范围，而"绝对"是不能通过任何有限的感性形式来加以把握的，而且它在等级上是"无上的"，神性的和人类实践活动所遵从的"绝对道德律令"就是这种"绝对"和"无上"，因此，才能唤起崇高感。严格说来，康德认为，有三种对象唤起崇高感：一种是数量的无限大，一种是力量的无限大，一种是"绝对"、"无上"的神性和道德律令。

康德对崇高最精彩的分析，是他对崇高感的心理经验的分析。而他对崇高感的心理经验的分析，则主要是把握了崇高经验的辩证转换的过程。康德认为，崇高感在心理上首先是数量的无限大、力量的无限大以及“绝对”和“无上”的神性等对象，在我们的心理感受中摧毁了我们的感性经验形式，使我们的感性形式和尺度无法立刻把握它们，这种无能感使我们感到自己的渺小、微不足道，由此产生了巨大的压迫感、恐惧感和恐怖感，甚至威胁到我们直接的生存。但是，此时此刻我们却并没有被这些“无限”的、“绝对”的东西所压垮，而是在心理上立刻诉诸内心中理性的无限和想象力的无限，这种被唤起的理性力量和想象力，使我们能够与压迫我们的对象进行较量，把我们提升到超越这些引起恐惧、恐怖、压迫的对象之上，使我们产生了一种理性的力量，并坚信我们能够战胜一切。这种在内心中唤起的理性的力量和想象力超越对象的压迫，并使我们感受到理性的“无限”，进而使我们获得了崇高感。这样，从最初的压迫、恐惧、恐怖，甚至是毁灭的感觉中，唤起我们内在理性的无限，依赖此理性的无限，我们足以与对象进行较量，最后把我们提升到超越目前的窘迫之上，并使我们获得升华，这就是崇高感的辩证心理过程。

据此，康德认为，我们感受到崇高，并不是任何自然的对象本身崇高，而是在对象的压迫下所唤起的理性无限和内在的升华，使我们获得了崇高。按他的说法：严格说来，崇高不能包含在任何感性形式里，只能涉及理性的观念。这些观念虽然不可能找到与它们恰好合适的表现形式，却可以在心灵中激发、召唤起来。例如为暴风雨所震荡的海洋，其本身就不能称为崇高，它的形状只是唤起可怕。一个人必须在心里事先储存了大量的观念，他在直观海景时把感情提升到了顶端，那种感情方才是崇高——我们说它崇高，是因为心灵这时被激动了起来，抛开感觉，而去体会更高的符合目的性的观念。也就是说，不是任何自然的对象崇高，而是那些数量的无限大、力量的无限大和“绝对”的对象唤起了我们内心的理性的无限和想象力的无限，使我们有了超越感和升华感。正是这种超越感和升华感，才使我们感到崇高。因此，“崇高”（sublime）一词的另外一个含义，就是升华。

康德下面的话，可以给我们一个关于崇高感的辩证经验过程：“高耸而下垂威胁着人的断岩，天边层层堆叠的乌云里面挟着闪电与雷鸣，火山在狂暴肆虐之中，飓风带着它摧毁了的荒墟，无边无界的海洋，怒涛狂啸着，一个洪流的高瀑，诸如此类的景象，在和它们相较量里，我们对它们抵拒的能力显得太渺小了。但是假使发现我们自己却是在安全地带，那么，这景象越可怕，就越对我们有吸引力。我们称呼这些对象为崇高，因为它们提高了我们的精神力量越过平常的尺度，而让我们在内心里发现另一种类的抵抗的能力，这赋予我们勇气来和自然界的全能威力的假象较量一下。”①

所以，欣赏崇高与欣赏优美不同，优美在我们的自然感性里进行就可以了，但崇高感却需要高度的情操和文化修养，要有强健的精神力量和直面残酷现实的气概。这也就是崇高这种美感经验形态类型诞生较晚的原因。这也说明了性格软弱和平和的人欣赏不了崇高的原因。根据这一点，康德认为“美是道德的象征”。

以上是康德崇高理论的主要内容。可以说，康德对崇高感的分析具有巨大的理论价值，为后来者认识崇高感这一复杂的美感经验形态提供了理论基础。即使像黑格尔和叔本华，他们对崇高的分析也是在康德理论的基础上进行的。中国美学界对崇高感的认识也主要是以康德的理论分析为基础的。

---

① ［德］康德：《判断力批判》，上卷，101页。

（二）崇高的本质

1. 崇高的基本性质

显然，崇高与优美有巨大的不同。从形式上看，唤起优美感的形式都是小的、精致的、平滑的、柔和的、色彩鲜艳的等，优美感的表现形式也都是整齐的、和谐的、适合人的感性尺度的。与优美感相关联的形式基本不夹杂任何扭曲的、变形的、粗暴的东西。但是，唤起崇高感的形式则往往是巨大的、粗犷的、无限的甚至是恐怖的，表现崇高的形式则往往是扭曲的、变形的、象征的等。因此，与崇高感相关联的形式，都是很难用某种有限的、具体的形式对其进行规范的，如果我们硬把某种有限的形式加诸它的身上，那么那无限的、巨大的、绝对的内核就有可能把那外在的形式挣破。

从美感经验的过程来看，优美感的心理过程表现为对象与人之间的亲和性、契合性以及合目的性，因此，在心理过程上没有矛盾、冲突、争斗和挣扎，而是体现为人与对象之间的直接的沟通、契合和完美交融的状态。崇高感的心理过程，则体现为人与对象之间的矛盾、冲突、挣扎，体现为人的天然的感性尺度的不适用和被摧毁，由此导致了崇高感中最初的压迫感、渺小感、恐怖感和痛苦感。但是，这种压迫感、渺小感、恐怖感和痛苦感，并不是直接的事实上的，而是形式上的，因此，并不直接危害到人的生命。这就给感受者一种机会，唤起自己内在的理性的无限和想象力的无限，召唤出生命力内在的超绝本质，来抗衡来自对象的形式上的无限和绝对，并超越对象在形式上的巨大与无限，使感受者达致生命体验的新的高度。这种超越和唤醒的生命力的超绝，就是崇高感的真正来由。因此，崇高感的心理过程是一个辩证的过程，是由起先的压迫、恐怖和痛苦，唤起理性的无限、想象力的无限和生命力的超绝，而导致生命体验的升华的感觉和体验。这种辩证过程也是优美感所没有的。

所以，严格说来，崇高并不是一个对象崇高，比如山、大海、天空、暴风雨、划破天际的雷电等，而是对象的巨大的形式（力量的、数量的或者无限的、绝对的形式），唤起或唤醒了人内在的无限和超绝的生命力，把感受者的生命升华到一个超绝的至高境界而带来的感觉和体验。

鉴于崇高感中夹杂着痛感、恐怖甚至可怕等否定性的感觉，那么它是否还是一种美感经验呢？对此的回答是，崇高感虽然夹杂着痛感、恐怖和可怕，但感受者并没有因此而被彻底击垮，人也没有就此在对象的无限和巨大面前缴械。相反，人这时抛却他的自然感性力量，而诉诸他的理性的力量、文化的修养和生命力中超绝的力量，从而超越对象的巨大和压迫，把生命升华至一个超绝的、至高的境界。这时，不仅人获得极大的快乐，进入一种比优美感更高的沉醉中，而且对象的巨大和无限、恐怖和变形等，也都成了表现这生命力的超绝和理性、想象力的无限的象征。因此，崇高感并没有超出美感经验的范围，只是成为不同于优美感的另一种形态的美感经验。

2. 崇高与丑的关系

为什么崇高的美感经验形态类型，到了近代才普遍地为人所认识，也普遍地为人的美感经验所接受？这主要是因为近代以后，人类审美活动中丑的因素在增加，也就是不和谐的、变形的、对人构成否定性的因素在增多。博克和康德对崇高的论述在美学理论中占据的突出位置，正是基于人类审美活动的这一巨大变化或裂变而来的。所以，英国美学史家鲍桑葵说：康德是将“形式上的丑”引入美学的第一人。康德向美学引进的“形式上的丑”，就是通过他对“崇高的”分析来完成的。这也就是说，崇高与丑有着深刻的关系。

那么，为什么说崇高与丑有深刻的关系呢？

崇高是与优美对立的，这也就是说，崇高感是对优美感的突破，因此，当近代人类的审美活动形成了真正意义上的崇高时，狭义的“美”就不再能够涵盖所有的美感经验，更不能涵盖崇高这样的美感经验形态了。这样，崇高就突破了优美的范围，崛起为一个独立的、有自身稳定的感性结构的形态。那么，崇高形态的美感经验在哪些方面突破了优美形态的感性结构，而裂变为一个独立的新形态呢？这就是在崇高感中包含对人构成否定的因素。无论是对象数量的无限大、力量的无限大，还是“绝对至上的神性”，都对人的个体存在构成了巨大的压迫，甚至使得个体感到渺小、恐怖和痛苦，这些渺小、恐怖和痛苦的感觉，正是对人的感性存在构成否定的因素。康德向美学引进的“形式上的丑”，正是这些无法用人的个体的感性形式加以直接把握的“无限”，以及它们所带来的否定性感觉。这些数量的无限、力量的无限和绝对的神性的无限，虽然并不能对人的存在直接造成毁灭，但却在形式上对个体感性的形式造成了破坏，这就是它们的否定性。在这种情况下，人与这些对象之间不能直接达成优美感中的“形式的合目的性”，甚至可以说是“反合目的性”的，即这些形式与人的感性存在的目的之间是冲突的、对立的、矛盾的、相反的，而不是契合的、合致的。虽然这些形式的“反合目的性”只是形式上的，但却不能是虚假的。也就是说，如果这些“反合目的性”的形式对人构成的否定，只是一种虚假的现象，那么，它们就没有力量产生真正的压迫、恐怖、痛苦和可怕，那样，也就不会真正激起和焕发出人的理性的无限和想象力的无限，并把人升华至一个超绝的境界，那样，也就没有真正意义上的崇高。因此，要达成真正意义上的崇高，这些形式上的否定性因素，也必须在真正的意义上对人的个体感性存在构成破坏和否定，这样才能唤起和激发出理性和想象力的无限，把人升华带入超绝的至上境界，并形成崇高感。

正是这种真正意义上的否定性因素，使得我们的审美活动不是直接与这些否定性的因素达成一种美感经验的凝结，而必须另外诉诸非感性的理性的无限。这样，优美感的感性结构就被破坏了，或者说它无法与这些否定性的因素建立直接的“合目的性”的关系，这才产生了对这些否定性因素进行辩证转换的关系，从而获得美感经验——崇高感。

因此，可以说，在优美感的形态中，人类是不能与否定性的因素形成审美关系的，否定性的因素被排斥在了审美活动之外。但是，在崇高的范围内，人类的审美活动通过裂变，通过辩证转换，突破了优美感的和谐和“合目的性”的关系，而进入了对否定性因素的欣赏之中，使审美活动扩展到了“非合目的性”或“反合目的性”的领域。但是，这些“非合目的性”的或“反合目的性”的领域，不仅包含自然界的数量的无限大、力量的无限大、神性的无限，也包含人自身的非理性的、无意识的和扭曲、变形的层面，因为，人的非理性的、无意识的和扭曲、变形的层面，也是一种不能用感性形式加以把握的领域，也是“非合目的性”的领域。

就崇高将人类的审美活动扩展到“非合目的性”或“反合目的性”领域而言，它不仅使人的审美活动突破了“合目的性”的优美的单一范围，而且使人类的审美活动拓展出了新的疆界，使人类能够与“非合目的性”或“反合目的性”的对象建立审美关系。这恰恰展示了人的力量的伟大。也就是说，能够从“非合目的性”、“反合目的性”的东西上获得美感经验，是人自身力量增强的体现。一个生命力孱弱的人，是不会形成崇高感的。人类审美活动从纯粹优美的领域向否定性的领域拓展，就像一个人从少年走向成年一样。少男少女多以风花雪月为美，而成年经历世事沧桑之后，就会转而欣赏“苍山如海，残阳如血”，会高唱“五更鼓角悲且壮，三峡星河影动摇”了。

但是，就崇高中的“非合目的性”或“反合目的性”的形式来说，它们还只是形式上的丑。也正是在这个意义上，它们才能通过辩证转换过程，转换为崇高感。因此，可以说，崇高就是能够被转化为美的丑，或向丑跨出了一步的美。这一点，我们可以通过对战争的欣赏来加以说明。

第三节
悲剧与喜剧

◎**悲剧**○悲剧的历史和特点○悲剧的历史发展○悲剧的主要特点○美学理论史上对悲剧性质的解释○亚里士多德的“过失说”和“净化说”○黑格尔的“性格冲突说”和“永恒正义说”○尼采的“酒神精神说”○雅斯贝尔斯的“存在悲剧观”○悲剧的真正本质 ◎**喜剧**○喜剧的特点○美学理论史上对喜剧的解释○“鄙夷说”和“突然的荣耀说”○“失望说”和“乖讹说”○“生命的机械说”○“能量消耗的节省说”○喜剧的本质

悲剧和喜剧，又可称为悲剧感和喜剧感，它们是两种对立的美感经验形态。这两种形态虽然与作为戏剧种类的悲剧和喜剧之间有关系，但这里的悲剧和喜剧，主要是指美感经验形态的类型，不是指戏剧的两个种类。也即是说，只要是在审美活动中形成的悲剧感或喜剧感，它们就都属于美感经验的悲剧形态或喜剧形态。所以，对大家来说，这里首先要把作为戏剧种类的悲剧和喜剧与作为美感经验形态的悲剧和喜剧分开。比如，莎士比亚的《哈姆雷特》和《威尼斯商人》在戏剧类型上分别属于悲剧和喜剧；在欣赏这两出戏时所产生的美感经验形态类型，则分别属于悲剧感和喜剧感。但是，托尔斯泰的《安娜·卡列尼娜》和曹雪芹的《红楼梦》，虽然不是戏剧的悲剧，但它们唤起的美感经验却是悲剧形态的；同样，吴敬梓的《儒林外史》、鲁迅的《阿Q正传》也不属于戏剧的喜剧种类，但其唤起的美感经验形态类型却属于喜剧。所以，作为美感经验形态类型的悲剧和喜剧指在所有审美活动中所产生的此类经验。

一、悲剧

人生有美好的一面，也有它悲剧性的一面。人类的教育总是教导人要乐观地生活，但人类的生活却注定包含悲剧。人生不仅铺满鲜花，也充满不幸和荆棘。因此，学会体会人生的悲剧性，并欣赏悲剧，是成熟人生和健全人格的标志。

(一) 悲剧的历史和特点

当我们读《红楼梦》中黛玉之死和宝玉出家时，当我们看莎士比亚的《哈姆雷特》、《奥赛罗》和《麦克白》时，就会获得悲剧的美感经验。当我们看古希腊的神话《普罗米修斯》时，也会获得这种悲剧感。在神话中，英雄普罗米修斯从天上把火种偷出，传到了人间，人间才有了火。但是这违反了天律，天神就给他以严厉惩罚，将他缚在高加索的山上，让山鹰来啄他的肉。他受着这样的折磨，想死不能，想活又不得好活。当看到盗天火给人间的英雄受到这样的惩罚时，一种悲剧感就会油然而生。从这些体验中，我们就可获得悲剧的基本经验。

1. 悲剧的历史发展

作为戏剧种类的悲剧，在西方发展得比较完善。西方经典的悲剧，早在古希腊就发展得很成熟。在此后的历史中，一直就未中断过。所以，对悲剧的解释，往往都是以西方的悲剧作为经典的模式来进行的。为了弄清楚什么是悲剧，我们先看看西方悲剧在历史上的发展。总结西方悲剧的发展史，有三种类型的悲剧。

第一种悲剧是古希腊时期的“命运悲剧”。它认为人生是由神所决定或由某种冥冥之中的命运所支配的，这种命运是与生俱来的、先天决定的，无法掌握也无法逃避。这种命运往往是盲目地注定了一个人的毁灭或不幸。在神的拨弄下，在命运的捉弄下，人虽然努力改变自己注定的命运，却无力回天，这样造成的不幸人生，就是一种悲剧。比如索福克勒斯的《俄狄浦斯王》。“命运悲剧”也在神话中得到了大量体现，例如“西西弗斯”、“普罗米修斯”等。

知识版图扩张

《俄狄浦斯王》梗概

希腊某城邦的国王生了一个儿子。这孩子生下后，国王就去神庙求神谕，以预言这个孩子的命运。结果神谕说这孩子命中注定要杀父娶母。为了避免这不幸的命运，国王命令他的宰相将小王子杀掉。宰相把小王子抱回家后，觉得这孩子非常可爱，不忍心杀他，但又不能违背国王的命令。最后，他决定将小王子扔到荒野，让狮子吃掉他。小王子没有被狮子吃掉，却被一个牧羊人救了。小王子就在牧羊人的家里逐渐长大了，取名为俄狄浦斯，但他并不知道自己的身世，以为牧羊人就是自己的父母。在他懂事后，他也得到了这个神谕，知道了自己的命运是杀父娶母。为了逃避这个可怕的命运，俄狄浦斯出走另一个国家。在出走的路上，俄狄浦斯与一个乘坐马车的白胡子老头发生了争执，还打了起来。年轻气盛的俄狄浦斯把老头给打死了。在逃到另一个国家的边界时，他遇到了狮身人面怪兽斯芬克司。斯芬克司把住路口，要过路的人猜谜，猜中者放行，猜不中者则被吃掉。这个谜就是，早晨四条腿，中午两条腿，晚上三条腿。这是什么？在俄狄浦斯之前，还没有人猜中过。所以斯芬克司成了当地的一大危害。但俄狄浦斯猜中了，谜底就是“人”。这个国家的人们就把俄狄浦斯看成英雄，是救命之人。因为这个国家的老国王刚刚死去，尚没有新国王，人们就拥戴俄狄浦斯做了国王，并与老国王的妻子结婚。结婚后，俄狄浦斯过着幸福生活，并与妻子生了几个孩子。这时，一场瘟疫降临到这个国家，神谕告诉这个国家的人民，说他们中间有人犯了弥天大罪，只有揪出罪人，瘟疫才能消除。这时，俄狄浦斯发现自己就是导致瘟疫流行的那个罪人，原来他在路上杀死的白胡子老头就是这个国家的国王，也就是他的生身父亲，他所娶的妻子就是他的生身母亲。他终于没有逃脱命中注定的可怕命运。绝望之下，俄狄浦斯弄瞎了自己的双眼，将自己流放到荒岛上，过着凄惨的生活。

“命运悲剧”是古希腊人对人的存在的不幸的重要思考，虽然含有宿命的思想，但却以一种非凡的洞见和神话的巨大涵盖力，揭示了人的命运的一些基本的、隐匿的形式，表现出对人生具有穿透力的洞察。因此，至今仍然有说不尽的魅力。

第二种悲剧是“性格悲剧”。它诞生于欧洲文艺复兴中后期，并持续到了19世纪。这个时期，人们从宗教的笼罩下苏醒了过来，出现了人的觉醒和人性的解放。当时人们已经认识到了“性格即命运”。这样，人物的性格便成了艺术关注的重心。人物自身性格的缺陷、不同人物之间性格的冲突、人物与环境之间的冲突等，就被看作决定人的命运的关键因素。这样，人物的性格的自身冲突、不同性格之间的冲突和人物性格与环境之间的冲突所造成的悲剧，就成了这个时期戏剧和艺术描写的主要内容。这种由性格造成的悲剧，就是“性格悲剧”。比如莎士比亚的《奥赛罗》、《麦克白》、《李尔王》等，就是经典的“性格悲剧”。在司汤达的《红与黑》、雨果的《悲惨世界》、托尔斯泰的《安娜·卡列尼娜》等小说中，也有对这种“性格悲剧”的丰富表达。

“性格悲剧”与“命运悲剧”相比，显然在探索人性的局限上要更为深入，它不是把悲剧归于比人强大的神或上天注定的命运，而是揭示了人的存在的局限性和内在的悲剧性根源。也就是说，导致人自身不幸的不一定就是外在的原因，而是人性自身的缺陷和片面性。

第三种悲剧是“存在悲剧”，即揭示人的存在本身所蕴涵的悲剧，它形成于19世纪末。这种悲剧观认为，悲剧不一定来自于流血的冲突，也不一定在刀光剑影中呈现，而是人的存在本身就是悲剧。早在1896年，比利时剧作家梅特林克（1862—1949）就主张“日常生活中的悲剧”。他说，一位老人坐在自己的椅子中耐心等待的时候，就有悲剧。“一位老年人，和所有那种谨慎的仆人一样，他并不认为这个世界所有的力量都已融为一体，守望着他的房间；他并不相信太空中的那盏太阳正在支撑着他所倚靠的那张小小的桌子；他也不相信天上的每一颗星宿和灵魂的每一缕纤维都和那垂下来的眼睑或一种突然产生的思想有直接的关系——我越来越相信，像这样的人，他纵然没有动作，但是，和那些扼死了情妇的情人、打赢了战争的将领或‘维护了自己荣誉的丈夫’相比，他确实经历着一种更加深邃、更加富于人性和更具有普遍性的生活。”[①] 在这种日常生活中，就蕴涵着最深邃的悲剧。到 20 世纪，这种人的本身存在的悲剧，在存在主义的思想中得到了更深刻的揭示。这就是，人降生到这个世界上，并不是一种理性的活动，也不是先天就注定了目的的，而是无来由的、荒诞的。同时，人在世界上与万物的关系也不是一种天然和谐的、融合为一体的，而是彼此冷漠的、疏远的。这就是人存在荒谬性。“存在悲剧”就建立在这种存在的荒谬性之上。正是这种思想，诞生了如比利时的梅特林克、法国的萨特等具有存在主义倾向的作家的悲剧作品。如萨特的《墙》、《禁闭》等。“存在悲剧”已经不再是把悲剧归咎于人之外的命运，也不是只从人的性格和人性本身中发现悲剧，而是从人的基本存在中发现悲剧。这是一种深化和拓展。

2. 悲剧的主要特点

通过对西方悲剧历史发展的了解，我们能清晰地了解到悲剧的特点。

悲剧的第一个特点就是人物遭受不幸，这种不幸或者是死亡，或者是失败，或者是陷入不能自拔的困境。就悲剧中的人物来说，他不一定像亚里士多德所说的那样非得是“有缺点的好人”，他或许是英雄，或许是普通人，只要他生存不幸，就都可以构成悲剧。就悲剧中的不幸来说，它或是受冥冥之中的命运拨弄，或许是人物自身的性格所致，或者是自身存在的本身就包含的，无论是哪一种，都构成了作为人的不幸。这种导致悲剧的不幸，唯一的限制性条件，就是它不能单纯地来源于偶然性，比如一次意外事故。

悲剧的第二个特点就是悲。这正好与喜剧的笑构成对立。悲剧经验中的最明显感受，就是由于人的不幸所带来的悲感，这也就是看悲剧往往被俗称为“花钱买眼泪”的缘故。在悲剧感中，虽然悲剧发生在别人身上，但每个观看的人都会在观看中产生一种情感上的共鸣，将自己与悲剧人物等同，此时这种悲感就是非常深切的和真实的。它并不是“替古人担忧”，而是将之体会为自己的遭遇，自己的不幸，自己的毁灭、失败和死亡。就这种悲而言，其中还包含类似于崇高中最初的基本体验，这就是压抑、恐怖和苦痛。鲁迅先生说：“悲剧将人生的有价值的东西毁灭给人看”。这种“人生的有价值的东西”的毁灭，就给人一种压抑、恐怖和苦痛，尤其是当这种“毁灭”是一种不可避免的、不可改变的结局时，它给人带来的，就不仅是压抑、恐怖，还有可怕。因此，在悲剧感中，最基本的体验，就是这最初的但也是深切的悲痛。

悲剧感仅仅有悲感是不够的，如果只有悲感，那就不可能是一种审美经验形态。譬如，一个老人“寿终正寝”，这种“不幸”对当事人是丧失亲人，他们肯定会悲痛。但这样的悲痛，就不构成审美经验的悲剧形态。

因此，悲剧的第三个特点，就是悲剧感中包含亚里士多德所说的“卡塔西斯”（“katharsis”的音译）作用，即“净化”作用。“卡塔西斯”作用，是一种复杂的过程。从生理上说，它是一种对生理上压抑的宣泄，观看者在观看悲剧的过程中，将自身的不幸投射到悲剧人物的不幸上，通过这样的投射，观看者宣泄了自己在生活中的压抑感，也就是“借他人的酒杯浇自己的块垒”，这样，就可以获得一种“舒畅的松弛”。从情感上说，它是一种“净化”，即悲剧“净化”哀怜和恐惧等情绪。也就是通过将自身生活中所积累的哀怜和恐惧，通过悲剧中人物

---

① ［比利时］梅特林克：《日常生活中的悲剧》，见中国社会科学院外国文学研究所等编：《外国现代剧作家论剧作》，36 页，北京，中国社会科学出版社，1982。

的命运而投射出去，从而得到“净化”，即一种情感上的解脱。从精神和道德上来说，“卡塔西斯”作用就是通过悲剧人物的不幸，把观看者导向对人生真谛的认识和领悟，从而把观看者引向一种超越。这样，人们就获得了一种精神上的解脱。

无论是生理上的宣泄，还是情感上的“净化”，或者是精神上的超脱，悲剧感都是从最初的压抑、恐惧或苦痛等，转而导向了一种“净化”和超脱，并获得一种解脱的快感。

从这些方面看，虽然悲剧也是一种美感经验，但是悲剧的感性结构与优美的感性结构之间是截然相反的。悲剧感既不是感受者与对象的合致、契合，也不是由对象的“合目的性”的形式所产生的。相反，它是由人物的不幸所激发的。在这点上，悲剧与崇高有相同之处，它们都是由对人构成否定性的因素先引起压迫感、被否定感，然后中间经过辩证转化，最后产生升华和超越的快感。不过，崇高由“无限”的对象所激发，并唤起理性的无限和想象力的无限来超越对象的“无限”，从而造成升华和超越，此即崇高感；而悲剧则由不幸所激发，最后经过辩证转化，产生一种净化和解脱的快感。这就是悲剧的感性结构。

（二）美学理论史上对悲剧性质的解释

那么，悲剧是由人的不幸造成的，但是悲剧又何以能够产生审美经验，即一种审美的快感呢？为什么悲剧这样包含切肤痛感的经验也能够作为一种审美快感呢？为什么人类的不幸反而能够成为快感的来源呢？这是自古希腊开始，就困扰美学的一个基本问题。自从有了悲剧以后，许多美学理论家都在思考这个问题并给予了不同的解释。

1. 亚里士多德的“过失说”和“净化说”

第一个对悲剧的性质进行思考的，是古希腊的亚里士多德。亚里士多德对悲剧性质的解释，是由“过失说”和“卡塔西斯作用说”或“净化说”两个方面构成的。亚里士多德在他的《诗学》中认为，悲剧的情节一般是好人由福转祸，即遭遇不幸。但是，我们为什么对好人遭遇不幸感兴趣呢？亚里士多德认为，悲剧人物是好人，但不是完人，虽然他的不幸不是咎由自取（这样的不幸，不能引起哀怜和恐惧），但却是他的某种过失或弱点造成的，结果却遭遇到了不该有的大不幸。如《俄狄浦斯王》中的俄狄浦斯，他的“过失”就是杀父娶母，结果他遭到了极大的惩罚。由于这些遭遇不幸的、有弱点的人物“和我们自己类似”，这样，才引起了人们的哀怜、恐惧和同情。这就是“过失说”。但是，亚里士多德对悲剧的认识在他的“卡塔西斯作用说”中，得到了更为深刻的阐释。他认为，仅有哀怜和恐惧是不够的，悲剧感中还包含“净化”，这样，才能在悲剧中包含快感，即净化所得的轻松、解脱和超脱。这些由“净化”而来的轻松、解脱和超脱，就是一种“无害的快感”。

2. 黑格尔的“性格冲突说”和“永恒正义说”

第二个对悲剧性质的解释，是德国哲学家黑格尔（1770—1831）所提出的“性格冲突说”和“永恒正义说”。

黑格尔没有把悲剧归诸“命运”，也没有归诸“过失”，而是认为悲剧来源于人物性格之间的冲突。但是，并不是所有由两种力量之间的较量所形成的冲突，都是理想的悲剧冲突。黑格尔认为，只有冲突双方都具有正当性，有可辩护的理由，由这样的两种力量所构成的冲突，才足以导致悲剧感。如果冲突的一方是有道理的，另一方却是毫无道理的邪恶，这样构成的冲突，就不是悲剧的冲突。同时，冲突双方虽然都有自己的理由，都有自己的正当性，但这些正当性又是有缺陷的，是片面的，有它的不合理性。这样，双方的冲突才能导致毁灭、失败和不幸，这样的不幸、毁灭才在道德上是讲得通的。因此，悲剧冲突必须是双方各有自己坚持自己立场的理由，这样，才能导致真正意义上的冲突：冲突是必然的、不可避免的，不幸是有根据的；同时，又由于各自的立场是有缺陷的、片面的，这样，在冲突中才能导致悲剧的不幸、毁灭和死亡，并引起普遍的哀怜和恐惧。否则，一个完全正义的、无缺陷的事业就应该是必然的，而不应是不幸的。这就是黑格尔的"性格冲突说"。

"性格冲突说"虽然解释了悲剧的构成及其内在的结构，但却不能解释为什么悲剧感包含快感。为此，黑格尔提出他的"永恒正义说"。黑格尔认为，在悲剧冲突中，冲突任何一方的立场都有其合法性、理想性，因此，就有理由将自己的立场付诸实施，在现实中实现它。这样，就必然与对立方面发生冲突，并以破坏、损害甚至毁灭对手作为实现自身目的的手段。不过，当一方这样做时，也会引起对立方同样的回应，对立方也会以破坏或毁灭对手作为自己目的实现的手段。这就构成了不可调和的冲突（即为了成全一方面的理想就必须牺牲另一方面的两难之境），并导致必然性的悲剧。但是，当一方坚持自身立场的合理性并以消灭对立方为实现的手段时，也就暴露了自身的片面性、不合理性，也就是说，在冲突中暴露的就是冲突双方的不合理性、片面性等，对立双方在冲突中为各自的片面性、不合理性所付出的代价，就是牺牲或毁灭这些代表片面、不合理性的人物。黑格尔认为：从表面上看，就这些人物的牺牲、毁灭来说，是他们个人的和他们所代表的观念的不幸，因为毕竟他们的理想和观念还是有正当理由的、有合理性的；但就他们的理想和观念的片面性和不合理性来说，他们的牺牲和毁灭又是罪有应得。因此，冲突中有片面性的人物的毁灭和不幸向人们显示的，就不是简单的悲惨，而是显示了什么是真正正当的、完善的理想，而不是坚持片面的理想。这种在冲突双方的毁灭中，指向和表现的就不单是人物的不幸和毁灭，而是扬弃片面性和对片面性理想的超越，即什么是完美的理想——"永恒正义"。所以，悲剧的结局虽然是毁灭、不幸和灾难，但闪现的却是通过否定片面性而达到"永恒正义的胜利"。这样，悲剧的美感经验，就是通过不幸、毁灭所产生的恐惧和怜悯，导向"永恒正义"超越的胜利过程。当由最初的悲、恐惧和怜悯超越到"永恒正义的胜利"时，就会获得一种极大的愉快、振奋和升华。这就是悲剧感作为美感经验的完整形态。

黑格尔所列举的能够体现他的思想的经典悲剧，是苏格拉底之死和索福克勒斯的《安提戈涅》。

知识版图扩张

黑格尔对《安提戈涅》的分析

女主角安提戈涅的哥哥因争夺王位，借助外兵来攻打自己的国家——忒拜，结果兵败身亡。忒拜国王克瑞翁下令不许任何人收尸，违令者死。安提戈涅不顾国王的禁令，安葬了哥哥的尸体。国王克瑞翁下令将她烧死。安提戈涅死后，与她订婚的王子，即克瑞翁的儿子，不能接受安提戈涅的死亡，也自杀身亡，国王克瑞翁也就丧失了自己的儿子。

在黑格尔看来，安提戈涅收尸，是遵从了自然的亲属伦理，有她的正当性。同时，国王下令禁止收尸，并处死违反禁令的安提戈涅，也是正当的国家意志。亲属伦理和国家意志都是合理的、神圣的、正义的，但这两者发生冲突的情境中，却都各有片面性、局限性。国王为了维护自己的权威而剥夺死者得到安葬的权利，安提戈涅安葬自己的哥哥，遵循亲属爱的伦理，却违反了王法，每一方都把自己的理想推到了极端，因而使它转变成了一种错误，两种主张各有理由，又各有片面性，结果相互否定、冲突，结果两败俱伤，矛盾冲突才得以解决。在冲突的解决中，双方都为自己的片面性付出了惨重代价，但悲剧却显示出了一种最好的道路：这就是将对方的合理性吸收到更好的解决之道中。这就是“永恒正义的胜利”。

应该说，黑格尔对悲剧本质的解释是很有价值的，影响也极大。就他的“性格冲突说”本身而言，应该说是抓住了悲剧的核心。“没有冲突就没有戏剧”，那么“没有冲突就更没有悲剧”。他关于冲突双方的正当性与片面性的分析，则揭示出了悲剧冲突的基本条件，没有这些条件，冲突就没有合理性和必然性，导致的不幸和毁灭也就缺乏根据。就他的“永恒正义说”而言，这一思想是黑格尔按照“绝对精神”的肯定—否定—综合肯定的辩证法来设定的，包含一种不足取的“永恒正义”的目的论设定，是我们今天要抛弃的。但重要的是，这一观点体现了悲剧作为美感经验形态的辩证性质，而且在“永恒正义说”中，包含从片面性到综合超越的过程，这应该是悲剧感的核心。

3. 尼采的“酒神精神说”

紧接着黑格尔探索悲剧的，是德国哲学家叔本华和尼采。其中尼采（1844—1900）的悲剧思想影响更大。尼采的悲剧观主要形成于他的《悲剧的诞生》中，并且是围绕着“酒神精神”展开的。

尼采对悲剧的解释，主要是从古希腊悲剧的起源开始的。因为古希腊悲剧诞生于“酒神颂”，即在酒神狄奥尼索斯的祭祀仪式上的合唱。酒神狄奥尼索斯在神话中是本能之神，是醉后狂喜和狂乱之神，也是音乐之神。在酒神祭祀的活动中，人们打破一切禁忌，冲破一切规范，汪洋恣肆地让生命意志和本能的洪流宣泄出来。在这种生命活力的爆发中，一方面每个人放弃自己的个体自我，即生命的个体原则被冲毁，另一方面，人在个体原则的崩溃中，回归原始的本能之中。就个体原则的崩溃而言，那是一种极度的痛苦，是一种毁灭感；但同时，在这种个体化原则的毁灭中，人的生命却返回到了它自身的本原——生命的原始本能。个体的毁灭是一种极度痛苦，但通过个体原则的毁灭而回归原始的生命本体，又是巨大的狂喜，即尼采所说的一种形而上的醉感。

因此，悲剧冲突中个体的死亡、毁灭，虽然带来了巨大的痛苦，但人又在这样的毁灭中获得了自身的本源，与自己的本体合而为一。这样，生命就又获得了自身，从而得到最高的形而上安慰和快乐。尼采认为，这种酒神精神的爆发过程，就是悲剧感的根源。悲剧的痛感与快感的结合也就由此而来。

尼采的悲剧理论，应该说追索到了悲剧的根源，具有巨大的解释力。它非常深刻地阐释了悲剧的美感经验的真正基础。尤其是他在解释中，不是从什么“永恒正义”这样过于理性化的和目的论的设定来进行的，而是从生命活动的基本过程来进行的，这应该说是极大地扩展了悲剧感与人的生命存在之间的关系。

4. 雅斯贝尔斯的“存在悲剧观”

“存在悲剧观”的代表人物是德国存在主义哲学家雅斯贝尔斯（1883—1960）。他认为人的存在本身的荒谬性是悲剧的真正根源。这可以分为四种情况：（1）存在本身就是罪。也就是说人的存在本身就带来不幸。人最大的罪就是降生，因为出生既不是自己选择的，也不是自己所意愿的，出生之后，还得受自己身上卑劣的成分、欲望、作恶的倾向等所左右。（2）行动本身就是罪。因为人的存在，并没有先天的、预定好的本质，人的本质是在其生存中逐渐形成的。这样，人在行动中就既无先天的原则可遵循，也无任何规范可以限制他。结果，就是行动的胆大妄为、肆意放纵、背信等。（3）人在自身存在中，有诸多巨大的反差，人的知识的有限和世界的无限之间、人的存在的渺小和神的无限之间的反差，是人永远无法克服的。这就构成了人的存在的巨大的不幸。（4）人存在的真理本身是分裂的，这也造成了人的悲剧。

但是，这些只是悲剧的奠基之处，还不能构成真正的悲剧。真正的悲剧要成立，只有在这样的情况下才能达成：在所有这些存在的罪和失败中，一种存在的本真真理照耀了人，即关于人生的悲剧性的知识被启示出来，并引导人们向绝对境界——基本实在——超越。这样，人们就克服了痛苦和恐怖，而获得一种自身存在的超越，用超越的观点来看待人生的不幸，并获得一种形而上学的慰藉——悲剧的快感。

虽然雅斯贝尔斯的“存在悲剧观”，主要是从存在主义出发来解释悲剧的，但是，应该说是将悲剧的解释向人的内在性方面深化了。它对我们认识自身的存在性境域是非常有意义的。

以上是西方美学史上对悲剧进行解释的几个主要的理论。应该说，这些对悲剧的解释，从不同的视角对悲剧进行了分析，各有各的道理。虽然这些观点都因各自的哲学背景的过时而不能为我们所完全接受，但我们却可以透过这些观点的共性，去发现悲剧感的确定的感性结构。

（三）悲剧的真正本质

那么，悲剧的真正本质是什么呢？让我们从描述悲剧感的感性结构开始。

从上面所列举的各种对悲剧性质的解释中，我们会发现，悲剧都是围绕着一种具有意义的冲突进行的。但是当具有意义的冲突结束时，却显示出了悲剧的一个隐蔽的结构，这个隐蔽的结构是由冲突者的冲突和有限性（片面性）、有限性的冲突者的毁灭以及在冲突者的毁灭中所显现的更高的超越性领域三个方面构成的。

就冲突本身而言，它是由冲突双方构成的。恩格斯曾说，悲剧就是“历史的必然要求和这个要求的实际上不可能实现之间的悲剧性的冲突”①。因此，冲突的结构就是以历史的必然要求为一方，以历史的必然要求暂时不能实现为另一方，这两者之间的差异、对立，构成了冲突的结构。但无论是哪一方，都具有其局限性、片面性，因此，由它们所构成的冲突，也就是一个片面性的、有缺陷的领域。这个由冲突双方构成的有缺陷的领域，必然以失败而告终。但是，如果仅仅是冲突以及冲突所导致的毁灭和不幸，那就还不是真正的悲剧，还只是简单的冲突、毁灭和不幸。真正的悲剧必须在冲突和冲突者的毁灭、失败中，显示了一种超越自身缺陷的更完善的、更高的存在。我们把这种由冲突的失败所显示或启示的更完善的存在，称作超越领域。悲剧感或悲剧的快感，就是由冲突双方所构成的有缺陷领域与冲突的有缺陷领域所启示的超越领域构成的。悲剧感就是由有缺陷的领域与超越领域之间的稳定的感性结构构成的。

这样看来，悲剧冲突双方的片面性的暴露、冲突双方的毁灭等，都不是悲剧的核心，而是通过冲突双方的毁灭所闪现的综合——超越领域——的显露，才是核心。无论是“命运悲剧”、“性格悲剧”，还是“存在悲剧”，都是由片面性的方面和超越性的方面构成的。片面性方面的毁灭，虽然产生了最初的恐怖、怜悯和痛苦，但是，正是这痛苦和毁灭，使得人们认识到了更高的存在——超越领域，这超越领域的存在向人们启示了一种道路——超越片面性，走向新的更高的完善的存在。也正是这超越道路的启示，使人们在苦痛、恐惧和怜悯中获得了最大的精神超越。这就是悲剧快感的来源。

因此，悲剧具有与崇高相似的辩证结构，就是从压抑、恐惧等否定性方面，转而获得升华，向更高的超越性领域的迈进。这也就是说，悲剧是由超越性的过程所凝结的结构，只有当人的存在从一个有限的、片面的领域向更高的领域或境界超越时，才有悲剧。换一句话说，就是在悲剧的构成中，在冲突、冲突者的毁灭之外有一双超越之眼，它既超越片面者的冲突、片面冲突者的毁灭，又把冲突和冲突者的毁灭纳入一种超越的综合之中，启示和引领人们升华到超越领域。可以说，没有超越，就没有悲剧，而只有现实层面的不幸、毁灭和痛苦。超越之眼对现实中的毁灭、不幸和死亡的悲剧性具有揭示作用。这一点，大家可以通过阅读中国当代诗人舒婷的《船》得到领会。

理论释例

舒婷的《船》及分析

一只小船
不知什么缘故
倾斜地搁浅在
荒凉的礁岸上
油漆还没褪尽
风帆已经折断

① 《马克思恩格斯全集》，中文1版，第29卷，586页，北京，人民出版社，1972。

既没有绿树重荫
连青草也不肯生长

满潮的海面
只在离它几米的地方
波浪喘息着
水鸟焦灼地扑打翅膀
无垠的大海
纵有辽远的疆域
咫尺之内
却丧失了最后的力量

隔着永恒的距离
他们怅然相望
爱情穿过生死的界线
世纪的空间
交织着万古长新的目光
难道真挚的爱
将随着船板一起腐烂
难道飞翔的灵魂
将终身监禁在自由的门槛

（1975年6月）*

这是一首充满悲剧感的诗。表面看，诗中写的是一艘搁浅的船，这艘船在沙滩上不再去远航，而是在那里腐烂。但这有什么悲剧性呢？对于船这个器物来说，这无所谓悲剧或不悲剧，这只是它的现实存在而已。那么是什么力量赋予这描写搁浅之船的诗以一种强烈的悲剧性呢？是诗人的超越之眼。她对船有一种完整的视野：船的命运应该在无垠的大海中自由航行，而不是在搁浅中腐烂。但是对这只船来说，“满潮的海面”和“辽远的疆域”的“无垠的大海”就在几米外的地方，这距离却是不可克服的。所以在诗的第二节，诗人表达了一种近乎绝望和抗议的悲剧情感。搁浅的船与象征着自由和飞翔的大海之间，在诗人超越之眼的观照下，构成了悲剧的结构，并把每个读诗的人的思想引领到了搁浅的船的象征性意味上：整整一代人的生活和自由被搁浅的悲剧命运。

* 阎月君等编选：《朦胧诗选》，56页，沈阳，春风文艺出版社，1987。

那么，悲剧中的超越之眼从何而来呢？应该说，从一个人把现实历史中的不幸、毁灭不仅仅看作不幸、毁灭，而是看作悲剧的那一刻起，在他的这种“看”中，在他产生“悲”的感情的那一刻中，就已经存在着超越的东西了。也即是说，“悲”对“可悲”的东西具有揭示作用。当一个作家在构思他的悲剧作品时，他从现实生活的不幸、毁灭中发现悲剧性题材的那一瞬，也就已经把超越性眼光投射在了他的题材上了。在他创作的过程中，他会把这超越性的层面渗透到作品的结构、陈述逻辑和语言的各个角落，并启示给所有阅读、观看作品的人，使他们也具有同样的超越性立场，来获得悲剧的美感经验。当读者或观众在阅读或观看作品的时候，他们不仅会从作品的文本结构、语言缝隙中领会作者的超越性立场，他们还会把自身在生存境域中对超越性的领会带入其中，从而获得高严的悲剧体验。从某种意义上说，人的存在本身就意味着从肯定到否定再到新的肯定的辩证过程，这个辩证过程的推动力就是人的生存总是“向着某种可能性而去”，并用这个“可能性”来看自己的过去、现在，这就给人的存在以一种本然的超越性层面。悲剧就是这样一种人生辩证形式的表达。但悲剧的这种超越必须是尚未完成的超越，而且是在超越的过程中进行的。这就是悲剧的意义之所在。

悲剧的本质就是，通过不幸、毁灭甚至死亡，把人从有限的、片面的存在导向超越性层面，并使人摆脱现实的沉沦而超越到本真存在时获得的升华感和对生命真谛的体验。

二、喜剧

当我们看卓别林的电影，看契诃夫的小说，听侯宝林的相声，欣赏赵本山的小品时，我们会不时地捧腹大笑。这种在笑声中获得的快感，就是喜剧或喜剧感。

喜剧这个概念也是起源于戏剧中喜剧这个种类，并用这个概念来指称这样一种独特的美感经验形态。由于喜剧总是和笑相关，因此，喜剧就有了一个庞大的家族，这个家族的成员包括了作为戏剧的喜剧，以及幽默、机智、笑话、滑稽等。

（一）喜剧的特点

喜剧的特点是非常明显的。它的第一个特点，即在感受上的特点，就是笑。这正好与悲剧的悲相对。但是，人的笑有多种，有高兴而笑，也有悲痛至极的笑，还有苦笑等。喜剧的笑是一种独特的笑，即一种对可笑的东西的笑。

那么，喜剧的第二个特点，即在内容上的特点，就是“可笑性”。“可笑性”，主要是指一种东西的虚伪、滑稽、愚蠢等。也就是说，“可笑性”是指内容上的虚伪、滑稽和愚蠢等。鲁迅说，喜剧就是把人生虚伪的东西撕破给人看。柏拉图说，不美而自以为美，不智而自以为智，不富而自以为富，都是虚伪的观念。这三种虚伪在表现上相对弱的时候，就是可笑，在相对强的时候，就是可憎。滑稽也是可笑，比如一个严肃的人，正在进行严肃的训话，突然忍不住打了个喷嚏，喷嚏把鼻涕粘在了嘴上。这时，我们就觉得可笑。这种笑就来自滑稽。有时，愚蠢也是可笑的来源。这就说明，喜剧的笑，不是高兴而笑，而是因为可笑而笑。但是可笑的对象本身，在喜剧中却是不笑的。笑必须是来自于一个发笑者，是他对“可笑的”表示出笑。

因此，喜剧的第三个特点，即结构上的特点，是喜剧有一个对“可笑的”表示笑的旁观者。那么，这个旁观者何以能够对“可笑的”表示笑呢？旁观者要对“可笑的”表示笑，那他必须具有某种超越性，他要比“可笑的”有优越性。否则就不可能笑。比如，大家看滑稽表演，滑稽演员在舞台上扮演的就是“可笑者”，而观众在台下扮演的却是“发笑者”，这样，可笑者与发笑者就构成了完整意义上的喜剧结构。

（二）美学理论史上对喜剧的解释

从上面喜剧的特点中，我们可以看出，喜剧总是由对一个可笑的对象的笑构成的，并且可笑的对象总是比起发笑者来说，显得低劣、笨拙。那么，这就涉及了一个非常棘手的问题，为什么喜剧总是对一个可笑的对象笑，并从中获得快感呢？如果我们从别人的弱点中获得快感，那不就太没道德了吗？为什么我们还会称这样的笑为一种美感经验形态呢？这正是解释喜剧性质时的核心问题。为了解释这样的问题，美学理论史上出现了众多的理论。

美学理论史上对喜剧性质的解释，有一个漫长的历史。这里，我们选择一些具有代表性的观点加以介绍。

1. “鄙夷说”和“突然的荣耀说”

第一个提出“鄙夷说”来解释喜剧的，是亚里士多德。他认为：“喜剧所模仿的对象较我们自己低下。但所谓低下，并非全指凶恶。可笑性只是一种丑。”因此，就喜剧而言，它是我们对有弱点的对象的一种鄙夷的态度所形成的。比如，人们自古就喜欢看耍猴。这就是因为猴子比人低下，但猴子又处处像人。这时，由于人比猴子高明，就以鄙夷的态度看猴子这个像人的东西。这种鄙夷感是喜剧的根本。

“鄙夷说”抓住了喜剧的结构性关系，即“可笑者”与“发笑者”之间的喜剧结构关系。但真正的鄙夷却不一定能产生喜剧的笑。

英国经验主义哲学家霍布斯提出喜剧的本质是一种“突然的荣耀”。他认为，笑的情感是在见到旁人的弱点，却突然想到自己在这方面的优点时，所引起的一种“突然的荣耀”的感觉。笑的产生就是发现别人的弱点或发现自己过去的缺欠，却又知道自己比起这有缺点的人或比起自己的过去有了某种优势时所产生的情感。“荣耀”就是与可笑的对象相比而形成的优点、优势，也就是突然感到自己比别人或自己的过去强而产生的优越感。

但并不是所有的优越感都能产生真正的喜剧感，比如富人对穷人的优越感、一个身体健全的人对身体有残缺的人的优越感，都不能说是真正的喜剧情感，而是一种卑下的功利心。

2. “失望说”和“乖讹说”

“失望说”是德国哲学家康德的观点。他认为，可笑的事物大半是不伦不类的配合，我们根据通常的事理所做的期望或预料是如此，而结果却不是如此，甚至正好与预期的、期望的相反，这个时候，就会产生笑。因此，笑是期望失落的表现。当然，这种期望的失落不至于过度严重，才能引起笑的效果。康德说：“在一切引起活泼的撼动人的大笑里必须有某种荒谬背理的东西存在着。……笑是一种从紧张的期待突然转化为虚无的感情。”[①] 例如：一个人听见衣

① ［德］康德：《判断力批判》，上卷，180页。

橱里有声响，以为是老鼠，便拿了把笤帚，准备打老鼠。打开了衣橱的门，结果发现里面是自己的婶母。这个时候，就有笑的情感发生。

持“乖讹说”的代表人物，是叔本华和斯宾塞。所谓“乖讹”，就是不合常理、不谐调，这些不合常理、不谐调的对象，在那些按照正常的规律作判断的人眼里，就构成了可笑的对象。叔本华说，预期的失望，就有某种客观对象与概念之间的不相吻合的特征，这其中就有乖讹。他说：“笑的产生每次都是由于突然发觉这客体和概念两者不相吻合。除此之外，笑再无其他根源。笑自身就正是这不相吻合的表现。”[①] 斯宾塞把“乖讹”分为“上升的乖讹”和“下降的乖讹”。如马戏表演跳鞍马，演员一个个都跳过去了，最后一个演员却从鞍马下面钻过去了，结果引起笑。这就是“下降的乖讹”。如果出现了另一个演员，他跳过了两个鞍马，这时也会引起惊奇的笑。这就是“上升的乖讹”。应该说，马戏表演、小丑和杂耍等，它们的笑料，都是与乖讹有关的。

然而，虽然“失望说”和“乖讹说”都可以说明一些喜剧的根源，但却不能说明所有的喜剧样式。而且有些“失望”、“乖讹”，也并不能引起笑的情感。

3. “生命的机械说”

“生命的机械说”是由法国哲学家柏格森（1859—1941）在1900年出版的《笑的研究》中提出的。柏格森是根据自己的生命哲学观点来探究喜剧的。他认为，生命是活生生的、流动的、自由的，当有机生命的自由和活力优越于落入机械的状态或空间化状态的生命时，就会产生笑，因此，笑就是处于时间的绵延之中的整体生命对于落入机械化和空间化的生命的优越态度。因为生命本该是自由的、绵延的、流动的，但有些生命却落入了机械的、僵化的、空间化的状态，这样，对于那些充满活力的、自由的人来说，这种种僵化、空间化，就是可笑的。例如，一个人的脸应该是充满活力和表情的，如果一张脸的一边突然陷入了僵化，就是可笑的。契诃夫所描写的“套中人”，一个大活人却处处被僵死的教条所困住，就是可笑的。相反的情形也是一样的，一个本来机械的东西，却佯装出生命形式，也是可笑的。比如，八哥学人说话、猴子模仿人穿衣等，因为这些都本该发生在人身上的事情，却发生在了不该有这样行为的八哥、猴子身上，就是可笑的。“黏附在生命之上的机械”，是柏格森对滑稽所确定的理论公式。

但是，柏格森认为，这些生命的机械化、僵化或者机械的东西佯装成生命的东西之所以可笑，主要是在仍然保持着生命活力的人眼里，这些东西才是可笑的。这就表明，喜剧的笑是生命力对非生命、自由对僵化的胜利和超越，是对空间化和机械化的摆脱，从而回归生命的自由活力之中。没有这样的超越和优越，就不可能有笑。正是在这个意义上，笑才是一种美感经验形态。

4. “能量消耗的节省说”

“能量消耗的节省说”，是奥地利精神分析学家弗洛伊德提出的。他的研究涉及范围很广，比如日常生活中的口误、误会、幽默、机智等。他认为，在生活中，我们的本能冲动是被压抑

---

① ［德］叔本华：《作为意志和表象的世界》，100页，北京，商务印书馆，1982。

的，不能获得表现、实现的机会，而喜剧的诸多形式，如口误、误会、幽默、机智（开玩笑）等，都是被压抑的本能冲动偷偷实现自己的结果。他说，机智有两种，一种是无害的机智，即为开玩笑而开玩笑，不包含思想倾向，如说俏皮话；另一种是倾向性机智，它为人的本能服务，使得被压抑的本能得到一种无害的释放、表达和隐蔽的实现，在不失礼、不违法、不给对方造成伤害的情况下，将被压抑的本能释放出来。他认为，喜剧给人带来的快乐，主要来源于心理能量消耗的节省。因为，在压抑的情况下，本能冲动为了应付压抑要消耗巨大的精力和能量，而机智、幽默、狭义的喜剧等形式，则使我们花费极少的心力，就排除了最大的社会压力，从而使本能冲动偷偷得以宣泄或释放，并获得快乐。这种心力消耗的节省，就是喜剧使人获得快乐的根本原因。

无论是心力消耗的节省，还是本能冲动的无害的宣泄，喜剧的诸多形式在弗洛伊德看来，都是扎根于人的本能的无意识领域，并在那里获得了动力源。因此，在弗洛伊德看来，所有的喜剧形式，或喜剧的达成，都是无意识对压抑的撕破，是本能的快乐原则在理性的现实原则眼皮底下的嬉戏，是本能冲动对理性的超越。正是在这样的情况下，人才获得喜剧的快乐，人才那么喜欢喜剧。

应该说，以上各种对喜剧性质的解释，都具有一定的解释力，也能够解释一些喜剧，但它们却不能解释所有的喜剧。

（三）喜剧的本质

喜剧的效果是笑。因此，喜剧的感性结构是由“可笑”的对象与笑两个部分组成的。只有“可笑”的对象而没有笑，就不能构成喜剧。这样，理解喜剧的本质，就得在“可笑”与笑之间的感性结构关系中来进行。

但就“对象的可笑”来说，一般不是对象本身觉得自己“可笑”，必须是在笑者看来，这个对象有可笑之处，它才是“可笑”的。也就是说，只有在笑者的眼里才会看出对象的可笑，没有笑者对一个对象的揭示作用，对象是否可笑是无法被揭示和暴露的。只有当笑者对对象的可笑性具有揭示作用时，才会有笑发生，否则也就不能产生笑。例如，猴子模仿人抽烟，猴子是不会觉得可笑的，但在旁观者眼里就会觉得可笑。

因此，喜剧一定要有一个笑的旁观者，这个旁观者的笑对于对象的可笑性具有揭示作用。没有这个旁观者的笑的揭示作用，就没有喜剧，当然也就没有笑的发生。喜剧发生时，往往都有一个或一群旁观者在场，笑声正是从他们那里发出的。若是一个人，他自己则很少笑。如果他笑的话，那么是他将自己的一个行为作为对象，他自己则变成了一个旁观者，这样，一个人自己才会笑。

这样，喜剧的性质或笑的性质，就只能从笑者与可笑的对象之间的关系上才能被揭示。那么，笑者与对象之间形成什么样的一种关系，才能产生喜剧或者笑呢？当一个人与对象之间在智力、判断、生命力等方面都一样时，即使这个对象有诸多的缺陷和不足，这个人也很难对对象表示出笑来；而当一个人在智力、判断、生命力等方面，超越了对象的水平时，就会对对象所处的状态——对象在智力、判断力、生命力上的缺陷——表示出笑来。因此，笑者对对象必须具有超越性，没有超越性，就没有笑。因此，笑者对可笑者的超越主要体现在三个方面：

(1) 智力的超越；(2) 判断力的超越；(3) 生命力的超越。这一点，大家可以在幽默中发现，如果一个人在智力、判断力、生命力等方面，与对象处于同样的状态，他就很难对一个对象表示幽默。这就是幽默与机智、智慧紧密相关的缘故。当然，我们也会在生活中发现，有许多幽默和玩笑，并不是诞生于智力的、判断力的、生命力的超越性上的，而是来自权力的、社会地位的优越性，比如，上司开下属的玩笑，而下属却很难开上司的玩笑，男性往往很容易就开女性的玩笑，但女性却很少开男性的玩笑。这些由于地位的、权力的优越性而产生的喜剧或者笑，有时候并不是很健康的；同样，一个人由于身体上的优越，而取笑一个身体有缺陷的人，这样的优越性所形成的笑也同样是不健康的。因此，权力、地位、身体和暴力的优越，都不能形成真正的喜剧，只有那些源自智力的、判断力的、生命力的超越性，才能形成纯粹的、健康的笑。

我们前面所述的美学理论史上对喜剧的种种解释，无论是“鄙夷说”、“突然的荣耀说”，还是“失望说”、“生命的机械说”和“能量消耗的节省说”，都隐含着我们这里所总结的笑者对可笑者的超越性结构。笑者对可笑者的超越，可以构成鄙夷；笑者对可笑者的超越，可以产生荣耀；笑者的生命活力超越了那些本该有但却失去了生命活力的人，也就构成了笑的可能性；同样，那些被压抑的生命冲动超越了理性的压抑和过分的严肃，而偷偷表现自己，也就构成了生命冲动对理性的超越，这时就产生了弗洛伊德所说的“能量消耗的节省”，或者无意识对理性压抑的胜利。

据此，我们可以说，笑或喜剧诞生于笑者对可笑者的超越性之基础上，正是这种超越，使笑具有对可笑的揭示作用。这些超越，可以是智力上的超越，如机智对笨拙的超越，巧智对烦琐的超越，哲思对迂腐的超越；也可以是判断力上的超越，如洞察力对愚见的超越，明智对狭隘的超越；也可以是生命力上的超越，如一个有生命活力的人对于本该有却失去了生命活力的人的超越，勇敢对胆怯的超越，活力对疲劳的超越等。就这种笑所具有的超越性结构而言，它扎根于人类存在的根基中，因为人类总是在超越中——超越自身、超越现实、超越失败、超越自身的缺陷、超越衰败、超越死亡等——去成为或去成就自身的。虽然人类面临种种不幸、失败、衰败等，但超越本身，却使他们一路笑着走过。

我们前面说过，悲剧也由冲突的层面和冲突的失败所显示的超越性领域之间的结构来构成。那么，悲剧的超越性结构与喜剧的超越性结构有什么区别呢？确切地说，悲剧是在超越的过程中形成的，它是在超越的奋斗中由失败所构成和闪现的，因此，悲剧所闪现的超越层面是尚未达到的但却已经通过失败显示的。也就是说，悲剧中的超越是由失败所闪现或预示的，还不是现实。所以，悲剧的快感也就夹缠着痛感，具有严肃的、肃穆的面孔。喜剧却是在超越的过程、在向新的境界突进的过程完成之后，人们回眸看自己的过去所形成的轻松的态度，是超越自身的限度、缺陷之后所形成的境界。因为此时，人们已经超越了自己的缺陷、不成熟和失败，所以，他可以对这些过去的缺陷、不足、失败、片面性，以笑对之。笑或喜剧，就是超越之后的轻松和欢快。这就是笑或喜剧的本质和意义，也是喜剧感的感性结构与悲剧感的感性结构之间的差别。

笑或喜剧，不是生理的，也不是不道德的幸灾乐祸和鄙夷，而是人在超越了自身的局限、缺点后的回眸一笑。这就是笑的社会性，笑者对于可笑者的笑所具有的揭示作用，就是通过笑所完成的具有社会意义的否定。因此，只有人才笑，也只有人超越某种境界后，才能回过头来对这种境界中的缺陷报以笑声。就历史的情况看，悲剧往往发生在人向某种理想境界突进的历史过程中，在这个突进的历史过程中超越领域对人们来说还尚未达到，但却已经显示。而喜剧却往往发生在人已经进入了超越状态，这时他们回眸观看自己的过去，会对自己的有缺陷的过去报以笑声。因此，笑是对严肃的解除，是生命力的胜利。喜剧多的时代一般都是解放的时代。

第四节 丑与荒诞

◎**丑**○丑在审美史上地位的变化○作为美的陪衬的丑○作为形式的丑○作为独立的美感经验形态的丑○丑的特征和性质○丑的特征○丑的本质○“再现的美”○“表现的美”　◎**荒诞**○荒诞的历史发展○荒诞作为美感经验形态的形成○荒诞作为美感经验形态形成的原因○荒诞的特征○作为美感经验形态的荒诞的本质○美感经验形态的启示

如果人类的审美活动只局限于对“合目的性”和“合规律性”的事物感兴趣，那么我们的美感经验就会停留在“优美”的范围，但这样也就把人类存在的否定性方面排斥在了审美活动之外；如果人类的审美活动向人类自身的深度开掘，挖掘自己的潜意识世界，挖掘虚假意识之外的可怕的真实，解放人身上的魔鬼，而不是继续把它锁在所罗门的瓶子里，那么我们就会与否定性的方面直接照面，人类也就会因此而进入天堂的背面，进入另一种生存境域，并获得另一种自身所是的呈现。

现代人的生活正是这样，神性的光环从所有的事物中消散，裸露给我们的世界并非和谐的结构，而是充满巨大矛盾的分裂体，我们不得不面临令人惊异和恐惧的事物，面对荒谬和虚无的直接现实。在这样的情况下，审美活动也不可能脱离这样的现存在，缪斯女神今天也得沐浴在人的现存在的荒诞之中，踏在存在之虚无的根基上，并形成我们现代的缪斯的歌唱，这就是丑和荒诞。

丑和荒诞是审美活动中所形成的两种否定性因素最多的美感经验形态。作为美感经验形态，它们在19世纪以后的西方才获得了完整而成熟的表现。

一、丑

当我们在《西游记》中看到托生为猪的猪八戒时，当我们看到《阿Q正传》中满头癞瘢、往往以一种精神上的胜利来为自己解脱的阿Q时，当我们看到法国著名雕刻家罗丹的雕刻《欧米哀尔》时，当我们看到法国作家雨果的《巴黎圣母院》中的敲钟人时，当我们读蒲松龄的《聊斋志异》中的狐仙鬼怪的故事时，都能获得一种关于丑的美感经验。

这里所涉及的丑，是审美活动中所形成的丑，与现实中的丑不是一回事。其一，现实中的丑是通过道德的评价来界定的，但审美活动中的丑，却是通过审美活动而形成的，它不是道德评价的结果。也就是说，审美活动中的丑是在直观中呈现的丑。对此，阿索托说过这样不无启发的话："一切直观都是对美的顿悟和体验。对有缺陷的和丑恶的东西的直观也属于这种直观，因为在这种直观中我们欣赏到任何东西都具有的完善，但同时我们又因作为原罪后果的不完善而感到痛苦，只要我们直观的东西的美是不完善的，我们就会感到对这些东西所不具有的完善的渴望。"① 其二，现实中的丑，只能引起人的厌恶、恶心、拒绝，但审美的丑却在包含否定感的同时给人以快感，让人们领会到一种魔鬼的魅力，用现在很流行的一个表述就是"痛并快乐着"。一般来说，美是对人的一种肯定，但是作为美感经验的丑却是具有否定性的。那么，一种对人构成否定的东西，如何能够在审美活动中形成一种美感经验形态呢？这是认识审美的丑的难题和关键。

（一）丑在审美史上地位的变化

审美的丑，在人类审美史上，其地位是变化的。它经历了从最初作为美的陪衬，到独立作为美感经验形态的演变。

1. 作为美的陪衬的丑

应该说，丑的因素很早就已经进入了人类的审美活动，并卷入了美感经验的形成。在原始时代，凶恶的、怪诞的形象就已经出现在当时的艺术和神话中，比如，神话中的人头马面的怪物、埃及的狮身人面像的那种人头与狮子身体的奇怪结合等，这些都可以看作原始艺术中的丑。但在原始时代，人们的审美活动还没有严格区分出纯粹的美、丑，而是一种混杂的美感经验。

到了古典时代，人们的审美活动开始区分出明确的美与丑的界限：美就是美，丑就是丑，两者是对立的，不可混淆。德国美学家莱辛就认为，美就是古代艺术家的法律，他们在表现痛苦时避免丑，即使写到丑，也只能是美的衬托，丑的存在是为了更好地突出美。这样，丑要在审美活动中出现，就只能以美的陪衬的地位出现。在古典艺术作品中，为了使美显得更美，使勇敢者显得更勇敢，使英雄更为英雄，艺术作品往往在美的事物、人物关系中，安排一个丑的、懦弱的、邪恶的人物或事物，以便显示美的完美。比如，《奥赛罗》中的伊阿古之于奥赛罗、《西游记》中的猪八戒之于孙悟空等，就是这样作为美的陪衬而出现的丑。有时，在戏剧中，也往往会在正面人物的活动中，安排一个滑稽的丑角来作反衬；在绘画中，也会出现以"枯枝"、"老干"来衬托绿叶和鲜花的。清代一位画家就说过："密叶偶间枯槎，顿添生致；纽干或生剥蚀，愈见苍颜。"（笪重九《画筌》）这说的就是用丑来反衬美。我们在中国的佛寺中也可看到这样的反衬：在沉静安详、慈悲为怀的释迦牟尼、菩萨旁边，安排面孔狰狞、恐惧可怕的罗汉，以显示佛的美。

在以丑衬托的美的安排中，体现的是相反相成的辩证关系。但在这种情况下，丑却没有自身的独立地位，它本身是不能作为独立审美形态来看待的。当它们脱离美或从美的衬托的地位

① 转引自［德］古茨塔夫·豪克：《绝望与信心》，158页，北京，中国社会科学出版社，1992。

剥离下来时，就显得是真正邪恶的、令人厌恶的，不可能成为美感经验。

知识版图扩张

莱 辛

莱辛（1729—1781）是德国启蒙时代著名作家、评论家和美学家。著作有《拉奥孔》、《汉堡剧评》等。在《拉奥孔》中，莱辛提出了“空间艺术”与“时间艺术”的划分，认为绘画、雕刻为“空间艺术”的代表，而诗则是“时间艺术”的代表。适用于“空间艺术”的原则，都是古典的审美原则，它们适合于表现在空间中静止的物体美，而不适合于表现在时间中流动的东西。因此，绘画、雕刻等“空间艺术”必须表现美，丑则是它们所回避的。然而作为“时间艺术”的诗，则适宜于叙述在时间上前后相继的动作，而不适合于表现静态的美，但是“丑”却可以进入诗。莱辛在《拉奥孔》中的美学思想，是西方从古典审美向近代审美演变的里程碑，影响极为深远。

2. 作为形式的丑

在古典时代，一方面丑作为美的陪衬出现在审美活动之中，另一方面，丑也在审美活动中以单纯形式的形态出现，这就是形式的丑。比如，在崇高、悲剧和喜剧中，都包含形式上的丑。我们前面在分析崇高、悲剧和喜剧时，都涉及引起崇高的对象、引起悲剧感的对象和引起笑的对象的某种否定性质，没有这样的否定性质，就不会有崇高、悲剧和笑。这些否定性的因素，就是形式方面的丑。比如，亚里士多德在《诗学》中谈到喜剧中的“坏”的因素时就说：“喜剧是对于比较坏的人的摹仿，然而，‘坏’不是指一切恶而言，而指丑而言，其中一种是滑稽。滑稽的事物是某种错误或丑陋，不致引起痛苦或伤害，现成的例子如滑稽面具，它又丑又怪，但不使人感到痛苦。”他这里所说的“不致引起痛苦或伤害”的“坏”、“丑陋”、“错误”等，都是形式上的丑。

中世纪时的普罗提诺认为，“美”是“分享了来自神那里的理性”，那么，一个事物如果“缺乏理性和理型，它就是丑的，并被排斥在神和理性之外，它是绝对地丑的了”。但是，如果一个事物“由于它的质料不允许它完全按照一种理型来构形，没有完全为形式和理性所支配，那么它也可能是丑的”①。普罗提诺这里所说的，就是一种形式上的丑。

形式的丑，主要是那些引起我们审美上的不快感，并且没有生气灌注的、扭曲的、变形的、怪诞的、不可理喻的、不规则的、不和谐的、畸形的形式。这些形式的丑，从来没有失去它们在审美活动中的地位，或者说，审美活动不能没有它们的出现，如果没有它们，审美活动的种种变化就是不可能的。比如，在戏剧的进展中，偶尔出现一个插科打诨的小丑，在规则中

① 转引自伍蠡甫主编：《西方文论选》，上卷，138页。

出现不规则，在和谐中出现不和谐，在对称中出现不对称，反倒会使美变得更美。不过形式的丑，在审美活动和艺术表现中的地位，不在于它可以构成对美的陪衬，而在于它构成了对审美活动领域的拓展，它不仅使美的领域扩展到了“非合目的性”的领域，而且这种形式上的“非合目的性”促进和激荡了审美活动的上升运动，即造成了审美活动的深化。但是，形式的丑在审美活动中的地位并没有独立性，它在审美活动中的作用，主要是一种激荡审美活动深化的发动机，因此，形式上的丑是一种可以向美转化的丑。

3. 作为独立的美感经验形态的丑

随着西方近代社会的到来，丑的因素就紧敲着美学的大门，审美活动中的不和谐的、反合目的性的、非理性的因素，在审美活动中的作用和地位变得越来越强烈和重要，这样，丑就突破了其作为陪衬和发动机的地位，变成了独立的美感经验形态。

在西方浪漫主义的审美活动中，丑的地位的上升是非常明显的，浪漫主义审美活动中的非道德倾向和非理性因素的增长，就是证明。德国浪漫主义诗人和评论家施勒格尔在写于1800年的《雅典娜神殿断片集》中就有这样一个断片：“在现代悲剧里，天父有时取代了命运的地位，而更常见的是魔鬼取代命运。然而，这种情形至今还没有促使任何艺术理论家去建立一种魔鬼诗题材的理论。”① 法国作家雨果在他的《〈克伦威尔〉序》中就说：“近代的诗神也如同基督教一样，以高瞻远瞩的目光来看事物。她会感到，万物中的一切并非都是合乎人情的美，她会发觉，丑就在美的旁边，畸形靠近着优美，丑怪藏在崇高的背后，美与恶并存，光明与黑暗相共。她还将探究，艺术家狭隘而相对的理性是否应该胜过造物者无穷而绝对的灵智；是否要人来矫正上帝；自然一经矫揉造作是否反而更美；艺术是否有权把人、生命与万物都割裂成两个方面……正是通过这些探讨，诗着眼于既可笑又可怕的事物，并且在我们刚才考察过的基督教的忧郁精神和哲学批判精神的影响下，将跨出决定性的一大步，这一步好比地震的震撼一样，将改变整个精神世界的面貌。它将开始像自然一样动作，在自己的作品里，把阴影掺入光明，把滑稽丑怪结合崇高优美而又不使它们相混，换而言之，就是把肉体赋予灵魂、把兽性赋予灵智……”② 显然，施勒格尔和雨果的观点清晰地表明，到了近现代艺术中，丑已经不再是美的衬托，而是发展为一个独立的形态。

图4—5 罗丹《欧米哀尔》

到19世纪中叶的象征主义时期，法国诗人波德莱尔在其出版于1857年的《恶之花》中，就以描写当时都市中处处燃烧的欲望的丑而闻名。他说，“美就是可怕的，而可怕又是美的”，“魔鬼之魅力可以使强者销魂”。当时法国著名的雕塑家罗丹也以强有力的方式，表现了审美中的丑。他的《欧米哀尔》（见图4—5）就是经典的审美的丑的表现。欧米哀尔是巴黎著名的妓女，罗丹的这尊雕像就是她年老色衰时的写照。她的脸上已经被岁月布满了皱褶，胸脯已经松弛下垂，生命

① ［德］施勒格尔：《雅典娜神殿断片集》，19页，北京，三联书店，2003。

② ［法］雨果：《雨果论文学》，30～31页，上海，上海译文出版社，1980。

之火已经燃烧殆尽，剩下的只是衰朽的皮囊。然而当你看到这雕像时，却会发现这衰朽的人体上的丑的魅力。

与波德莱尔和罗丹对丑的探索的同时，专门探讨丑的美学著作也出版了，这就是德国美学家卡尔·罗森克兰茨的《丑的美学》(1853)。卡尔·罗森克兰茨认为，丑不是美的陪衬，但是丑却需要美的陪衬或者丑必须投射到美之中，才可能是审美的丑。罗森克兰茨的著作的出现，应当看作丑在审美王国中以独立身份出现的重要标志。

随着19世纪末20世纪初西方工业和科技革命将人确立为世界的主宰，非理性思潮的崛起随之把人的非理性方面开掘出来，人由近代的理性主体演变成了非理性的意志主体，这时，人与世界的关系彻底改变了。人开始变得不受自然律的支配，而是反过来支配自然。牛顿就曾说过，自然科学就是将事物强行拉到实验台上，迫使其说出自然的秘密。这就是主体意志对自然事物施加的暴力。这样，古典时代的对自然形式的尊重所形成的理性也就不再必要。为了表现非理性主体的意志和其非理性、无意识的内容，自然形式的神圣性丧失了地位。于是出现了西方现代主义对自然形式的肢解过程，野兽派、立体主义、表现主义、达达主义、超现实主义等，都是以肢解自然形式包括人自身的身体形式，来表现自身内在的非理性、无意识的内蕴。尼采在谈到现代艺术时说："现代艺术乃是制造残暴的艺术——粗糙的和鲜明的勾画逻辑学；动机化简为公式，公式乃是折磨人的东西。这些线条出现了漫无秩序的一团，惊心动魄，感官为之迷离；色彩、质料、渴望，都显出凶残之相。譬如，左拉、瓦格纳；在更精神性的秩序上还有泰纳。总的说来就是逻辑、众多和凶残。"① 这样，就出现了独立的美感经验形态的丑。大多数现代主义的艺术作品都具有这种丑的特征。如前面所看过的毕加索的《亚维农的少女》(见图4—4)。画面中共有五个女人体，她们几乎完全是用三角形、梯形、锥形等构成的。特别是画面右边的两个女性的面孔，变形非常夸张，几乎成了"牛头马面"。在这幅画中，人体的自然形式已经消失，一切都变成了几何状的构造，人体的柔韧、光滑和有机体的生命感全都没了，剩下的只是一种符号的抽象物。画家正是通过这样的构造物向人们展示了现代人生活的状况——人的异化生活。

(二) 丑的特征和性质

审美的丑具有什么样的感性结构特征呢？它的性质又如何呢？

1. 丑的特征

丑是真正与美对立的：如果美关联着和谐，那么，丑就关联着不和谐；如果美是人与对象之间的和谐关系的体验，那么丑就是这种和谐关系断裂的体验；如果美是人内在的理性与感性之间的和谐运动的结果，那么丑就是这种和谐运动的终结，或者是走向了感性的非理性方面的表现；如果美是对人的肯定，那么丑就是对人的否定方面的呈现；如果美的艺术是内容与形式的有机统一，那么丑就是无形式的内容，或不可能纳入任何确定形式的内容；如果美是合乎道德的，那么丑就是非道德的和反道德的。

---

① ［德］尼采：《权力意志——重估一切价值的尝试》，359页，北京，商务印书馆，1991。

就丑所关涉的主体内在的理性与非理性的关系、主体与对象的关系、主体内在的意识与无意识的关系以及非理性的表现形式而言，它具有如下特征。

第一，丑所关涉的主体已不再是一个理性的主体，也不再是一个无理性但合理性的主体，而是现代社会中崛起的非理性主体。这个现代的非理性主体在尼采思想、柏格森等人代表的生命哲学思想、弗洛伊德的精神分析思想以及后来的存在主义思想中，都有重要的揭示。在这些现代思潮中，非理性的意志主体被确立为审美活动的唯一来源。

第二，就审美的丑所涉及的主体与对象的关系而言，它已经不再是一种和谐的关系。这主体凌驾于对象之上，他漠视自然、征服自然、肢解自然，但却不再寻求与自然形式的契合，也就是说，古典审美活动中所达成的"神与物游"的关系，已经解体了。人不再能够与自然之间建立一种直觉的沟通，自然的形式也不再适合于投射人的感情。自然的神圣形式只有被肢解，才能用来表现现代人的复杂自我和存在境域。

第三，非理性主体所主导的审美活动，其表现的形式就不再需要遵从对象的自然形式，对象的自然形式也不能承担表现非理性主体的使命，因此，为了他的非理性内蕴的表现，他只能将自然对象的形式进行解体、肢解，才能表现自身。因此，审美的丑在呈现或表现形式上具有如下特征：不合规则的、分裂的、不自然的、不统一的、不完善的、不确定的、不对称的、畸形的、混乱的和扭曲的等。

第四，由非理性主体的非理性内蕴通过肢解自然形式，或通过扭曲的抽象形式，最后所构成的每个艺术作品的整体形象，已经不再是古典艺术作品的那种合于自然原型的有机形象，而是非有机的、碎片式的抽象象征形象。这种碎片式的、抽象的象征形象杜绝了任何与自然形式的可参照性关系，而把我们带到了潜意识存在的深处，即带到了世界的根本不和谐的本质跟前，并向人们揭示出这个世界的令人惊异的荒谬性。

图 4—6 达利《面部幻影和水果盘》

据此，非理性主体为了表现自身的非理性内蕴，或肢解自然的形式，或者通过创造非自然的形式，由此进行的审美活动所形成的状态，就是丑。西班牙画家达利的《面部幻影和水果盘》（见图 4—6），就是这种丑的经典体现。大家看这幅画，会有一种经历噩梦的感觉。画面中的果盘隐藏着一个女性的面孔，而这个重叠着女性面孔的果盘又与旁边的山构成了一条隐蔽的狗的形象。看这样的绘画，你已经不再能获得古典的美感，只能获得一种荒诞的感觉。

当作为现代美感经验形态的丑成为现代人的普遍经验时，我们就经历了古典的艺术价值与现代性的艺术价值之间的裂变和断裂。在丑的美感经验中，我们经历的不再是和谐、超越的快感，而是与震惊、惊悚、颓废等纠结在一起的一种非凡的力感，一种与魔鬼同行的魅力。美国学者丹尼尔·贝尔在其《资本主义文化矛盾》中说："十九世纪中叶宗教权威的破产引发了向着松弛方向的心理转变。结果是文化——尤其是现代主义文化——承接了同魔鬼打交道的任务。可它不像宗教那样去驯服魔鬼，而是以世俗文化（艺术和文学）的姿态去拥抱、发掘、钻研它，逐渐视其为创造的源泉。”①

2. 丑的本质

因为美总是对人构成肯定的，而丑总是涉及人的否定性方面，那么，丑为什么也会成为一种独立的美感经验形态呢？为什么丑会具有审美的效果呢？

现代审美所形成的丑，从表面上看，是令人难以接受的，对许多最初接触丑的形态的美感经验的人来说，都有这样的体验。有人就此断定，现代的丑是颓废的，是西方社会病态的表现。如果是如此，那么丑就不能进入审美活动的殿堂。只有当我们真正了解了现代的丑与现代审美活动之间的深刻关联，我们才能理解它的魔力。那么现代的丑在何种意义上与现代审美活动相关联呢？

第一，丑作为非理性意志主体的表现，虽然它所表现的是非理性力量，虽然这种力量构成了对人的理性的力量方面的否定，但这种非理性力量也是人的力量，而且人在其存在中也不能失去这种力量。在原始艺术中，这种非理性的力量曾经得到过表现，但后来古典的审美活动却将它排斥在外，掩盖了其存在。现在，现代的人将它从压抑状态解放了出来，并在审美活动中将它表现出来。这种表现不是在战争中，也不是在别的方面，而是在审美活动中，这就是一种勇气——一种不是回避而是接近自身否定性方面的勇气，一种在接近自身否定性方面的同时力图控制它的勇气。虽然这里的控制并不是要将这非理性的意志力量纳入理性的模式，或者用理性将其规范，而是直接表现它，呈现它。这就显示了另外一种力量，一种通过接近、逼近来容纳和拥抱它的勇气。因此，它表现出的是一种增强的力感，一种生命力的昂扬，一种使内在的非理性力量显现出来的汪洋恣肆的活力。因此，非理性的意志的表现就拓展了人类审美活动的疆界。正如尼采所说，现代“艺术叫我们想起了兽性的生命力的状态；艺术一下子成了形象和意愿世界中旺盛的肉体，性的涌流和漫溢；另一方面，通过拔高了的生命形象和意愿，也刺激了兽性的功能——增强了生命感，成了兴奋感的兴奋剂。丑陋的东西为什么也能具有这种强力呢？一旦它假借艺术家的伟大能量表现某种现象，则这位艺术家就以丑陋和恐怖成为主宰；或者，一旦它在我们身上轻轻激起残暴欲（有时甚至是使我们难堪的欲望，成了自我侵犯；而这样一来就有了凌驾于我们之上的权力感）”②。

第二，非理性的意志力为了呈现和表现自身，它不可能采取任何自然的形式，自然的形式也不可能真正容纳它。这是因为，非理性的意志力量是一种真正无形式的东西，也是无限的东西。因此，为了表现这无形式的、无限的非理性意志力，就不得不征服所有抵制、妨碍其表现的力量或自然形式，在这样的情况下，它或者以摧毁、肢解自然物象方式来表现，或者把无限的、无形式的非理性意志强行纳入一种抽象的形式中。这样，丑就不再是通过与对象的自然形式建立契合的、和谐的关系，而是通过肢解、摧毁自然形式，或者创造抽象的几何形式，来实现表现。虽然这种肢解、摧毁自然形式已经在创造几何的抽象形式的过程中呈现出了非理性意志力的暴力、凶残和冷酷，给人以恐怖、残破、可怕的感觉，但是，非理性意志力也正是通过这样的方式，得到了呈现和表现。虽然它的表现形式是不规则的、抽象的、几何的、扭曲的、

---

① ［美］丹尼尔·贝尔：《资本主义文化矛盾》，65 页，北京，三联书店，1989。

② ［德］尼采：《权力意志——重估一切价值的尝试》，253～254 页。

变形的、畸形的、破碎的、不对称的、不和谐的，但它不再是一条肆意泛滥的滚滚洪水，而是将非理性意志这种无形式的东西，强行纳入到了某种不规则、不和谐的形式，即无形式的形式之中。这种无形式的形式，固然不是古典审美中的那种“形式的合目的性”的优美，但却形成了一种表现的魔力。

第三，将非理性的意志强行纳入一种不规则的、抽象的、肢解的形式中，一方面唤起不愉快的、恐怖的感觉，另一方面又唤起一种力感，一种刺激的兴奋，这就是非理性意志的表现所唤起的审美愉悦，即表现的美。这种表现的美的愉悦，既不是崇高中所转化出的理性的无限的胜利，也不是理性对非理性力量的克服，而是主体就生活在这种非理性的力量之中，不是排斥它，也不是遮蔽它，而是把它召唤回来，变成自己的血肉，变成自己的力量，与它和解融合。这就是丑的魅力。丑的美不是传统意义上的美，而是另一种美——魅力或魔力。德国哲学家比梅尔说：“只要意志是在强力状态中被经验的，这些艺术作品就吸引我们，产生令人喜悦的作用；而同时，这些艺术作品也是令人抑郁的，因为意志为了显示它的暴力，变成了残暴，无情地摧毁了它的反抗者。”①

思想深呼吸

“再现的美”与“表现的美”

就美感经验必须呈现于感性的形象中而言，传统的形象与现代的丑的美感经验形象之间是明显不同的。如果说传统的形象主要是一种“再现的美”或“模仿的美”的话，那么，丑的美感经验的形象体现就是一种“表现的美”，即一种“表现的魔力”。所谓“再现的美”，主要是指通过对自然的或生活的事件的描写达到“神似”或“出神入化”境界时所形成的吸引力。所以传统艺术作品有一个重要的评价标准，这就是看是否在描写对象时于“形似”的基础上达到了“神似”。我们对这样的形象的观赏，也往往会自然地与所描写的现实对象进行参照。当然，在这种主要以再现为基础而构成的形象中，也有表现，但在传统审美中，这种表现是掩藏在自然形式之中的，因为在这里，表现并不把自己凌驾于自然造物的构形之上。

所谓“表现的美”，则是指现代以主体性为意义唯一来源的审美活动，它不再把审美纳入到自然意象的形式中，也不受自然物象的形式的约束和规范，而是凌驾于自然物象的形式之上。为了表现主体内在的意蕴，现代审美或者折解自然物象以获得表现的形式，或者直接创造一种抽象的形式。在这两种情形下，都是主体的强力居于主导的或霸权的地位。由此形成一种审美表现，就是表现的美。

---

① ［德］瓦尔特·比梅尔：《当代艺术的哲学分析》，300页，北京，商务印书馆，1999。

但是，现代那些表现潜意识的、非理性的东西的形象，却不再借助于外在的自然形象或形式，而是如何以最强有力的方式把那非理性的、潜意识的东西表现出来为宗旨。在这里，表现的力量凌驾于自然造化的形式之上。因此，它为了这种表现，也就不顾及自然形式或自然形象的原形，而是按照表现的原则进行形式创造，这形象创造或者通过打破自然形式来进行，或者通过抽象的形式组合来进行。结果，我们在现代艺术的非理性表现中，不仅看不见一片完整的自然风景，甚至也已经看不见一个完整的自然人体。这样的形象就隔绝了其与自然形象之间的任何联系，也杜绝观赏者去与自然对象之间进行任何的参照性理解。我们对这样的表现形象的理解，不是通过与自然对象之间的参照来进行，而是专注于其表现力的方面。它们给予我们的不是“形似”、“神似”的问题，而是那种表现的力量和非理性力量的魔力。虽然“美”和“魔力”都具有“吸引力”，但是“美”只局限于相对表面的感性层面，而“魔力”则触及灵魂，折磨神经，从精神深层震撼和磨炼我们。所以，它是一种“表现的魔力”。

这里，大家可以通过马蒂斯的《舞蹈》（见图 4—7）和任何一幅再现性作品的比较来体验这种差别。

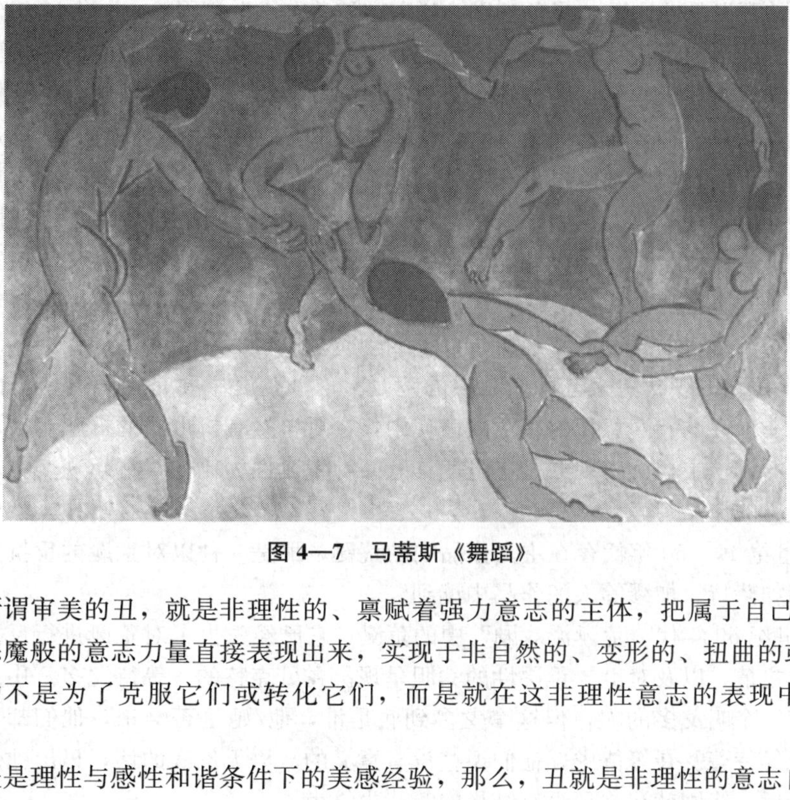

图 4—7　马蒂斯《舞蹈》

因此，所谓审美的丑，就是非理性的、禀赋着强力意志的主体，把属于自己的非理性的、非道德的、恶魔般的意志力量直接表现出来，实现于非自然的、变形的、扭曲的或抽象的形式之中，其目的不是为了克服它们或转化它们，而是就在这非理性意志的表现中获得陶醉的愉悦。

如果说美是理性与感性和谐条件下的美感经验，那么，丑就是非理性的意志自主表现条件下所形成的美感经验形态，虽然它与美对立，但却属于人的生命活动表现的范围。

二、荒诞

当我们读卡夫卡的小说《变形记》，看 20 世纪 50 年代的“荒诞派戏剧”（如贝克特的《等待戈多》、尤奈斯库的《秃头歌女》等)，或者读法国“新小说”派的作品，读美国的“黑色幽默小说”(如凯勒的《第二十二条军规》等)，甚至中国当代作家莫言的《蛙》，我们就体会到了另一种现代的美感经验形态，这就是荒诞。荒诞作为一种美感经验形态，比起丑来，向人的存在的否定性方面做了更大的迈进，探索也更为深入。

(一) 荒诞的历史发展

荒诞作为一种美感经验形态，完全是现代西方审美活动发展的结果。在古代的审美活动中，荒诞只是作为一种元素出现的，没有独立的审美地位。比如，原始艺术和古典艺术中出现的一些怪诞的形象。

1. 荒诞作为美感经验形态的形成

荒诞作为一个独立的美感经验形态，其形成主要是在20世纪50年代完成的。当时所出现的“新小说”、“荒诞派戏剧”、“黑色幽默小说”、“波普艺术”以及20世纪60年代以后的西方后现代艺术，都既不同于传统的美感经验形态，也不同于现代主义的丑的美感经验形态，而是呈现出一种既缺乏古典美的和谐，也缺乏对意义呈现的努力的状态，因此，由这样的作品所唤起的美感经验，就有一种真正意义上的荒诞感和虚无感。所谓“荒诞感”，不只是在形式上的不合理、不和谐，而且在内蕴上也没有理性的缘由可以依据和解释，因此显得不可思议、不可理解，并使得任何理性的解释都归于失败。所谓“虚无感”，就是因为缺乏合理性而显得没有任何意义。为了具体体会荒诞的美感经验形态，大家可以去读法国存在主义小说家加缪的小说《局外人》。

就荒诞形态的形成而言，大致经历了以下四个阶段。

一是20世纪初的现代主义艺术作品中的荒诞。这种荒诞主要是伴随着审美的丑而自然出现的，即在对非理性的、潜意识的东西的表现中，在对自然有机形式的拆解和破坏中，以及在对“反艺术”的诉求中，所出现的丑本身就具有某种荒诞性。比如，在超现实主义、达达主义和抽象表现主义的作品中。

二是20世纪40—50年代存在主义作品中的荒诞，那是一种以对荒诞的反抗为特征的。这我们可以在诸如萨特、加缪等人的作品中读到。

三是20世纪50年代“荒诞派戏剧”中的荒诞，它已经失去了对荒诞进行反抗的力量，只剩下一点愤懑之情，以及对世界荒谬性的大胆呈现。在贝克特的《等待戈多》中，几个人物在舞台上等待着一个叫戈多的人，但这个戈多到底是谁，他/她是否会来，他们却不知道，只是在那里无聊地等待着。在等待中，他们说些没有意义的、语无伦次的话，显出他们每个人都是那么空虚。最后，戏剧就在这种没有结果的等待中结束。

四是20世纪50年代的“新小说”和60年代以后的西方后现代艺术，如“波普艺术”中的荒诞，它是一种完全失去了反抗甚至连愤懑之情都没有的对荒诞的呈现，即在失去了形而上的一切意义后的狂欢与游戏。

这样，就形成了完全意义上的荒诞的美感经验形态。

知识版图扩张

“新小说”派

“新小说”诞生于第二次世界大战后的法国，在20世纪50—60年代达到顶峰，并波及整个欧美。代表人物为阿兰·罗伯-格里耶，代表作有《橡皮》(1953)、《窥视者》(1955)、《嫉妒》(1957)、《去年在马里昂巴德》(1961)等；娜塔丽·萨洛特，代表作主要是表达“新小说”理论思想的系列论文集《怀疑的时代》(1947—1956)；米歇尔·比托尔，代表作有《时间的运用》(1956)、《插图》(1964)等。

“新小说”派的小说在以下三个方面是非常独特的：(1)人物和故事情节丧失了核心地位；(2)人与周围环境、人与人之间不再有进行沟通和交流的可能性，而是相互冷漠的、疏远的。(3)荒诞和虚无、意义的缺乏是人存在的真正面目。“新小说”主要从这三个方面展示了人存在于其中的这个世界的疏离感、荒诞感和虚无感。

2. 荒诞作为美感经验形态形成的原因

知识版图扩张

马尔库塞论荒诞

……“我思”的自我确定性曾为笛卡儿敞开了一个由充满意义的法则和机制所统治的理性的宇宙，在我们的时代，“我思”却被抛入了一个“荒诞的世界”。在那里，一切意义均被死亡的赤裸裸的事实以及不可逆转的时代进程所否定。意识到自身力量的笛卡儿式的主体所面对的是一个算计、征服、统治畅行无阻的客体世界，而今天的主体本身便变得荒诞了，它所看到的世界是一个丧失了任何目的和希望的世界。在笛卡儿那里，“思维着的精神”所面对的是一个“外在的物的世界”，这个世界对精神的知性和行为提供回答，而现在，主体陷入了失望和失败的铁的循环。笛卡儿的世界虽然依靠自身的理性保持着统一，但仍然保留着上帝的位置，尽管这个上帝不能欺骗世人，而现在的世界在其本质上早已没有神的影子，它不给任何先验之物提供避难所。*

* 转引自柳鸣九主编：《二十世纪文学中的荒诞》，336～337页，长沙，湖南教育出版社，1993。

以下三个方面的发展促成了荒诞的独立和成熟。

第一，西方现代社会的发展。一方面是科学技术的高度发展以及由此带来的物质生产的发展，但另一方面，这种科学技术的高度发展和物质生产的高度发展，却引发了人类有史以来最残酷的杀戮——两次世界大战。当第二次世界大战结束时，笼罩在人们头顶上的不再是上帝，而是核武器。同时，在现实生活中，一方面是物质的发达和技术的发达，但另一方面，又是技术对人的统治，人的生活缺乏明确的意义召唤。这就导致了荒诞感，一种现实存在的荒诞和虚无。

第二，主体性神话的破产。我们知道西方近现代以来的哲学和社会思潮有一个共同的主题，就是对人作为主体的信赖。从文艺复兴时代和启蒙运动的时代，人们抛弃了彼岸的神对人的统治，而把人存在的根基设置在了人的内部，这就是人的主体性原则，认为人才是世界的主体，人是目的。人的主体性就是建立在他的理性思维之上的，理性思维是人把握世界、驾驭世界、进行判断和实践、获得意义的唯一根基。这就是笛卡儿所奠定的“我思故我在”的原则。启蒙运动和现代科学技术领域都给人们树立了一种神话，一种现代神话——只要依靠这个理性思维的主体，人就能战胜一切，过上好日子。到了 19 世纪后半叶，这个主体性神话就出现了分裂，在科学技术和物质生产的领域，奉行的仍然是主体性神话，但在哲学领域和文化领域，却出现了反对理性主体性神话的非理性意志主体的神话，比如在尼采的思想、柏格森等人所代表的生命哲学思想、弗洛伊德的精神分析思想中都树立了非理性主体。在这些思想中，思维不再是人的精神实质，相反，“无意识才是人的精神实质”。这种非理性意志主体就导致了我们前面所说的审美活动的丑的诞生。这些非理性主体的确立者们当时相信，这个非理性主体能够赋予人的生活以一种生命之源的意义，使人从对生命之源的隔绝、压抑中解放出来，重归生命河流的激荡，这样，人就可以获得创建意义的新基础。这也是一种伟大的现代主义神话。

到了 20 世纪中叶，这个主体性的神话破产了，不仅理性主体的神话破产了，而且非理性主体的神话也破产了。这种破产是从两个方面来说的：其一，无论是理性主体性的神话，还是非理性意志主体性的神话，它们对人类社会所许诺的公平、活力、创造力等方面都没有兑现。理性主体性支持下的科学技术和物质生产不仅导致了更加残酷的战争，而且还导致了技术和机器对人的全面统治；非理性主体性所支持的文化创造，也同样既没有使人类摆脱技术统治的恶果，也没有使人类真正回归生命之源，更何况非理性的生命之源也并不是天堂。其二，在长达 200 年的不断探索中，理性主体性或非理性主体性，并不是不可穷尽的，当人类对这两个方面的探寻归于穷尽而又无法获得新的资源时，就会产生一种虚无感。更何况非理性主体性本身就包含隐蔽的荒诞和虚无。这样，无论是理性主体性还是非理性主体性，都失去了其作为人类活动的本源地位，它们也不再是人类活动的意义来源的唯一根基。

第三，伴随着上面两个方面的发展，现代存在主义思潮从人的基本存在意义上，揭示出了人存在本身的荒诞性。由德国哲学家海德格尔、雅斯贝尔斯，法国哲学家和作家萨特、加缪、马尔罗等发展出的存在哲学，极大地影响了人对自身存在根基的确认。存在哲学从三个方面揭示了人与世界的荒诞性：(1) 人和世界在本源上的荒诞性。人并非上帝的选民或造物，因此，人在其存在上并没有什么先验的形而上意义，人只是无缘由地被抛掷到这个没有意义的世界上的。世界本身也没有什么先验的意义，它并非上帝的造物，而是一个没有任何目的的杂物堆积。这样，人和世界都没有先定的神圣性和先验的意义，而是荒诞的、无意义的。(2) 人的生存本身的荒诞性。在存在哲学看来，由于人是被抛掷到这个世界上来的，因此，人也就没有什么先定的人性和本质，人不过只有可能性，即在历史中成为什么的可能性而已。在人的去成为什么的过程中，人可以做出不同的选择，但也没有任何东西来规范这种或那种选择的正确性。人的外部世界也不能保证人的选择的意义。(3) 这样，人就是从荒诞出发，在没有任何确定性的保证下，“去成为什么”、去寻求意义的这样一种存在。在这个“去成为什么”的道路上，人经历着他的存在本身所具有的荒诞、罪、恐惧、怕、焦虑和孤独以及意义缺乏的虚无。

在存在哲学中，旧形而上学、旧本体论哲学从彼岸世界确立一个终极存在者（如绝对精神、理念或上帝等），来规范人的存在的意义的思想，最终彻底瓦解了。同时，理性主义哲学以及文艺复兴所发展出的人道主义所坚信的人具有先验的内在本质和人性，这个先定的本质和人性以及规定人存在的意义的思想，也瓦解了。人只是一个无缘由地被抛掷到无意义的世界上的存在者，他没有一个彼岸的本体，也没有先定的本质作为他存在的意义的来源，人只是这样一种在可能性中“去成为什么”的存在。这就彻底揭示和暴露出了人的存在的荒诞性和虚无。

以上三个方面，即现代社会的发展所出现的荒诞、主体性神话的破产和人与世界存在本身的荒诞等，在 20 世纪 50 年代汇合，形成了荒诞这样一种美感经验形态。荒诞作为美感经验形态，就是荒诞的人在荒诞的世界上，对其荒诞性所做的呈现活动而形成的美感经验。

(二) 荒诞的特征

荒诞的美感经验，是一种非常独特的经验，它与优美、崇高、悲剧等在感性结构上是完全不同的。

第一，作为美感经验的荒诞，其构成中的主体已经不再具有理性或先验的本质，而是一个孤独的没有先定意义的、只是在荒诞的世界上“去成为什么”的这样一种存在者，因此，他不是把自己理性的或生命的本质带入或投入到世界中，而是在“去成为什么”的过程中，呈现着自身。

第二，就荒诞中人与自然（对象）的关系来说，不仅人是荒诞的，而且世界本身也是荒诞的、无确定意义的，因此，荒诞的人也就不能与这样的世界形成任何有意义的关系，而是形成相互冷漠、彼此疏远的关系，这就是荒诞中的破碎感和荒漠感。在法国“新小说”中，主人公与他周围的世界的关系，就是这样一种疏远的、冷漠的关系，人与世界谁也不能取胜，只能是相互冷漠、疏远，连相互对峙的热情都没有，更别说人与世界还会交流感情，人在自然界还会获得精神上的力量了。在萨特和加缪的小说中，多次写到主人公见到河中的石头，见到那些树木，就觉得“恶心”，因为这些石头、树木与人不可能有任何本质的关系，也不可能成为人投射感情的对象，它们只是无道理地、无缘由地存在在那里而已。人与物就这样处于冷漠的、无关系的并置状态。“新小说”代表人物阿兰·罗伯-格里耶说：“但在我这里，人的眼睛坚定不移地落在物件上，他看见它们，但不肯把它们变成自己的一部分，不肯同它们达成任何默契或暧昧的关系，他不肯向它们要求什么，也不同它们形成什么一致或不一致。他偶尔也许会把它们当作他感情的支点，正像把它们当作视线的支点一样。然而，他的视线限于摄取准确的度量，同样，他的激情也只停留于物的表面，而不企图深入，因为物的里面什么都没有；并且也不会作出任何情感表示，因为物件不会有所反应。”[①] 这段话非常经典地说出了荒诞中人与物

① 转引自伍蠡甫主编：《现代西方文论选》，319～320 页，上海，上海译文出版社，1983。

的关系。在这种人与物的关系中，两者既不可能达成一种契合的、和谐的、移情的关系，也不可能达成一种表现的、象征的关系，物只是物，它无意义地呈现自身，一如人无意义地呈现自身一样。人自身也没有意义或生气来加之于物。

第三，在荒诞的美感经验中，人自身的内部已经不能分出理性和非理性，人整个作为荒诞的存在而呈现自身，他不是用自己的理性来规范自己的非理性，也不是唤起理性的无限来克服非理性的荒诞，他只是将自身的非理性的荒诞呈现出来。

第四，因此，在呈现形式上，荒诞的表现形式就不是优美的、和谐的、规则的、“合目的性”的形式，而是呈现为废墟性的、虚无的不规则形式。它的不规则的、“非合目的性”的形式，与丑的形式之间有许多相像之处，但丑的形式里包含一种意志表现的、反抗的力度，这却是荒诞的形式中所缺乏的。因此，荒诞的形式有着明显的废墟感和虚无感。这里大家可以看西格尔的《公共汽车骑手》（见图 4—8）。画面中，这些乘坐公共汽车的人，面无表情，茫然而无助，就像一具具空壳。这在今天大都市的公交车或地铁上，都能见到。

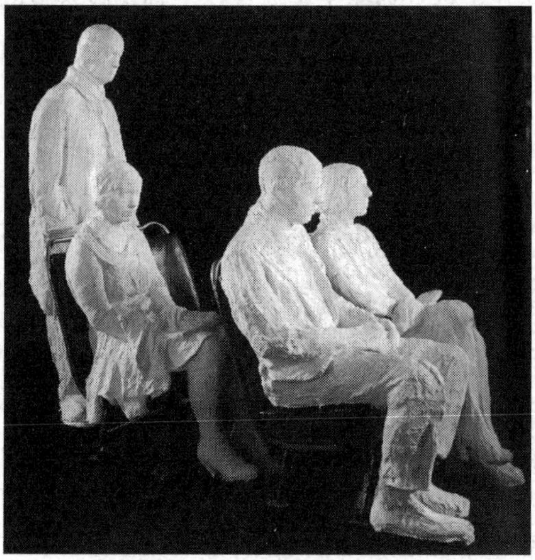

图 4—8　西格尔《公共汽车骑手》

第五，荒诞的美感经验，在感性体验上是非常复杂的。一方面，它是一种意义丧失或缺席后所形成的虚无感、空洞感，是本源意义或终极意义丧失后的没落感和恐慌感；另一方面，它又包含一种不承担责任、不追求意义、没有意义的轻松感，有着从终极意义和本源意义的约束下解放出来的解放感，也有着一种一切都只是游戏的游戏感和欢快感，甚至有一种明显但难以言说的喜剧感。这种虚无感、空洞感、没落感、恐慌感与轻松感、解放感、游戏感、欢快感、喜剧感的混合感觉，就是荒诞作为美感经验所形成的具体而独特的体验。

以上五个方面，就构成了作为美感经验的荒诞的感性结构特征。

（三）作为美感经验形态的荒诞的本质

为什么荒诞会成为一种美感经验形态？为什么荒诞包含美感经验的基本快感层面？这是理解荒诞的难点。

就荒诞的构成来说，必须是意义的真正缺乏才能构成荒诞，在常规意义上，荒诞是指在其中找不到意义的、有悖情理和理性的对象。荒诞派剧作家尤奈斯库说："荒诞是缺乏意义。……和宗教的、形而上学的、先验的根源隔绝之后，人就不知所措，他的一切行为就变得没有意义，荒诞而无用。"但是，要发现和揭示出意义的缺乏、有悖情理和理性等方面，却必须在"一双有意义的眼睛"或一个有理性的头脑的观看和察照下才能进行。也就是说，意义的缺乏和丧失必须由一双自身有意义的眼睛才能揭示。但是，如果揭示意义缺乏的是一双有意义的眼睛，那么，这个世界就不能说是真正荒诞的。由有意义的眼睛所揭示的无意义的世界，可能构成崇高或丑，但却不能构成真正的荒诞。

现代的荒诞不是这样的状况。真正的荒诞不是由用有意义的眼睛去揭示虚无、意义的缺乏所构成的，而是由用虚无的眼睛来看意义的丧失、来呈现自身的无意义所构成的，它是由虚无的眼睛所揭示的意义的丧失和缺乏。因此，构成真正的荒诞的，不是对意义缺失的抗议，也不是对意义的重新寻求，而是虚无的眼睛对虚无的世界和人自身的无意义所作的无言的呈现和自身呈现。

因此，在荒诞中，表现的意义变得淡弱了。因为表现是需要力量的，也要有进行表现的内在压力，这样才能构成表现。在人的荒诞和世界的荒诞面前，连表现的立足点都没有，它所达到的是一种无从表现、无可表现的境地。真正的荒诞只能被呈现，而不能被表现。那么依据什么呈现呢？呈现所依据的只是人自身的单纯的可能性，即人在自身最基本的"去成为什么"的过程中有把自身呈现出来、把他的存在性境域呈现出来的规定性。这里的呈现，不是对意义的寻求，不是对无意义的世界所进行的有意义的整合，也不是从"有意义的眼睛"出发所进行的对无意义世界的批判，而是在人的自身存在中，在其"去成为什么"的过程中把自身的荒诞及其存在性境域的荒诞显现出来，或者摆出来。这就是一种单纯的呈现本身。甚至可以说，在现代的荒诞中，有一种对意义、价值或本体的有意拒绝，因为历史已经告诉人们，过去所有设定的意义、本体，无论是宗教的、政治的还是哲学的，都只是人为设计的而已，是为了掩盖人面临无意义的、荒谬的世界的恐惧而已。现代人拒绝这样的意义设置，而要直面自身存在的虚无和荒诞，并把这虚无和荒诞依据人自身存在最贴己的展开方式，将这种存在境域呈现出来。荒诞就是荒诞的人在失去意义的世界上对意义的丧失所做的单纯的呈现活动所达成的体验。

那么，为什么呈现呢？荒诞作为一种单纯的呈现，并不是为了重建一个充满意义的世界，也不是用理性的无限来对抗虚无的世界，而是用"非合目的性"的形式、非优美的形式，将意义丧失的境域呈现出来，目的不是为了控诉和抗议，而是为了表达一种强烈的意义缺失的虚无之感。这就像是将死马当活马医，目的不是为了救活死马，而是为了证明那马是死的一样。

因此，荒诞是一种丧失了意义的人的存在的单纯呈现活动所达成的体验，这种呈现只是为了呈现，因此，它具有纯粹的游戏性质，即它不再是为了意义、为了更高的目的而呈现，而是在没有任何目的和意义的情况下所进行的单纯呈现活动。这里不再有对人进行肯定的审美快感，不再有敌对力量对人的压迫而产生的理性高扬的崇高感，也不再有非理性的意志表现自身的力量所形成的表现的魔力，而是一种没有意义的游戏或者嬉戏。这种嬉戏令人恐慌，因为缺乏意义，但也令人快乐，因为不再有追寻意义的重负和为了意义的斗争与牺牲，这样，就形成了在摆脱自然、理性、道德和彼岸的关怀和束缚之后的放纵感、无限感和纯粹游戏的快感，是对意义谋杀后所形成的空虚的快感，虽然这种游戏的快感中充满着虚无的空洞和无意义的恐慌。

但这并不意味着荒诞作为美感经验完全只具有否定意义。其实它的废墟感、恐慌感中，也夹杂着解放感，即人从形而上的、彼岸的、本体的不真实意义和虚幻中摆脱出来，形成了对自身存在的荒诞性的积极的认可和确证。

总之，我们不能把丑和荒诞的美感经验简单地归之于西方资本主义的腐朽和衰落，而要将它们视为不仅是在人的存在的现代阶段将审美活动向深度和否定性方面拓展的结果，并且体现了人在失去了形而上的虚假意义之后，直面自身存在的本然的虚无所产生的现代审美经验。

（四）美感经验形态的启示

这样，我们就结束了对美感经验形态的讨论。从美感经验形态的演变中，我们可以获得这样的启示。

第一，没有单一的“美本身”。大家从对美感经验诸形态的系统讨论中，就会发现，人类的美感经验形态，是多种多样的，不是只有狭义的“美”（优美）这样一种。从这个美感经验形态的谱系中，大家会发现，除了优美之外，其他美感经验形态都夹杂着否定性的因素，即对人构成否定的因素。从崇高、悲剧、喜剧到丑、荒诞，这种否定性的因素是逐渐深入、逐渐增多的。而审美活动所形成的美感经验形态，越是到现代形态，否定性的因素就越多，越居于重要位置。这就表明，人类的审美活动并不是只局限于“合目的性”的领域，而是向“反合目的性”的领域逐渐深入。这也就是说，人类的审美活动并不是只由对人肯定的因素构成，相反，人类的审美活动能够强有力地把“非合目的性”、“反合目的性”的方面也纳入到审美活动之中。这正是人类力量发展的表现。

第二，丑的因素或“反合目的性”的方面，是人类审美经验深化和演变的催化剂。从美感经验诸形态的变化和历史演变来看，我们会发现，从优美这个单纯的“美”的形态向其他美感经验形态变化的过程中，起作用的因素是对人构成否定性的因素，即丑的因素或者“反合目的性”的因素。因此，可以说，如果没有丑的因素或“反合目的性”的因素，美感经验形态的具体变化就是不可能的。正如德国19世纪的哲学家哈特曼（1842—1906）所说：“美越是足以显出特征，在审美上不可缺少的形式的丑也就越多。”大家可以设想，如果审美活动只有和谐的美，这就像你的生活中只有鲜花和香水一样，不仅是单调的，而且是可怕的贫乏。因此可以说，那些只把审美活动局限在“纯粹美”的范围内的人或民族，不仅是贫乏的、软弱的，而且是虚伪的，因为那就掩盖了生命的力度和深度。

第三，审美活动并不是单纯地“审”狭义的“美”，而是在进行更深广的存在性意义的呈现活动。审美活动并不只构成狭义的“美”，它还形成崇高、悲剧、喜剧、丑和荒诞，这些形态不能简单地用狭义的“美”来命名和限定。因此，审美活动并不只是进行审“美”，同时它随着人类自身的历史存在的展开以及这个历史存在的展开所形成的存在境域的不同，而发生着巨大的变化。这样，我们就不能单纯用审“美”来界定审美活动，仿佛有一种固定不变的“美”等着我们去“审”，而是要把审美活动放到人类自身的历史的存在展开中来加以揭示，在这种人自身的历史的存在展开中，审美活动会具有不同的面貌。这也就已经清晰地告诉我们，审美活动并不能从单纯“审”狭义的“美”来理解，而要从人的存在性境域的不同的意义呈现来理解。因此，可以说，审美活动的核心是进行存在性意义的呈现活动。

这就启示了我们下一步研究审美活动的路径。

由此，我们进入对审美活动本身的讨论。

【思考题】

1. 为什么美感经验会有不同的形态？

2. 康德在其《判断力批判》中曾说，要欣赏崇高，就需要更高的文化修养。这即意味着欣赏优美并不需要太多的文化修养。根据你自己的审美经验，谈谈你自己的看法。

3. 关于悲剧，历史上形成了许多理论解释，你倾向于哪一种理论解释？根据你最喜欢的一部悲剧作品，写一篇短文并在课堂上宣读。

4. 王国维曾把《桃花扇》与《红楼梦》比较，认为后者是真正的悲剧。根据你对悲剧的理解，你认为中国传统的文学作品中，哪一部作品具有真正的悲剧精神？

5. 人类历史上最伟大的艺术传统，主要由悲剧的、崇高的、荒诞的甚至是丑的美感经验构成，如古希腊神话作品、但丁的《神曲》、莎士比亚的《哈姆雷特》、雨果的《巴黎圣母院》和《悲惨世界》、陀思妥耶夫斯基的《罪与罚》和《卡拉马佐夫兄弟》以及屈原的《离骚》、曹雪芹的《红楼梦》等，很少有作品因为单纯描写优美而跻身于伟大作品的行列。思考这个现象，并在课堂上讨论。

6. 德国文化史学者布克哈特在其名著《意大利文艺复兴时期的文化》中，曾说幽默和讽刺是解放和自由时代的标志。从你对喜剧的理解谈谈你对布克哈特这一论断的看法。

7. 美学史上对喜剧的解释主要有哪些理论？你最服膺于哪一个解释？在同学中间可进行辩论。

8. 在人生的逆境中，一个保持幽默感的人是否比一个因紧张而变得太严肃的人更清醒并易于找到摆脱困境的途径？查阅相关心理学资料，写一篇短文。

9. 你喜欢看恐怖片或惊悚片吗？谈谈你看这类电影时的感受是否是一种审美感受？它与丑相关，还是与荒诞接近？

10. 阅读或观看一部荒诞派戏剧作品，然后讨论你对荒诞的体验是怎样的。

11. 丑或荒诞的美感经验是会使我们变颓废，还是会使我们的性格变得更坚强，灵魂变得更深广？

12. 美感经验形态的多样性给我们认识审美活动什么样的启示？

第五章

作为“存在性境域的显现”的审美活动

导读烛光

自然万物，从岩石、果实、花朵，
到覆盖道路、四处散落的碎石，
我无不赋予道德生命：我瞧见它们在感受，
我将它们与某种感情紧紧相连，那浑然巨物
栖憩在催发勃勃生机的灵魂之中，我目睹的
一切无不蕴含着内在旨趣，跳动着生命。

这是诗人华兹华斯《序曲》中的精彩片段，它道出了诗人如何赋予自然事物以生命，使它们成为有意义的意象。

没有人会否认审美活动是一种创造性活动，但是审美活动是如何创造的？依据什么内在于自身的机制进行创造的呢？过去的理论对此却语焉不详。

图5—1是梵高创作的《农鞋》。这只是一双普通的农鞋，画面中除了这双鞋，再无其他。但是，它却以极大的魅力吸引着我们。海德格尔对此做了如下分析：

> 从农鞋磨损的内部那黑洞洞的敞口中，劳动者艰辛的步履显现出来。这硬邦邦、沉甸甸的破旧农鞋里，凝聚着她在寒风料峭中迈动在一望无际永远单调的田垄上步履的坚韧和滞缓。鞋带上粘着湿润而肥沃的泥土。夜幕降临，这双鞋底在田野小径上踽踽而行。在这农鞋里，回响着大地无声的召唤，成熟谷物宁静馈赠及其在冬野的休闲荒漠中的无法阐释的冬冥。这器具凝聚着对面包稳固性无怨无艾的焦虑，以及那再次战胜了贫困的无言的喜悦，隐含着分娩时阵痛的哆嗦和死亡逼近的战栗。这器具归属大地，并在农妇的世界得到保存……夜阑人静，农妇在沉重而又健康的疲惫之中脱掉它，朝霞初泛，农妇又把手伸向它。在节日里，农妇把它置于一旁。她了解所有一切，但从不注意和思量。器具的器具性确实存在于其有用性之中。但是这种有用性又植根于器具有根本存在的充实性之中。充实性即可靠性。凭此可靠性，农妇被置于大地无声的召唤中去。凭此器具的可靠性，她把握了自己的世界。*

于此，海德格尔认为，这个作品显露了农妇的存在和真理。并认为，艺术的本性就是“存在者的真理将自身设入作品”，而美只是其效果。

重要的在于，不仅仅梵高的《农鞋》显现了农妇存在的真理，其他真正的艺术作品也是如此，只是每一作品都以自身独特的方式进行。

看来，在人的具体生存中，有一种机制，完成着从生活到审美的事情。让我们带着华兹华斯的诗句和对梵高绘画的沉思，进入下面的理论旅行。

图 5—1　梵高《农鞋》

* 海德格尔:《诗·语言·思》，35 页，北京，文化艺术出版社，1991。

在探究了美感经验和美感经验诸形态后，我们现在来看什么是审美活动。

从美的现象自身来说，我们已经确定，美的现象的所有领域，都是与人的审美活动有关的。美、美感经验、美感经验形态、艺术和表现符号的出现等，都是建立在审美活动的基础上的。因此，理解审美活动、将审美活动的内在构成清晰地展示出来，以及准确地描述审美活动的独立原则，是美学的核心问题之一。

我们如何才能敲开审美活动的大门，而不至于偏离审美活动的初始根基呢？从前面四章中，我们已经获得了一些关于审美活动的基本的限制性条件。

第一，审美活动不是对已经先行存在的“美”的观赏，而是一种生命创造性活动。所以，我们不能从所谓“观赏”或“静观”的角度来探讨审美活动。

第二，审美活动作为创造性活动，不是单纯的“审”“美”，它是一种深广的意义呈现活动。

第三，审美活动是一个直觉活动的领域，在这个领域没有主体—客体的二元对立的划分，而是一个在存在的意义上物—我冥合的整体，因此，不能单纯从所谓主体角度来探讨审美活动，也就是不能从根基处把审美活动置于分裂状态，然后再把它们结合在一起，而是要在审美活动的根基上寻找这种整体性的初始状态。

第四，审美活动不是人的外在的附加想象活动，而是与人的存在有着本质性的关系。因此，我们必须从人的存在本性上把审美活动的初始根基揭示出来。

第五，审美活动是一个独立的活动领域，它并不遵从其他活动领域的原则，而是有自己独立的活动原则。

这些限制性条件把我们引向了一条清晰的路径，这就是必须从人的存在的初始根基上来揭示审美活动的本性。这就产生了本章必须解决的如下基本问题：审美活动如何才能从人类存在的本性上得到揭示？人类在自身存在中所进行的活动有多种，审美活动是诸多活动中的一种，审美活动与人类在其存在中所进行的其他活动有什么区别？审美活动与人的自身存在方式有什么关系？审美活动是怎样构成的？它遵从什么样的独立原则呢？

第一节 审美活动在人类存在性展开中的地位及意义

◎人的存在本性与人类活动的类型○人的存在本性○“去成为什么”○人类活动的类型○直觉（审美）活动○认知判断活动○道德实践活动○生产（经济）实践活动 **◎审美活动在人类存在性展开中的地位和意义**○直觉（审美）活动的地位○直觉（审美）活动的意义

人是什么？过去，大家都习惯于从某种固定的人性来界定人，如人是理性动物，“人者，仁也”等。其实，人是这样一个存在者，他在其存在中展开自身。这就形成了人的各种各样的活动。这些活动是人在世界上存在的展开，并在这种展开中与外部世界发生着各种各样的关系。审美活动的根基就存在于人的自身存在性的展开中。那么，人的存在本性是什么呢？在人的存在展开的诸活动中，审美活动居于什么样的地位？它与其他活动之间有什么样的关系和区别？它有什么样的独特意义呢？

一、人的存在本性与人类活动的类型

审美活动是一种属人现象，而我们对人的探讨必须从人的存在着手。因为，“存在”是人的唯一根基。

（一）人的存在本性

什么是人的存在？它的本性又如何呢？这里所谓“存在”，首先就是指人居处于天空之下，大地之上，并在此居处的基础上，去做什么，去成就什么，去有所作为。这个“去……”，即人存在的自由。但这自由不是抽象的，因为这“存在”，首先就是指人有一个身体，它居于某处，比如居于乡村、居于城市，在某处，比如在路上、在教室、在音乐厅。这种最基本的身体居处，就是身体存在。这身体存在是人的基本现实。但仅仅身体存在，并不能描述人自身的存在的全部。

其次，“存在”意味着自身展开性，即人在实际生存、生活中去成就、生成着自身。简单地说，就是人的生存是一个从生到死的展开过程。这个生存过程，并不单纯是一个从童年到老年的生理过程，它更重要的是一个生命体的伸展、生成和造就其自身为人的过程。就人的存在而言，人并没有什么先验本质或先天具有的人性。人的存在本身所拥有的只是将自身展开。用德国诗人歌德的话说：“我所属的唯一领域，就是时间。”这就是说，人的唯一领域就是他的展开。因为，展开是时间的本源。这就规定了人将自身展开，才能成就自己。这个“展开”就是“去成为什么”、“去有所作为”、“去实现自身可能性”。这里的“可能性”也并不是某种已定的可能性，如成为科学家、律师，或成为道德的人、成为理性的人等，“可能性”只是可能性，它并没有确定的内容。人的存在就是这种可能性，即他的出发点就是这种可能性，别无他者。人的这种可能性存在，就意味着人的存在总是去向着某种可能性谋划、做大大小小的选择，去成就种种的可能性。至于说他到底去向什么、可能性又是什么，那是另外的问题，关键的是人存在就是依据于身体的居处，去向可能性谋划。在这种依据于身体居处而向种种可能性谋划而去成为什么的过程中，人进行着他自身的存在性展开活动。

再次，人的存在性展开或生存展开，在严格意义上是一个时间过程，而这个时间过程就意味着人的展开的每一瞬间、每一种即时的选择、每一次哪怕看起来是一个纯粹偶然的抉择，都是不可重复的生命的绽开，就像花蕾绽放为花一样，一朵花不可能重复开放一次，生命的展开和绽开也是如此。即使我们就某事可重做一次，但这重做一次就又是另一段生命时间的展开了。达·芬奇下面的话最简洁地道出了生命绽开的此种时间性质：“在河流里，你摸到的水是最后一个逝去也是最先一个到来的东西。时间中的此刻也是如此。”人的这每一瞬间的存在性绽开和开放的不可重复性，同时也意味着每一刻绽放都是一次创造性展开。只是有些瞬间的创造性更浓烈一些，有些则平淡一些而已。

最后，人的自身展开是在哪里进行呢？我们已经说过，人的存在首先是有一个身体在天空之下，大地之上，在诸事物之间。这就是说，人的存在不是抽象的，也不是纯粹精神的、观念的存在，而是“在世界之中”。这个“在世界之中”，不是人作为主体形成的，也不是什么本体强加给人的，而是人的存在的本身就具有的规定性。人自身的展开即是在世界上展开。人只要存在，就只能是“在世界之中”存在。与此同时，人在世界上的展开过程，就是与各种事物相遇，事物也在人的展开中进入人的眼帘。这也就是说，人与事物发生关系，起先并不是一种基于认识或实用的关系，而是一种展开中的遭遇，在此展开的遭遇中人走向事物，同时事物走向人，两者发生实存的关系。

因此，人自身存在的唯一本性或规定性，就是人自身在世界中展开，“去成为什么”，除此之外别无他者。这个“去成为什么”的本性或规定性，使得人将自身的存在展开，去触及周围世界，去掌握周围世界，去建立与周围世界的关系，去形成自己的历史。“去成为什么”就形成了人类存在的各种活动，也形成了他的历史。人自身就归属于这种历史。

据此，人的存在的本性应该从其在处身性的世界中展开上得到本质的理解。

(二) 人类活动的类型

在人自身的“去成为什么”的存在性展开中，形成了不同层次、不同内涵的活动。按人的存在性展开的程序，这些活动依次可分为四种类型：直觉（审美）活动、认知判断活动、道德实践活动和生产（经济）实践活动。

什么是直觉（审美）活动？就是人依据自身的生命活力展开自身并和世界所进行的直接的交流。直觉活动不需要任何中介环节，它是人自身的存在性展开的原初活动，即人敞开自身、把自身交付出去并与其他存在者发生关系。在这种自身敞开中，人用自己的生命直接关涉事物，体验着围绕着自己的周围世界，从而建立一种活生生的自由生命关系。同时，通过与周围世界的这种生命交流也体验和揭示着人自身，即人在呈现自身的同时，也使周围世界得以呈现。审美活动就属于这种直觉活动。它的功能是形成“呈现”或“表现”，生成人本真存在的真理，即意义生成和创造。

什么是认知判断活动？认知判断活动就是人依据自己的智力对自身和世界进行的把握和解释。在认知活动中，人已经不再停留在直觉活动的水平，而是在直觉呈现的基础上产生反思，即用一种反思判断的方式，对直觉中所获得的东西进行总结，总结所获得的模式或模态，就形成了概念和判断的范式。这反过来成了揭示和解释周围世界和人自身的方式和方法。这样就形成了人自身的理智或智力，这种理智或智力发展到成熟，就是理性分析和逻辑的概念的论证。在认知活动中，人用自己的理性揭示事物和周围世界的真实，建立人与周围世界和事物之间的真实关系。因此，它的功能就是形成作为知识的“真”。

所谓道德实践活动，就是人在其存在性展开中遵循法则对周围世界起意志的活动。它是在认知的基础上对事物所做的“好”或“不好”的判断。在这种活动中，人不仅遵循自身的求生的意志，而且遵从最大的善——自由而行为。它建立起人与周围世界之间的利益关系。它的功能是形成“善”。

所谓生产（经济）实践活动，就是为了人的存在的善的需要而进行的对周围世界的改造活动。所有的利益领域，物质的、劳动和生产的领域都属于这种活动。它建立起人与周围世界之间的用的关系。它的功能是形成“用”。

人类在其自身存在性的展开中所形成的直觉活动、认知判断活动、道德实践活动和生产实践活动，结合为一个统一体，就构成了人自身的生活世界，也形成了人自身的历史性。这些不同的方面形成的当下整体，就是人自身的生活世界；这些不同的活动所形成的历时性过程，就是人自身的历史性。

依据人的存在性展开所形成的这些不同的活动领域，形成了不同的研究学科，与直觉活动对应的是美学，与认知判断活动对应的是哲学，与道德实践活动对应的是伦理学，与生产实践活动对应的是经济学，而把这些活动纳入一个整体来研究的则是历史学。

二、审美活动在人类存在性展开中的地位和意义

人类的存在性展开活动是一个程序推进和程序叠加的过程，这就使得人自身的存在性展开

活动有不同的水平和不同的层次。这些由人的存在性展开所形成的不同水平和不同层次活动，就构成了人的不同生活领域。每一种活动都有其功能和意义，各自在人类的生活世界和历史性展开中的地位也不同。

（一）直觉（审美）活动的地位

虽然直觉活动、认知判断活动、道德实践活动和生产实践活动，都是人自身存在性展开的不同方面，但它们在人的存在的历史性展开的构成中，却处于不同的地位。这里所说的地位，主要是展开的程序序列，而不是说今天先有直觉活动，明天再进行生产实践活动。

作为人自身的存在性展开的直觉活动，处于人类所有活动的源头地位。这种本源地位体现在如下几个方面。

第一，直觉活动是人自身存在性展开的最初的生命活动，它是生命从自身展开的第一种方式。我们前面已说过，人自身的存在的唯一规定性和本性，就是“去成为什么”。这个“去成为什么”的动力和源头就是“去向……”。直觉活动就是这个“去向……”，它是整个生命以整体的形式将自身交付出去，摆出来，并向世界敞开自身。也就是说，作为初始性的敞开和显身，直觉活动就是这单纯的“去……”或“去向……”，它只是一种“纯粹的意向性”，尚不具备实质性的内容。同时，在这种交付、敞开中，与其他存在者无间隔地、无扭曲地照面。因此，它是创建性的和奠基性的初始。没有这个初始的奠基，就没有以后的认知判断活动、道德实践活动和生产实践活动。也就是说，人自身存在的展开就是从这直觉活动开始的，正是这种生命自身的交付、摆出和敞开，不仅使人自身触及世界，而且也使世界与人发生一种生命的、本真的关系，使世界关系到人。

这里，我们需要做一个简单的辨析。大家或许都有一种常识，认为世界就摆在那里，等待着我们去认识，也正是人基于需要对世界的利用才使世界与人发生关系。但问题是，“世界就摆在那里”这个先行到来的事实是怎么来的？其实它首先是人展开自身，将自身摆出、敞开并交付出去，才使世界走向了人并与人亲近，这样人才与世界发生关系，并形成我与他者同时在场这一首要的实在性。这种在人的敞开中直接给予的存在，就是直觉活动的奠基。在此关系的基础上，人才去认知世界和利用世界。

第二，直觉活动作为初始的生命交付和敞开，是“在世界之中”交付和敞开，在此，“世界”也以其本身所是进入此敞开中。这就像你迈出步子，脚踏在大地上，在你踏的那一瞬间，这个“踏”将你的脚踏和大地的承载聚集为一个整体。在这种存在的初始展开状态，是没有主体客体之分别的。作为初始展开状态，直觉活动是一种统一的、浑然未分的整体状态。这就是我们在原始人类的活动中所领略的状态，在这种统一的、浑然未分的整体状态中，人类将自身展开出来，形成着和造就着自身的历史。因此，在直觉活动中，人的存在性展开中的认知判断活动、道德实践活动和生产实践活动并未从中分裂和独立出来，而是蕴涵在直觉活动的方式中，只是到后来，它们才分裂出来，成为独立的活动。因此，并不是认知、道德和生产作为直觉活动的基础，而是直觉活动是所有人类自身存在性展开的基础。

第三，直觉活动作为人的存在性展开，体现了人的存在在根基上的自由。这种自由表明了人造就自身、成就自身；同时，在这种自身展开中，开辟出人的可能性，而这种可能性直接确定人展开的方向，在展开中成就和创造自身的意义。人的存在性展开的创造性和走向未来的可能性就扎根于这种存在的直接的展开之中。这也表明在世界上，唯有人通过他的存在性的原初展开而有可能性以及自由。这对人来说，是意义重大的。

第四，这样，就构成了人类自身存在性展开的序列：直觉活动是存在性展开的初始性奠基，接下来才发展出了独立的认知判断活动、道德实践活动和生产实践活动。因此，直觉活动是一切活动的基础，没有这个“去……”的初始交付和敞开，就什么也不可能。虽然直觉活动包含了所有其他活动的胚胎，但在直觉活动中，这些其他活动都不是独立的。这样，在直觉活动中可以不包含独立的认知判断活动、道德实践活动和生产实践活动，但在认知判断活动、道德实践活动和生产实践活动中，却必然地包含直觉活动，因为它们都是在直觉活动的基础上发展出来的。

这里所说的存在性展开的序列，并不是说它们是一种等级关系，因为直觉活动是最初的、初始性的奠基，它就比诸如认知的、道德的和生产的等活动低级，也并不是说这些活动之间的差异是一种等级差别。作为人自身的存在性展开所形成的活动序列，它们是一种并列的和叠加的关系，其差别主要体现于在序列关系中，前一项不必包含后一项，但是后一项必然包含前一项。这就是说，直觉活动中不包含独立的认知和道德的活动，也不包含任何利益考虑，但在认知、道德和生产的活动中，却必须包含直觉活动。没有直觉活动，认知、道德和生产的活动就失去了根基。这样，这四种活动就构成了一个活动的序列，并在生活世界和历史中，融合为一个整体，这就是人的存在的历史。历史是包容一切的，没有任何一种活动能够超出人自身存在性展开的历史整体之外。这就是人从直觉活动的整体性走向展开的历史的整体性。

但这样的叠加和递增的关系也意味着，后面叠加和递增的东西，会将本源性的东西遮蔽起来，即认知判断活动、道德实践活动和生产实践活动会将直觉活动遮蔽起来、掩盖起来，使其蔽而不显，也使我们不容易了解它的状态。

（二）直觉（审美）活动的意义

处于这样一种地位的直觉活动，其意义是非常独特的。

第一，直觉活动并不是求对事物的认知的，也不是求善的和求用的，因此，它并不能直接带来人对事物的理性的认识（见图5—2），也不能带来对生存的直接的利益，而是依据于生命自身的活动，一方面把自身交付出去，另一方面在这种交付出去的作为中，把世界带入自己的眼帘，由此而建立一种与周围世界的生命关系或本真关系。因此，它既不带来我们对事物的理性的认识，也不带来直接的善或利益，而是把人自身交付出去并把世界带到人的近旁，使世界与人之间处于亲近的一体共在关系，即一种生命的本真关系。

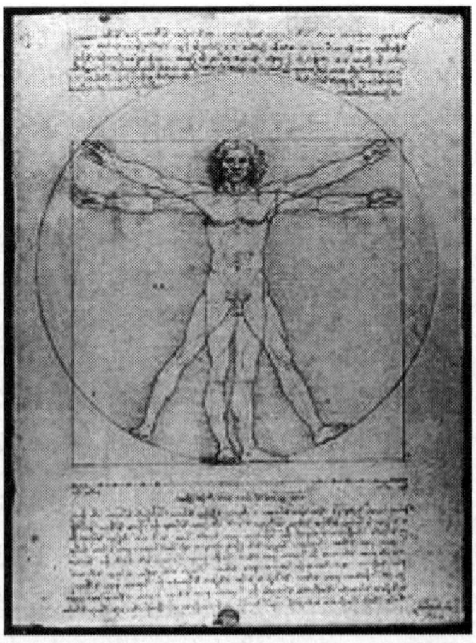
图5—2 达·芬奇《人体测量》

第二，直觉活动虽然不能带来对事物的理性的认知，也不能带来利益，但它作为一种初始性奠基，在最根本的意义上，把世界与人关联在了一起。如果没有直觉活动的奠基，那么，人与世界之间就是疏远的、冷漠的、隔离的、互无关系的，这样一来，人又如何去认识它呢？人又如何从世界获得生存的利益呢？如果周围世界不是通过直觉活动已经整体地进入了人的眼帘，不是通过直觉活动已经使周围世界本真地呈现，那么，人就不可能越过人与世界之间的疏远、冷漠和隔离的鸿沟，去把握世界和从世界获得资源。也就是说，如果人从源头上就与世界是疏远的、隔膜的、分离的，那么，人就不可能与世界再融合。

第三，直觉活动作为人的存在的原初展开和可能性的开辟，它在根基上显示人的自由和人的可能性。人也正是依据这种展开的自由和可能性而成就自身的意义和进行创造的，否则人也就与动植物没有什么两样了。

因此，正是在其直觉活动中，人一方面把自己的生命交付出去，另一方面又把世界本真地带入自身的存在中，同时又在这种展开中创造和生成自身的意义。这就是直觉活动的奠基性意义。

因此，直觉活动既不是一种认知活动和一种利益活动，也不是一种人的想象活动，更不是说因为人有直觉的能力，所以直觉活动就是人应用这种能力去直接把握世界。更恰切地说，直觉活动是人自身在其存在性展开中，在把自身交付给世界的同时，也使周围世界成为人自身的世界。这就是直觉活动的根本意义，也是作为直觉活动的审美活动的本源性意义。

直觉活动的本源性，使得人类在其诸多活动中，有了一个根据。当他们在理性认知中远离事物，当利害的算计遮蔽了事物，当道德的规范凌驾于人的本真存在之上而使人不堪重负时，人类就有机会回到本真根据中，即回到直觉状态中。因此，直觉活动的根本意义，就在于它具有本真矫正的力量，也可以说是本真矫正的奠基，它引导我们可以在迷失中、在迷途中返回事物本身。这也是审美活动的最重要价值，人们不时会诉诸艺术或审美活动，来使自身返回到根基处，就像饥渴的人来到生命的泉水边一样。

第二节 审美活动的本性是人的存在性境域的显现

◎**人自身的存在性展开与直觉（审美）活动**○直觉不是人的一种单方面的能力○直觉（审美）活动作为人自身的存在性展开的诸环节○直觉活动的核心是“澄明的显身敞开”○“澄明的显身敞开”
◎**审美活动的本性**○审美活动的本性是人自身存在性境域的显现活动○存在性境域○显现○意义生成事件○作为存在性境域的显现活动的审美活动的特征○审美活动的独立原则

前面我们已经就人类的存在性展开所形成的诸活动进行了分析，并揭示出作为直觉活动的审美活动，就是以人自身的存在性展开为根基的，并从功能、地位和意义等方面，分析了作为直觉活动的审美活动，与诸如认知判断活动、道德实践活动和生产实践活动之间的区别。但这些区别还只是表面上的，我们还需要从人自身的存在性展开的最基本环节上，将作为直觉活动的审美活动从存在性展开的奠基意义上充分揭示出来，这样我们才能充分了解审美活动的本性，并确立审美活动的独立原则。

一、人自身的存在性展开与直觉（审美）活动

既然我们说，人类的诸活动包括直觉活动都是人自身的存在性展开所形成的，那么，与直觉活动这种初始性奠基活动相关的人的存在性展开，肯定就与进行认知活动、道德活动和生产活动的人的存在性展开不同。我们前面所说的不同，主要是就这几种活动的功能所做的区别。那么，直觉活动与认知活动、道德活动和生产活动在人自身的存在性展开的意义上有什么本质的区别呢？

（一）直觉不是人的一种单方面的能力

我们前面的分析已经表明，在直觉活动中，是还没有认知、没有对事物起意志和对事物加以利害的计较等因素的。同时，我们也已经清楚说明，下面这个观点是错误的（以前的许多著作，就是这样来解释直觉的），即认为人有一种直觉的能力，就像人有理性一样，人的直觉活动就是人应用他的这种能力对事物或周围世界进行的“直觉”。但事实是，在认知、道德和生产活动中，人已经发展出了进行认知、道德活动和生产的能力，但直觉却不能说是人的一种能力。如果说直觉也是人的一种禀赋、一种能力，那么人也就不可能在直觉中与周围世界同一，因为只要直觉只是人的单方面的能力，就意味着人已经与世界分离、隔离了。而如果从初始展开的本源性根基上，人就已经与世界分离，那么人就不可能再将两者结合为一个整体了。

人的认知活动、道德活动和生产活动，都是在人自身的存在性展开的初始性奠基的直觉活动基础上，发展出来的一种可称作能力的东西。这样，才形成了一种主观和客观的划分，在主观是人的能力，在客观是被主观所把握的世界。认知活动是这样一种用人的理性能力去把握客观世界以寻求对事物的概念认识的过程，道德活动是人根据自己的意志去对客观世界起意志的过程，而生产活动是人对世界起意志并掌握世界以便世界为人所用的过程。但是在人自身的存在性展开的初始状态的直觉活动中，却还没有这样的与周围世界对立和分离，而是人将自己交付出去，在交付自己的同时，世界也进入人的眼帘之中。因此，在直觉活动中尚无主观与客观、人与自然的对立，而是直觉的统一体。

（二）直觉（审美）活动作为人自身的存在性展开的诸环节

既然直觉并不是人的单方面的能力，那么，作为人的存在性展开的直觉活动是什么呢？要弄清楚这个问题，让我们先来看一看直觉活动是怎样进行的。

作为审美活动的直觉活动，其展开有如下几个环节。

直觉活动在第一个环节上，是人自身的存在性展开，即在“去成为什么”的“去”中，人自身的生命展开将自身摆出来、交付出去。在这种“去”的交付、摆出中，人所依据的仅仅是

他的存在的规定性本身，即他的“去”。而这个“去”所依据的则是人的存在性展开的生命力和自由，就这种生命展开而言，它并不是某种固定的、概念化的本质，也没有任何确定的内容，而是一种纯粹意向性，即一种“去成为什么”的“去”的意向性以及在这种意向性中将自身敞开。这种意向性并不能规定为人的本质，也不是某种概念的或精神性的东西。它也不是意志，因为意志都具有明确的目的和意图。作为“去”的基本因素，生命展开并不是这样的含有明确意图和目的的意志。如果它是这样的含有意图和目的的意志，生命展开所产生的行为就不是直觉活动，而是道德和利益追求的活动了，这样一来，也就无法消除直觉活动中的利害考虑了。因此，“去成为什么”的“去”的原初行为，仅仅是一种力量，一种矢量，是人存在性的“去成为什么”的“去”中所包含的力量。

就人自身的存在性展开的这种“去成为什么”的“去”而言，它也并不是如一些理论所认为的那样，是按照人所具有的固有人性“去成为什么”的。在直觉活动阶段，人还只有这样一种“去成为什么”的规定性，它的人性还未确定。人性或人的本质只是在人的“去成为什么”的过程中逐渐形成和造就的。在这样的情况下，作为存在性展开的人，也并不是什么主体，因为主体是相对于一个与其对立的客体而言的，只有当人将自己树立为客体的对立面并企图去把握客体时，人才是主体。

因此，在人自身的初始性奠基的存在性展开中，人只是这样一种生命展开的力，基于此生命展开的力，人将自身展开于世界，这就是他的“去成为什么”的“去”。所谓“去成为什么”的“去”，就是将自身摆出来，展示出来，交付出去。在这种交付、摆出和展示中，人作为人将自己呈现出来。因此，这个“去”就是去某处、去在某处、去成为，而这个“去”，就是将自己呈现出来。这个没有什么确定的、先定的观念的“去”初始敞开，这种自身无先入之见的交付自身、摆出自身，就叫作“澄明的显身敞开”。正是基于此“澄明的显身敞开”，才有人的自由和基于这种自由而创造性地开辟自己的本己可能性。

直觉活动的第二个环节，就是在人将自身交付出去、呈现出来和“澄明的显身敞开”的同时，环绕着人的周围世界也进入人的眼帘，并呈现自身。若没有人的这种自身交付和“澄明的显身敞开”，周围世界对人就还是疏远的、隔离的、冷漠的。但这并不是说，在直觉活动中，人已经是依据自身的理性或概念思维，或者利益的算计来把握周围世界了。我们前面已经说过，在直觉活动中，人仅仅是依据自身的“去成为什么”的“去”而展开自身的，在这种展开中，人所依赖的只是他的生命生展或生成的力，这种生命生展的力就是把人自身交付出去，呈现出去，就是向世界敞开自己，但也正是在这种交付出去的同时，周围世界才以其自身所是（即事物的本真状态）呈现了自身。因为，人自身的存在性展开的直觉活动并不是意志的、理性的、利益的等方面在起作用，而仅仅是人的生命将自身交付出去，呈现出来，向世界敞开自己，这样，世界向人呈现自身，也就不会被人自身的主体性或主观性所扭曲，才能使事物以其自身所是的方式向人显现自身。这样，直觉活动才获得事物的完美呈现，即事物也实现“澄明的显身敞开”。

理论释例

从《铸钟》看存在性境域的显现中物的物性的开辟

中国当代诗人雷抒雁有一首诗《铸钟》，它以诗性的方式揭示了钟的制造过程中物的物性的开辟以及这首诗本身如何通过对铜钟作为器具的器具性的开辟，来构成一种诗性的表达。

我们一开始就把灵魂
交给了青铜

冶炼的过程
是液体的火
自由的狂欢
太阳跌落
以困兽之声吼叫

灵魂在每一滴铜汁里
清醒
寻觅金属的声带

口的形状
源于呐喊
于是，便有故事说
有红衣女子投身火中
留清脆于青铜之中

斑驳于钟身的图案和文字
只是钟的发肤
钟的名字叫声音
铸钟的时候
我们才知道是在与谁对话
是谁在冥冥云端
在幽幽的山谷
对我们讲话

钟声不用翻译
一百个心灵里

有一百种含义
每一种都是惊醒

撞钟者说
这是神的声音

诗从青铜说起，但说的却是一开始就把灵魂交给了青铜。而火则是液体的，并且是太阳跌落进了熔炉发出困兽之吼。而这一切都是为了揭示在青铜的熔铸中那开启青铜之物性的过程，即“寻觅金属的声带”。灵魂融入青铜是为了揭示青铜的物性，而此物性就是青铜的发声。然后从青铜过渡到钟。钟有一个大口，而这个大口并非只是一种形状，因为“口的形状/源于呐喊”，此处关涉了钟的形状的物性的开启，即“钟的名字叫声音”。然后，诗从整体上阐述钟作为器具的器具性，即钟作为器物，并无别的，只是声音。而这发声的声音既是一种“惊醒”，故有警钟之说；但它又是“神的声音”，因为它常常处身于神的居所，成为教堂的标记。因此，这首诗以诗的方式揭示了从青铜到钟、从青铜的物性到钟的器具的器具性的演变，以及这种演变中的神性。

因此，从第二个环节上来说，作为审美活动的直觉活动就是事物或对象完美地被呈现。这里所谓的“完美地被呈现”，就是指对象或事物不打折扣地呈现自身、以其所是显现自身。

直觉活动的第三个环节，就是形成了一个人与世界的交互呈现的“澄明的显身敞开”境域。直觉活动是一种双向运动：一方面是人自身的存在性展开，即在“去成为什么”的“去”中，自身的生命活力将自身摆出、交付出去和敞开自身；另一方面是在这种“去”的交付和摆出中，周围世界进入人的眼帘，并以其所是呈现自身。这两个方面交汇形成一种存在性的境域显现，即人既显现或呈现了自身，同时，在自身呈现中也让世界得以呈现。反过来，在事物向人显现自身的同时，事物的显现本身也显现了人地显现。比如，你看东西，你的“看”就是将自己交付出去，将自己摆出来，在这种“看”的交付中，某事物进入你的视野。但是在事物进入你的视野时，你不仅看到了某事物，同时，这个事物的出现也呈现了你的“看”本身。在这种交互呈现或显现中，既没有人的生命活力对事物的扭曲，也没有事物的本性对人自身存在的遮蔽，而是在敞开自身的同时，无遮蔽地让对方也得以本真地显现。这种无扭曲、无遮蔽的交互呈现或显现，即“澄明的显身敞开”，所成就的不是人的横行无忌，而是人的自由和存在真理——存在本己意义的生成与创造。这就是直觉活动的核心。

中国古代庄子的思想中的“以神遇而不以目视”、“心与物冥”、“独与天地精神往来”、“与造物者游”等，揭示的就是这种人自身的存在性展开所形成的与事物的无遮蔽、无扭曲的交互呈现或显现。刘勰在其《文心雕龙》中所说的“神与物游”、“物以貌求，心以理应”，宗炳《画山水序》中所说的“圣人含道映物，贤者澄怀味象”的“澄怀味象”，也都是对这种交互呈现的直觉活动的表达。当我们进入这样的“澄明的显身敞开”境域的时候，就是晋孙绰在《游天台山赋》中所描述的状态：“于是游览既周，体静心闲。害马已去，世事都捐。投刃皆虚，目牛无全。凝思幽岩，朗咏长川。……恣语乐以终日，等寂默于不言。浑万象以冥观，兀同体于自然。”①

---

① 转引自萧统编：《文选》，第2册，499～500页，上海，上海古籍出版社，1986。

为了弄清楚直觉活动的这三个环节，我们以陶渊明的诗《饮酒·其五》为例来加以说明。

理论释例

从陶渊明诗看“澄明的显身敞开”

结庐在人境，而无车马喧。
问君何能尔，心远地自偏。
采菊东篱下，悠然见南山。
山气日夕佳，飞鸟相与还。
此中有真意，欲辨已忘言。

诗中前四句核心是要说“心远地自偏”，所谓“心远”，就是远离世事的纷争，远离功名、利禄的算计，从而获得一种宁静的心境。接着是在宁静中的作为，采菊东篱之下，抬起头来，南山即显身于眼帘。此中最具魅力的恰是这个“见”（音xiàn）字，这个“见”不是说自己看见，而是“现”，即南山自己显示自身，从而进入眼帘。此时的南山如何呢？傍晚时分，山中的岚气翳翳，而归巢的鸟儿相跟着回来了。这傍晚的山岚和归鸟的自然情景，也是自身向着采菊者显现的。这四句中的“见”和“还”都是非同寻常的。这个“还”不仅是鸟“还”，也写出了采菊者的存在的“还”，所“还”者是“家”。所以，采菊者在鸟的“还”中获得了自身的对自然之家的归。而“归家”就是安身立命于此，安于此，并在此中发生本质性关系。这样才有了诗末两句。最末两句是总结，在这种自然呈现的景色里有某种“真”，但这“真”却是不能用语言去碰的。这首诗，写的正是在远离尘嚣的宁静心境中，自然的意趣以其自身所是呈现于此心境之中，“此中有真意”的“真意”并不单指自然的意趣显现，而是自然的意趣以其自身所是呈现于宁静澄明的心境中，在这种澄明的交互呈现中，采菊者获致本真存在的见证。因此，可以说，陶渊明的这首诗，具体展现了作为审美活动的直觉活动的基本状态：采菊者将自身澄明的交付和投射出去，在这交付和投射中，所是的自然本真地呈现。在采菊者澄明的交付中，自然以其所是呈现自身于采菊者的澄明敞开中，反过来，自然在采菊者的澄明敞开中显身本身，又证明了采菊者的澄明敞开。这两个方面交互扭结，成就了存在显身的一个独特事件——“此中有真意”。

（三）直觉活动的核心是“澄明的显身敞开”

这样，我们可以说，作为直觉活动的审美活动是围绕着“澄明的显身敞开”境域进行的。这正是直觉活动与人的其他活动相区别的根本所在。

那我们应该如何理解这个“澄明的显身敞开”境域呢？

首先，我们看"显身敞开"。什么是"敞开"呢？我们前面已经说了，"敞开"就是以人的存在性展开的初始行为为根基的，即"去成为什么"的"去"。这个"去"是一种纯粹的意向性，一种交付行为，一种将自己摆出去，向其他存在者开放自己。它并不包括任何具体的理念内容和观念目的。同时，在这种人的自身交付和初始敞开中，其他事物以其所是地敞开自身，即它本真地显示自身。这就是"敞开"。在这种"敞开"中，人的"去"与事物的本真到来，是交互烛照的。

其次，在这种"敞开"中的"显身"。在这种"敞开"中，人的"敞开"与事物的"敞开"交互转让，让对方无遮蔽地进入自身所是地显亮之中。在这种"敞开"的交互转让中，是事物如其所是地显示自身。反过来，事物的是其所是的显现，也折射出人的"去"的初始敞开行为的完美性，即他的敞开性朗然独照——他的纯粹的意向性。

这种"敞开""显身"交互转让的初始行为就像水与容器的关系一样。水是无形的，但它所到之处，却可以使容纳它的事物显形。水装到瓶子里，会使瓶子显形，同时水也获得了形状，双方没有丝毫损伤；当水流到小溪里，会刻画出小溪的曲折变化的形状，水也获得了自身的形式——流淌于小溪中的水流，同时水仍然是水。当然，这里并不是说人的初始"敞开"是容器，仿佛它以一种固定的模式套万事万物。相反，人的初始"敞开"就像水，它所到之处，让事物是其所是地呈现。这种"敞开转让"也像光，在它的烛照下，事物以其所是聚集于自身，显亮于自身。

思想深呼吸

苏轼对水的显现作用的描述

非常有趣的是，我们在宋代苏轼对《易经》的注释中发现了一段描述水的显现作用的文字。它对大家理解人的"敞开"的作用很有启发。

> 万物皆有常形，唯水不然，因物以为形而已。世以有常形者为信，而以无常形者为不信。然而，方者可斫为以圆，曲者可矫以为直，常形之不可恃以为信也如此。今夫水虽无常形，而因物以为形者，可以前定也。是故工取平焉，君子取法焉。唯无常形，是以迕物而无伤。唯莫之伤也，故行险而不失其信。由此观之，天下之信，未有若水者也。

苏轼这里所说的水的"因物以为形"、水能使自身和事物两无损伤地获得确定的是其所是的显现等，正揭示了人的"显身敞开"的揭示作用。

最后，我们看"澄明"。在此"显身敞开"的交互转让中，出现的是其所是的显现，无遮蔽的显现，就是"澄明"。在这样的是其所是的"显身敞开"中，就出现了一个"澄明"的显身之域。"敞开""显身"就像是给黑暗中的存在者所投射的一束光，让其完美地呈现自身。没有这样的"敞开""显身"，一切就还在晦暗不明之中，人所生存于其中的世界也就是黑暗的。不过这"澄明之光"不是上帝投射的，也不是自然的太阳之光，而是"敞开""显身"自身发光，“显身敞开”就是从黑暗中、从晦暗不明中走出来，走向显明，显现为自身所是，这就是“澄明”。因为“显身敞开”就是从遮蔽中走出来，聚集于、显现为自身所是的。如果没有这样的澄明的显身，就没有真理，人也就生活在晦暗不明之中。

直觉，就是进入这种澄明的光亮的领域，就是进入“澄明的显身敞开”境域，在这里，人与事物、存在的本真状态无遮蔽地呈现出来。在这种“澄明的显身敞开”境域中，人并不是它的主体，而是归属于这种“澄明的显身敞开”境域；同时，事物也并不在这“澄明的显身敞开”境域之外，而是在这澄明之境中获得自身是其所是的存在。

因此，为了获得这样的“澄明的敞开显身”状态，在人的审美活动史中就一直存在着一种运动，即对“澄明的敞开显身”的夺取。为什么中国古代老子、庄子要讲“心斋”、“坐忘”、“虚静其心”呢？为什么刘勰讲“澡雪精神”呢？为什么宗炳说要“澄怀味象”呢？为什么康德说要“无功利”呢？为什么西方现代的现象学和存在哲学都要进行严格的“现象学还原”呢？其实都是为了从世俗的利益念头和概念状态的遮蔽中把“澄明的显身敞开”境域抢救出来，即返回到存在性境域显现活动所具有的“澄明的显身敞开”的状态。所谓“澄怀”、“虚静其心”、“现象学还原”等，就是消除掉所有认知的、利害的和道德的考虑，以澄明之心来显现人的存在性境域。它们都是为了获得存在性境域显现的“澄明的显身敞开”而下的哲学心理工夫。这也从另一方面展示了审美活动的基本状态：“澄明的显身敞开”。

当然，这也从另外一个角度说明，人的存在状态中有对这个初始的敞开状态的遮蔽。由于人类活动还有其他方式，这些其他活动方式就会对这种存在性境域的显现活动构成遮蔽和掩盖，以至于人们不能很容易地体会到这种状态。

从这样的直觉活动，我们获得了把握审美活动的本性的契机。

二、审美活动的本性

（一）审美活动的本性是人自身存在性境域的显现活动

从上面的分析，我们已经可以清楚地知道，作为审美活动的直觉活动，既不是人的单方面的能力所为，也不是事物本性的单方面呈现，而是在人自身“去成为什么”的“去”的初始行为中，进入一种“澄明的显身敞开”状态。

但是，直觉活动并不停留于这初始的敞开的宁静状态中。时至今日，尚有许多理论认为直觉就是一种纯粹的“静观”。如果只是单纯的纯粹静观，那么此一时的静观和彼一时的静观又有何区别呢？比如，齐白石画过很多幅以虾为素材的画。如果它们都只是单纯的纯粹静观，那么它们就是一种重复了。同样，在“澄明的显身敞开”中，也绝不是庄子所谓的“心如死灰”的生命寂灭状态，因为“澄明的显身敞开”作为生命初始的敞开状态本身里，就有生命的活动，而且与此时此刻的生命状态有着更为深刻的关系。直觉活动固然以“澄明的显身敞开”为核心，但是，它并不会将生命的当下存在的际遇也“还原”掉，因为在“去”的敞开中就包含生命的此时此刻的展开状态。

更为重要的是，在这种呈现中，人并不是一个静态存在物，他也不是依据自身固有的能力或品质来呈现，而是在他自身的存在性当下展开中来呈现，即在人“去成为什么”的“去”的历史中进行呈现，这就使得这呈现是一种历史性的和动态的活动，在这种历史性的和动态的呈现中，人自身的“去”的初始敞开的自由和可能性维度、事物的完美的被给予状态，以及历史的当下状态，结合为一个整体呈现出来。此整体呈现，就是一种人自身的存在性境域的显现或呈现。

因此，完整地说，作为直觉活动的审美活动，就是围绕“澄明的显身敞开”而形成的人的存在性境域的显现活动。作为直觉活动的审美活动的本性，就是人自身的存在性境域的显现活动或呈现活动。

所谓“存在性境域的显现活动”，就是人在其存在性展开中与天地万物之间的存在性关系所形成的境域以及对此境域所做的直接呈现。这里的“存在性关系”，既非认知关系，也非某个被称作主体的人对客体的主观把握的关系，而是人存在性地“去”和自由与事物之间的“交互呈现”中形成的关系。这里所谓“境域”有两个方面的意思：一是时机性，即人的生命存在的初始敞开行为是每个时刻都不同的，每个时机有每个时机的际遇，每个时机都有不同的呈现。它是以人自身的存在性展开中的“去”为根基，并在这个“去成为什么”的“去”中不断开启和不断变化的。二是关系性，即它是由天、地、人以及其他存在者构成的关联域。它不可能由任何一方面单独构成或达成，而是人在天、地、事物之间所形成的交互呈现的“场”或“氛围”。就这种“存在性境域的呈现活动”而言，其所达成的意蕴，或是物我之间契合无间的美，或是失败的悲剧，或是由斗争和超越构成的崇高，或是自身存在的非理性状态的丑……

无论是其时机性，还是其关系性，都意味着审美活动作为人的存在性境域的显现活动，不是固定不变的，而是变化的，同时也意味着每一种存在性境域的显现都是不同的创造，这种创造的每一顷刻都是独一无二、不可重复的，因为人自身的存在性境域的展开是不可重复的时间过程，就像人的生命展开是不可重复的一样。

那么，“存在性境域的显现活动”的“显现”又是什么意思呢？这是理解审美活动的关键。“显现”，就其本身而言，有“放光辉”、“自身照亮”、“投射于形式”等意思。它在这里就是指人的生存展开的自由与事物之间交互敞开的澄明聚集、凝聚于自身的形式并在凝聚的形式中澄明地显示自身。因此，作为“存在性境域的显现活动”的“显现”，就是人在存在性的展开中，自身的“澄明的显身敞开”与事物的“显身敞开”之间的交互转让，以及这种“澄明的显身敞开”中生命的当下到时凝聚为一个整体境域而生成的一种意义呈现，就是将不可见的、不可说的，呈现为可见的、可说的，就是将某种东西置于澄明显亮之处。因此，这里的“显现”，不是再现，也不是类似镜子般的反映，而是指在人与事物之间的“交互呈现”中，凝聚、聚集为某种澄明显亮的形式。这种澄明显亮的形式中，既有生存展开的自由，也有事物敞开的真理。生存展开的自由与事物的敞开两者凝聚为一个意义生成的整体。

就审美活动而言，“显现”才是其核心。没有“显现”，就没有审美活动，当然也就没有所谓美的现象发生。这就意味着，在“显现”中，有一种重要的东西发生了。譬如，一匹在草原上奔跑的马，就是一匹马，是一物；对于放牧者来说，它具有生产和经济的价值；对于动物学家来说，这马可以有科学研究的价值。放牧者、动物学家在马身上并不显现任何东西，他们与马之间也不进行任何“交互投射”的赋形活动。但是，如果徐悲鸿以一种自己与马之间的“澄明的显身敞开”方式，向马自身所是的显亮的形式凝聚，并把自身生命的当下到时凝结在此形式中，最终将此“显现”固定下来，使这种“显现”客观化（画下来），那么，这就是审美活动了，而且在这中间，就会有美的现象发生。这并不是说，徐悲鸿画马本身就是“显现”，而是说他与马之间形成了一种“交互呈现”的关系，画家敞开自身让马以澄明显亮的形式显示自身，而在马显示自身的形式中，也显示了画家的生命展开的自由存在。当然，如果放牧者不是单看马会为他在市场上赚多少钱，而是看到在马的生长中他的不避风雨的辛劳的果实时，他也会发现马身上有他自身的身体劳作的“显现”，这时他也会获得一种快乐。正是这个时候，他与徐悲鸿一样，都在进行审美活动。

那么，在“存在性境域的显现活动”的“显现”中，到底发生了什么重要的东西呢？发生的是人的显身敞开的自由、事物的显身敞开以及生命的当下状态的凝结，此凝结即一种意义生成事件。也就是说，“显现”在本质上是一种意义生成事件，即人自身的自由展开与此展开中事物的呈现之间的凝聚转化为形象的敞亮。在这其中，既有人自身历史性存在的自由的投射，也有此投射中事物的敞开，两者凝结为一个有意味的形式，并显现于此有意味的形式。所谓意义生成事件，就是生存展开的自由与事物敞开两者所凝结出的价值真理（value truth）的铸形显现。因此，“显现”就是意义的生成，是创造，一种关于人的存在真理的意义在此时此刻凝结在那形象，并显现于那形象。这就是说，存在真理的意义就发生在徐悲鸿所画的那匹马的造型中，这并不是说，徐悲鸿准确地描绘了马，也不是说马作为一物的事实被记录。无论是马被准确地描绘，还是作为动物的马的生物事实，都不构成“显现”，也不构成“意义生成事件”。唯有人在其历史性展开中将自己交付出去，并在这种交付中与事物之间交互呈现所凝结的形式，才是作为意义生成事件的“显现”。如果没有人在其中的投射，一物就是一物，它只是在那里，无所谓显现不显现；同样，如果事物只是被准确记录或描绘，在描绘中也并没有意义的生成，那么也不是审美活动的“显现”。

因此，审美活动作为人的“存在性境域的显现活动”，本质就是作为意义生成事件的“显现”，即人的历史性存在的自由的投射和在这种投射中事物的完美被呈现，以及在事物的完美被呈现中人自身的存在性境域的价值真理的澄明显现。

这里，我们分析孟浩然的《春晓》和李清照的《如梦令·昨夜雨疏风骤》，来了解“存在性境域的显现活动”作为意义生成事件的具体含义。

理论释例

从孟浩然和李清照的作品看“意义生成事件”

春　晓

孟浩然

春眠不觉晓，处处闻啼鸟。
夜来风雨声，花落知多少。

如梦令·昨夜雨疏风骤

李清照

昨夜雨疏风骤，浓睡不消残酒。试问卷帘人，却道“海棠依旧”。“知否，知否？应是绿肥红瘦。”

我们之所以把这两个作品并列在一起分析，是因为这两个作品有相同之处，它们都是写春夜风雨，第二天早晨醒来，关心雨后花儿会如何的事情的。但这两个作品的真正意义，并不在于写了雨后春天的情景，而是在呈现这雨后春天的情景的同时，也呈现了两个生命在不同际遇中的人生状态。两个作品也都设计了一种类似对话的语言，也都关涉伤春惜花之情。但这些相同之处，并不意味着两个作品作为意义生成的事件是同样的，而是两个生命在不同瞬间的存在性境域的显现活动，表达了两种生命存在的意义凝结。在孟浩然的诗中，虽然惜花中也不免伤感，但春雨后早晨的独特气氛却因鸟啼的响亮，而显得明朗和欢快。在李清照的词中，“海棠依旧”并不能掩盖“绿肥红瘦”的变迁感，总体上是一种脆弱和伤感。当我们读李清照的词时，并不觉得它是对孟浩然的诗的诗意重复，有了李清照的词，也不觉得孟浩然的诗是多余的。两个作品都作为两个生命的存在性境域的显现活动而具有永恒的生命力。

对所有的艺术作品，我们都应该以生命的意义生成事件观之。如果一个艺术作品不是由人的“存在性境域的显现活动”所达致的意义生成事件，那么它就什么也不是。所以，对一个客体的单纯描绘，不可能构成作品。也正因为艺术作品是人的“存在性境域的显现活动”所达致的意义生成事件，它就比任何概念的抽象表达要丰富，是不可穷尽的。“诗无达诂”、“言已尽而意无穷”，就是由此而来的。当然，任何一次由人的“存在性境域的显现活动”所达成的生命的意义生成事件都是如此。

（二）作为存在性境域的显现活动的审美活动的特征

作为人自身的存在性境域的显现活动的审美活动有什么样的特征呢？

第一，存在性境域的显现活动是纯粹的当下呈现，是一种此时此刻的朗然独照。它的显现并不离开这个当下所勾连在一起的感性的、具体的境域，而是把这当下的所形成的关联域，凝结、聚集为鲜明的形象。它不仅不会脱离具体的感性意象、走向概念，而且还会将存在性境域的氛围、韵致以鲜活的生命保持在其中。存在性境域的显现活动是非认知的、与利害无关的，它是一种纯粹的当下呈现活动，即人与事物在交互呈现中所形成的存在性境域的凝聚和聚集。所以，这种存在性境域的呈现活动给我们的是身临其境的、活生生的东西。对这一点马利坦曾有一段论述，大家可以通过这一段论述，了解存在性境域的显现活动的特点。

知识版图扩张

雅克·马利坦论诗性直觉活动的特点

诗性直觉并不是朝向本质，因为通过一个概念，即一个一般性的观念，本质已与具体的实在相分离，并被推理所审查；对思辨认识而言，认识是客体，而不是被诗性直觉所把握的事物。诗性直觉朝向当作与被特定的情感所打动的灵魂的同一的具体存在；就是说，每一次都朝向某种独特的存在，朝向具体而个别的实在的某种复合物，这种复合物是在实在的突然的自我主张的狂热性中，在它及时通过的完全的个体中被捕获的。这是爱之手在一刹那发出的动作，它存在一瞬间，就将永恒地消逝，唯有在天使们的记忆中，它才能得以珍藏，并超越时间。诗性直觉顺便把它捕获，以微弱的努力及时记录下来。但诗性直觉并未停留在这种特定的存在中；它超越它，无止境地超越它。*

* [法] 雅克·马利坦：《艺术与诗中的创造性直觉》，102 页。

第二，存在性境域的显现活动呈现的是存在的真理，是生命的意义生成事件。存在性境域的显现所达到的“澄明的显身敞开”，即人和事物以及人的存在性展开的自由的真理，在其中无遮蔽地表达。因此，它所显示的是一种存在的自由和创造的真理，而不是认知的概念或者客观的事实。

第三，存在性境域的显现活动是一个浑然未分的整体。在存在性境域的显现活动中，人与周围世界的关系，是一种未分化的、非隔离的存在性关系，即在人自身的历史性展开中融合为一个整体。因此，它也就是一种在存在的意义上的切实的生命关系，它既不是认知关系，也不是利害关系。

第四，存在性境域的显现活动具有时机性和历史性。所谓时机性，指存在性境域的显现活动随着人的存在性展开的际遇的时间性变化而变化，它是不可重复的生命创造。生命展开的此一时刻与下一时刻是完全不同的，它也是不可预知或无法预先控制的。一个画家在他将一幅画画成之前，他无法完全控制他的画，因为画面会随着他的每一笔触的生命意味的不同而发生巨大的变化。所谓历史性，指存在性境域的显现活动是历史地展开的，在不同的历史阶段，就有人的不同的存在性境域，当然也就有不同的存在性境域的显现活动。这就构成了审美活动的不断的历史发展和美感经验形态的演变。

（三）审美活动的独立原则

从上面的分析，我们会得出一个清晰的结论：所谓审美活动并不是一种静观的行为，而是一种人的存在性境域的显现活动。这种显现活动的本质是一种意义生成事件，是一种意义或价值创造。

过去的美学理论总是认为，审美活动是一种静观的行为。所谓“静观行为”，就是认为“美”在审美活动之前已经存在于那里，存在于事物之中，或存在于艺术作品之中，然后，审美者只是应用他的静观“审”那已经存在的“美”。但是，我们发现这种观点是不符合事实的。审美活动并不是对已经存在的“美”进行纯粹静观的欣赏，也不存在这样的在审美活动未进行前就已存在的“客观的美”，“美”也不是事物的自然属性。如果在审美活动之前“美”就已经是一种物理的、自然的或客观的事实，那么就不需要审美活动再来生成它或形成它。事实是，“美”只是在审美活动中才形成、生成的，并且“美”就是存在性境域的显现活动所达成的意义凝结。没有审美活动，就没有这样的“美”。

审美活动的独立原则，就是人自身的“存在性境域的显现活动”，在这个显现活动中，人在自身的历史性展开中澄明地敞开自身，在这种敞开中，事物以其所是地敞开自身，而在事物以其所是地敞开自身中，也显示了人自身的敞开性以及人自身历史的当下存在。“存在性境域的显现活动”就是人自身的存在性展开与事物在这种“澄明的显身敞开”的交互呈现中向自由意义生成的形式凝结，并驻留于这意义生成的形式中，既不走向抽象的概念，也不走向利益的算计，而是就在这形式的凝结中显示自身。在这形式的凝聚显现中，既有人的存在性展开的自由的绽放，也有事物的本性的显露，而且是这两方面的凝结。正是作为这种向形式显现的凝结，审美活动既不同于认知判断活动，也不同于道德和生产的利益活动，而是就在这形式的凝结中将存在的真理和意义澄明显现出来。“存在性境域的显现活动”达成的是一个个意义生成事件。因此，“显现活动”作为意义生成事件，它完成的是存在真理的投射，而不简单是对事物的把握，也不是人的主观意志的单方面行为。

正是作为意义生成事件，作为存在性境域的显现活动，审美活动不仅从对人构成肯定的生活中凝结出意义，而且也能够从对人构成否定的生活中凝结出意义来。也就是说，在最贫乏的时代，在最没有诗意的状态下，人仍然可以歌唱。本来痛苦的、没有任何美可言的、作为创伤的失恋，通过意义生成的形式凝结，也会成为人的歌唱。在此大家可以思考一下鲁迅的《阿Q正传》。在现实社会中，阿Q这个本来贫乏的、缺乏人作为人的意义的人，如果你碰见他，是绝不会看重他的，但是，在鲁迅的笔下却构成丰满的人物形象。原因在于，鲁迅把这个人物纳入到了存在性境域的显现活动之中，并依据这个存在性境域的整体结构，呈现了阿Q的匮乏和缺陷。正是两者的交互呈现和映射，使贫乏的阿Q变成了一个丰满的人物形象。同样，本来没有美的哈姆雷特的死亡，才能在莎士比亚的创造中凝结为千古绝唱的悲剧。大家亦可以在此思考图5—3那幅齐白石的《红荷蝌蚪图》。它非常简单，用红色摹写一柄荷花，用黑墨描写几尾蝌蚪，用墨笔勾勒水波纹，以及小蝌蚪在追逐一片落在水中的红色荷花瓣。但整幅画却铸形显现了另外一种意味，即生命的活泼与自由。

总之，审美活动并不是有一个已经存在的“美”等待着我们去“审”的观审活动，而是人的存在性境域的显现活动所形成的意义生成过程。审美活动遵循的唯一原则，就是这“存在性境域的显现活动”，在“显现活动”中有意义生成，有显现形式的凝结，有存在真理的投射。美的现象就是在这个意义生成过程中得以成就并被创造的。

人的“存在性境域的显现活动”作为审美活动的独立原则，就使它与其他活动之间严格区别了开来。我们前面已经说了，作为审美活动的直觉活动，是人类一切活动的奠基，是一种本

图 5—3　齐白石《红荷蝌蚪图》(1952)

源性开辟。因此，认知判断活动、道德实践活动和生产实践活动都是在此直觉活动所开辟的基础上才展开的。但是，其他活动并不遵从“存在性境域的显现活动”的原则，而是遵循着各自的独立原则：在认知判断活动中，遵从的是理性分析的原则，获得的是事物的“真”；在道德实践活动中遵从的是利害原则，获得的是“善”；在生产实践活动中，遵从的是有用性原则，获得的是对事物的利用。它们都将作为奠基的“存在性境域”中的“交互呈现”的“显现”被遮蔽掉了。这也就是说，人与事物在“澄明的显身敞开”中达成的意义生成事件的“显现”，是审美活动的独立原则。这种“显现”虽然为人类的其他活动奠定了基础，却被其他活动的独立原则所遮蔽，一旦这种遮蔽被剥离，一旦建立在“显现”之上的利害算计、功利等方面被忽略，并返回其奠基处，我们就会发现其中的“显现”层面。譬如，我们今天在原始石器上所看到的“显现”就属于这种情况。这时，石器的原始工具的功能就隐匿了，留下来的是原始人类在石器的打磨中留下的“刻痕”。这种“刻痕”，就具有“显现”的意味。这正是我们今天看原始石器所能体验到的“魅力”。

第三节
审美活动的结构：显现·赋形·诗性言说

◎作为呈现的审美活动○人自身的呈现或表现○事物的呈现○存在性境域的呈现　**◎作为赋形的审美活动**○什么是赋形活动○赋形活动的基本途径○“随物赋形”　**◎作为诗性言说的艺术的审美活动**○何谓“诗性言说”○作为存在性境域的显现活动的艺术　**◎审美活动产生美感经验**

既然直觉活动植根于人自身的存在性展开过程，那么，作为直觉活动的审美活动也就在存在性境域的显现活动中获得了最深邃的根基。因此，对审美活动的所有方面的理解，也就必须在人自身的存在性境域的显现活动的层面上进行。那么，作为人的存在性境域的显现活动的审美活动，其构成就内在地包含显现、赋形和诗性言说的基本方面。

一、作为呈现的审美活动

审美活动作为人自身的存在性展开所形成的敞开和交互呈现活动，意味着审美活动必然是一种呈现活动。所谓“呈现”或“显现”，就是把某种东西以其所是地摆出来、交付出来，并澄明地凝聚于自身。就这种呈现本身而言，它包含这样几个基本方面。

（一）人自身的呈现或表现

作为直觉活动的审美活动，它的最基本含义就是对人自身的表现或呈现。可以说，没有对人自身的呈现或表现，就没有直觉活动，当然也就没有审美活动。

审美活动的呈现或表现，就是将人自身作为生命交付出去、摆出去、敞开来，而使其成为外显的、可见的。人是什么？他的本性如何？如果没有人自身的敞开和外显，我们就根本无从知晓。只有当人在他自身的存在性展开的直觉活动中，将自身交付出去、显现出来或呈现出来，我们才能获得直接的观照。

那么，呈现或表现的根基是什么呢？呈现或表现的根基，就是人自身的存在性展开中“去成为什么”的“去”。这个“去”就是敞开自身，呈现自身，去成就自身。没有这个“去”呈现自身、“去”成就自身的过程，他就还尚未展开，还是一个封闭的、抽象的东西。只有当他在存在性展开中将自己实际地、切实地交付出去，去实现自己的可能性时，他才能真正地实现自己的可能性。这个实现自己的种种可能性的过程，就是“去成为什么”的“去”。而这个“去”就是对人自身生命的呈现或表现，就是人存在的自由。

这样的呈现或表现，由“出离”、“投射”、“生成”三个环节构成。所谓“出离”就是离开自身或从自身走出，去成为一个新的状态，或离开自身去实现自己的可能性。所谓“投射”就是把自己投射到自己之外去，并在自己之外所投射的形式中获得自身。所谓“生成”，就是在

"出离"和"投射"中形成新的状态，就是"去成为什么"的"成为"，即有所成就，有所实现。从"出离"、"投射"到"生成"，构成了人自身将自身刻画出来并把自身熔铸、烙印于所成就的事物中的过程。

任何审美活动中，都包含这种人自身的呈现。当原始人点起篝火，围着篝火的光圈跳舞并用手脚击出节奏时，就有对人自身的生命活力的呈现；当人类制作陶器时，同样会在陶器的造型样式、纹饰等方面，呈现出人自身的存在性境域。同样，我们在任何人类活动的遗存上，都会发现人自身的状况的呈现，会发现人自身的生命活力。这些都是审美活动作为人的存在性境域的显现的证明。没有这样的人自身生命活力的显现或呈现，就没有审美活动的意味，也就没有快感的产生。

（二）事物的呈现

审美活动作为人的存在性境域的显现或呈现，同时也是对事物的呈现。在这种呈现中，事物以其所是被完美地显现出来，即从隔膜、疏远走向人的敞开的胸怀，并在人的敞开和自身展开中本质地确立自身。事物向人显现或呈现，绝不是单纯地被我们从视觉上看见或知觉所感知的意义上就能完成的，而是在人的"去成为什么"的存在性境域的显现或呈现中，才完成或达成的。

因此，事物在存在性境域的呈现中所进行的显现或呈现，绝不是对事物的摹写，也不是反映论的再现。这种摹写或再现，其实都是机械的。那么，在什么样的情况下，这样的摹写或再现才能成立呢？那就是在把事物置于人的对立面，并把人树立为一个绝对的主体的情况下才能进行。但在这样的情况下，所进行的就不再是作为直觉活动的审美活动，而是进行着意志的或科学实验的活动。这样的活动与审美活动没有关系。作为直觉活动的审美活动，它不是在把事物置于人的对立面、把人树立为一个绝对的主体的情况下进行的，而是在人在自身的存在性展开、敞开中，与事物之间发生交互敞开的作用下进行的。所谓交互敞开，就是人自身在其存在性展开中向事物敞开自身，同时，事物也向人的敞开显示自己，这在事物方面也可看作一种自身敞开。这样，在这种交互敞开中，事物以其所是呈现自身，即事物以其感性的形象本质地呈现自身。这就是审美活动中感性形象的来源，也是审美活动中不可能没有形象之显现的缘故。

中国古代画家们所总结的"外师造化，中得心源"就典型地体现了这种在人的敞开中事物自身敞开显现的过程。"外师造化"是在"中得心源"的情况下进行的。因此，它一方面是"造化"所成的形象，但另一方面又是在"心源"的敞开中呈现的形象。就其是"造化"所成的形象而言，它是真的，是一种以其所是的感性存在；就它是"心源"的敞开所呈现的形象而言，它又是"心象"，也就说，在"造化"的真形象上打下了人自身敞开显现的烙印。与此同时，正是在人的显现中，事物才从晦暗不明中走出，并放射出光彩，显现为自身的本真形象。

（三）存在性境域的呈现

在直觉活动中所构成的呈现，不单是对人自身生命活力的呈现，也不单是对事物的呈现，其构成的呈现同时也是对存在性境域的呈现。因此，过去那种认为在审美活动中所进行的形象活动仅仅是对事物形象的摹写的观点，是错误的。因为这种理论根本无法触及审美活动作为存在性境域的显现活动的底蕴和奥秘。

审美活动作为存在性境域的呈现，具有两个方面的含义。其一，人自身的存在性展开或敞开与事物的敞开显现所构成的凝结关系本身，在作为直觉活动的审美活动中得到了映射。这种人的敞开与事物的敞开所凝结的关系，其实就是存在性的境域的一个方面。在直觉活动的每一个形成状态中，都隐藏着这种人与事物之间的存在性关系的状态的揭示。其二，人在其存在性展开中的自由和历史性本身也得到了呈现。我们在前面已经说过，人在其自身的存在性展开中，在其“去成为什么”的过程中，历史性地成就着自身的种种可能性。也就是说，人自身的存在性境域也就必然是历史性的，并且是不断变化的。人的存在性境域并非是固定不变的。这样就形成了在存在性展开的意义上的诸多境域的变化。这些变化是审美活动中呈现的非常重要也是非常核心的内容。这些变化体现为两种情况：一种情况体现为每一时刻都是独特的、创造性的生命呈现，就像“一个人不可能两次踏入同一条河流”一样，也没有两次完全相同的生命存在性境域的呈现。另一种情况是在人类自身的展开的历史中，存在性境域的呈现是变化的。我们在读《诗经》时，会体会到人的存在性境域的一种情况，但我们在读《古诗十九首》时，又会体会到另一种存在状况的呈现。同样，我们看西方文艺复兴时期绘画中的人物就与20世纪绘画中的人物不同。这些不同都是对人存在性境域的不同所作的呈现或表现。

从以上的分析中，我们可以得出两个结论：第一，呈现或显现是审美活动的本质规定，没有呈现和显现，就没有审美活动，审美活动是在呈现或显现的意义上奠定的。第二，无论是人自身的生命力的呈现，还是事物的完美地被呈现，都不能单独地构成完整的审美活动的显现或呈现。审美活动的呈现是将人与其存在性展开中对事物的揭示关联为一个整体来显现或呈现的，这就是对人的存在性境域的呈现或显现。

二、作为赋形的审美活动

审美活动的显现或呈现是在赋形中完成的，没有赋形，显现或呈现也就不能获得具体的形式。因此，赋形活动必然地是审美活动的基本构成。

知识版图扩张

雅克·马利坦论赋形活动

无论是一幅画，抑或一首诗，这样的一件作品总是一个形成了的客体——诗性直觉独独是在作品中才达到客观化。作品必须时时保持它作为一个客体的一致性和价值。但同时它又是一种符号：既是一种在事物中所感知到的奥秘的和在广大的世界中被捕获到的某种关于自然或历险的无法反对的真的直接符号，又是一种诗人主观世界的、被隐约地展现出的诗人的本体的自我的反向符号。正像被诗性直觉所把握的事物充满了意义那样，以及正像存在充满了象征那样，从而作品中也将充满含义，而且将充满比它自身要丰富的含义。一笔之下，作品就能把人的面部表情中的天地万物传达给心灵。“一张面孔应该表明人间万物。”*

马利坦的这段话虽然是说艺术作品中的赋形活动的，但可以帮助我们理解审美活动的赋形活动的基本意义。

* ［法］雅克·马利坦：《艺术与诗中的创造性直觉》，104 页。

作为人的存在性境域的显现活动的审美活动，其决定性的特性，就是赋形的力量，即它从来就不是单纯地摹写，而是体现为一种本源性的、创造的赋形的力量。赋形活动意味着，审美活动不是被动地表示某种事物在场这一单纯的事实，而是包含一种独立的来自人自身存在性展开中的能量，这种能量将人自身的生命活力的呈现、事物的呈现纳入存在性境域的整体呈现中，并赋予其以有意味的形式。

（一）什么是赋形活动

所谓赋形活动，就是作为存在性境域的显现活动的审美活动具有一种符号化和形式化的构成力，赋予事物、纷繁复杂的感性材料以及人自身的存在性境域以符号形式的活动。这种赋形活动并不是理性的，而是原创性的、本源性的和前理性的。这种赋形活动也不是人的头脑中先有某种固定的、先存的模式，然后人们用它来套万事万物。相反，它是功能性的、意向性的，即它只有在呈现事物的过程中才能展示出来，并使事物和人的感性经验凝聚为某种确定的形式或符号。这就像我们前面所说的容器与水的关系一样，水可以使容器的形状得以显现。不过，赋形活动是水，而事物是容器，赋形能力使事物的形状得以完美呈现，并向一种确定的符号形式凝聚。

在赋形活动中，事物和人的存在性境域就获得了它们的确定的、稳固的形式。没有这样的赋形活动，事物和存在性境域就还是杂乱无章的材料。在没有直觉活动的赋形之前，事物就还只是物质的材料，人的存在性的境域也还只是一种混乱的感性堆积。是审美活动中的赋形活动，使它们获得了确定的、具有意义的形式。这样，在审美活动赋形之后所获得的形式，就与一开始时的“材料”是根本不同的。正如德国哲学家、美学家恩斯特·卡西尔所说，在审美活动的赋形活动中，“……我们超越了接受无定型的外界材料的被动性，开始给这些材料打上我们自主的印记。这个印记为我们把材料组合成实在的各种形式和领域。在这个意义上，神话和艺术，语言和科学，都是通向存在的构造物：它们不是现存实在的简单摹本，它们表现着精神运动和思想过程的主要方向”①。

① ［德］恩斯特·卡西尔：《语言与神话》，244 页。

那么，赋形活动与其作为人的存在性境域的显现活动之间，有什么关联和区别呢？应该说，直觉活动的赋形活动是人的存在性境域的显现活动的必然结果，如果显现没有赋形，没有获得确定的符号形式，那么就不是显现。如果显现活动还没有获得赋形，那么，显现就还只是感性的事实，还未获得其确定性的形式。只有显现获得了赋形，形成、凝结和生成了符号形式，显现才最终完成。因此，赋形活动是人的存在性境域的显现活动的形成或凝结。显现活动与赋形活动是同一过程的两面，显现活动是就其过程本身而言的，而赋形活动则是就其生成而言的。

（二）赋形活动的基本途径

那么审美活动的赋形活动是怎样进行的呢？

审美活动的赋形活动是在人自身的存在性境域的显现活动中获得其根基和原动力的。如果没有人自身的存在性境域的显现活动，赋形活动就不可能本源地进行，就会失去根基和创造的生命力。因此，赋形活动严格说来，就是人的存在性境域的显现向符号形式的凝聚和聚集。这种向符号形式的凝聚和聚集，不可能脱离人自身的存在性展开的生命力的生成性过程，也不会脱离存在性境域本身而采用与自身相异的形式。同样，审美活动的赋形活动，不会采用无生命的、无表现力的符号形式；赋形活动绝对不是一个使用已经定型的、工具性的符号形式，如几何语言、概念语言、概念化的符号、机械的数理符号、挂图展示等所能完成的。滋生于人的存在性境域的显现活动的赋形活动，会生成自己具有生命力的形式。

赋形活动进行的唯一的、最根本的途径，就是在人的存在性境域的显现或呈现中，当下把人存在性境域所展开的显现或呈现本身凝结和聚集为符号形式，即让人的存在性境域的显现或呈现本身，自足地生成自身的符号形式。这种经由存在性境域的呈现活动自足生成的赋形活动，可以有三种基本的样态。

第一，采取人的存在性敞开与事物的敞开之间交互呈现的样态，即将人与事物交互敞开所形成的事物完美地呈现的形式——心物交融的心象、意象和意境。这种赋形方式可以用苏轼所说的“随物赋形”概括之。这种赋形活动所形成的符号形式，就是康德所说的“自然的合目的性的形式”，或者中国古代所谓的“情景交融”、“融情于景”、“登山则情满于山，临海则意溢于海”等。我们前面所举的孟浩然的《春晓》、李清照的《如梦令·昨夜雨疏风骤》，就将人的生命存在与春天鲜花经过风雨吹打后的变迁凝结为显现的形式，它们都是此种显现路径的典型体现。

知识版图扩张

苏轼论“随物赋形”

中国宋代大文豪苏轼在讨论文章和绘画时，提出了“随物赋形”的理论。

吾文如万斛泉源，不择地皆可出，在平地滔滔汩汩，虽一日千里无难。及其与山石曲折，随物赋形，而不可知也。所可知者，常行于所当行，常止于不可不止，如是而已矣。(《自评文》)

在论孙位的画时，他也说孙位的画“与山石曲折，随物赋形，尽水之变，号称神逸”。

所谓“随物赋形”，就是在“澄明的显身敞开”中，让事物是其所是地呈现，作者并不改变，也不扭曲事物的自然形式。遇山石，则“与山石曲折”，遇水，则“尽水之变”。这样，就可以获得事物完美的被呈现的形式。人们以为这形式只是自然形式，其实它是经过了“澄明的显身敞开”的显现和凝聚过程的。只是这“澄明的显身敞开”的创造性凝聚浓缩在了事物的自身形式上了。其实，这样的作品的神韵并不在事物本身，而在这“随物赋形”所凝结的“澄明的显身敞开”的朗然独照。这就是王国维所说的“无我之境”，也是审美的古典时期追求的至高境界。

第二，采用人在其“去成为什么”的存在性展开中所达成的历史性境域所呈现的样态，即人自身历史性的命运、存在状态等所呈现的形式——人物形象、人的命运。神话、史诗、戏剧、小说的情节和故事等，采取的都是这样的呈现途径。比如，《红楼梦》、陈忠实的《白鹿原》中家族的命运、个体的命运形式，就是属于这种显现形式。

第三，采用存在性境域的呈现和显现活动所自主创造的符号形式。当在交互敞开中所形成的心象、意象、意境和人自身的历史性展开所形成的人物形象、人的命运形式，都不足以呈现所要表达的存在性境域时，赋形活动会自行创造自身的符号形式，譬如非具象的符号形式和非自然的形式等。但在这样的情况下，这些非自然的和非具象的符号形式，由于是人的存在性境域的呈现活动所自主创造的，因此，它们也就不再是抽象的、无生命的，而是仿佛从存在性境域的呈现中生成的有生命的形式。比如，现代画家蒙德里安、毕加索、康定斯基、米罗等的绘画形式。象征性的符号表现形式，也属于这种自主创造的符号形式，如图 5—4 所示。我们也可以通过德国 19 世纪的诗人海涅的《一棵孤零零的松树》来了解存在性境域的显现活动如何自主地创造出一种象征性的形式。

理论释例

从海涅的《一棵孤零零的松树》看如何创造象征性的形式

一棵孤独的松树屹立在
北方，那儿急风呼啸，

它沉睡了；最洁白的毯子
把它裹在冰天雪原之中。
他梦见——梦见一棵棕榈树
在遥远的东方的一块土地上
凋萎，孤独地低垂在
灼热的沙砾上。

诗中虽然也采用了自然的意象，北方的松树和东方的棕榈树，但显然它们都不是实指松树和棕榈树，而是一种象征。整首诗已经远远超越了具体的事实，而走向了无限，可谓是“课虚无以责有，叩寂寞而求音”，通过意象的深度勾连，把一个无法解说但又意味无穷的境域传达给了我们。而这是任何具体的情景或自然物体所无法达到的。

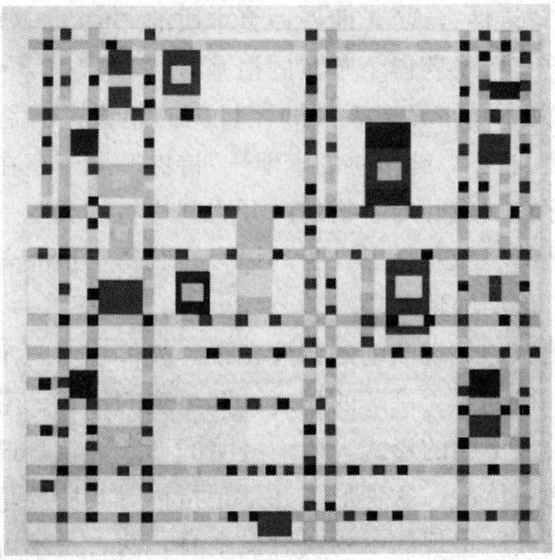

图 5—4　蒙德里安《百老汇爵士乐》

当然，在以上所列举的所有赋形活动的途径中，都包含对语言、符号的使用，比如用语言来赋形、用声音来赋形、用几何化的形式来赋形等，但在审美活动的赋形活动中，语言、声音和几何化的形式等都是由生命、由人的存在性境域的呈现所贯通的，因此，它们不是概念的、机械的或没有活力的形式，而是按照存在性境域的呈现所生成的、所生长出来的形式。

审美活动中的形式美，就是由此而获得了它们的本源性根基，并由此才能得到根本的解释。

三、作为诗性言说的艺术的审美活动

审美活动作为直觉活动，在本质上作为人自身的存在性境域的显现或呈现，在整体上生成了审美活动的诗性言说——艺术。因此，艺术在人自身的存在性境域的呈现活动——诗性言说中获得本源性根基。

（一）何谓“诗性言说”

审美活动在总体特征上又可称为诗性言说。真正的审美活动绝不是什么纯粹内在精神的活动，而是一种赋形活动，是人自身的存在性境域的显现。作为这样的赋形活动和显现活动，审美活动本然地是诗性言说，因为，“显现”就是言说。而正是这种诗性的言说造就了艺术。

一说到“言说”，大家想到的就是用声音说出词语的那种发声的说。其实，发声的说只是“言说”的一种形式。当事物在“澄明的显身敞开”中完美地呈现自身时，这种呈现其实也是一种言说，一种本真的自身道说，虽然这种显现的“说”是不发声的。同样，存在性境域的显现活动向显现形式的凝聚也是一种显现的“说”。我们大家有时候会用这样的一个表述——“事实告诉我们”，事实是不会说话的，那它为什么会“告诉我们”呢？这个“告诉”，就是事实自身的显现的“说”。正是在这个意义上，我们把存在性境域的显现活动的“显现”看作一种无声的“言说”，并且是“诗性言说”，即一种更本质的“说”。这就是“本源的语言”。语言和艺术活动在这“本源的语言”中获得了坚实的根基。

这里所谓的“诗性”，并不是指异想天开的无目的的想象，不是幻想的飞翔进入了非现实的领域，更不是什么“浪漫的”、单纯情感的宣泄。“诗性”属于存在性境域的敞开所形成的显现领域，它是在人自身的存在性敞开与事物的敞开之间进行的交互呈现所生成的赋形。在这种显现和赋形中，人的存在性的境域获得了自身的语言，获得了最完美的、无遮蔽的投射，并在这种投射中实现为透明的、澄明的形式。

审美活动作为存在性境域的显现活动的诗性言说，就体现为三个方面：（1）人的存在性境域作为一个活生生的整体，得到了无遮蔽的显现，其显现的形式，不是概念的、机械的、无生气的形式，而是一种透明的或澄明的形式。所谓澄明的形式，就是这种形式是与其所显现的事物或意义之间无间隔地融为一体的，这种形式并不是指称着其所要呈现的事物或意义，就像抽象概念的语言那样，而就是其所呈现的事物或意义本身，两者是不可分离的。因此，在存在性境域的呈现活动中，在审美活动所生成的赋形中，所发生的就是形式对事物的敞开，是对人的存在性真理的凝结、聚集和澄明的投射。在这里，人的存在性境域不是分离地被把握的，也不是把人呈现为与其存在分离开来的状态，而是把人与其存在性境域直接地、具有穿透力地把握、呈现为一个整体的形式，并让这些形式显现为存在性境域的无遮蔽的自足的状态。（2）它使形式不再是空洞的形式，也使事物不再是没有生命的事物，而是使形式显现为呈现事物的形式，也使事物凝结、聚集为自身澄明的形式，它召唤事物和形式进入自身敞开的状态，并在这敞开状态中凝结为一个独立无二的形象。就像电弧划破夜空，照亮了被遮蔽的一切，使它们以其所是地显现为存在的见证。（3）审美活动中的形式、存在性境域的显现或呈现本身作为显现，具有语言的天性，即显现就是言说，审美活动的赋形就是生命形式的一种言说，具有吟唱性，具有自身生命的韵律、节奏、旋律和词语的魔力。没有言说，就没有诗性。可以说，审美活动通过生命形式的言说，而成为最根本的诗性直观的言说。

因此，通过人自身的存在性境域的显现、赋形和诗性言说，审美活动把人深刻地置于自身存在的本性之中，沐浴着自身生命展开的自由之雨露，畅饮着生命存在性展开的河流之水。这就使审美活动本然地具有审美快感，而无论这种存在性境域的显现关涉的是优美、悲剧，还是丑、荒诞。

（二）作为存在性境域的显现活动的艺术

与审美活动紧密相关的是艺术活动。艺术活动是审美活动的诗性言说的具体化和延伸。

艺术活动是依据直觉活动的赋形活动、依据人的存在性境域的显现才生成的，审美活动作为人自身的存在性境域的呈现以及作为这种呈现的赋形活动，都在艺术活动中得到了最经典、最集中的实现。也就是说，艺术或艺术活动，在人的存在性境域的显现或呈现中获得了它最本源性的根基，获得了它的源源不断的生命力的源头。人自身的存在性境域的呈现造就了艺术活动，直觉活动作为人自身存在性境域的呈现活动，不仅赋予了艺术活动以与人的存在性展开之间的活的生命关联，而且赋予艺术的符号形式呈现以一种牢固的根基——艺术活动把人的存在性境域作为有意味的形式实现、投射了出来。

艺术活动不是对生活的简单摹写，也不是对生活的再现，而是对人的存在性展开所形成的境域的形式化表现。它既不是用思想写成的，也不是用概念逻辑写成的，而是用符号形式写成的，是用形象、声音、韵律、节奏、色彩等写成的。这些形式在艺术活动中结合为一个不可分割的整体，这个整体呈现了我们生活的双重现实：自然的现实和人自身存在性的现实。艺术中的每一种形式，不仅是静态的，而且也是动态的，是人的存在性呈现的形式。在艺术中感受到的光、色、质量、重量、空间、时间等，与人日常生活中感受到的截然不同。在日常经验中，这些东西无非是自然的或物理的材料，它们构成了一个不以人的意志为转移的物理的世界。在艺术中，这些形式作为存在性境域的显现而成为一个有意味的世界，它们以诗性言说的方式，向人们诉说着本真存在的秘密。

因此，对艺术的理解，应该在人的存在性境域的显现活动中，得到最本质的根基。如果没有直觉活动的赋形，没有人自身存在性境域的自主呈现——诗性言说，人的艺术活动就是无源之水、无本之木，它也就不值得人那样重视了。对艺术活动的深入阐释是第七章的主要内容。

四、审美活动产生美感经验

在了解了审美活动的本性之后，我们也就知道了审美活动何以产生了美感经验。

由人自身的存在性境域的显现活动所支撑的审美活动，是美感经验发生的基础，没有审美活动就没有美感经验。因此，美感经验与人自身的存在性境域的显现有关，与“澄明的显身敞开”有关，与显现活动有关，也与赋形活动有关。可以说，没有人的存在性境域的显现，就没有美感经验，没有显现活动和赋形活动，也就不会有审美的快感。

因此，审美活动形成了美感经验，美感经验是审美活动的一个构成部分，研究审美活动也就必然研究美感经验。从这个角度，我们也可以反过来发现，美感经验并不是对一个外在客观存在的美的感受过程，而是在人的存在性境域的显现活动中，在意义生成的瞬间中，形成的一种体验。

由此延伸，我们也会了解即使是在对艺术品的观赏中，美感经验也不是对一个已存在的美的被动的接受过程，而是一个人具体当下的意义生成事件。在此意义生成中，艺术品鉴赏者也不是被动地接受，而是以他自己的生命展开为依据形成存在性境域的显现活动。

这样，我们就结束了对审美活动的本质的研讨，进入对审美活动构成方面的形式显现和艺术的讨论。

【思考题】

1. 直觉活动与认知判断活动、道德实践活动与生产实践活动之间的区别是什么？你认为自己能就自身生活中的这四个层面进行区别吗？

2. 本章把审美活动看作人的存在性境域的显现。王羲之的行书《兰亭序》被认为是中国古代最伟大的书法艺术作品。写一篇你自己的鉴赏文章，阐明该作品在何种意义上是“人的存在性境域的显现”。

3. 直觉活动作为人自身存在性的展开，包括哪些环节？你能以某个艺术家创作某一作品的过程来解释吗？

4. 在中外艺术史上，有几个非常独特的艺术家在作品中留下了他们独特的笔触。后印象派画家梵高的作品留下的是那如火焰般燃烧的笔触，而齐白石的作品留下的却是那闲雅的、充满着一种东方机智的笔触，甚至我们在丰子恺的画中也能观赏到一种独特的笔触。你认为这些笔触是否也是“存在性境域的显现”的形式表达？写一篇文章，在课堂进行交流讨论。

5. 选一个你自己最喜欢的艺术家，研究他不同时期的创作或不同的作品，谈谈他的创作在何种意义上是“存在性境域的显现活动”。

6. 一件艺术品可能包含对一个人体或一种自然风光、一种历史素材的描绘，但是作为艺术品，它总是显得比这些描写（绘）的素材要“多出那么点东西”。研究某一艺术作品，揭示其中所“多出那么点东西”的是什么，它是怎么生成的。

7. 审美活动与人的想象力有关，你认为想象力从何而来？

8. 选择一个前现代的艺术家和一个现代的艺术家，比如，达·芬奇与毕加索，或者米开朗基罗与罗丹，就他们作品中的赋形方式的差异做比较，看你能否从中了解前现代审美活动的赋形方式与现代性审美的赋形方式之间的变化。

9. 直觉活动的核心是什么？如何理解“澄明的显身敞开”？

第六章

作为显现的符号形式

导读烛光

美学和艺术理论中一直存在着一种普遍的看法，这种看法认为，审美活动是一种纯粹的精神活动，它并不依赖于形式而存在。但这种看法是错误的。因为，审美活动和艺术活动在符号形式中才获得具体的、别样的存在。事实很简单，诗存在于语言中，音乐存在于声音的连续运动中，建筑存在于空间结构的陈述中，雕塑存在于对石头、木头或泥土的镌刻中，舞蹈存在于身体的运动形式中……

一位诗人曾说，如果对语言一点也不敏感，那就不要搞艺术。

对此，美国美学家苏珊·朗格说：

> 如果要想使得某种创造出来的符号（一个艺术品）激发人们的美感，它就必须以情感的形式展示出来；也就是说，它就必须使自己作为一个生命活动的投影或符号呈现出来，必须使自己成为一种与生命的基本形式相类似的逻辑形式。*

无论是学习美学，还是学习艺术创作，都有一个难点，这就是如何从现实的世界进入到符号—形式的世界，如何从简单的内容感受上升到形式感。有许多人研究文学艺术多年，有人探索美学一生，都不能进入形式感的门槛。

列宁曾说，贝多芬的《弦乐四重奏》是用旋律写就的人权宣言。

你如何从音乐的旋律中领悟贝多芬的人权宣言呢？

形式感的培养以及从“有意味的形式”的角度进入审美活动的领域，是学习美学和进行艺术创作的关键。

* [美] 苏珊·朗格：《艺术问题》，43页，北京，中国社会科学出版社，1983。

审美活动是人自身的存在性境域的显现，作为显现，它本然地通过赋形活动来进行。音乐通过声音的节奏、旋律与和声等形式而呈现，绘画则通过色彩、光线的配置和形象的刻画来显现，诗则运用语词的声调、韵律和词语意象等来显现。即使是我们在大自然中与自然的风景建立“显现活动”，那也必然会出现人与对象之间在“交互呈现”中向形式的凝结。因此，美学研究人的审美活动，就必然地研究作为显现的符号形式。大家的审美鉴赏活动，也主要通过对作为显现的符号形式的解读来进行。因此，在过去的美学中，就提出了形式美的问题。这种研究包含是否存在形式美、审美活动的符号形式的根源、它的生成类型和规则等问题。

第一节 存在性境域的显现与符号形式的本源

◎**符号形式及其本源**○什么是审美活动的符号形式○历史上关于符号形式起源的说法○“模仿说”○“纯粹形式美说”○“生命形式说”○“积淀说”○审美符号形式起源于存在性境域的显现 ◎**符号形式的生成及其特性**○存在性境域的显现活动与符号形式的生成○存在性境域的显现活动怎样生成符号形式○审美的符号形式生成过程的特点○审美符号形式是“有意味的形式”○什么是“有意味的形式”○“有意味的形式”构成的条件○“有意味的形式”的特征

一、符号形式及其本源

审美活动必然地与符号形式关联在一起，没有符号形式的显现，审美活动就失去了其具体的存在。这就像认知活动必须通过概念以及概念的逻辑推论来显示，生产—经济活动要用具体的利益来显示一样，审美活动必须经由符号形式的呈现和理解才能存在。这种审美活动的本质规定，就使得历代的理论家、美学家和艺术家，对审美活动呈现的符号形式非常重视。

（一）什么是审美活动的符号形式

人类是进行符号创造和符号活动的动物。过去我们总认为，人与动物的区别是人类能制造工具。其实除了制造工具外，还有一个重要的方面，这就是人类的符号活动。

说到这里，或许有人会反驳说，动物也用声音进行交流。但是，人类的符号活动与动物的信号—刺激反应模式之间大为不同。人类的符号活动是一种超越物理事实和刺激—反应模式的活动，即在符号系统的结构原则下进行活动；而动物的声音交流是一种简单的信号—刺激反应，它没有所谓符号系统的结构原则来支配意义的生成过程。

人类的符号形式是多种多样的，大致说来有两大类。一类是指称性符号或意指性符号，即用来指称或意指不在场的事物或者是替代事物的概念。这种符号本身没有意义，只有当联系到它们所指称的事物或意义时，它们才是有含义的。这类符号的最大特点，一是符号与所指称的事物、意义之间是分离的。比如，逻辑、概念语言，交通信号等，就属于这类符号。二是这类符号获得意义的方式，主要是通过意指外部事物或者通过符号与符号之间的语法逻辑关系。另一类是显现性符号或生命符号，即不是用来指称事物或概念，而是自身具有意义的符号，它不是代表某物，而是符号与事物同一或它的意义就在自身之内。显现性符号的最大特点，一是符号与其要表达的事物是同一的，而不是分离的，是事物向符号凝聚后形成的符号；二是显现性符号的意义，就在自身之内，或者与事物同一而具有意义，或者通过表现性特质而获得意义，或者通过符号与符号之间的转喻或隐喻的关系而获得意义。审美活动的符号形式就是显现性符号形式。从这里我们就能够明白哲学语言与艺术语言之间的巨大差别。

把符号形式分为意指性的和显现性的，主要是就一种符号形式的语用功能上来区分的。但大家知道，有些符号形式，就只有意指性功能，如交通信号灯、数学符号、几何挂图等；有些符号形式则只是显现性的，如音乐的音符，就只显现自身，而不意指它之外的任何对象；一种符号形式，则同时兼有意指性和显现性这两种功能，如词汇语言、意象、色彩和书法性线条等。如词汇语言中的词汇就既可以意指抽象概念或外在的事物，也可以呈现胸中意象。同样，书法性线条即可意指物象之形，也可显现书写者的内在意趣。但几何挂图中的线条却不显现任何内在意趣。

知识版图扩张

语言（符号形式）的不同功能

英国批评家瑞恰兹在20世纪20年代就认为，语言有多种功能，而不是如19世纪理性主义者所认为的那样只有一种功能，即作为理性工具的功能。在《实用批评》中，瑞恰兹区分出了语言的四种功能：（1）参照的感性或符号功能，即表达被言说或被确定的实际内容；（2）情调功能，即表达针对读者或听众的态度；（3）情感功能，即表现针对言说或写作所关涉的对象的态度；（4）意图功能，即通过陈述而显示褒贬。在这四种功能的基础上，他又总结出语言组织和结构的两个被广泛使用的原则，语言的诸多功能就是在这两种原则下被凝聚在一起的。这两个结构原则是：指称性原则或参照性原则（the referential）和表情原则（the emotive）。所谓指称性原则，就是组织语词描写客观世界，显示事物因素。在这一原则中，语言的描绘性方面居优势。科学文体或说明性散文的语言使用的主要是这一原则。上面所说四种功能中的（1）、（4）功能隶属这一原则。所谓表情原则，就是用语词来唤起联想、情感和态度。在这一原则中，语言的情感方面居优势。文学语言主要使用这一原则来进行结构。上述四种功能中的（2）、（3）功能隶属于这一原则。瑞恰兹认为，情感语言的典型例子就是诗歌，诗歌完全是为了唤起情感和态度，引起诗人和读者的注意力，不是也不应该被引向词语与事物的客观关系。科学语言是一种事实陈述，诗的语言却是虚拟陈述（pseudo-statement），因此，无所谓真实或不真实、可信或不可信的问题，它只表达人的情感和态度。

结构主义语言学家雅各布森在1958年提出了系统的“功能论”。所谓功能就是信息对某一因素的特别集中关注，或对某一因素的倾向。他认为，任何信息都可以有六种功能。焦点集中在信息之发送者如说话者或作者时，构成情感功能，即主要传达信息发送者的态度和情感；集中在接受者时，构成意动功能，即注重于对接受信息者的情感或态度施加影响；集中在信息传达情景时，即信息之形成时外部世界的真实情况时，构成指代功能；集中在信码时，比如某一信息解释了某语法规则时，构成符号语言功能；集中在信息传达之方式时，构成交际应酬功能；集中和倾注于信息本身，即只关注信息符号本身时，就构成诗的功能。在任何符号系统中这六种功能都会同时出现，没有只由一种功能构成的符号系统，但也并非所有这些功能在文本中都处于同等水平或同时占支配地位。在不同的文本中，不同的功能会占显著的支配地位。这种由一个或两个功能占支配地位的情况就构成了一个独特的文本符号系统，并使它与其他文本区别开来。如果诗的功能占最显著地位，即对语言符号本身的表达的关注占支配地位时，语言信息便被称为“诗的”、“诗意的”或“美学的”。这也就是为什么我们有时会把一个小说叙事文本称作“充满诗意”的原因。这种文本是按照诗的方式来使用语言，而不是更多地以“认识”的方式来使用语言。这就是说，当语言的多种功能通过一些手段使表达行为本身凸显话语本身，专注于表达行为，把语言自身的行为置于最突出地位，而不是专注于为交流服务时，它就是“诗意的”。这即意味着，“诗意的”、“美学的”文本倾注和关注的并不是诸如“意义”、“内容”或“现实”，不是对语言之外的因素、实物的指称或模仿，而是语言本身。*

* 牛宏宝：《现代西方美学史》，275、590页，北京，北京大学出版社，2014。

审美活动的符号形式，就是审美活动得以呈现和构成的并可被感知的符号—形式或具体样式。它通常包括三个层面：第一是符号形式的具体最小单位或元素，如色彩、声音、语词、线条、某些简化出来的形体等，它们构成了符号形式的基本单位，就像建造房子所需的各种材料，如砖块。第二是这些基本单位的组织、结合以及这些组织、结合构成的语义单位。在审美活动的每一种呈现中，它往往会使用不同的形式单位和元素，并对这些不同的形式元素进行有效的组织和搭配，这样才能形成呈现的形式整体。第三是由上述两个层面组成的意义整体，即作品整体意义上的审美活动的符号形式。因此它不是空洞的形式，而是一种“有意味的形式”。正是这种“有意味的形式”构成了我们所谓的可被感知的形式呈现。这三个层面，就如同语言的意义构成依次为词语、句子和文本的层级构成一样。

那么，作为审美活动的符号形式的呈现性符号从何而来呢？

（二）历史上关于符号形式起源的说法

自从有了人类自身的存在性境域的显现活动，就产生了诸多的符号形式。同时，审美活动也总是通过符号形式而得到呈现的。这样，如何解释和理解这些符号形式，就成了人们关注的问题。关于审美活动的符号形式的起源，有不同的说法。

1. “模仿说”

所谓“模仿说”，就是认为审美活动的符号形式来源于对自然形式的模仿。西方美学中的模仿论认为，大多数的符号形式都来源于对自然形式或生活形式的模仿，比如自然界的树叶、花瓣的对称，审美活动中所使用的对称形式就是对它们的模仿。中国古人也认为，语言和符号都是先祖“仰观天文，俯察地理”、“近观鸟兽之迹”而形成的。这些观点都认为，人所使用的符号形式，包括审美活动的符号形式，均来自对自然形式的模仿和总结。因此，审美活动的显现形式也来自自然的形式。

这种观点里其实包含另一种观点，这就是认为自然本身就是美的。自然的树木、花朵、晚霞、云彩、水流、雪花、阳光等，这些自然的东西，本身就是美的，而它们之所以美，就是因为它们的形式。因此，审美活动的显现形式，就是来自于这种自然中本来就美的形式。同时，自然中有许多自然规律的东西，比如抛物线的轨迹、圆周率、水流的线条、光波、水波等，它们也是美的。那么，人就会去发现这些自然的和自然的规律的美的形式，并把它们表达出来。

这种观点与认为有自然美的观点是一样的，是把人的审美活动生成的符号形式归属于自然的规律、形式等，因此，是不正确的。

2. “纯粹形式美说”

所谓“纯粹形式美说”，就是认为有一种独立自足的符号形式和符号形式本身的美。这种观点从古希腊的毕达哥拉斯学派开始，在西方历史上一直很流行。

毕达哥拉斯学派认为，宇宙是由纯粹的数构成的，美就在数的和谐与比例。“一切立体图形中最美的是球形，一切平面图形中最美的是圆形。”① 这种观点显然认为，世界上存在一种纯粹由比例关系以及纯粹形式构成的美。

柏拉图虽然认为“美在理念”，但他也认为存在一种“美的形式”，“我说的形式美，指的不是多数人所了解的关于动物或绘画的美，而是直线和圆以及用尺、规和矩来用直线和圆所形成的平面形和立体形……这些形状的美不像别的事物是相对的，而是按着它们的本质就永远是绝对美的”②。他认为这样的形式的美会引起一种不夹杂痛感的纯粹快感。

在古希腊的亚里士多德那里，虽然他主张模仿论，但他却同时主张存在一种纯粹由形式的组合和搭配所形成的形式美。他在《诗学》中说：“一个美的事物——一个活东西或一个由某些部分组成之物——不但它的各部分应有一定的安排，而且它的体积也应有一定的大小。因为美要倚靠体积与安排。”③ 他还认为，要把不同的因素结合为一个“统一的整体”，才能构成美。

这种认为存在纯粹的形式美的观点，在康德那里获得了一种现代表述。康德认为，纯粹的美就是形式的美，所谓形式的美就是“自然的主观合目的的形式”，即自然的显现形式，如自然的规律、秩序、自然的造型等，在不考虑它们本身的内在目的的情况下，却与人的诸认识能力是协调一致的。这种无目的的“合目的的形式”不仅是令人愉快的，也是“审美趣味的最基本根源”。这就为纯粹的形式美提供了最有力的理论支持。

---

① 转引自北京大学哲学系美学教研室编：《西方美学家论美和美感》，15页。

② 转引自上书，36页。

③ 转引自上书，39页。

追随着康德，从19世纪起，有许多人在研究纯粹的形式和形式之间的组合如何构成了一种美的形式。这形成了形式主义的思潮。在这种形式主义思潮中，许多人致力于研究不同形式元素的美。比如，线条——直线、曲线、波纹线和蛇行线——中，蛇行线就是最美的。探究不同颜色的美感，譬如红色、黑色、蓝色等的感觉差异等。

这种对纯粹形式美的探求获得了不少对形式的认识，但最终却不能解释形式美的真正来源。因为我们知道，自然的形式、自然的规律只是自然的事实，如果没有经过审美活动，它们也就无所谓美或不美。同样，在严格意义上，并不存在单纯的形式这样的东西。所有的纯粹形式，都是人类活动直观组织和建构的结果。如果没有人的存在性境域的显现活动向形式显现的凝结，也就没有纯粹的形式的发生，当然也就没有纯粹的形式美。比如，在自然界，并没有纯粹的线条、圆形、球形、三角形、四边形等，这些形式都是人在其活动中建立起来的。因此，对这些形式的美的探究，就不能简单地从形式本身来揭示，必须与人类的存在性历史展开关联起来，才能得到真正的把握。

3. “生命形式说”

由于不满足于“纯粹形式美说”，就有学者将形式与人的生命表现关联起来，认为审美活动中的形式，是通过形式元素及其组织来显示生命活动的，因此，审美活动的显现形式就是一种生命形式或情感形式，这样的生命形式不是代表生命的，而是它本身就是生命的形式，即作为人的生命活动的直观形式。它不是通过指称外在的事物而获得意义，而是自己有自己的意义，因而是自足独立的形式。持这种观点的代表人物是英国美学家克莱夫·贝尔，德国哲学家、美学家恩斯特·卡西尔和美国美学家苏珊·朗格。他们讨论形式美的一个共同的地方，就是他们不是单纯谈论纯粹的形式要素的美，而是主要讨论形式的结合所形成的对生命的表现。也就是说，他们相信是生命的表现使得形式构成了形式美。

知识版图扩张

恩斯特·卡西尔

恩斯特·卡西尔（1874—1945）是德国哲学家和美学家，在哲学上属于新康德主义者。他在20世纪20年代发展出了一个系统的“符号形式的哲学”。这就是他的三卷本著作《符号形式的哲学》（1923、1925、1929），它们分别研究了语言、神话和知识现象学。他的“符号形式”（symbolic form）是个很宽泛的概念，他把人类的整个文化，包括自然科学，都看作符号形式。因此，他在1940年出版的《人论》中，把人定义为符号活动的动物。

他认为，人类的整个文化的符号形式，并不是理性发展出来的，也不是人对世界的单纯认知关系建立的，因为人的精神生活不只存在于科学概念体系即逻辑的符号形式之中，而且还存在于其他的符号形式中。这些其他的符号形式就是神话、语言以及与之密切相关的宗教、艺术等。对人的精神生活来说，这些符号形式并不低于逻辑的和科学的符号形式。相反，神话和语言才是人的智慧的本源。他有两个很重要的观点：一是，他认为符号形式不是反映了客观世界，而是构成了客观世界；二是，他认为艺术是一种表现情感的生命形式。

克莱夫·贝尔认为，美的形式就是“有意味的形式”。所谓“有意味的形式”并不是说形式指称着它之外的某种意义才形成了形式的意味，也不是对自然形式或现实生活形式的模仿。相反，形式的意味就来自形式的因素之间的关系和组合所构成的表现。苏珊·朗格则认为，审美活动的形式是一种“非推论符号”，它是一种“显现符号”或“情感符号”，即本质和情感都聚合为形式的形式。它是人的情感和生命的形式呈现。比如，音乐的节奏与人的生命活动的节奏之间，戏剧从开端、发展、高潮到结束的形式与生命从出生、成长、盛年到老年的变化之间，都具有对应关系，因此，我们在音乐的节奏、戏剧的情节发展中，不仅体会到艺术的展现形式，而且体会到了生命、情感的活动形式。因此，艺术的形式与生命的形式之间是一种异质而同构的关系。

这种观点与“纯粹形式美说”之间的差别是，它认为形式本身的美在于它构成了生命活动的象征，是生命、情感的表现形式。

4. “积淀说”

所谓“积淀说”，就是认为形式美，或者审美活动的显现形式的美，来自人类文化和社会生活的历史积淀。李泽厚持这样的观点。他说：“原始积淀，是一种最基本的积淀，主要是从生产活动过程中获得，也就是在创立美的过程中获得……即由于原始人在漫长的劳动过程生产过程中，对自然的秩序、规律，如节奏、次序、韵律等等掌握、熟悉、运用，使外界的合规律性和主观的合目的性达到统一，从而才产生了最早的美的形式和审美感受。也就是说，通过劳动生产，人赋予了物质世界以形式，尽管这形式（秩序、规律），本是外界拥有的，但却通过人主动把握‘抽离’作用于物质对象，才具有本体的意义的。”① 李泽厚认为，人在生产劳动中对节奏、韵律、对称、均衡、变化等自然规律和秩序性的逐渐掌握和运用，使得人类将自身生产劳动过程中的情感和生命活动，积淀在了这样的形式之中，使它们变得美和能够引起美感。

这里所谓“积淀”，就是渗入、浸透、投射、沉淀。也就是说，原来具有明确实用内容的东西沉淀、渗透到了形式之中，当我们看这形式时，虽然不能清楚了解这原来的内容，但这形式却能独立地给我们快感。比如，古代的陶器的形制、弓箭的形制等，在人们的长期使用中，就会沉淀人们的感情，因而会变得美。再比如马，它本身并无所谓美的形式，它最初只是人的劳动工具或战争中的工具。但是在人长期对它的实际使用中，它的实用价值、它与人的关系中的情感，比如对马的喜爱等，就逐渐渗透到了马的形象之中，使马的形象具有了美的意味。

“积淀说”虽然可以解释一些形式为什么会成为美的形式的历史原因，但这个观点的最大

---

① 李泽厚：《美学四讲》，192页，北京，三联书店，1989。

缺陷，就是它只能解释已有的形式美，但却不能说明显现形式的不断创造。因为，人类的审美活动是随历史的变化而变化的，显现的形式也是千变万化的，那么，这些不断创造的新的显现形式，并没有历史积淀的过程，那它们又如何具有美的性质呢？这是“积淀说”所不能回答的。

以上的观点，各有缺陷，但是却都向我们说明了一个重要的问题，这就是审美活动不可能没有形式，形式显现是审美活动的本性。

（三）审美符号形式起源于存在性境域的显现

那么，是否存在纯粹的形式美或者自然的形式美呢？

就自然形式而言，就像自然物一样，是无所谓美或不美的。自然中确实存在诸如对称、比例、色彩等形式元素，譬如，树叶对生所形成的对称、花的鲜艳的颜色、花瓣的规则性排列、水上的波纹等，但就它们本身而言，这些都是自然的、物理的事实，其本身无所谓美或不美，它们并不具有美的性质。这些自然物也并不是按照美的原则才生长成这个样子的。更何况这些形式规则在自然界并不是独立的或孤立存在的，它们都是依附于具体的物的形体的。也就是说，不存在纯粹的、抽象的形式，只有通过人类的活动才能把它们从事物的实在的形体中抽离出来。

就纯粹的形式而言，比如比例、对称、平衡、多样统一、曲线、色彩、圆形、球形、方形、三角形、黄金分割律等，或许我们觉得它们本身就有一种独立自足的美的性质。比如，米开朗基罗就认为，火舌的造型形式就是最具“吸引力”和“最美”的构图。其他的画家、雕刻家等则认为，在所有的线条中，曲线比直线美，波纹线比曲线美，蛇行线又比波纹线美。许多艺术家也正是把这样的对形式的规则应用于他们的艺术作品之中，而产生了美的造型，比如古希腊“断臂维纳斯”的“倒S形的下垂的形体”，就成了经典的女性形体的造型模式，许多艺术家在女性的造型方面都用这样的形体模式。而蛇行线的表现力则主要用于画人的头发和面部表情，比如达·芬奇的自画像就用众多的蛇行线画自己的苍苍白发和浓密的胡须，以形成对一种智慧老人的表现。

但是，真的存在这样的纯粹的形式美吗？对这个问题的回答，可以通过两个方面来进行。

第一，这些纯粹的形式是怎样起源和生成的？显然，在世界上并没有这样的单纯形式的存在，它们都是人们在进行审美活动的显现和呈现时，逐渐形成和生成这些所谓纯粹的形式的。或许有人认为，这些纯粹的形式都是人类长期在自然界中观察和总结出来的，是从自然形式中抽象出来的。确实，一些表现形式是从自然形式抽象和总结而来的，但是，这种从自然界中抽象和总结的形式，恰恰是通过存在性境域的显现活动向形式凝结而形成的，因此，这些经过抽象的形式也已不再是自然的形式，而是经过了人的加工和抽象的形式，这种抽象和加工，就已经加入和渗入了人自身的存在性境域显现的意味。即使是一些自然规律，它们之所以给人美感，也并不是因为它们自然就美，而是因为它们与人的目的是合致的，即是“自然的合目的的形式”。更进一步来说，有些形式，在自然界是根本不存在的。比如，音乐中所使用的乐音，在自然界中就没有。再比如，绘画和雕刻中的“金字塔造型”（如图6—1法国浪漫主义画家德拉克洛瓦的《自由领导人民》，就是这种“金字塔造型”的体现），在自然界也不存在。大多数审美活动的表现形式，都是人自身的存在性境域的显现活动的结果。因此，无论是从自然形式中抽象出来的形式，还是人自身创造的表现形式，其真正的本源都是人自身的存在性境域的显现活动的生成物。

图 6—1　德拉克洛瓦《自由领导人民》

第二，就审美活动的表现形式的含义和意味的来源而言，如果不是存在性境域的显现活动造就了形式，并使其具有生命的存在性展开所具有的意味的话，就没有办法使纯粹的形式具有意味，所谓生气灌注的形式、“气韵生动”的形式中的“生气”、“气韵”等品质，并不是形式本身所具有的，而是存在性境域的显现活动所创造和生成的。

通过对符号形式起源的追溯，我们可以得出这样的结论，审美活动呈现的符号形式以及这些符号形式本身的美的特质，既不是自然的物理的形式及其品质，也不是纯粹形式本身及其品质，而是诞生于人自身的存在性境域的显现活动。理解符号形式的起源及其意义的唯一道路，就是通过人自身的存在性境域的显现活动来进行。

这里需要大家回头来思考我们在第二章所讨论的审美活动的发生和发展。就人类符号形式的起源来说，其本源既不是来自人对事物的理性的概念认识，也不是来自人对事物形式的抽象把握，它首先来源于人的巫术直观和身体劳作中对物的物性的揭示。原始巫术活动和身体劳作中对物的物性的揭示，其实向我们展示了最早的“存在性境域的显现活动”向形式显现的凝结，正是在这种原初的显现活动向形式凝结的过程中，形成了最早的符号形式——巫术符号、神话、原始语言和原始艺术。当这些符号形式中的巫术的神秘含义在理性活动的剥离下消失，并将纯粹的显现形式清理出来时，一方面人类就获得了真正的显现性符号形式，另一方面理性对符号形式也进行了重新构造，从而形成了作为指称性的符号形式，即概念的、逻辑的语言。审美活动就生长于这显现性形式的土壤中。

因此，我们的结论就是，显现性形式的美既不是自然的、物理的事实，也不是纯粹的形式美。所有的符号形式都只有在存在性境域的显现活动向澄明显现的形式凝聚时才能诞生。

二、符号形式的生成及其特性

既然我们认为，作为审美活动之显现性的符号形式，本源于人的存在性境域的显现活动，那么，审美活动的符号形式是怎样从存在性境域的显现活动中生成的？由此而诞生的符号形式与通常所说的符号形式又有什么本质上的区别呢？

（一）存在性境域的显现活动与符号形式的生成

理论释例

从郑板桥论画竹看符号形式的生成

清代画家郑板桥是画竹名手。他有一段论画竹的文字，可以帮助我们领会存在性境域的显现活动是如何生成符号形式的。

> 江馆清秋，晨起看竹。烟光、日影、露气，皆浮动于疏枝密叶之间。胸中勃勃遂有画意。其实胸中之竹，并不是眼中之竹也。因而磨墨展纸，落笔倏作变相（指改变了原本的形象），手中之竹又不是胸中之竹也。总之，意在笔先者，定则也；趣在法外者，化机也。

从这段精彩的表述中，我们可以看出这样几点。

第一，虽然作者首先是看自然中的竹，但是画家动机的真正激发，并不在看自然的竹后，而是在“胸中勃勃遂有画意”之后。而此时，“眼中之竹”已经转化为“胸中之竹”，即已经进行了创造性转化。这个由“眼中之竹”到“胸中之竹”的转化过程，就应该看作“存在性境域的显现”的生成过程，而这个生成过程的产物就是“胸中勃勃遂有画意”，此中即已有“胸中之竹”的显现。

第二，很显然，促使画家展纸命笔的动力，并不来自所看之竹，而是胸中所勃兴的“画意”，此即“意在笔先”的“意”。也正是这“画意”达成了从“眼中之竹”到“胸中之竹”，最后到“手中之竹”的变化过程。在这个变化过程中，出现了从“画意”到“笔意”的生命投射过程。在“画意”中出现的是“澄明的显身敞开”；而当这“画意”通过笔触落在纸上时，则出现了每一笔触生命的此时此刻的表现，使每一笔触都投射了生命的意味，这就出现了“倏作变相”的“变相”。所谓“变相”就是承载着存在性境域的显现性的符号形式，它是存在性境域的显现活动的显现的客观化，是意义生成事件的珍藏。最后在画面中出现的竹，并非是对自然竹子的摹写，而是承载着人的存在性境域的显现意味的符号形式。当一个观赏者观看这幅画时，他所领会的也绝不是秋日清晨江馆旁的竹子，而是一个渗透着生命呈现的符号形式。

1. 存在性境域的显现活动怎样生成符号形式

审美活动的赋形途径有以下三种样态。

第一，通过与事物之间的交互敞开而获得形式，即通过让事物在人的敞开中完美地呈现自身，通过对事物形式、自然的规律、秩序和造型的符号化，从而获得呈现的符号形式。这就是苏轼所谓的“随物赋形”。也就是说，将存在性境域中人与事物交互呈现的那一瞬间所显现的事物的形式，凝结为显现的形式。这显现的事物可能是一朵花，可能是孟浩然的“春晓”，可能是李白的“床前明月光”……总而言之，可以是存在性境域中人与事物交互呈现当下所澄明显现的所有事物。

就这种赋形活动来说，它虽然是借用了在人与事物之间的敞开中呈现的事物本身的形式，但是，这样的形式已经发生了根本的转化。这种转化体现在三个方面：(1) 从显现的事物的形式而形成的形式，是经过了抽象和简化的形式。比如一个人在转化为人体图像时，就经历了这样的抽象和简化过程。这样的符号化和简化，是任何审美活动的赋形活动所必然具备的过程。这样的简化和抽象，去掉了许多的细节，而保留了其核心特征。(2) 通过这样的简化和抽象，保留下来的就不再是事物本身，而是事物转化成的符号形式，也就是说，人的存在性境域的显现活动是一个象征化和符号化的过程。这样，事物就失去了它的物质的沉重和体积的实存性，而获得了一个凸显自身特征的符号形式的存在。(3) 这样简化和抽象出来的符号形式，不再只是事物的形式，也不再具有纯粹物理的和自然的性质，而是打上了人自身的烙印。这样的符号化和存在性境域在向符号形式显现凝聚、聚集中，所凝聚和聚集的就不是事物，而是包含了人自身的存在性境域的全部内容。也就是说，在人自身的存在性境域的显现活动所生成的赋形中，所形成的符号形式不可能是纯粹的自然形式，或者是对自然形式的借用，而是创造了一种既携带事物的信息也携带着人自身的存在性境域的信息的形式。唐代诗人孟郊有一首诗，准确地表达了“随物赋形”的这一过程：“天地入胸臆，吁嗟生风雷。文章得其微，物象由我裁。”

第二，通过人自身的历史性展开本身而获得形式，即将人自身在其存在性历史的展开中所形成的历史境域、存在状态等凝结为形式，如命运、神话故事等。这样的赋形形式，不是自然的规律、秩序、造型等形式，没有与自然物理纠缠的痕迹，而是人自身生活向符号形式的凝聚和浓缩。这种人自身的生活向符号形式的凝结，可以是“霸王别姬”的悲剧故事，可以是一段伤心失恋的往事，可以是一个人童年的成长过程，也可以是梁山伯与祝英台死后化蝶的传奇……总之，它不是“随物赋形”，而是将人生的历史性展开本身向显现形式凝聚。

第三，存在性境域的显现活动自己创造自主的符号形式，既不借用外在事物的形式，也不吸纳人事活动的形式。比如非具象的形式，音乐的旋律、几何形式等。在这样的创造自主形式的过程中，对形式的形成、组织和构成，都是依据人的存在性境域的显现活动的表现需要，并且是按照显现自身的逻辑来构筑的。这种符号形式的生成，是最能体现存在性境域的显现活动的创造性的。因此，它在原始艺术和20世纪以后的现代艺术中得到了最为集中的体现。在原始岩画和新石器时代的原始艺术中，就有大量的几何纹饰，如本书图2—1所显示的。在20世纪的现代艺术中，则是以抽象表现主义、构成主义和极少主义等艺术流派为代表，这些艺术流派的艺术家主要采用几何形式的构图，或者像美国抽象表现主义者那样，将几何构图与纯粹色彩的表现结合起来，不再现任何具体的物象（见图 6—2）。

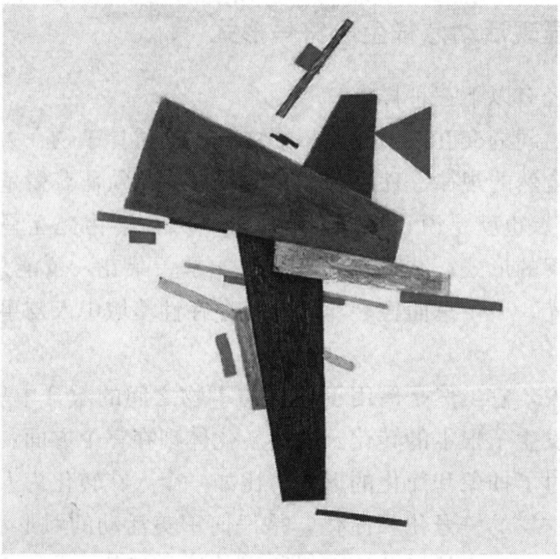

图 6—2 马列维奇《无题》(1916)

因此，无论是简化和抽象事物的与自然的规律和形式以形成“合目的性的形式”，或者将人的生命的历史性展开转化为显现的形式，还是创造符号形式以形成“表现的形式”，审美活动的符号形式都是通过人自身的存在性境域的显现活动而获得的。存在性境域的显现获得生成显现的符号形式的过程，主要是一个将人的存在性境域向某种符号形式凝聚、聚集和浓缩的过程。

2. 审美的符号形式生成过程的特点

人自身的存在性境域的显现活动生成显现的符号形式的过程，既不是理性认知活动去获得概念的过程，也不是一个利益计算的过程，而是一个直觉创造的过程。其特点有以下几个方面。

第一，它不脱离存在性境域的具体情景，而是当下就把存在性境域整体凝结和聚集为一个明晰的符号形式。它在形成符号形式时，既不进行比较，也不进行分析，而是被突然呈现在眼前的直觉凝聚所俘获，并持驻于这凝聚的形式上，以至于周围的其他一切都仿佛不存在了。此时此刻，一个人的全部能量、全部精神都统统倾注在这唯一的形式上，沉迷于这个唯一的对象上。因此，它不是一种经验扩散的过程，不是与其他的经验进行比较，分析其性质，以便找到一个更好的形式，而是以最大的极限将此情此景加以凝聚，使之更具张力，更鲜明，以使其成为一个绝对的形式。一旦这种凝聚形成时，内在的紧张就得到释放，人的存在性境域状态就被客观化为确定的形式。

第二，这个向一个明晰的符号形式凝聚和聚集的过程，所遵循的不是理性和概念逻辑，而是存在性境域的直觉显现的自身“逻辑”，即一种感性的和非理性的生命活动的“诗性逻辑”(poetic logic)。也就是说，符号形式的生成过程，将依据存在性境域的显现的需要，来决定形成什么样的符号形式以及符号形式的组织和安排。我们通常把这样一种凝聚和聚集的过程，称作“形象思维”或者“诗性智慧”。它不是分析的、理性的，而是整体的、情感的和生命直觉活动的过程。大家知道，在艺术家创作的过程中，有时候他们会在画板前、稿纸前握管踌躇，凝神静思，这时他们其实就是在寻找存在性境域的显现本身的“逻辑”，而他们一旦获得了这种自身逻辑，就会“下笔如有神”。这个“神”就是显现的自身逻辑。

第三，赋形活动就是依据人自身的存在性境域的显现活动而进行的创造，其目的是让存在性境域本身孕育出自身呈现自身的形式，因此，最重要的不是对物质材料的利用，而是体现为对人自身存在性境域的符号化凝聚。在这种凝聚中，由于人自身的每一种存在性境域都是独一无二的，其凝聚和在形式中的聚集也是独一无二的创造，因而，存在性境域向符号形式凝聚的每一个瞬间、每一个时刻，都是等值地包含了存在性境域的全部信息和生命力爆发的独特价值，它们之间没有高下之分，也没有重要和不重要之别。所以，李白的《静夜思》和他的《蜀道难》，在作为人自身的存在性境域的显现本身的诗性形式而言，就没有等级和高下的区别，它们作为存在性境域的符号呈现是等价的。同时，审美活动的每时每刻都是独特的，不可重复的。每一次存在性境域的形式生成，都是生命独一无二的特殊状态。

第四，这样凝聚和聚集而成的符号形式与其所显现的存在性境域之间，是叠压在一起的，是一个整体的形式，即存在性境域的显现就实现于、客观化于此形式凝聚之中，别无他者。这样就使得审美活动的形式，在构成阶段就已经是一个独立自足的形式，这种形式就有意义和意味，而不用指称它之外的现实来获得意义。也即是说，客观化了的表现符号形式与生成它的存在性境域之间是等值的。

（二）审美符号形式是“有意味的形式”

作为人的存在性境域的显现和凝聚的审美活动的符号形式，不是什么空洞的形式，也不是我们日常所说的作为构成方式的形式，而是一种独立自足的“有意味的形式”。也就是说，存在性境域的显现活动在向形式呈现凝结中，所实现出来的就是一种澄明显现的形式，这自身澄明显现的形式，就是一种“有意味的形式”。这就是审美符号形式的本质。

1. 什么是“有意味的形式”

我们把审美活动的赋形形式，看作“有意味的形式”，是借用了克莱夫·贝尔的说法。

知识版图扩张

克莱夫·贝尔

克莱夫·贝尔（1881—1964）是英国美学家和艺术批评家，他在1914年出版了其影响深远的著作《艺术》。在这部著作中，他一开始就突如其来地提出了一个艺术的定义：艺术就是“有意味的形式”（significant form）。他说：“艺术品中必定存在着某种特性：离开它，艺术品就不能作为艺术品而存在；有了它，任何作品至少不会一点价值都没有。这是一种什么性质呢？什么性质存在于一切能唤起我们审美感情的客体之中呢？……看来，可做解释的回答只有一个，那就是'有意味的形式'。在各个不同的作品中，线条、色彩以某种特殊方式组成某种形式或形式间的关系，激起我们的审美感情。这种线、色的关系和组合，这些审美的感人的形式，我称之为有意味的形式。"* 贝尔的这个观点一出，遂被广泛地接受，被认为是目前关于艺术的最值得接受的定义。

* ［英］克莱夫·贝尔：《艺术》，4页，北京，中国文联出版公司，1984。

那么，什么是"有意味的形式"呢？所谓"有意味的形式"，就是人自身的存在性境域自身凝聚、孕育而成的直觉显现形式。在这种存在性境域向符号形式的凝聚的过程中，既不是借用已经有的形式以便把存在性境域的内容装进去，也不是脱离存在性境域本身而概括为另外的符号形式，比如说数学模式或概念符号，而是就把存在性境域的显现本身向符号形式突变和生成。这样的符号形式作为形式，就不是空洞的没有生命的形式，而是深蕴着存在性境域自身意味的形式；同样，作为存在性境域显现的符号形式，它又不是存在性境域本身，而是向符号形式呈现转化了的存在性境域。因此，一看到这样的符号形式，我们就不仅仅看到了纯粹的符号形式，同时也看到了其所呈现的人的存在性境域。贝尔在谈到他所说的"有意味的形式"时说过："不论你怎么来称呼它，我现在谈论的是隐藏在事物表象背后的并赋予不同事物以不同意味的某种东西，这种东西就是终极现实本身。"①

对这样的"有意味的形式"，可能有几种不正确的理解。

第一种不正确的理解，就是把"有意味的形式"区分为"意味"和"形式"，把"意味"解释为内容，把"形式"解释为表现内容的形式。这是按照内容和形式二元论的观点，对"有意味的形式"的拆解，并使得"有意味的形式"重新陷入了内容—形式二元论的泥沼之中。我们理解的"有意味的形式"，并不是能指（形式）与所指（内容、意味）的统一，因为，作为"有意味的形式"，它并不是另有意味或另有所指，它本身就是一种独立自足的存在。在"有意味的形式"中，"意味"就是"形式"的意味，"形式"就是"有意味"的形式，两者不可分割。

第二种不正确的理解，就是认为"有意味的形式"指的就是不同的形式元素如线条、颜色、语词等之间的关系组合与搭配，并由此形成自身的意味。这样的观点其实暗藏了纯粹形式主义的理解。因为，这样的观点无法回答为什么这样的形式元素关系、这样的元素搭配会有意味，为什么要按照这样或那样的搭配等基本问题。这样理解的形式，是一种纯粹的无机形式，没有生命的形式。但"有意味的形式"是一种有机的形式，是生命形式，它承载着生命意义事件的客观化。

第三种不正确的理解，就是把形式理解为纯粹的形式元素，而把"意味"说成是创作者或

① ［英］克莱夫·贝尔：《艺术》，47页。

欣赏者将自身的情感、生命灌注进这些纯粹的形式元素中，从而形成了“形式”的“意味”。这样的观点貌似有道理，其实是谬见。因为，它仍然把形式置于存在性境域的自身创造之外，把形式看作一种随手可以取用的工具，类似于建筑时用的砖瓦。这样，形式与内容在这里仍然是二元的，而不是在生成中就统一形成的。

通过对这三种观点的分析，我们就可以看出，存在性境域的显现活动所凝聚、聚集的“有意味的形式”，与我们以前所理解的形式—内容二元论的形式是不同的，它也不是一种作为材料或工具随意可以使用的形式，而是一种独立自足的、不是指向外部现实的形式。当你看到这样的形式，你也就体会到了它的意味，当你体会到它的意味时，你也就知道这意味就在那显现的形式中，并不需要在形式之外另求什么意味。在此，我们可以更清楚把握审美的显现性符号形式与非审美的意指性符号形式的区别。

为了能够具体理解这种“有意味的形式”，我们可以唐代诗人柳宗元的诗《江雪》为例。

理论释例

从柳宗元《江雪》看“有意味的形式”

千山鸟飞绝，万径人踪灭。
孤舟蓑笠翁，独钓寒江雪。

从诗所写的内容来说，它非常简单，就是不见鸟的踪迹，也不见人影的茫茫江天，被大雪所覆盖，一个头戴斗笠、身穿蓑衣的渔翁独钓于江面上。但是，大家读这首诗，又会明显觉得它不只是写了雪中景色、雪中老渔翁，而是经由雪景、独钓老翁构筑了一个深刻、博大的意境。诗在布局上独具匠心，它先从大处着手，从鸟、人的消失，来展现出一个空廓、寂静的大雪覆盖的江面，然后在这空廓、寂静的江面上，点出独钓的老翁。独钓的老翁是在“绝”、“灭”的寒冷而空寂的空间中，唯一具有活力的因素。这样，就使独钓的老翁与大雪中空廓、寂静的江天世界形成了鲜明对照，从而创造了在孤寂中守真，于落寞中守性，独与天地相抗衡的独特意境。诗中作者选“绝”、“灭”、“雪”三个仄声字作为韵脚，形成了短促有力的声调，加强了作品凝滞深沉的情致。

读诗就要读透文字，从具体的字、词、意象中见出诗的意境。但这并不是说诗的意境在字、词、意象之外，而是就在它们之中，是由字、词、意象所承载的。通过这首诗的解读，大家就能发现，在这诗中，字、词、意象怎样建立起了那在孤寂中守真，于落寞中守性，独与天地相抗衡的独特意境。这就是“有意味的形式”。对诗人柳宗元来说，他正是把他的存在性境域显现凝聚在了这眼前的“独钓寒江雪”的情景之中了。

任何一种人的存在性境域的显现活动所构成的，都是一个人的生命的意义生成事件，都是这样的“有意味的形式”。没有人会脱离这样的“有意味的形式”而还会与存在性境域的显现发生关系。

2. “有意味的形式”构成的条件

怎样才能构成这样的一种独立自足的“有意味的形式”呢？也就是说，存在性境域如何才能凝聚并生成这样的“有意味的形式”呢？

第一，要剥离表现的符号形式与现实之间的任何指认关系，即一种符号形式与现实生活之间对号入座的关系，摈弃与存在性境域向符号形式凝聚无关的所有芜杂因素，以使存在性境域的显现形式本身凸显出来，超越现实而进入形式自身的世界，获得形式的自足独立和“自我丰足”。也就是说，虽然人的存在性境域中必然关系到某物，关系到具体的现实，但当它凝聚为符号形式时，“有意味的形式”的生成遵循的不是某个物象的逻辑，而是遵循“存在性境域的显现活动”的整体直观逻辑，从而获得了自身独立的生命，它不再具有现实里的功能。这就是要使表现的符号形式具备有别于现实的一种“他性”。

第二，要使符号形式具有可塑性和有机性，即形式的内在关系和搭配是可自我转换的、自我调整的，这样它就可以自由承载其对存在性境域的表现。人自身的存在性境域本身就是一个有机的生命整体，有它的呼吸、血脉、节奏和活的结构。因此，符号形式的构成成分之间不是互不相干的，而是有机地联系为一个有机整体，仿佛是自己生长出来的一样。

第三，要使符号形式“透明”，即符号形式本身和意味是交互透明的，意味不是指称现实的事物，它就是形式本身的意味。形式本身呈现了它所应该呈现的一切，不再需要参照和解释，任何人一旦进入这种直观的形式，就立刻能够进入对形式的直观之中，而不需要别的中介。在这里，一切都必须从符号形式中见出。

对于艺术家来说，衡量其作品是否到位，对观赏者来说，看一个作品是否是个够格的作品，均可从这几个方面观之。

3. “有意味的形式”的特征

作为人的存在性境域的显现活动而生成的“有意味的形式”，有如下的特点。

第一，“有意味的形式”是独立自足的、自我丰足的。它不是指称着人自身的存在性境域，而是就是人的存在性境域的符号形式显现，即它把人的存在性境域转化为一种有自身意味的纯粹符号形式的存在。因此，它所表达的东西不是在它之外，而是就在自身的形式中。

第二，“有意味的形式”是一种生命形式，它把人自身的存在性境域的显现活动所具有的生命全部转化为自身的形式生命，仿佛它的结构与人的历史性展开具有“同构”关系。因此，它不是机械的、无生命的，而是一种活的形式，在其中你能听到存在着的人在其历史性的展开中、在其“去成为什么”的过程中的呼吸、情感的脉动、喜悦与悲哀的起伏、生命律动的节奏和旋律等。正是这种活生生的生命特征，才使得一幅画、一首歌、一尊雕像或一首诗，与一个普通的事物区别开来，使它们看上去是一种神圣不可侵犯的生命形式，使它们看上去是创造出来的，而不是用机械的方式制造出来的。

第三，“有意味的形式”具有直观的召唤性。它召唤每个面对它的人进入生命直觉活动的领域，沉浸于存在性境域的深处，它弃绝任何对它进行理性的比较和逻辑判断的尝试，因为任何这样的理性分析对它都只能把生命形式拆开而导致误解。“有意味的形式”作为形式，不是对各种人生问题的逃避，相反，它是对人的生命展开活动的凝聚，呈现的是人的存在性境域的爆发状态和生成。因此，“有意味的形式”是通向存在的创造物，生活在“有意味的形式”中，就是生活在存在性展开的“澄明的显身敞开”的诗意中。它召唤人从认知、算计的利害领域回归生命的本源性根基，从贫乏或苦难中返归生命的本真状态。从这个意义上说，“有意味的形式”始终包含对现实超越和批判的维度与力量。

第四，“有意味的形式”具有唤起纯粹形式的快感的特性。因为它将人的存在性境域转化成可独立自足的形式，割断了与现实之间的事实上的联系，而以纯粹的形式呈现一切。因此，“有意味的形式”就是一种真正自由的形式，它脱去了物质的和现实的重负，也脱去了实体本身的沉重，而以形式化的方式存在。这种自由的形式，既能呈现存在性境域的全部意义，但又获得了纯粹的形式存在。因而，它给予人们的就是一种纯粹形式的或直观形式的快乐和意味。

从“有意味形式”的这些特性来说，人的存在性境域的显现活动一旦凝结为“有意味的形式”，那么就获得了另外一种生命，一种符号生命，它比存在性境域的现实存在要更为真实、更为本质，因为它是存在性境域向符号存在的聚集，同时，它也就超越了现实的具体性，而进入了符号存在，而符号存在是一种超越时间的存在，也就是说它把生命存在境域的当下现实转换成了符号存在，使瞬间变成了永恒。所以，李白通过他的《静夜思》，将具体的临月思亲的瞬间生命体验，转化成了持续的符号存在，将瞬间转化成了永恒。同样，孟浩然通过《春晓》一诗，也将诗人在春天的某个早晨所具有的惜春伤花的瞬间情感，转化成了可以被千年之后的我们读到的符号存在，当然，它也会被一万年之后的读者读到。“有意味的形式”正是这样的一种符号存在，一种比现实、比具体的事物更本质的存在。所以，古埃及人说“雕刻家是使人永恒的人”，就揭示了符号存在的这种独特品质，即将瞬间的意义生成事件转化为永恒的符号存在。这是人类的其他活动所不涉及的。

从这些特性，我们就可以认识到“有意味的形式”的价值和它在人类生活中举足轻重的作用。

第二节
作为显现的符号形式的“介质”

◎显现的“介质”○什么是显现的“介质”○“物的物性”与显现的“介质”的本性○“介质”的本性是显现 **◎作为显现的“介质”的特征和类型**○作为显现的“介质”的特征○作为显现的“介质”的类型○体积呈现○声音呈现○光呈现○色呈现○线条呈现

审美活动的赋形活动所产生的显现的形式凝聚，是瞬间诞生、倏忽即逝的，必然地以某种方式显示出来，或者刻印下来，使其客观化，因为它们不可能凭空存在。显现的方式涉及的最基本层面，就是显现的“介质”。审美活动作为存在性境域的显现活动，是一种介质显现，即它本身是没有确定的材料来显现的，它的显现必须借由某种介质才能进行。由于显现介质的不同，也就产生了显现方式的构成类型的不同。我们在了解符号形式的时候，必须理解符号形式构成的介质及其方式。

一、显现的“介质”

显现不是一种纯粹的想象活动，不能只保留在心灵之中，不能只可意会不可言传，也不是所谓“羚羊挂角，无迹可寻”。作为存在性境域的显现而凝聚的形式，必然要通过实在的刻画而保持于永久的可见性范围。这就需要刻画的“介质”。因此，审美活动的显现属于“介质显现”。那么，显现所造就的介质刻画到底是什么性质？这些“介质”又有哪些类型呢？它们与存在性境域的显现又有什么本质性关系？

（一）什么是显现的“介质”

审美活动作为存在性境域的显现活动，它本身没有自己的显现材料，这与事物是不一样的。比如太阳，它本身发光，光是它自身的一种材料，即亚里士多德所说的“材料因”。太阳自己放光，就属于自在的展现，它不是“介质显现”。但审美活动作为存在性境域的显现活动，它的显现是没有自己自在的材料的，它必须借由某种其他东西才能显现。这种必须借由其他材料作为中介才能进行的显现，就是一种“介质显现”。那么，显现的“介质”由什么而来呢？

我们前面说过，审美活动作为人自身的存在性境域的显现，它不是彻底摆脱存在性境域本身，从而把显现转变为抽象的概念或者观念，而是直接就存在性境域本身进行凝聚。这就意味着审美活动的显现是在存在性境域本身上的刻画。这种显现的刻画必然在存在性境域本身中获得一种刻画的介质或“材料”，从而进行显现的刻画。因此，可以说，审美活动的显现本源性地归属于介质刻画，它要把自身铸造于某种可见性的形式之中。没有在存在性境域的存在性层面上的介质刻画，审美活动的显现或呈现就是无根之木。

介质的复杂性在于：一方面显现的介质就是审美活动得以刻画、铸形为可见性的形式的物质材料，即它必须是实际存在的物质材料；另一方面，它又是进入了显现的物质材料，它不再是原始的物质，而是进入了显现并在自身的显现中承载那显现的物的物性。比如我们用光进行显现。首先，光是一种物质，当我们用太阳光、灯光等来照明的时候，它们就只是物质的材料。但是，当我们用光来画画，用光来摄影的时候，光一方面仍然是物质，但同时它的可显现性这样一种特性又被极大地突出了出来，它开辟出了一个新的领域，即让光呈现。用光照亮与让光呈现，是完全不同的东西。光的这种可显现性就不单纯是物质，而是光的物的物性。光必须是在它的物的物性——可显现性——被揭示出来并承载显现时，它才由一物转化为显现的“介质”。这就是我们普通人用光照明与艺术家用光进行呈现之间的巨大差别。

这样，所谓“介质”，就是进入了显现并承载着显现的物的物性。对于石头、木头、声音、光、人的身体、颜色、线条、形体等作为显现的“介质”，我们也应该这样理解。

由于审美活动没有自在的直接的“材料因”，它的显现必须借由它在存在性境域的显现活动中当下所遇到的任何物的物性的开启和萃取来显现，因此，它的“介质”就是多种多样的。所有进入了人的存在性境域，并在人的存在性境域中开启了自身并在开启中承载着显现的物质，都可以作为显现的“介质”，木、石、土、金属、光、冰、语言、声音等都可以作为“介质”。可以说，人类在这方面是没有限制的。从原始的矿物颜料到油画颜料，再到现代的丙烯颜料，从原始绘画到今天的数字媒介，从大理石到今天的塑钢或现成品等，作为显现的“介质”一直都在演变。

（二）“物的物性”与显现的“介质”的本性

我们应该怎样看待这些作为显现的“介质”呢？它们仅仅是一种物质材料和赋形活动的物质载体，是完全被动的死的东西呢，还是它们也以一种独特的方式参与了“有意味的形式”的铸造呢？过去流行的美学理论和艺术理论通常是把它们看作一种被动的、死的物质材料，认为在审美的赋形活动中，它们只是被利用的东西，形式的意味是作者灌注到这些物质材料之中去的。直到目前，这样的理论和看法仍然流行。其实这种看法是错误的，这一观点的来源就是内容与形式的二元论。

确实，显现的“介质”具有物质材料的一面。一尊精美绝伦的大理石雕像，就是大理石雕成的，当把它敲碎时，雕像的形式被打碎，这时它的这种物质材料就彻底暴露和显露出来，并且复归于它的物质性；一首完美的小提琴曲，也是由琴弦拨动和琴箱共鸣振动空气而发出的声音，这也是它的物质性。表面上看来，大理石雕像之所以成为雕像，是因为雕刻家赋予了大理石以“有意味的形式”，小提琴曲之所以动人，是因为演奏家赋予了声音以连续的节奏组织和波动起伏的形式——旋律。因此，人们自然地认为，大理石、声音等这些“介质”只是物质的材料，它们只有在审美活动形式的组织下，才能成为“有意味的形式”的承载者，它们的作用仅此而已。

但这样的看法在下面两个方面是说不通的：第一，如果“介质”只是物质材料，它只起载体的作用，那么，这种死的、被动的物质又怎样能够表达人的存在性境域的生命意味呢？也就是说生命意味又是怎样灌注到那死的物质材料之中去，并使两者结合为一个整体呢？第二，在审美活动中，我们会发现不同的“介质”具有完全不同的特性，石头不同于木头，声音不同于颜色，人的身体不同于词语，油画的画布不同于中国画的宣纸，油画颜料不同于中国的水墨，这些不同介质的不同本性在“有意味的形式”的铸造中起着非常重要的作用。大理石的坚硬与光滑赋予大理石雕像以独特的品质，这是木头的雕像所没有的，而且，大理石作为雕像得以显现的“介质”，并不是由于它是大理石，而是因为它的坚硬与光滑作为大理石的物性而成为显现的承载和铸造者。

显然，作为“介质”的物质材料已经不是自然的物质材料，它已经不是冷漠的、与人的存在没有关系的纯粹自然物，而是在人的存在性境域中被显现的物和物的物性，介质就是显现意义上的物的物性。这种物的物性也同样触动着我们的身体，并作为存在性境域显现的一种确定的形式而呈现自身。因此，显现的“介质”作为物的物性是审美的赋形活动的基地和领域。我们在讲“手艺”为“艺”奠定本源性基础时，就讨论了在“艺”中，物的合目的性的本性的揭示和显露。显现的“介质”就是这样一种显露出来的事物的合目的性的本性，它是一种作为特殊的符号形式而出现的。这种合目的性的物的物性作为形式，并不是人加于它的，而是物在存在性境域的显现中被揭示的。

审美活动中作为“介质”的颜料、石头、木头、语词、声音、光、身体等，就不再是自然的、被动的材料，而是合目的性的本性所显露出的形式。对这些“介质”的显现本性的揭示和开启，是赋形活动中最基本也是最重要的方面。例如，绘画中颜料的发光和显形的本性的显露和揭示，使得颜料不再是自然物；雕刻中石头的光滑与坚硬的显露，使石头不再是自然界的无生命的顽石；音乐中声音的鸣响和震颤的本性的显露，使声音不再是单纯的空气振动；诗歌中词语的发声和表达的本性的显露等，使诗歌不再是简单的发声说出的东西。

思想深呼吸

道器之争

自从艺术在古典时代变成教化者手上的工具后，就出现了艺术中的道与器之间的争斗。所谓道，就是绝对本体或王道、礼教；器就是指工具，指技艺，涉及艺术的技术层面。教化者为了道而贬低器。主张艺术应该传道而遗器。尤其是宋代以后，教化者掌握了更多言说艺术的话语权力，于是文人画的主张者一味追求“逸笔草草，不求相似”，“聊写胸中逸气”。艺术中的技术层面和对介质的揭示层面，均被置于不重要的地位。这导致了后来中国画的衰退，在媒介材料的创新方面一直停滞不前。

尽管欧洲也出现了自由艺术与工匠手艺之间的对立，但艺术中的技艺和介质的物的物性的开辟，却一直被认为是自由艺术的基本层面。于是有着重要的介质的创新和研究，形成了由器入道或由器进道的一贯传统，并由艺术中的技艺和媒介的开辟和发展刺激了工商业尤其是制造业的发展。如从文艺复兴时期的透视法所形成的视窗理论、透视法的暗箱技术到1839年的照相机的发明，照相机又刺激了影视业的发展等。这一发展的线索或许能够给我们以极大的启示。

因此，本书在理论线路上一直坚持从身体劳作的手艺、从物的物性的开启到介质的技艺的开辟，来阐述艺术和审美活动中“手艺”的奠基性地位，认为由器入道是艺术和审美活动的基本路径。大家可就此进行讨论。

这样的作为物的物性、作为物的合目的性的本性的显露的“介质”，一方面它是一物，作为一物它也不是自然的物，而是显露出了其牢固、持久和承载的本性的物的物性。另一方面它又是被揭示的物的合目的性的形式，作为形式，它又不是空洞的形式，而是将物的物性开启出来的形式。也就是说，作为物的物性，它能够承载和刻画；作为形式，它又是奠基于物的承载上的形式。这两个方面的结合，就构成了作为物的物性的“介质”。大家会发现，只有这样的“介质”才能作为存在性境域的显现活动的“介质”。没有任何审美活动和艺术活动能够脱离这样的“介质”而得以呈现和显现，并在显现中获得其具体的可被感知的形式。

在这样的物的物性的开启和揭示中，揭示的不仅仅是物，还有存在的真理。也就是说，显现的“介质”不是纯粹的自然物，而是人的存在性展开对物的物性的开启以及通过这样的开启而显示的人的存在的真理。这也就是为什么人类的审美活动从来就没有脱离过对物的物性的开启这样一个“艺”的层面。所有伟大的艺术家都是这样的开启物的物性的“艺人”。米开朗基罗通晓石头的本性，达·芬奇熟悉解剖和光的透视，杜尚则开启了现成品作为“介质”的历史，而所有的伟大的诗人，如李白、杜甫、苏轼等，都是语言大师。

从这个意义上说，要成为艺术家首先必须透彻了解其所选中的显现“介质”，这样才能进行艺术创造的显现。同时，对于艺术品的鉴赏，也必须对“介质”非常精熟。对“介质”的理解，就是要理解“介质”的显现的物性和其显现的逻辑语言。比如：画家对光的掌握，就是要掌握光线逻辑；作家对语言的了解就是要掌握语词的韵律和语词组合的自身结构。一个对“介质”的显现本性不敏感甚至一无所知的人，是不可能成为艺术家的。

（三）“介质”的本性是显现

符号形式显现的“介质”是从人的存在性境域的开启中获得的，人类在其存在性展开中所开启的所有的物的物性，都可以作为显现的“介质”而投入符号形式的铸造之中，并构成非常独特的作为“介质”显现的韵味。因此，“介质”的本性不是物，而是显现或呈现，而显现就是言说。这样的呈现、显现和言说，不是抽象的、逻辑概念的，而是以物的物性的显现本身言说着人的存在性境域和它的开启。

更为重要的是，这种物的物性的开启展开着人的存在，显示着人的存在自由。人的存在不是天然的，而是在对事物和历史的开启中不断造就的；同样，人的自由也不是随手可以取用的东西，而是在其历史性展开中对物的物性的开启中实现的。没有对物的物性的开启，人的自由是无从说起的。正因为如此，对于人而言，对于艺术家而言，对于进行任何审美活动的人而言，开启物的物性、理解介质的本性，都是不可或缺的。没有不懂声音的音乐家，也没有不懂色彩、水墨的画家，当然也没有不懂石头、木头本性的雕刻家和建筑师。

因此，物的物性的开启不仅是形式的承载者，它还是人的存在性境域得以呈现、显现的奠基，因为人的存在性展开就是在对物的物性的开启中进行的。这也就意味着，物的物性的开启本身就是存在性境域显现的主要方式和途径之一。正因为如此，才有了我们所知道和感受的作为显现的“介质”本身的韵味，比如光的美、石头的质感等。当然，这种作为显现的“介质”的韵味，并不是什么自然形式的美，而是打上了人的历史性开启烙印的自由和存在性境域的显现的形式之韵味。

也正是在这个意义上，“介质”本身才能刻画人的存在性境域，并成为显现活动向形式凝结的承载者，并在显现中成为活的形式、生命形式。只有在这样的意义上，“介质”仿佛在自己言说着世界。在透视油画中，光呈现成了最佳的言说方式；在中国水墨画中，形成着笔墨自身的言说语言；在音乐中，仿佛声音在自己制造着节奏和旋律……

因此，“介质”的本性是显现，可以从两个根本的方面来理解。

一是它塑造显形并使其被看见。它使不可见的成为可见的可被感受，把无形的变成有形的。这正是古希腊人赋予“诗”的含义。在审美活动中出现的所有介质都具有此塑造的功能，它使得人的存在性境域的显现活动凝结为可见或可感的符号形式。

二是它承载并使显现得以持驻保存。显现本身就意味着承载，即使其恒久地持驻于自身的显现。没有持驻的、不易消亡的承载，就没有显现。那些不能持久保存的介质，就不是好的介质。

图 6—3 是 20 世纪伟大的雕塑家布朗库西的著名作品《吻》。它是由一整块石头雕刻成的。请大家体会石头的坚固在这个作品中的作用。

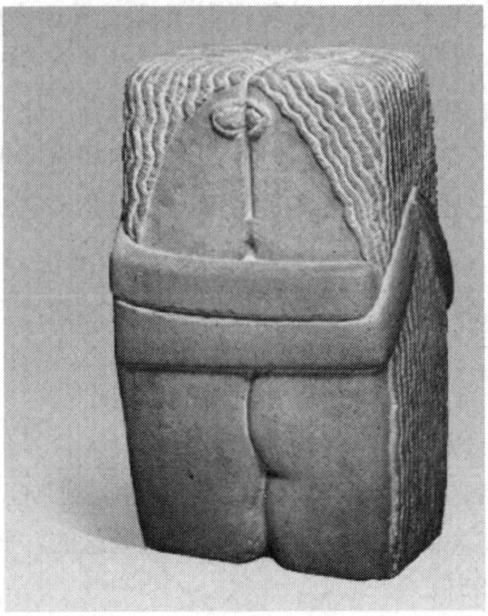

图 6—3　布朗库西《吻》（1916）

要特别说明的是，正是为了开掘“介质”的显现本性，从远古时代的洞穴壁画、陶器和岩画开始，人类就与“介质”之间进行着顽强的斗争，以便使陶土、矿物颜料和岩石成为其进行表现的一部分。在以后的历史中，艺术家也同样进行着这样的斗争，米开朗基罗之于石头、达·芬奇之于油画颜料、莫奈之于光的持续捕捉，中国艺术家对于墨、纸、笔的持续探索，就是这种为显现的“介质”而斗争的精彩记录。对于每一个想成为艺术家的人来说，他/她也必须进行这种持续的顽强的斗争。

二、作为显现的“介质”的特征和类型

那么，作为显现的“介质”有什么特征呢？都有哪些类型呢？

（一）作为显现的“介质”的特征

既然“介质”不再是自然物，“介质”作为被开启的物的物性，其本质就是显现，那么，它具有什么样的特征呢？其特征有以下几个方面。

第一，作为显现的“介质”具有可塑性。“介质”由于承担着使形式得以显现的功能，因此，它必须具备可塑性。所谓可塑性，就是“介质”必须在艺术家或任何人在进行存在性境域的显现中自由地表现什么，而不是指称什么。唯有可塑性才能使物脱离其物的沉重和僵死而游离出来，并自由地承担为了表现而进行的扭曲、变形和按照表现进行组织。

第二，作为显现的“介质”最重要的是必须具备可显现性。所谓可显现性，就是让表现的东西得以呈现出来，并稳定地、牢固地持驻于这种介质的显现形式之中，以便成为可见的、可触知的和可感受的。因此，“介质”不能淹没、抑制表现，而是要让显现的形式得以彰明昭著。

第三，作为显现的“介质”具有承载性。所有的“介质”都必须能够承载显现的形式，并使这种形式显现看得见，摸得着，也就是“介质”必须使显现成为可见的、可听的、可触摸的。可承载性是显现的大地，任何对这种承载性的忽略，都会使显现落入神秘主义的虚空中。

第四，作为显现的“介质”具有物质性。虽然在显现中，“介质”主要是作为显现形式而出现的，但是也不能离开其为一物的特性。所以，所有的“介质”都可以还原为一物。色、光、声、语言、身体、线条等都具有物质性的方面。这物质性的方面，既构成了承载和显现的大地，也构成了海德格尔所说的“遮蔽”。作为大地，“介质”为所显现的形式提供底基和承载的基质；作为“遮蔽”，则指这基质可能会掩盖、消蚀那被呈现的形式意味。

以上的四个特征，表明了作为形式显现的“介质”的整体构成，“介质”的物质性使显现的形式得以牢固地奠基，形式不是呈现为抽象的观念或者看不见的东西，而是牢固地与物的物质性结合，正因为显现在物的物质性上奠基，“介质”就构成了承载，同时，作为“介质”它又必须是摆脱了物的沉重和无生命的物理性而获得了表现的自由的显现形式，因而，“介质”具有可塑性、可呈现性。

为了理解作为显现的“介质”的这些特征，大家可以对每一种形式显现的“介质”进行思考。这里我们以身体作为“介质”的呈现为例做些说明。大家知道，人的身体是舞蹈得以显现的“介质”。人的身体首先是一物，即一种生物体。但在舞蹈中，它却不再是简单的生物意义上的物体，而是进行显现的“介质”。因此，在舞蹈中，身体被开启为能够进行感情表现的“介质”，因为，身体作为人的身体，它具有这样的物的物性。舞蹈者在形体训练中完成的就是对这种物的物性的开启工作。在这种开启中，身体不再是沉重的肉身，而是可以灵动飞翔的、可以造型的、可以呈现力的自由运动的“介质”。比如，芭蕾舞演员用脚尖走路，身体在空中飞翔等，就是使身体“介质”化的具体步骤。这就使它具有可显现性、可塑性和承载性。当大家看到舞台上芭蕾舞演员那灵动、自由的身体的表现时，身体就不再是作为物的肉体，它是谁的身体也不再具有意义，而是进入了显现世界的可以进行显现的“介质”，它超越了肉体的局限性，获得了表现的自由，身体在舞蹈家的手里，就像声音之于音乐家、光和颜色之于画家、语词之于诗人一样，可以进行自由表现和造型。同时，在所有曼妙的、灵动的舞姿中，都有对身体作为一物的克服，但也显露了身体作为一物的沉重。当舞蹈结束，身体恢复自己作为物的本性时，这个物的身体就必须隐藏在幕后了。

（二）作为显现的“介质”的类型

这些作为显现的“介质”是无限多样和可无限可开发的，因此也就形成了不同的呈现方式：体积呈现（包括石头呈现、身体呈现、木头呈现等）、声音呈现、光呈现、色呈现、词语呈现、线条呈现等等。这里，我们可以选几种重要的呈现方式加以分析。

1. 体积呈现

就是通过具有形体并占有一定空间的“介质”进行呈现。体积呈现是三维的、可触摸的空间呈现。它包括石头、木头、身体，甚至现成品等有体积的东西作为“介质”的显现。石头呈现是体积呈现的典型，它通过开启石头的物性来构建符号形式。自然的石头是没有生命的、不会说话的、顽固的和沉重的，但是，在人的开启下，石头的物性向人呈现出来：顽固变成了坚固，打磨后显示出光滑，没有生命则变成了耐久；沉重则变成了可承载性。在这种对石头的物性的开启中，石头向一种可塑性、可显现的“介质”转变。在雕刻家的手上，它不再是无生命的沉重的东西，而是成了最佳的显现“介质”，甚至变得驯服。因此，石头也就成了历史上最持久的呈现“介质”，成了“会说话的石头”，它从石器时代以来一直是人类历史的主要诉说者。在雕刻中石头的光滑、坚硬被开启出来，支撑了不朽的雕像的显身；在建筑中，石头的坚硬与支撑的本性被开启出来，成为建筑的主样式。古埃及人认为，雕刻家就是“使人永恒的人”，说的就是石头抗拒时间侵蚀的耐久性。米开朗基罗则说，雕像就在大理石里面，他不过是将其挖掘出来而已。米开朗基罗的话则揭示了石头的成像潜力，这种成像潜力就是石头的“介质”本性。

2. 声音呈现

就是通过对声音的物性的揭示来铸造显现的形式，它是一种没有空间且流动的形式呈现。自然界的声音是一种空气振动，它没有任何表现力，也没有任何的生命，在自然界中也没有纯粹的乐音。但是，当声音向“介质”转变时，声音作为在空气中的振动，被揭示为不占空间的灵动，声音的振动是一种波动，波动被开启出来成了波动性，按规律波动就形成了乐音。声音不占据空间的灵动性，使得对其进行自由的组织成为可能；同时声音可以使无法显现的东西通过声音发声说出而得以显现。声音的这些物性就成了音乐形式显现的奠基，最后构成了吟唱性的旋律和节奏。

3. 光呈现

就是通过对光的物性的开启来建构显现形式，它也是一种不占据空间且流动的呈现“介质”。光也是自然界中的一物，作为物，光是变化最快的，光在落到任何物体上时，都构成了反射和折射。对于自然光本身而言，它无所谓可见与不可见，无所谓可见性的层次，也无所谓照亮与显形。但是，当光的物性被开启出来，光就成了所有呈现“介质”中最微妙的一种。在光呈现中，光的物性得到了最大的表现，光的入角、光的折射、光的强弱变化等，都在人的开启下成了进行存在呈现的奠基，这也就形成了“光的美”和“光的语言”。这里大家可以欣赏一下 17 世纪荷兰画派的著名画家弗美尔的《拿水壶的年轻女子》（见图 6—4），在这幅画中，你就能体会到光呈现所阐释出的诗意的空间。在 21 世纪的今天，光不仅在绘画中出现，且在所有影像制作中有其显著的地位，甚至形成以光为主导的光效应艺术。

4. 色呈现

就是以颜色为“介质”的呈现。相较于声、光而言，色是一种具有二维空间性且主要是通过色阶差异来呈现的“介质”。用颜色进行呈现是人类最早的呈现方式，在新石器时代的彩陶、岩画中就已经有了丰富的色呈现。有人认为，色呈现也与光呈现有关。但事实是，颜色本身可构成独立的色呈现语言。因为，原始的岩画、彩陶画的颜色系统并不是建立在光谱分析的基础

图 6—4 弗美尔《拿水壶的年轻女子》

上的。中国水墨画是一种非常独特的色呈现系统，它也不是建立在光谱分析的基础上的，中国水墨画是没有光的绘画。但是墨会形成浓、淡、干、湿、焦的变化，形成“墨分五色”的不同层次。色虽然是与视觉有关，但色本身却可以通过独特的符号体系来呈现，比如中国传统的色彩谱系就是一个纯粹的符号系统。在色呈现中，颜色的亮度、厚薄、不同颜色之间的对比等，都被确定下来，成为显现的语汇。这是自然界的颜色所不具备的。不同色彩的组合、搭配等，完全是一种显现的配置、分布过程。这正是它超越了自然色的标志。

5. 线条呈现

就是单纯用线条作为“介质”进行造型和显现。用线条进行呈现，是人类的一种创造，因为，在自然界没有纯粹意义上的线条，自然界中只有形体，没有线条。线条有两个起源，一是刻画的痕迹；一是人对形体的抽象，即将形体缩减为轮廓，这样就首先出现了轮廓线。在原始符号和原始艺术中，刻画的痕迹线和轮廓线都起着核心作用。大家看中国的彩陶画、西方和中国的岩画，就知道它们中的抽象符号由刻画线构成，动物图像则几乎全是用轮廓线显现的。单就轮廓线的发生而言，它正是基于形体的可见性外观，并且是这可见性外观的简缩。只有到后来，真正意义上的形体呈现才出现。但在形体呈现出现后，线条呈现并没有失去其基础地位。中国绘画就一直没有放弃线条呈现的根本地位。把形简缩为线，是线条呈现的基本语言。线条本身就是显现的产物，同时，它又具有简化后的简捷的可见性，尤其是当线条刻画可以非常微妙地包含刻画者自身的精神时，线条的魅力就是最有力的显现方式。这包含刻画者内在精神的线条，就是中国画、书法中讲究的“笔”。这里所谓的“笔”，就是毛笔在书写中所造成的笔线。“笔”如果不是显现，那它就什么也不是。中国的书法线条是中国贡献于世界和人类的最独特的线条。

以上分析使我们了解到“介质”不作为物质，而作为显现的本性。

知识版图扩张

中国的书法性线条

书法性线条是线条中极为重要的一种线条类型。它与轮廓性线条不同。轮廓性线条主要得自于对所描绘对象的外轮廓的勾勒和综合刻画，它遵循的是物象的外轮廓。但书法性线条则基于手、腕、指在线条刻画中的运动、韵律、力度以及运笔时作者的内在气韵和情感表达。因此，书法性线条具有更强的表现力，并在中国的书法艺术中被发展成了一种独立的艺术。

中国书法和书法性线条的发展，与中国的象形文字以及对这种象形文字的书写方式有密切的关系。中国汉字的象形与古埃及的象形不同，古埃及的象形文字是一种整体轮廓象形，而汉字的象形则是线条象形。从甲骨文开始，汉字就是通过单线构架来形成象形文字的。这就使得中国最早发展出了用毛笔来进行这种单线构架的文字的书写。在这种用毛笔进行单线构架的象形文字的书写中，书写者在书写时的运作力度、手的运转、感情甚至修养都表现在了每一笔画的痕迹中。因此，甚至在青铜金文中，汉字的书写就已经具有了艺术的明确追求。到秦汉时期，出现书法艺术的自觉也就是自然的事情。到晋代，出现了中国书法的高峰，文人掌握的书法线条也就开始进入到了绘画艺术的领域，这样书法性线条就进入了中国绘画的造型呈现中。唐代张彦远在《历代名画记》中就第一次揭橥了“书画同源”的理论，并将自晋代到唐的绘画线条的发展总结为五种样式。图 6—5 是唐代书法家张旭的草书，大家从中可以领会书法性线条的魅力。

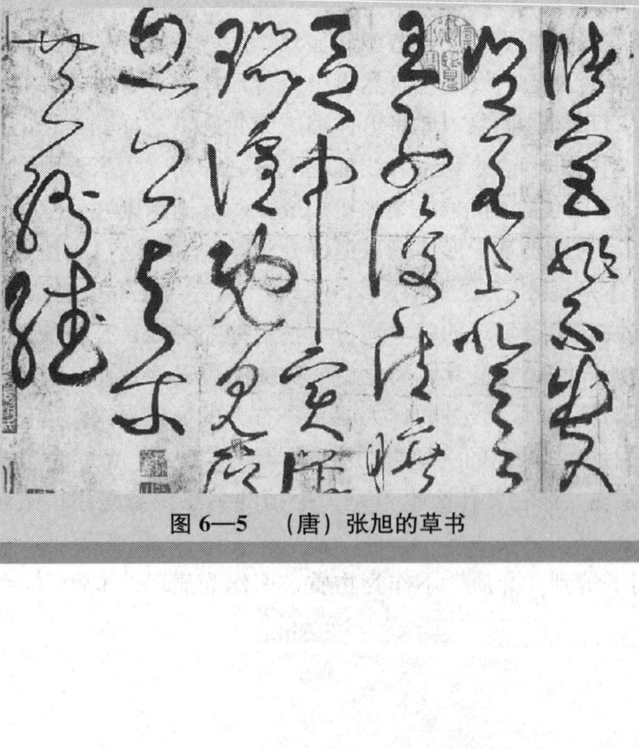

图 6—5 （唐）张旭的草书

第三节
显现形式的组织

◎**显现形式的组织样式**○时间样式及其本性○什么是时间样式○时间样式的本性○空间样式及其本性○什么是空间样式○空间样式的本性○语言样式及其本性○什么是语言样式○语言样式的本性 ◎**显现形式的组织原则**○多样统一原则○格式塔原则○什么是格式塔原则○格式塔在形式组织中的作用○气韵生动原则

在揭示了显现的符号形式的“介质”层面后，我们就面临下一个问题，这就是在“介质”上如何形成形式。这涉及显现形式展开的基本样式和组织原则，以形成有效的可被感知的形式呈现和意义传达。

一、显现形式的组织样式

如果说，显现的“介质”是显现得以进行的奠基和基底的话，那么，显现形式的展开样式就是在“介质”的奠基基础上所形成的更高层次的展开。所谓“组织样式”，就是显现的基本形式按照什么方式进行展开、呈现出来。有些形式只能按照时间样式展开，如声音呈现；有些则只能按照空间样式展开，如形体呈现。人的审美活动的显现形式迄今所形成的基本的展开样式有三种：时间样式、空间样式和语言样式。

当我们说到这些基本展开样式时，也会遇到一个通行的见解，这就是认为时间、空间和语言样式，也同样都是纯粹的形式，时间、空间都是自然中就有的，人类只是在利用它们而已，语言样式则是人自己的工具。按照我们已经阐明的立场，这样的观点是不能成立的。这些显现形式的展开样式，其实也都孕育于人的存在性境域展开的历史性之中。

（一）时间样式及其本性

1. 什么是时间样式

所谓时间样式，就是显现形式的展开和组织是按照时间方式展开进行的，而时间的展开方式是在一个一维的向度上进行，按前后的序列以线形的方式展开。同时，它会将本来在空间上分布的各形式元素压缩和组织为按照前后序列来排列的形式。它所组织的形式具有非常强烈的变化性、流动性。这是空间组织形式所不具备的。

时间样式与空间样式是对立的。时间样式最鲜明的特点就是它不是将该呈现的东西同时呈现出来，而是按照前后序列来呈现。我们知道，任何事物同时都有时间性和空间性，但审美活动符号形式展现的时间样式却放弃了空间的同时呈现，将同时呈现的东西都转化或压缩为在时间序列中的先后出现。比如，音乐要表现波涛汹涌的大海，它就不可能将大海辽阔的海面作空间的展示，而只能用声音的连续运动来展现。时间样式的另一特点就是它的不可重复性。时间是流动的、变化的，它不固定为一个凝固的形态。时间是一维的，即它就像射出去的箭，只能前行，不可能暂停然后再开始，也不可重复再来。这就像一个人的生命成长，你过了一岁，就不可能重复它，不管你对它多么不满意。同样，你的生命中发生了一件事，那么这事就构成了你生命的一部分，不管你多么厌恶这件事，你都不可能退出来，让生命从头开始。审美活动的形式显现的时间样式，也具有这种不可重复性和一维性。你听音乐，只能按照音的序列出现来听，你也不可能重复，任何重复都意味着那是另一次生命活动。

时间样式的经典的表现，就是音乐的形式。音乐的展示形式，就是不同的声音按照先后序列依次流淌出来，构成音响的连续运动的呈现。在音乐的时间展开中，它放弃了空间，或者是把所有空间的东西全部压缩和转换在了声音的时间展开的序列呈现上。音乐正是以这样的方式展示了人的生命活动独特的形式——生命的起伏、节奏、变化、波动以及协调与对抗、追逐与遇合、到来与消失、生与死之间的转换形式，从而以生命自身的展开样式呈现了人自己的生命体验。

我们在戏剧冲突的开端、发展、高潮和结束中，在小说的人物性格的成长或命运的展开中，在建筑的展开中（如中国园林的廊就是一种空间化了的时间样式）也同样可以发现这样的时间展开的样式。

审美符号形式的时间样式有三个特点：一是展开的时间连续的序列性和一维性；二是不可重复性；三是拟制空间性，即把空间上呈现的东西压缩在时间序列之中。

2. 时间样式的本性

我们应该怎样看待形式的时间样式？在哲学上认为，任何事物的存在都有其时间性。但是，作为“有意味的形式”的展开和组织样式的时间，是不同于一般的时间概念的。我们日常的时间概念是一种自然时间或机械时间。这种时间概念认为，时间是一种类似于自然存在物的东西，它就在那里规定着我们。但这样的时间概念不是作为审美活动的形式呈现的时间样式的起源。

首先，让我们来看时间样式在人的存在性境域上的起源。真正的时间是从我们的人自身、从人类自身的存在性历史展开中开启的。人的存在性历史展开如何开启了时间呢？我们前面说了，人的存在本性是在“去成为什么”的过程中展开自身。这种“去成为什么”的展开过程，就是人的存在性历史展开开启时间形式的本源。

在这个“去成为什么”的展开过程中，人不仅经历了从生到死的过程，而且经历了生命的起与伏、高潮与低潮、增强与减弱、流动与休止、冲突与解决等一系列连续过程。在这个连续的过程中，人把昨天的自己与今天的自己，把少年的自己与老年的自己，把生命的高峰与生命的低潮等不同阶段连接为一个前后贯穿的持续性关联体，正是这种持续性关联体向人昭示了生命的时间形式：生存展开的当下存在是现在，当下之前为过去，当下要去的是未来。这种本源于生命的存在性展开的时间昭示，就是本源时间，又可称作生命时间。正是基于人的存在性展开所开启的本源时间，人形成了自己感知事物的时间方式，人们把春夏秋冬连接为一个季节的时间序列，把白与昼、月圆月亏，把太阳的不同位置的循环等，把握为时间变化的尺度。没有人的存在性历史展开的本源时间开启，这些现象就不可能获得时间形式。

这里或许有人会反驳说，我们的时间都是来自钟表，是钟表刻度勾画了时间。但大家应该想一下，钟表不过是刻度时间的机械，钟表本身不是时间，它只是刻度时间。那么，钟表刻度的时间是什么呢？它所刻度的时间就是人的生命时间。如果不是人的生命的历史性展开开启了时间，钟表就无所刻度。同样，人类所发明的所有刻度时间的方式，如日历、年月、四季等，它们所刻度的唯一时间，就是人的生命的历史性展开。

因此，审美活动的符号呈现的时间形式或展开的时间样式，是人自身的存在性展开的最基本样式。人就是在这样的展开中认识自己，并形成对人自身时间的把握——节奏和命运；而人的自身时间把握扩展为对整个族类的时间把握，就构成了历史，历史是对一个族类的时间展开——命运的把握。可以说，人自身的存在性展开开启的时间形式，开启了人自身的命运感，而命运感导致了对人类自身的历史性的认识——历史。

其次，我们来看生命的时间样式在审美活动中的具体表现。生命的时间样式在审美活动的符号形式中的具体表现，就是节奏、旋律和命运。当人自身的存在性展开是以时间的形式呈现的时候，人类最先获得了用时间样式来呈现人的存在性境域，这就是音乐（节奏）、神话和史诗（命运）。到后来，这种时间样式在个人命运的描写中继续得到了发展，这就是戏剧冲突的展开和小说人物命运的展开。

知识版图扩张

苏珊·朗格论音乐作为生命的时间形式

各种乐曲——调性的、非调性的、声乐的、器乐的甚至单纯打击乐的，随便哪一种——其本质都是有机运动的表象，一个不可分割的整体幻象。生命组织是全部情感的构架，因为情感只存在于活的生物体中，各种能够表现情感的符号的逻辑，也必是生命过程的逻辑。生命活动最独特的原则是节奏性，所有的生命都是有节奏的。在困难的环境中，生命节奏可能变得十分复杂，但如果真的失去了节奏，生命便不再继续下去。生命体的这个节奏特点也渗入到音乐中，因为音乐本来就是最高级生命的反应，即人类情感生活的符号性表现。……音乐的最大作用就是把我们的情感概念组织成一个感情潮动的非偶然的认识，也就是使我们透彻地了解什么是真正的“情感生命”，了解作为主观整体的经验。而这一点，则是根据把物理存在组织成一种生物学图式——节奏这样的一种相同的原则做到的。*

* ［美］苏珊·朗格：《情感与形式》，145～146页，北京，中国社会科学出版社，1986。

由此可以说，作为审美活动之符号形式的时间样式，其本性是人的生命时间开启并成为生命时间的符号化表现。审美活动中的节奏、旋律和命运等表现形式，在本质上都是生命展开的时间形式的符号表达。音乐是这种生命的时间形式的最经典体现。时间样式作为“有意味的形式”，其意味就是生命的时间展开。

（二）空间样式及其本性

与时间样式相对的，是空间样式。

1. 什么是空间样式

所谓空间，就是事物在长、宽、高三个维度中聚集为一个整体而存在并同时呈现的样态，它是事物停止其变化而突然定格在那里所获得的呈现状态。它是静态的呈现和展开，而非动态的呈现和展开。

所谓空间样式，就是符号形式的构成和展开采用空间展开的样式，并且把一切属于在时间中展开的东西都压缩和转换在空间范围内来呈现。为了把事物凝聚在一个静态的空间中加以整体呈现，空间的形式组织样式往往选择最具表现力的一个顷刻，把一切要表现的、要呈现的东西浓缩在这一具有表现力的顷刻来加以同时呈现。因此，它也就形成了时间的形式组织样式所不具备的空间张力和视觉冲击力。

空间并不是虚空。一个空间的形成，意味着使一个事物凝固成境域并突出出来。这里所说的凝固意味着它拥有确定的、不可动摇的体积，这体积又处于属于它自身的场所，也就是说某个场所是专属于这个体积的。所谓的“突出出来”，一方面意味着必须从与它关联的周围事物中分离出来，另一方面又意味着在分离的情况下保持一种有机的联系。这种联系并不是使事物与其他的事物融合起来，而是处于因其独立所形成的“应力场的效应”之中。因此，空间呈现意味着首先有一个形体或体积突出出来，同时意味着这个被突出出来的形体或体积与周围事物有间隔作为边界，即有形的形式有着一个空的空间作为补充。但是被突出出来的形体的形式绝对地支配着这个空的空间。这个空的空间属于它而且只属于它，事实上，它也是形体或体积的一个部分。这样，有形的体积本身似乎与周围的空间有着一种连续性，不论形体本身有多大，都与周围空间组成了一个整体，即一个有着生命的形式——空间形式。

因为空间呈现是一个体积聚集起来作为一个整体一下子呈现的，它就必须把在时间中不断变化的部分浓缩和凝固在定格的一瞬间，以便作为一个整体呈现出来，所以它不是按照时间序列呈现的。一个在时间序列中呈现的东西，在空间中只能转换或压缩为一个体积才能呈现。这样，它就放弃了时间，也因此不能直接表现连续运动的事件。此外，空间样式具有同时呈现的特点，这就是它把所有的应该呈现的东西，都压缩为同时呈现或共时呈现，不管事实上它是怎样的。这也就使空间呈现在表现时间变化中的事物时比较困难。中国古代有所谓“手挥五弦易，目送归鸿难”之说。意思就是说，画家要画手拨琴弦弹奏的动作比较容易，但要把“目送归鸿远去”的情景描绘下来，就非常难。原因就在于，“手挥五弦”可以做静态处理，但“目送归鸿”却是一个动态的连续过程，所以绘画作为空间样态就很难描绘这个动态过程。

空间呈现样式的特点如下：一是同时呈现性；二是凝固性或静态性；三是时间性的东西被压缩为空间呈现的东西。这可以从“建筑是凝固的音乐”这句名言来得到理解。

符号形式的空间组织的样态，在雕刻中获得了经典的体现。大家看雕刻，就明确知道雕刻有一个具有自身体积的形体凸显在那里，它周围还有一个空的“限面”，使这凸显的形体与周围事物隔离。那个凸显的有长、宽、高的形体与周围的限面的“空”，构成了空间呈现的完整形式。我们也正是在这个形式中来领会雕刻的意义显现的。大家可以找一幅罗马仿作的希腊雕刻《拉奥孔》来看。拉奥孔是希腊神话中的人物。因为他违反了神界的律令，神就派大蟒蛇来把他和儿子缠死，以示惩罚。但《拉奥孔》的雕刻，却只能表现这个神话故事的一部分，而不能把这个故事全部表现出来。所以，雕刻家就选择了拉奥孔父子被蟒蛇缠死前那最具表现力的瞬间来加以表现。通过这一最具表现力的瞬间，我们就能了解这个神话故事的全部。这就是雕刻的空间表现的力量，但也是它的限度。图 6—6 是 20 世纪初未来派时期的杜尚的《下楼梯的裸女》。在画中，画家为了表现下楼梯这个动态的时间过程，把裸女的身体进行了分解呈现，以使空间的画面也具有时间表达的可能性。但就这个画面本身而言，它还是平面空间，其中的时间因素只是被暗示出来的。

图 6—6　杜尚《下楼梯的裸女》

2. 空间样式的本性

同样，对形式进行空间呈现的样式，它也不是来自于自然的空间本身，而是本源于人的存在性展开，也就是说，人的存在性境域本身就是空间性的，即人的存在总是在某处，总是身处某处。这种“在某处”、“身处某处”的展开开启了空间的基本形式，形成了人的空间知觉方式。那么，人的存在性境域的展开如何开启了空间形式呢？

我们先来看一棵树的“空间”。一棵树必有一个处所，占一块地，树干、树冠构成一个长、宽、高的三维体积。这是一种真正的物理空间。这样的空间没有什么意味，因为树本身并不对周围事物构成“应力场”的聚集和召唤。但是，人在其存在性的展开中，在其“去成为什么”的过程中，不断地进行着将自己交付出去、投射出去，并构成着与周围世界之间的“澄明的显身敞开”的交互呈现。正是在这种“澄明的显身敞开”的交互呈现中，不仅人自身得到了呈现，事物也得到了呈现，而这种交互呈现就会聚成了一个个存在性的境域。每一个这样的存在性境域的生成，都意味着一个敞开呈现的“场”，以及这个“场”对事物既聚集又分离的过程。就其对事物的聚集而言，它把事物向一个澄明的纯粹形象方向凸显出来，将它把握为一个独立的整体呈现的形象；就其对事物的分离而言，它把事物与周围环境区分开来，从而形成了间隔的“应力场”。同时，在这样的“澄明的显身敞开”中，人自身的生命展开投射在了其中，并与事物的形象凝聚烙印在一个统一的整体的空间形象中。这就使得空间成了一个非物理的生命显现的空间形式。

据此，作为显现的空间呈现样式，其本性就是人的历史性展开的境域凝结，它是一种生命的空间形式。空间并不是物理的事实，也不是自然的事实，而是人的历史性展开所开启的“场域”。也就是说，人的历史性展开不仅开启了时间，同时也开启了空间。人的历史性展开的空间，就是其时间性展开的某个瞬间的存在。当人的存在性境域的显现活动向形式凝结时，其当下的凝结就是一种显现的空间。而在这样的空间中，就蕴涵着生命的投射和呈现。

因此，对形式的空间样式组织，就是由人的存在性境域的展开所生成的一种呈现样态。审美活动的形式组织的空间样态，就是在这里获得了它的本源和生命。所以，观赏空间样式，并不是观赏物理的空间，而是进入生命的空间形式。

知识版图扩张

从中国园林看建筑作为生命的空间形式

中国古典园林是体现建筑空间张力美的最好范例。“园”本身就意味着通过“围合”以形成空间。中国园林尤其注重于“围合”与“开放”之间张力的有机组建和创造。漫游和观赏中国园林，你会感到空间的动静交织，围合与开放互渗，虚实相生的奇妙创造。中国园林是由亭、台、楼、阁、榭、轩、廊、斋、馆等园林建筑样式与自然之山、水、石、花、木、草、藤等景物复合而成的空间，这正是人的在世存在的境域象征：亭、台、楼、阁、榭、轩等建筑形体象征着人的坐、卧、行、观；山、水、草、木则是自然的象征。

园林建筑学家陈从周说，园有“静观”和“动观”之分：大园以“动观”为主，“静观”为辅；小园以“静观”为主，“动观”为辅。无论是游园还是居于园中，园林的建筑空间本身就给人造成一种“游观”的动静结合的变幻美，或小驻凝神，或移步景异，或以内观外，游心荡漾，或以外观内，如窥仙界。它园中有园，院中有院，通过或墙、或山、或树木的隔离与围合形成固定的空间组合，而把这些固定的空间组合起来，使它们互渗、互通，并在变动中相互关联起来的则是两种线：一是或廊、或桥的连接线；二是或窗、或轩所开启的视线。廊、桥都是线性的，它们引导人的足迹从这个空间移到另一个空间，从而在空间的难以预料的变换中体会到时间的动态，这是实的勾连。窗、轩所开启的视线，则使从一个视点可以看见另外一个“内部”，从而使内外处于空灵的沟通之中，这是虚的沟通。此即中国建筑中特有的“借景”。总之，古典园林“园亭楼阁，套室回廊，叠石成山，栽花取势，又在大中见小，小中见大，虚中有实，实中有虚”（沈复《浮生六记》）的空间形式，正构成了人的存在性境域的空间象征。

审美活动的空间组织样式，在雕刻、绘画、建筑中居于支配性地位。它们的符号形式的结构、张力和平衡等，都是空间样式的体现。差别只是，雕刻、建筑的空间组织是三维的，而绘画是二维的。

（三）语言样式及其本性

审美活动的呈现样式还有一种，这就是语言样式。语言是人类最主要的符号形式。

1. 什么是语言样式

语言样式，就是将词语按照语言组织的规则加以组织，以呈现和构建意义呈现的样式。在所有的形式组织的样式中，语言样式是最复杂的，它既不是时间样式，也不是空间样式，而是一种可称作语言的组织样式。这种语言的组织样式与语言的本性有关。

语言并非我们随意操纵的使用工具。语言的原初本性属于道说，即将事物或内在情感以词语的方式说出或表达出来。语言在其发展过程中，首先是原初的诗性的语言，在此时期，词语不仅代表事物，而且就是事物本身，甚至比事物本身还要真实。当人类的理性发展起来后，才出现了理性化的语言表达，这就是逻辑语言。但是，在逻辑语言发达起来后，原初的诗性语言并没有消亡，而是保留在了艺术的言说中。因此，审美活动的表达方式，在这种诗性语言中得到了极大的保持和发展。阐述并理解这种诗性语言的组织方式，是美学的重要任务。

就诗性语言本身而言，它对其具体的词语的组织是通过两个组织原则来进行的：一是横组合关系，二是纵聚合关系。所谓横组合关系，就是一个个词语按照先后次序组成意义呈现的句子单位，然后再按照前后顺序组织成上下文。比如在英文中，“玫瑰花是红的”这个句子，“玫瑰花”是句子的主词，“是”是系词，“红的”是“玫瑰花”这个主词的谓词，这样就构成了按照前后顺序出现的横组合关系。但是，在语言的有意义组织中，按照横组合关系所组织的意义呈现，从来就不能单独或独立地构成意义的完整表达。比如，在上面所说的句子中，要确定“玫瑰花”一词的意思，这个横组合的句子本身是不能完成的，要确定“红的”是什么意思，这个句子本身也不能完成。这个时候就需要那些在句子中没有出现但又在语言的差异区别系统中存在的其他词来确定。如要确定“玫瑰花”的含义，就得在诸如“百合花”、“刺梅花”、“郁金香”、“牡丹花”等众多的对“玫瑰花”构成差异区别的词汇系统之中，对“玫瑰花”进行确定，这样才能确定“玫瑰花”的含义。同样，对“红”的确定，也得在诸如“绿”、“蓝”、“紫”、“黄”等对“红”构成差异区别的词汇系统中进行。这就是纵聚合关系。所谓纵聚合关系，就是用在句子中没有出现但在语言中存在并对已在句子中出现的词汇构成了差异区别系统的其他词汇，来确定已出现在句子中的词汇的意义的语言组织原则。纵聚合关系虽然在我们组织句子或说话时并不是每时每刻都能为我们所意识到，但是它却是确实存在的。这表明，语词的意义既不能由它本身来定义，也不能由它所出现于其中的整个句子来定义，而是要由语言的整个差异区别系统来定义和确定，虽然这个差异区别系统本身既不在句子的语序中直接出现，也并不每时每刻为说话者所意识到，但恰是这个隐蔽于整体中的差异区别系统规定和组织着语言形式的意义呈现。

在语言的审美形式的组织和呈现中，横组合关系和纵聚合关系都同时在发挥着作用。但是在审美的语言组织样式中，纵聚合关系发挥着更为重要的或者核心的作用，甚至可以说居于支配的地位。这就是文学的语言的组织形式总是有“言外之意”、“弦外之音”的缘故，也是文学语言的呈现形式形成了自身的隐喻性和象征性的缘故。在诗歌的语言组织中，纵聚合关系尤其占主导地位。诗歌的语言组织主要是通过诸如对仗、韵律等方式，把横组合关系投向纵聚合关系中来加以呈现的，同时把本来不能出现的差异区别系统直接带入到语言的呈现中。这里，大家看杜甫著名的《登高》一诗，就可以很清楚地了解诗歌语言形式的这一特点。

理论释例

从杜甫《登高》看审美的语言形式的组织

风急天高猿啸哀，渚清沙白鸟飞回。
无边落木萧萧下，不尽长江滚滚来。
万里悲秋常作客，百年多病独登台。
艰难苦恨繁霜鬓，潦倒新停浊酒杯。

杜甫这首诗最独特也最为人所称道的，就是诗中句句对仗。诗歌用对仗，所依据的就是语言的纵聚合关系，它不仅把本来按照时间序列排列的事物，即应按横组合关系组织出现的东西，投射到了空间的同时呈现之中，而且还把本来不在场的事物，带入了一个同时性的空间。同时，由于诗歌中的韵律，也使本来在横组合中不可能出现的事物，也由于韵律同一性要求而进入了同时呈现之中。这里，大家要清楚，诗歌语言的对仗和押韵，都是语言的纵聚合关系的体现。这样，这短短56个字，就写出了一个“观古今于须臾，抚四海于一瞬”、“挥万里而无阂，通亿载而为津”、“寂然凝虑，思接千载；悄然动容，视通万里”的廓大意境。这就是诗能够以小见大、以少胜多的道理。大家通过这首诗，就可以了解所有的诗的语言呈现，也可以理解文学的语言呈现的独特方式和魔力。

理解上述诗性语言的组织方式，理解诗性语言的组织样式，大家还可以从这样的特点来把握，即对于诗歌、音乐或者任何以纵聚合关系占主导地位的诗性文本，人们的阅读或接受的过程是通过纵向阅读来进行的，而不是通过句子前后顺序阅读和接受的。在这样的诗性文本中，对仗、韵律以及隐喻等都会打断语言的逻辑性，把语言的组织引向隐喻的而非逻辑的阅读和理解中。

因此，语言呈现的组织样式，就形成了一种横组合与纵聚合的交叉呈现样态。我们对语言组织样式所形成的文本的阅读，也是根据这样的组织样式来进行的。没有一个人在读一个诗性语言文本时，只按照横组合的句子来理解。也正是因为如此，文学的语言呈现都具有象征性或隐喻性。即使是小说、散文等叙述性语言也是如此。

2. 语言样式的本性

要弄清楚语言样式的本性，必须先知道语言的本性。

先看语言的本性。

我们通常认为语言只是人进行交流和表达思想的工具，它就像城市中的公共交通工具一样，可以随手取用，也可随手丢弃，它是完全由我们的意思摆布的。其实这是一种错误的看法。也正是在这样的错误看法下，我们失去了对语言本性的认识。

语言从本源上，也同样诞生于人自身的存在性境域的呈现之中。语言的起源并不是人认识了事物并给事物一个确定的符号而产生的。语言形成的最初过程是“命名”，但“命名”并不是给它一个单纯的约定俗成的标签式的符号。相反，“命名”诞生于人对事物的开启。当人在其自身的存在性展开中，与事物在“澄明的显身敞开”中交互呈现时，就开始了事物在“澄明显身”中向符号形式的聚集和凝聚，这种聚集和凝聚就是显现、呈现，就是无声的道说。而这种显现的无声道说所凝聚的符号形式就是词语。在这种原初状态，词语不是代表事物，而是就是事物，词语与事物之间是一种完全同一的关系。由于词语来源于事物在呈现中向符号形式的凝聚，符号或词语就使得事物获得了一个持驻的、牢固的形式。因此，不是事物给词语以形式，而是词语赋予事物以形式。这样，事物才摆脱了其杂多的混乱堆积，获得了清晰的、牢固的、确定的符号定位。因此，《庄子·齐物论》中说：“道行之而成，物谓之而然。”意思是说，本源的道在阴阳的运行中造就自身，而万物则是在语言的道说（“谓”）中获得确定的、澄明显现的形式。大家从这个“物谓之而然”中就能体会到语言的魔力。

由于命名的词语把事物从混乱和杂物的堆积中解放出来、显现出来，并使事物获得了是其所是的符号形式的呈现，词语在本质上就是把在“澄明的显身敞开”中呈现的事物聚集于自身的形式，事物因此而获得了一种更本质的存在。在原初的语言中，事物的显现不是单纯地与词语结合在一起，而是浓缩、聚集在了词语之中，词语吞没了事物，成为一种比事物本身更真实的存在。因此，德国哲学家海德格尔说：“唯有词语才让一物作为它所是的物显现出来，并因此让它在场。”① 词语的命名将事物带入到敞开显现之中。这些作为事物之本真呈现的词语，在最初的时期并不是凭借逻辑获得的，而是凭借人的存在性展开的显现活动获得的，这就使得一个事物的词语形式的显现凝聚与另一个事物的词语形式的显现凝聚，不是按照理性的逻辑分析而确定的，而是按照显现本身来建立的。这样，也就使得事物的词语显现之间的关系不是逻辑的，而是呈现的关系，即各自独立地并列在一个庞大的语言库中，这就构成了语言组织中的深层的纵聚合关系。正是在这个意义上，原初的语言是本源性的诗。

只有到了后来，语言才从这种诗性的呈现中摆脱出来，词语组织才获得了逻辑的组织关系。这样，才产生了作为思想工具的理性语言或推论性语言。但是，在人类审美活动的显现中，原始语言的诗性特征却得到了保留，并成为人的存在性境域的显现活动的最主要的呈现样式。

因此，语言的本性是本源性呈现，是表现，是诗性的说。

由这种语言的本性，我们来看语言的组织样式的本性。

我们已经说了，语言的形式组织是按照横组合与纵聚合关系的十字交叉状态进行的。在审美活动的语言呈现的形式组织中，则是纵聚合关系主导了对横组合关系的抑制。这就说明，作为审美活动的符号形式的语言组织，保持着语言的原初本性，即语言是一种本源性的呈现，是诗性的言说。这就是审美活动的语言呈现形式具有诗性、诗意的缘故。

理论释例

从马致远《天净沙·秋思》看语言的显现

枯藤老树昏鸦，
小桥流水人家，
古道西风瘦马。
夕阳西下，
断肠人在天涯。

整个作品是由并置的12个意象构成的，枯藤、老树、昏鸦、小桥、流水、人家、古道、西风、瘦马这9个不同的意象首先以一种并置的关系呈现出来，这9个意象各自独立，但当它们并置在一起时，却由一种自然显现的关系构成了一个荒远、古朴、寂寥的景致。接着在这个荒远、古朴的景致上，出现了一个笼罩一切的第10个意象——“夕阳”，将整个景致都笼罩在了日暮思归的气氛之中。最后，在这个整体的、笼罩性的背景中，第11个意象——“断肠人”——被推了出来。但是这个“断肠人”并不是要投“小桥流水人家”而去，而是处于第12个意象——“天涯”之中。这个意象一下子就把已经接近“人家”的“断肠人”置于了前路茫茫的更大背景之中。

① ［德］马丁·海德格尔：《在通向语言的途中》，137页，北京，商务印书馆，1997。

这首元曲中没有用任何的逻辑词语来将这12个意象勾连起来，每个意象直接呈现了一个独立的直觉意象，而且这12个意象都只是由词语呈现的，这些词语并不是概念，而是直觉符号，它们是与12个意象重叠合一的。当这12个直觉符号所呈现的12个直觉意象并置在一起时，一个意味无穷的意境就生成了。这就是语言显现的魔力。

语言本源于显现，在审美活动中，作为符号形式的语言也是为了显现。语言是作为显现的“介质”的最纯粹形式。因此，审美活动中的语言符号形式，不是走向抽象推论的逻辑语言，它并不进行分析、推论，而是持驻于原初的直接呈现本身，即词语本身就作为事物的直接的纯粹的显现而守护于自身。作为审美活动的符号形式的语言形式，它通过纵聚合关系的支配地位，把横组合关系的逻辑打破，使每个作为纯粹显现的词语得以保持，从而获得诗意言说的主导地位。这尤其在诗的语言中得到了最大的发挥。

二、显现形式的组织原则

审美活动的符号形式的显现形式，除了“介质”层、显现形式的组织样式层外，还有一个重要的层面，这就是显现形式的组织原则。所谓显现形式的组织原则，就是审美活动的形式将介质、不同的形式元素、组织样式等熔铸在一起，从而构成“有意味的形式”的最高原则。这些原则是存在于所有审美活动的形式创造中的。它们是“多样统一原则”、“格式塔原则”和“气韵生动原则”。

（一）多样统一原则

所谓多样统一原则，就是在形式的熔铸中要把各种不同的元素、各个不同的方面统一为一个整体，但又要体现整体中不同元素和不同部分的变化，既有多样性，又有统一性和整体性。因此，多样统一原则就是一种由多样性和统一性部分与整体构成的相辅相成、辩证综合的构形原则。比例、对称中的不对称、和谐中的不和谐、动与静、虚与实等构形规则，都属于多样统一的原则。

审美形式构成的多样性是由人的存在性境域的显现本身决定的。因为，作为审美活动之根基的人的存在性境域，就是一个复杂的多元综合“场域”。即使是某一个存在性境域，要弄清楚它包含多少因素，也是困难的。这也就是围绕着“澄明的显身敞开”而构成的存在性境域作为直觉体，是不可能进行理性分析的缘故。一旦落入分析，就会失去它的直觉特性和魅力。也就是说，存在性境域的显现作为一个直觉品，它本身就是不可穷尽的。单就显现形式本身而言，构成显现形式的元素和“介质”，也不可能是单一的，而是丰富和多样的，即使是组织形式，也有时间样式、空间样式和语言样式的区别。比如，一首小提琴独奏曲，虽然它是由小提琴奏出的，但每一个音响又都是不同的，在音高、音色等方面会有多种变化。再比如，中国的水墨画，虽然只有黑白两色，但墨本身的浓淡却可以产生“墨分五色”的多样性效果，再加上墨的干、湿、焦变化，又使墨有了独特的质感，还必须考虑宣纸的物的物性，它在落墨之后所出现渗的诸多变化等，这是造成多样性的又一个方面。就人的审美活动而言，人的审美活动是在变化中进行的，也是在变化中不断创造的，因此不可能是单调、单一的。英国美术家荷加斯就认为："人的全部感觉都喜欢多样，而且同样讨厌单调。耳朵讨厌一个音响接连不断地重复，正如眼睛死盯住一点或一直注视一面秃墙会感到讨厌一样。"① 同样是线条，人们不喜欢直线，而喜欢弧线和曲线，就是因为弧线和曲线比起直线要富于变化和多样性，这是构成多样性的又一个方面。

但是，多样性又必须是有组织的多样性，没有组织和整体和谐的多样性，就会产生混乱、杂乱无章，不会形成"有意味的形式"或生命形式。因为，存在性境域作为一个显现的直觉整体，它本身就是一个统一的、有机的生命"场域"。统一就意味着要将不同的元素、不同的介质熔铸为一个有机整体。如果多样性只是杂多，而不能够获得一种变化中的统一、统一中有变化的整体，那么都不能构成显现的形式。

因此，多样统一就意味着，它不是不同元素、不同介质、不同的组织原则的简单相加和拼接，而是一种有机的统一。所谓有机统一，就是每一个独立的元素既保持其相对的独立性，以形成变化，同时又要服从整体的构造，每一个独立的元素都要在整体构造中获得新的位置、解释和规定，这样，整体构造就会超越局部而进入一个新的境界。这就是我们常说的整体大于局部的相加。

（二）格式塔原则

关于格式塔原则，我们分两个方面来分析。

1. 什么是格式塔原则

格式塔原则，又称作完形形式原则，它是由 20 世纪的格式塔心理学提出来的。格式塔心理学在研究人的知觉经验的过程时，发现人的知觉有一种天赋的倾向，这就是它先天倾向于将知觉经验把握为一个完整的形式，无论这个经验本身是什么样子的。换句话说，就是人的知觉本身就有一种天赋的建构完整形式的力量和倾向，这种天赋的建构形式的力量本源地倾向于把对象把握为一个整体，这个整体大于它的元素的相加和各部分的总和。同时，如果对象的某些方面或局部看不清或者有缺陷，人的内在的格式塔力就会通过弥补而建构完整的形式。这就意味着，完形倾向或格式塔原则是人自身进行形式构造时的一种独立的形式原则，它与对象本身没有关系。比如大家看"断臂维纳斯"，那两个残缺的胳臂并不影响我们对这个希腊神话女神的美的欣赏，因为，我们每个人都会依据自己的知觉中存在的格式塔倾向，将缺失部分"补充"上，以构成一个完整的、美的形体。同样，如果将一个人的半边脸遮住，让你只能看到另一半，那么，你会毫不犹豫地用你自己的知觉经验，将被遮住的一半"补"上，这样，你就"看"到了一张完整的脸。这就是格式塔原则。

---

① ［英］荷加斯：《美的分析》，26 页，北京，人民美术出版社，1986。

知识版图扩张

格式塔心理学

格式塔心理学是20世纪初，德国心理学家韦特墨（1880—1943）、考夫卡（1886—1941）和苛勒（1887—1967）共同倡导的一个心理学流派。第一次世界大战之后，这三个人物分别移居美国，就将格式塔心理学运动带到了美国。1940年考夫卡出版了《艺术心理学问题》，对艺术活动中的格式塔心理进行了探究。但格式塔心理学在美学领域的主要代表人物则是1940年移居美国的德国心理学家鲁道夫·阿恩海姆（1904—2007）。阿恩海姆的主要著作有《艺术与视知觉》（1954）、《中心的力——视觉艺术中的构成研究》（1982）等。

格式塔心理学所要解决的是一个非常简单的知觉心理问题：我们是怎样感知事物的？在格式塔心理学之前，心理学一般认为，人是通过将不同的感知因素结合起来，最后才形成一个完整的感知对象。比如，窗外的这棵白杨树，传统的知觉心理学就认为，我们是把我们所看到的不同知觉元素——颜色、形状、亮度等，综合起来，才有了对这棵白杨树的完整的感知。但是，我们对窗外这棵白杨树真是这样感知的吗？

格式塔心理学经过实验研究发现，我们并不是一点点把感知到的不同元素综合起来，才形成关于这棵白杨树的完整形象的，而是一下子就把这棵白杨树直接把握为一个完整的树的形式。格式塔心理学根据这样的实验研究，提出了这样的基本观点：人的知觉本身具有一种先天的整体性，它倾向于把事物一下子就直接把握为完整的形式，而不是先把事物分开来进行感受，然后再把这些分散的、分离的元素综合起来。

格式塔心理学通过实验证明，人的知觉活动从来都不是简单地接受事物的刺激，也不是知觉一点点积累起不同的感受，最后再把这些感受结合为一个事物的整体。相反，在人的知觉中，先天地就有一种“形式意志”，这“形式意志”不仅使我们直接把事物把握为一个整体，而且这种先天的“形式意志”本身还赋予事物的混乱的材料以形式，即对感觉材料进行组织和组合。

一旦人的知觉中的这种“形式意志”已经将事物组织成了一个完整的形式，那么，这个完整的形式就具有格式塔的独特性质或品质，它会形成自己的独特的“场”，这个“场”划定自己的范围，排斥任何破坏这个“场”或形式的完整性的元素介入。我们一旦感受到了这样的格式塔“场”，就能具有关于形式是否完满的基本概念，就会清晰地把握到一个画家是否把握了这个“场”，我们自己的创作是否完整地表达了那个格式塔。

格式塔心理学家阿恩海姆认为，有两种格式塔形式：一种是物的物性的格式塔，它是事物本身中各种力量相互作用的结果，即事物中虽然有各种力量相互作用甚至冲突，但这种作用和冲突并不是倾向于将该事物瓦解，而是倾向于将该事物组织成为一个整体，并使该事物成为其自身；另一种格式塔则是天赋地存在于人的感受系统中的格式塔，即人的感受系统有一种本性，倾向于以其能动性将纷繁的对象把握为一个均衡的、完整的整体，而不是倾向于将其瓦解或肢解。这两种格式塔倾向在形式的构造中是相互作用的。一个完形形式是在这样两种格式塔倾向的相互作用中形成的。这样，他认为，成为一个完整的形式或格式塔形式，是世界上一切事物显现或人的显现的总体目标或终极状态。如果中间出现一个不完整的、不平衡的构图，或者一个因素位置不对，那么这个事物或构图看上去就是短暂的、偶然的和病弱的，它的组成部分就会显示出一种隐蔽的趋势，极力要改变自己的位置或形状，以便达到一个更加合适、适称的整体结构状态。

图 6—7 是一幅有趣的兔一鸭图，初看觉得它是兔子的图像，但再一看却可能是鸭子的图像。这幅图曾引起 20 世纪许多哲学家的讨论。当你把它看成兔子时，构成鸭子的某些因素就被压抑了；而当你把它看成鸭子时，构成兔子的某些特征就被压制了。而你绝不会把它看成是一个鸭兔怪兽的。这其中就有你的格式塔倾向在起作用。

因此，格式塔倾向就构成了形式铸造的核心原则。

图 6—7 兔一鸭图

2. 格式塔在形式组织中的作用

格式塔原则的作用主要体现在如下几个方面。

第一，格式塔将决定如何对事物进行简化。也就是在赋形活动中，在存在性境域的显现活动中，事物向呈现形式的凝聚必然是一个简化的过程，但如何进行简化、简化什么和不简化什么，这并不取决于事物本身，而是取决于显现将事物的本质向形式聚集的格式塔或完形需要。也就是说，格式塔只是对那些事物的本质向形式凝聚的方面进行组织，并把非本质的方面简化掉。由此，格式塔最后完成的就是一个事物显现的完整形式，而不是它的抽象的本质，但这个完整的形式却是本质的凝聚。

第二，格式塔为形式的熔铸提供一种“向心力”或“中心的力”，这种“中心的力”确定、规定一个完整的显现形式的界限、边界和轮廓。因为，事物在现实中是连续地关联在一起的，它们之间并没有一个固定的边界和界限，那么，如何才能把一个事物从周围的事物中区分出来呢？如何对有价值的因素进行选择和组织，并把不相关的东西排除在外呢？这就需要对界限、范围进行规定。比如，你要画一幅风景画，或你要拍摄一处风景，在你面前有一大片自然环境，你到底取什么、舍什么，如何给你所要画的或拍摄的风景确定一个界限呢？这就需要格式塔来进行直觉的规定，而不是由理性的计算来进行规定。这是每个有艺术创作经验的人都有的体会。格式塔倾向本然地规定了如何划界、如何选择、如何组织以及组织到什么样的一个状态，就是最完美的或最有意味的。

第三，格式塔本身规定形式表达或铸造所应达到的目标和境界，它以直觉的方式告知我们的赋形活动如何去组织各种因素，如何进行导向意义充足表达的语义组织，如何去形成一个完整而生气充盈的“有意味的形式”。正是格式塔的这种“预先告知”，使得在赋形活动中能够知道什么地方不足，什么地方有缺陷，什么地方“感觉不对”，直到把赋形活动引导到最终的完成。一个画家画出他作品的最初样式，并不断进行修改以臻于完美。那么，是什么力量引导他在绘画中进行这样的落笔而不是另一种落笔？是什么力量引导他把某种因素按照这样的方式画而不是按照别的样式画？又是什么力量引导他、启示他进行这样的修改而不是别的修改？又是什么力量告诉他他的画已经完成或尚未完成呢？这一切都是在格式塔原则的指引下进行的。

第四，每一种格式塔都有一个独特的性质，这个独特的性质就规定了一种完整的形式的独特价值，这使它获得了与别的形式显现不同的意味。我们把这种具有独特价值的格式塔称作“优格式塔”。阿恩海姆说：“一种优格式塔具有这样的特点：它不仅使自己的各部分组成了一个层序统一，而且使这统一有自己的独特性质。对一个优格式塔作任何改动势必改变它的性质，而如果这种变动属于次要的方面，这格式塔势必退化。什么样的变动又是主要的，什么样的变动又是次要的呢？要决定这一点决不能脱离格式塔。”①

其实，格式塔是人的存在性境域的呈现活动本身所具有的一种构形力量和倾向。我们前面说过，审美活动作为人的存在性境域的显现活动向形式呈现的凝结，它本质上是一种意义生成事件。作为意义生成事件，它本然地倾向于将呈现的形式组织成为一个完整的形式或者“有意味的形式”，而不是将其置于混乱之中。这即是说，任何一个围绕着“澄明的显身敞开”而生成的存在性境域，本然地具有一种格式塔质或意味。

格式塔原则在审美活动的赋形活动中起着积极的建构作用，在空间模式的构形中，它表现为对平衡与张力、对称与非对称、人的身体尺度与物的物性尺度的协调等的有效组织；在时间样式中，它表现为对断裂与连续、高与低等的有效组织；而在语言样式中，它表现为对仗、押韵、词性差异关系等方面的有效组织。

（三）气韵生动原则

“气韵生动”是中国古代谢赫所提出的“绘画六法”中的第一法，但它其实是所有赋形活动中对形式进行组织的原则，一切审美活动所进行的赋形活动所熔铸的形式，在整体上都必须达到“气韵生动”，即它是一个有生命的组织，是生气灌注的。

---

① 转引自蒋孔阳主编：《二十世纪西方美学名著选》，下册，320～321页，上海，复旦大学出版社，1988。

知识版图扩张

谢赫与“气韵生动”

“气韵生动”，原来是由南北朝时期的南朝齐的谢赫最先提出来的。

谢赫在史书上没有记载，只有一卷《古画品录》流传下来。在《古画品录》中，谢赫共品评了27位画家，将他们分成了6品。在品评这些画家之前，谢赫写了一段“序文”，在“序文”中，他提出了“绘画六法”：

> 虽画有六法，罕能尽该。而自古及今，各善一节。六法者何？一气韵生动是也。二骨法用笔是也。三应物象形是也。四随类赋彩是也。五经营位置是也。六传移模写是也。

谢赫在这里所提出的“绘画六法”，虽然用字很少，但却说出了一个清晰完整的轮廓，构成了关于绘画理论的一个朴素的系统，为中国绘画理论奠定了基础。谢赫的“绘画六法”提出后，被后来的许多画家和画论家、绘画史家所肯定，被认为是“六法精论，万古不移”。

虽然“气韵生动”在谢赫这里只是绘画的一法或原则，并且主要是针对当时占主导地位的人物画提出的，但它却道出了审美活动中形式显现的根本：人的存在性境域的显现活动向显现形式的凝聚所形成的符号形式，必须是生动的、活生生的形式，即一种生气灌注的、有自身生命的形式。这是中外艺术概莫能外的。所以我们用它来描述这样的“形式组织原则”。

当然，如何解释“气韵生动”，历史上有许多争论，大家有兴趣可以查阅。

所谓“气韵生动原则”，就是形式的构造不仅要多样统一，要是一个格式塔的形式，同时也必须是一个各部分具有一种活生生的关系的形式，使形式仿佛是一个有自身生命的活的形式。它意味着事物的形与神、事物的神与人的神要相互贯通，意味着“应目会心”、“神与物游”、心与形冥化为一的状态，意味着在形式的组织中没有生硬的、牵强的连接，没有死板的、僵化的组织。其中所谓“气”，就是生气，就是要“生气灌注”，要有活的脉动。所谓“韵”，就是神韵、灵韵，就是符号形式要像一个有自身的灵魂的生命体。一个“气韵生动”的符号形式，就是要神气内充，灵光外发，成为一个神圣的、独一无二的独立自足的“有意味的形式”。中国北宋画家对“气韵生动”做了这样的解释：

> 气韵本乎游心，神采生于用笔，用笔之难，断可识矣。……所以意存笔先，笔周意内，画尽意在，像应神全。夫内自足，然后神闲意定，神闲意定则思不竭而笔不困也。（郭若虚《图画见闻志》卷一）

在“气韵生动”的形式面前，观赏者不会感到堵、隔，而会游心其中，感到自己的生命与这显现的形式之间有着共同的呼吸、生命的律动，有着同样的自由，仿佛置身于自身生命最和谐的、最怡然的状态。

"气韵生动原则"应该看作显现形式组织的最高原则，因为，人自身的存在性展开就是一个将生命活力贯穿于所有领域的过程。大家可以通过郑板桥的《墨竹图》（见图6—8）来体会这种气韵生动的原则。

图6—8 郑板桥《墨竹图》

以上我们讨论了显现形式的组织原则，这些组织原则构成了一个完整的系统，"多样统一原则"关注的是不同元素之间如何统一成为一个整体，"格式塔原则"关注的是不同元素形成统一整体的内在根据是什么，而"气韵生动原则"关注的则是形式组织中如何能够具有生命的意味，如何成为自身有生命的形式。这样，三个组织原则层层递进，形成一个连贯的符号形式组织的系统。

这样，我们对作为审美活动的符号形式显现，作了系统阐述。审美活动的符号形式显现，其根基和动力，就是人的存在性境域向符号形式的凝聚；这种符号形式的凝聚，首先要通过某种"介质"，这种"介质"必须是对某种物的物性的开启才能实现；其次是在"介质"的基础上形成的符号形式的组织的样式，这主要表现为空间的、时间的和语言的三种样式；再次是在"介质"和组织样式的基础上形成"有意味形式"的组织原则，即多样统一原则、格式塔原则和"气韵生动"原则。

【思考题】

1. 过去的理论认为显现的形式只是外在的东西，而内容才是审美活动和艺术作品的核心，你接受这种理论吗？

2. 本章的观点认为人的存在性境域的显现活动是符号形式的本源。你认为是否存在着纯粹的形式，比如黄金分割律、曲线、纯粹的数的比例所形成的形式等，而审美活动显现的符号形式就是从这些纯粹形式来的？

3. 阅读徐志摩的《再别康桥》，或者戴望舒的《雨巷》，或者其他作品，看看你能否发现其中来自于其呈现形式的更为深长的意味。写一篇短文。

4. 你喜欢流行歌曲吗？如果喜欢，可根据你自己所喜欢的几首歌曲，写一篇短文，谈谈流行歌曲的显现形式与经典艺术的显现形式之间有无区别。

5. 西方的一位美术史学者说："达·芬奇的《蒙娜丽莎》并不是现实中的那个蒙娜丽莎。"你认为这个说法对吗？

6. 本章将显现的"介质"放到了非常重要的地位，你同意这种看法吗？你自己在创作作品或观赏作品时，是否很关注"介质"？

7. 找一个大理石雕像和一个铜铸雕塑，或选一幅油画作品和一幅宣纸水墨画，比较它们的不同"介质"，谈谈不同"介质"对作品显现形式的作用。可在课堂上进行讨论。

8. 在日常生活中，你是如何关注时间的？你能发现时间样式对你形成你自己的自我起着什么样的作用吗？此问题可在课堂上进行讨论。

9. 在你所居住的区域内，找一个园林或你喜欢的建筑物，实际游览一次，写一篇讨论其空间语言或样式的文章，描述你是怎样体验空间的。

10. 你在拍摄照片的时候，依据什么样的原则“取景”？你能发现你在拍摄时的“格式塔倾向”吗？

11. 找一幅你喜欢的绘画作品，譬如本书所附的郑板桥的《墨竹图》，谈谈你是否能从中体验到审美形式组织的“气韵生动”原则。

第七章

作为意义生成事件的艺术活动

导读烛光

前几年美国曾上演过一出叫作《艺术》的戏剧。剧中讲述了这样的故事：一个富裕的人在一个拍卖会上，用高得离谱的价格买下了一幅画。可是这幅画，除了画框和空白的画布外，上面什么也没有。这个人有一个愤世嫉俗的朋友认为这个人简直是疯了，脑子进水了。另一个对现代派艺术知之甚少的朋友则小心谨慎地说，说不定这幅画还真有玄奥的深意。这个买画的人虽然私下里对自己的行为是否是一个明智之举也很是拿捏不准，但他还是在朋友面前为自己买的这幅画极力辩护。在扣人心弦的高潮戏中，这个人给那个愤世嫉俗的朋友一支魔笔，问他敢不敢在这看似一文不值的画布上画上点什么。这时这个愤世嫉俗的朋友虽然并没有改变自己的看法，却大大地迟疑起来，拿不准是否应该在那上面画点什么。他的犹豫是来自这个上了画框的画布的离谱的价格，还是他开始觉得这空白画布说不定还真是件艺术品呢？最后为了维护自己立场一贯的荣誉，他拿起画笔，在那上面画了一个简笔画：一个滑雪者正从山脊上滑下，白色的画布成了雪，变成了可以辨认的东西。但是，他画上去的东西就真能使这个上了画框的画布成为艺术品吗？该剧就以“艺术是什么?”“朋友是什么?”这样的提问结束了。

艺术的定义问题，在20世纪变成了一个非常有趣的问题。这要从20世纪初未来派艺术家杜尚的一次绝妙的挑战说起。1917年杜尚到商店买了一个男用小便池，在上面签上“泉”和自己的名字，将它送去参加一个艺术展览。他的这个“艺术品”当然被拒绝了，但它也从此进入了艺术史和艺术理论思考史，成为一个标志性事件。此后，现代主义里面不断出现挑战传统艺术概念和范围的行为，出现了“反艺术”的艺术。从此，任何给艺术下基本定义的理论努力都变得摇晃起来。

针对这一尴尬局面，后来有人就干脆说：“艺术就是艺术家做的事情。”这不仅使艺术家的权力过大，而且还得对艺术家做出补充定义，这个定义才能使用。可是又如何定义艺术家呢？

到了20世纪60年代，美国艺术理论家阿瑟·丹图提出了“艺术界”理论，即认为艺术是由艺术圈里面的人根据某种理论——包括艺术史和艺术理论等——氛围来界定的。后来法国社会学家布尔迪厄也提出了进行艺术生产的“艺术场”概念，认为艺术并没有什么确定的本质，而是依靠这种“场域”的生产机制不断生产出来的。

当然，这个争论到现在还没有结束。不过，这里面向我们透露了一个基本的事实：既然那么多人认为艺术不可定义，那他们为什么还要努力给一个哪怕是开放的定义呢？看来，定义是一种认识的需要，也是实践的需要。

本章的立场，是把艺术看作由艺术家、读者和艺术品构成一个活动场域，这即是说，艺术就是艺术活动。但这个场域是围绕着什么来形成的呢？因为没有这个围绕的东西，任何场域都是不可能形成的。我们认为，把艺术家、批评家、艺术理论家、读者聚集在一起的核心，就是人的存在性境域的显现活动向形式的凝聚。这是一个既开放又有某种聚合力的理解。

现在，我们从审美活动的符号形式领域，进入审美活动展开的另一个重要方面——艺术活动领域。

艺术活动是审美活动展开的领域，甚至可以说，审美活动展开的最主要也是最经典的领域就是艺术活动。因此，这也正是有些美学家认为美学就是“艺术哲学”的缘故。

第一节 艺术的本性：存在性境域向形式的凝聚

◎追问“艺术”○美学理论史上对艺术的定义○“模仿说”○“再现说”○“表现说”○“载道说”○“创造有意味的形式说”○艺术的本源○对艺术本身的追问○艺术的本源是人的存在性境域的显现活动 **◎艺术的本性：存在性境域向形式的凝聚**○艺术的本性是存在性境域的显现活动向直觉形式的凝聚○艺术如何既关涉现实又超越现实○作为显现的艺术活动的展开环节

说到艺术，大家立刻就会想到音乐、绘画、雕刻、书法、建筑、戏剧、文学、电影等具体的艺术门类。大家都与艺术打过交道，或许许多人还从事着具体的艺术创作，如绘画、书法或摄影等。但是，什么是艺术呢？

一、追问“艺术”

为了弄清楚什么是艺术，我们先来看美学史上对艺术的追问以及对艺术的定义。

（一）美学理论史上对艺术的定义

在艺术发展史上和美学理论史上，人们一直努力想给艺术一个恰切的定义，这就形成了许多关于艺术定义的理论。这里仅列举其中较典型的几种。

1. “模仿说”

所谓“模仿说”，就是认为艺术来源于对生活的模仿，因此，艺术就是对生活和自然的模仿。这种观点认为，人有模仿的天性，比如儿童对大人的模仿，就是这种天性的体现；同时，模仿会给人带来快感。这就是艺术给我们带来快感的原因之一。这种观点在西方从古希腊的柏拉图、亚里士多德那里开始，一直流行到18世纪。在这期间，“模仿说”一直是西方对艺术的占主导地位的看法。

这种观点的合理性在于，它把艺术与生活现实紧密结合起来。缺陷是它忽视了艺术毕竟不同于现实生活，忽视了艺术的表现性和对生活的符号化聚集。同时，模仿的观念不认为人具有创造性，因为造化或神是唯一具有创造力的，人只有模仿造化，而不能自主创造。“模仿说”的第三个缺陷，就是它无法从“模仿”的机制内部获得一种资源，将艺术与现实生活有效区别开来。

2. “再现说”

“再现说”认为艺术就是对生活和自然的再现或反映。“再现说”主要流行于19世纪产生的现实主义艺术运动之中，它与19世纪发展起来的实证主义思想有密切的关系，同时它与“模仿说”之间也有千丝万缕的联系。这种观点认为，艺术是社会生活的一面镜子，应该去反映和再现现实生活，以便揭示现实的真实。这种观点把现实看作艺术唯一反映的对象，把艺术的客观真实性置于最高位置。20世纪中国的艺术观曾经受这一思想的影响，长期坚持“再现说”。

这种观点的合理性在于，它把现实生活作为艺术的根源，强调了艺术对现实生活应该承担的使命。但缺陷在于，它一直无法解决艺术如果只是再现现实生活，它又何以能够高于生活，又如何使艺术的创造性和对现实生活的批判成为可能。比如，人类生活有许多黑暗的、腐朽的时期，人类生活中也有众多黑暗的、邪恶的生活方面，如果艺术只是再现生活，它就不可能提供一种与现实的丑恶逻辑相反的超越逻辑，那么，只是再现这些黑暗、腐朽、邪恶的生活而不能超越它们或批判它们，艺术简直就是没有必要的了。这也就是说，“再现”本身无法提供一种自身内在的机制，使得艺术超越现实成为可能。为了弥补这个缺陷，“再现说”提出了一些补充条件，认为“再现”必须“源于生活”，又“高于生活”，要比生活“更典型、更概括、更本质”。但这些附加条件并不能从“再现”本身中诞生，它们必须由别的方面提供，才能有这么多的“更……”，这反而更充分暴露了“再现说”的缺陷。

3. “表现说”

“表现说”就是认为艺术不是对生活和自然的模仿，而是对人的内在精神、情感的表现。持这种观点的人认为，艺术在本质上是人的内心世界的外化，是激情支配下的创造，是艺术家的感受、思想和感情的共同体现。因此，艺术在主题上和本源上都是艺术家的心灵或心理的活动的表现，如果将外部现实或自然作为自己的主题或题旨，那也得经由艺术家的心灵而变成内心的经验，才能成为艺术。

“表现说”是在18—19世纪的西方取代“模仿说”而流行起来的。到了20世纪，意大利的克罗齐、英国的科林伍德和“精神分析美学”的观点，都属于“表现说”。克罗齐认为，艺术即直觉，直觉即表现。弗洛伊德的“精神分析美学”认为，艺术是人的无意识世界躲过理性的检查，偷偷实现自己的快乐原则的表现。这种观点严格说来，也是属于“表现说”的。

中国古代的艺术思想，基本上也可以说是持“表现说”的。中国诗学的开山思想就是“诗言志”；先秦的音乐理论也认为“凡音之起，由人心生也”；到了后来，又将“诗言志”扩展为“诗缘情”、“独抒性灵”等。这都可以看作一种“表现说”。虽然中国古代的“表现”思想与西方现代的“表现说”之间有差异。

应该说，“表现说”体现的是现代人的主体性意识，强调了艺术活动中人的主体创造的核心力量。“表现说”比起“模仿说”，可以说更接近于艺术的本性。但是如果过分强调主体性的表现，也会导致对艺术的误解。比如，并不是所有的情感表现都能构成艺术，孩子的哭闹、一个人的撒娇等，都可以说是情感表现，但它们都不是艺术。因此，“表现说”必须对“表现”本身进行进一步的界定。

总之，以上三种观点都是从艺术的来源上来给艺术下定义的。

4. “载道说”

“载道说”主要是从艺术的社会功能上对艺术进行界定，认为艺术的社会功能就是对人进行教化。西方和中国的古代，都存在着这样的看法。中国古代的儒家思想就认为“文以载道”，即艺术只是传“道”、解释“道”的工具。而这个“道”可以是自然之“道”，也可以是“王道”和人伦之“道”。

从艺术的社会功能上来解释艺术的，还有诸如“娱乐说”和“游戏说”。

无论是从“载道”来解释，还是从“娱乐”和“游戏”等功能来解释，都只是说明了艺术有这样的功能，但不能真正解释艺术。因为，艺术在社会上发挥什么作用，是社会对它的利用问题，与它本身的本性关系不大。

5. “创造有意味的形式说”

“创造有意味的形式说”是我们前面述及的克莱夫·贝尔提出的，而且在20世纪的西方很流行，被认为是“迄今为止”最好的关于艺术的定义。贝尔认为，唯一可以使我们称一件东西为艺术品的标志，就是它是一个“有意味的形式”，因此，艺术就是创造“有意味的形式”。如何创造“有意味的形式”呢？贝尔认为就是要进行简化和构图。所谓简化，就是对描写的东西进行删削，以便使其特征得到突出；所谓构图，就是要对被简化以后所剩余的元素进行安排，以便使其成为一个“有意味的形式”。因此他认为，所谓“有意味的形式”就是形式因素的组织和结构本身以及这些形式元素的组织和结构本身所具有的“意味”。但贝尔是矛盾的，一方面他认为“有意味的形式”就是纯粹的形式组织以及形式组织所产生的“意味”；另一方面又认为，“有意味的形式”最终呈现的是人的“终极现实”。因此，他其实是在“有意味的形式”与“表现论”之间徘徊。

“创造有意味的形式说”既不是从来源上，也不是从功能上对艺术进行界定，而是从创造的立场上下定义，应该说触及了艺术活动的本性，但如果把创造“有意味的形式”局限在形式因素的组织和构造上，就又会陷入形式主义。

后来德国美学家卡西尔和美国美学家苏珊·朗格等人主张，艺术就是创造“生命的符号形式”的观点，与贝尔的观点很接近，都是在“表现论”与“形式论”之间界定艺术的本质。

思想深呼吸

关于艺术的定义

关于艺术的定义，美国艺术史论家艾布拉姆斯在他的《镜与灯》中描述出了这样一个相关模式。他认为，所有力求周密地给艺术下定义的人，都会涉及四个要素。第一个要素是作品，即艺术品本身。第二个要素是作品的来源，即要有一个作者——艺术家。第三个要素，一个作品总会有一个导源的主题——它的现实起源。这第三个要素可以认为是现实中的人物、行为、思想和感情。总之可以用“世界”或“现实生活”来表示。第四个要素，就是观赏者，即听众、观众、读者。

大家会发现，不论给艺术下的定义如何，这些定义都会涉及这四个要素，而各种解释、定义之间的差别，所关乎的也不过是这四个要素之间的排列而已（见图 7—1）。

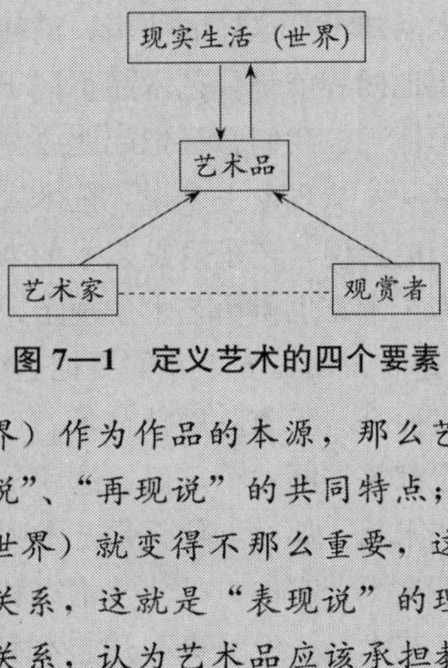

图 7—1　定义艺术的四个要素

如果将现实生活（世界）作为作品的本源，那么艺术家的地位就会降低为次要的元素，这就是“模仿说”、“再现说”的共同特点；如果强调艺术家是作品的本源，那么，现实生活（世界）就变得不那么重要，这样就形成了由艺术家到作品，再到读者的单纯三角关系，这就是“表现说”的理论所具有的特点；如果关注的是从艺术品到读者的关系，认为艺术品应该承担教育的责任，那么，这就形成了“载道说”、“实用主义”的解释。

我们这本书力图摆脱从任何单一元素为开端来解释艺术，而是希望能够把这些元素看作一个关联域，这个关联域的核心就是“存在性境域的显现活动”。

从以上的陈述中，我们可以发现追问艺术的本质的三种路径：一种是追问艺术来源的路径，即或从自然或从生活来找艺术的起源；一种是从艺术的社会功能——从对接受者的作用——上来找；还有一种是从艺术作品的构成上来找。这三种界定艺术的路径尽管都有各自的缺陷，但是又有一个共同点，即它们都是用动词来界定的。尽管“模仿”、“再现”、“表现”、

“载道”、“创造”属于完全不同的字眼，但也有共同的指向，即它们都指向了艺术是人的一种活动。这既揭示了艺术并非某种实体性的事物，也指出了一个把握艺术的方向，即只有把艺术作为人的一种活动来把握，才能揭示艺术的本质。

因此，为了解决艺术的本质问题，我们需要回到艺术本身，对艺术作为人的一种活动本身进行一番追问。

（二）艺术的本源

正如上面已指出的，上述不同定义中有一个共同的倾向，这就是它们给艺术所下的定义，不是指向艺术品，就是指向艺术作为人的活动。但是艺术就是艺术家的创作活动吗？如果艺术家的活动也要由艺术的活动来规定，那么艺术作为人的一种活动，其特殊性何在呢？

1. 对艺术本身的追问

当我们追问艺术本身是什么时，却不得不把艺术家、艺术活动、艺术品全都牵涉在一起。这就迫使我们必须先得区分出艺术、艺术家、艺术活动和艺术品各自的概念所指。

我们先来看艺术品。从现象上来说，所谓艺术品，就是由艺术家创作的、以某种固定的介质承载的、以符号形式存在的人工制品。但是，艺术品作为人工制品，又不同于一般的人工制品。一般的人工制品是为了某种使用目的而制作的，因此，它的存在在于使用，而使用就意味着消耗，并在消耗中完结。但艺术品却没有这样的使用、消耗和完结的性质，它另有本质。那么这个另有的本质是什么呢？简单地回答就是，艺术品不同于一般的人工制品的独特之处在于它有艺术性。那么，什么又是艺术性呢？我们暂且把问题放在这里。

再来看艺术家。什么是艺术家呢？从现象上来说，艺术家就是从事艺术作品创作的人，他是艺术品的直接来源。那么，我们能否说，艺术家是艺术的来源呢？我们能否说艺术家的创作活动就是艺术呢？显然不能。因为艺术家也得由艺术来规定，没有艺术，也就没有艺术家。我们平时说某某人是“搞艺术的”，这就说明，如果我们要把这个“搞艺术的”人界定为艺术家，那么，就不是艺术归属于艺术家，而是艺术家归属于艺术。

这样，艺术品和艺术家的确定都关涉同一个东西，这就是艺术。正是艺术使得艺术家成为艺术家，使得一个人工制品成为艺术品。那么，什么是艺术呢？我们发现，没有一个类似于艺术品这样的以物的形式存在的所谓艺术，有的只是使艺术家和艺术作品成为可能并获得命名的艺术，它不属于艺术家，也不属于艺术品，但又离不开艺术家和艺术品。艺术属于它们的“中间”，但艺术家、艺术品都归属于它，它使得艺术家和艺术品成为可能。也就是说，艺术家、艺术品都关涉艺术，正是艺术使艺术家成为艺术家，使艺术品成为艺术品。这样，我们就得首先界定艺术。

那么，这样的艺术是什么呢？虽然我们都能明显感到它的存在，但当你伸手抓它时，它却又倏然离你而去。不过也正是这种既感到其存在但又很难把握的特点，提醒我们不能按照惯常的思维，把艺术看作一个具体的类似物一样的东西：艺术不是一个物，而是一种独特的活动，一种发生。我们会发现，把艺术家与艺术品关联起来的，正是艺术活动。那么能否把艺术活动界定为艺术呢？我们会发现，从艺术家的创作到艺术作品，再到读者对艺术品的观赏的整个过程，都可以称作艺术活动，而贯穿这整个过程的脉络则是艺术。那么，艺术是否在艺术活动之外呢？

这样的追问似乎使我们陷入了困境，但也向我们显示了一条道路。显然，我们不能去找抽象的艺术，我们只能在由艺术家创作、艺术作品、读者欣赏以及贯穿所有这三个方面的艺术活动这四个方面构成的活动领域里，来追问艺术，因为正是艺术将这四个方面纠结在了一起。那么，这四个方面构成的共同领域的共同性又是什么呢？很显然，这四个方面所构成的领域，不是在进行流水线作业，不是在生产某种消费品，而是在进行着一种非常独特的活动。这种独特的活动是什么呢？

这里我们继续以徐悲鸿画马为例来加以说明。徐悲鸿画马，与放牧人养马是不同的，也与动物学家研究马不同，他从事的是一种独特的活动：他画马是一种独特的艺术行为。那么，他画马时最根本的东西是什么呢？他画马显然并不是把马画下来而已。在他的画马的行为中，不仅马的骏逸、超迈的物性得到了凝结，同时也显现了画者的自身情怀，并且把这两者凝聚为一个可见的纯粹显现的形式之中。因此，徐悲鸿画马的行为中，真正发生的是人的存在性境域的显现，除此之外，别无他者。徐悲鸿作作为艺术家、他的画作作为艺术品都归属于这个人的存在性境域的显现。

到此，我们才豁然醒悟到，我们通常所说的“艺术”或艺术活动，就是人的存在性境域的符号形式显现活动，是人的存在性境域的显现活动把艺术家、艺术品和艺术观赏者三个方面纠结在一起形成了一个独特的“场域”。艺术家就是从事存在性境域的显现活动的人，他/她本然地归属于存在性境域的符号形式显现；艺术品就是人的存在性境域的符号形式显现活动的实现或保存；读者的艺术品观赏活动，也是人的存在性境域的显现活动。在这个本源性意义上，艺术指的就是艺术活动。

2. 艺术的本源是人的存在性境域的符号形式显现活动

在对艺术本身的追问中，我们已经清楚，艺术不是对生活和自然的简单摹写，也不是对生活的再现，更不是艺术家的主体性所为，也不是人的想象力所为，而是人的存在性境域的显现。艺术的本源是人的存在性境域的显现活动，是存在性境域的显现开启了艺术，并持续地在人类的历史上进行着这样的开启。我们在讨论审美活动的发生和发展时，就已经说明，当巫术活动的巫术直观转化为纯粹的诗性直观，当身体劳作中人的有目的活动与这个活动中物的物性的开启之间的契合所形成的手艺中的“艺”独立出来时，就产生了纯粹的审美活动，那么这种纯粹的审美活动也就诞生了纯粹的艺术，而这中间诞生的“艺”或艺术，就是人的存在性境域的符号形式显现活动。

在人的存在性境域的展开中，首先形成的是人自身的敞开与事物的敞开之间的“澄明的显身敞开”，即人自身以其纯然的生命展开将自己无遮蔽地交付出去，从而形成了人自身的澄明的显现状态。同时，在这种澄明的显现状态中，事物也无遮蔽地向人显示自身。而在这种“澄明的显身敞开”的交互呈现中，人的此时此刻的生命状态也以一种直觉的方式卷入了显现之中，这就形成了存在性境域的自身呈现。这种显现就是以此时此刻人的存在性境域本身的状态凝聚起来、聚集起来，成为存在所显示的真理。这就是人存在的本真状态。

艺术就诞生于这种“澄明的显身敞开”所形成的存在性境域的自身呈现。艺术也正是在这里获得了最重要的本源性力量和生长的根基。

因此，将艺术家、艺术品和艺术品的欣赏关联在一起，并使艺术家成为艺术家，使一个人工制品成为艺术品的这个“艺术”，并不是别的什么，而是人的存在性境域的符号形式显现活动。艺术家就是从事人的存在性境域的显现活动的人，艺术品就是人的存在性境域的显现活动的形式凝结的建构和保存，而艺术品的欣赏就是读者或观者的存在性境域的显现活动。

这样，我们大家在日常生活中使用艺术品、艺术家和艺术等概念时，就应该小心谨慎，不要把艺术与艺术品混为一谈。艺术品是艺术品，艺术是艺术。当你到书画店买了一幅画，你只能说你买了一件艺术品，而不能说买了一件艺术。你家客厅摆了件玉雕，你不能说它是件艺术，而只能说它是件艺术品。

同样，一件人工制品在什么样的情况下才能被判断为艺术品呢？那就是只有当它承载了存在性境域的符号形式显现时，它才是艺术品。由此可以广而言之，无论一个制造品当初是否为艺术家所造，也无论一个制造品当初是否按艺术品而造，只要它承载、呈现了人的存在性境域的符号形式显现，那它就是一件艺术品。这也就是为什么许多实用制品在其实用性隐退之后，会有可珍贵的艺术价值的缘故。如古陶器、瓷器，甚至今天的旧汽车等。相反，即使是艺术家的作品、一个其目的是按艺术品而制造的物品，如果它与人的存在性境域的显现毫无关涉，那它也不是真正的艺术品。

没有存在性境域的符号形式显现，就不可能是艺术和艺术品。

那么，到这里或许有人会反问，前面我们说审美活动本质就是人的存在性境域的显现活动，现在又说艺术也是人的存在性境域的显现活动，难道审美活动与艺术之间没有区别吗？我们到底应该如何对艺术进行定位呢？

思想深呼吸

艺术门前的提示牌

在艺术的门前有一个提示牌，上面是空白的，如果让你选择自己满意的提示内容填充其间，你会选择什么呢？我的选择是恩斯特·卡西尔的这段话：

> 艺术王国是一个纯粹形式的王国。它并不是一个由单纯的颜色、声音和可以感触到的性质构成的世界，而是一个由形状与图案、旋律与节奏构成的世界。从某种意义上可以说一切艺术都是语言，但它们又只是特定意义上的语言。它们不是文字符号的语言，而是直觉符号的语言。假如一个人不懂得这些直觉符号，不能感觉到颜色、形状、空间形式、图案、和声与旋律的生命，那么他就同艺术作品无缘。这样，他不仅被剥夺了审美快感，而且还失去了接近实在的一个最深刻方面的机会。*

* ［德］恩斯特·卡西尔：《语言与神话》，167页。

二、艺术的本性：存在性境域向形式的凝聚

（一）艺术的本性是存在性境域的显现活动向直觉形式的凝聚

艺术本源于人的存在性境域的显现活动，从这个本源的意义上说，艺术与审美活动没有什么区别。不过，艺术作为存在性境域的“显现”，具有独特的地位。这种独特的地位就是，它是存在性境域的显现活动向直觉形式呈现的凝聚，这种凝聚听从存在性境域的显现的本性，将显现本身投射为澄明的形象或形式。因此，艺术属于存在性境域的显现的显现。这里的“显现”就是凝聚、聚集存在性境域已经敞开的一切进入澄明的、显明的形象或形式之中，并在这显明的形象或形式中熠熠生辉。这样，艺术就是人的存在性境域的显现活动从存在领域向直觉符号形式的凝聚和客观化。

据此，艺术也就可以看作创造“有意味的形式”。把艺术与一般的存在性境域的显现活动区别开来的，就是这种从存在领域向纯粹直觉显现的形式领域的凝聚；把艺术品与一般人工制品区别开来的，也在于艺术品是一种存在性境域的纯粹直觉形式凝聚的建构和保存；艺术家活动的独特性也正在于它是进行着这种纯粹的直觉形式凝聚的工作。在人类的各种活动中，唯独艺术属于这样的纯粹的直觉形式凝聚。为此，恩斯特·卡西尔说：“要生活在这样的领域——色彩或音响，线条或外形，声调和节拍——中，在某种意义上，才是一个真正艺术生活的开始和目的。这里，我无意保卫为艺术而艺术的构想。艺术不是展示和享受的空洞的形式。我们在艺术手段和艺术形式中直观到的是一个双重现实：自然的现实和人类生活现实。凡伟大的艺术品都给我们对自然和生活的新探讨和新解释。而且这解释只有按照直觉而非概念，按照形式而非抽象符号才可能。只要我们从视觉中失去了这种美感形式，我就失去了我的审美经验的基础。”①

作为存在性境域的显现活动之直觉形式凝结的艺术，其本性具体体现为以下几个方面。

第一，作为显现，艺术本源性地是一种赋形活动，就是将人的存在性境域直接转化为、凝聚为一个符号形式的存在。艺术的显现，不是用思想显现，也不是用概念显现，而是用直觉符号形式显现，用形象、声音、韵律可被直觉感受的符号形式显现。这些形式在艺术的显现中，结合为一个不可分割的直觉整体，这个整体呈现着人的存在性展开的某一时刻的状态。但整个形式化的整体已经不是存在性境域本身，而是向形式化转化了的存在性境域，即形成了一个由人的存在性境域的显现而构成的独立的直觉符号形式世界。我们前面已经说过，显现必然要通过符号形式显现，这就使得艺术本然地从事着赋形的活动。

作为存在性境域的显现的直觉符号形式凝聚，艺术意味着将存在性境域确定于、凝聚为可被直觉的符号、形象、形式。艺术显现存在性境域的独特方式在于，它借助于存在性境域中“澄明的显身敞开”的事物而显现。这种在“澄明的显身敞开”的事物，可以是陶渊明的“采菊东篱下，悠然见南山”，也可以是梵高的“向日葵”（见图7—2），可以是郑板桥的“竹子”，也可以是托尔斯泰笔下的安娜·卡列尼娜的命运，可以是齐白石的虾，也可以是徐悲鸿的马。

① ［德］恩斯特·卡西尔：《语言与神话》，138页。

这种在“澄明的显身敞开”中显现的事物，已不再是个别的、孤立的存在物，也不是自然的物理的物，而是存在性境域的承载者、承担者。艺术的显现活动，就是直接把这些存在性境域的展开所敞开的直观境域本身直接凝聚为符号化存在。过去我们都知道艺术具有形象性，但不知道为什么它具有形象性。现在，从存在性境域的显现活动的根基上，这一点获得了解释，也就是说，艺术的形象、形式必须从存在性境域的显现向符号形式的凝聚来加以理解。

图 7—2　梵高《向日葵》

第二，艺术将存在性境域本身直接凝结为一种直观的符号形式存在，就是一种此时此刻人的意义生成事件。存在性境域的显现本身就是一个存在的真理的投射过程，这个投射就是直觉显现。而这种投射的每一次都是不同的生命创造，它是生命存在的本真的自身敞明，是存在真理的发生。因此，也就是一个独特的、独一无二的意义生成事件。作为意义事件，它不同于交通事故、政治颠覆等事件，而是指生命本真的是其所是的到时呈现。

第三，艺术作为显现向直觉的符号形式的建构和凝聚，本质上是一种诗性言说，是一种澄明的说，是一种语言。这里所谓的诗性，是指艺术的符号形式，不是概念的、逻辑的，而是直觉的、可被直接感受的；同时，在这种符号形式的显现中，主体内在的生命情感的表现和事物的呈现，是不可分地统一在一个整体中呈现的。艺术作为存在性境域的显现活动向形式呈现的凝聚，它召唤、聚集在存在性境域中敞开的事物的本质进入确定的、可见的、澄明的形式之中。因此，作为存在性境域的显现向形式、形象的凝聚，艺术的“显现”属于诗性的言说。或者更为简明地说，艺术就是诗性言说，就是直觉言说的语言。所有的艺术都是诗性言说的语言。这里所说的语言或诗性言说，都应该从存在性境域的直觉显现本身来加以理解，澄明的本真呈现或显现，就是语言，就是诗性的言说。

在这样的存在性境域的显现或呈现中，艺术不仅呈现了人自身，也呈现了人自身的敞开与事物的敞开而形成的交互敞开的境域。在这种交互敞开的呈现中，揭示的是存在的真理，而不仅仅是客观事实或客观的真实，也不仅仅是人的生命和感情的表现。正因为如此，德国哲学家海德格尔认为，艺术的本性就是“存在者的真理将自身设入作品”。这里的“设入”，就是置放于显要之处。因此，他认为，艺术是存在的真理的一种发生方式。艺术与存在的真理相关，而不是与美相关。美只是存在性境域的显现向纯粹直觉形式凝聚所产生的一种效果。

（二）艺术如何既关涉现实又超越现实

艺术在本性上既关涉既存现实，但又超越既存现实。正是艺术的这一矛盾品性，使既往的美学理论和艺术理论，摇摆于形式主义和现实主义之间。坚持艺术与现实的关系，却无从使艺术超越现实并构成对既存现实的批判维度，这就走向了"再现论"。正统"再现论"和现实主义的致命弱点就在于，如果艺术是对既存现实的再现，那么艺术就不得不遵从既存现实自身的逻辑，并成为既存现实之生产关系的自身逻辑的一部分。如果这个既存现实是一个普遍异化的现实，是一个万马齐喑的时代，如果艺术也遵从这样的现实逻辑，并构成异化和扼杀自由的现实的一部分，那么这样的艺术本身就是邪恶的。坚持艺术对现实的超越，却无从使艺术本质地与现实相关，这就走向了形式主义。纯粹形式主义虽然不再遵从既存现实的逻辑，却也不能构成对现实的本质性批判关系。这样的艺术，不过是"商女唱《后庭》"而已。这些弱点的产生，主要是因为对艺术的本性开掘不够。当我们把艺术的本性开掘为人的存在性境域的显现活动向形式凝聚时，问题便迎刃而解。

那么，作为人的存在性境域的显现活动向直觉符号形式凝聚的艺术，如何既关涉现实，又超越现实呢？

因为艺术活动是人的存在性境域的显现活动向直觉符号形式的凝聚，所以，艺术活动本然地与人生存其间的现实有着本质性的关系。这种与现实之间的关系，体现在两个方面：其一，在显现的形式凝聚中，必然地包括人的现实存在之展开，即我们前面所说的，艺术对存在性境域的显现的形式凝聚，并不脱离存在性境域的显现本身，而是直接把这存在性境域本身凝聚为形式存在，使其客观化，这就必然地包含了现实。其二，这种呈现也并不是在人的生存现实之外进行的，不是在空中楼阁、象牙塔中进行的，而是必然地包含人的当下的、此时此刻的、独一无二的生命体验，是生命的此时此刻的意义生成事件。在这个意义上，即使是齐白石的虾、梵高的向日葵、郑板桥的竹子，也都具有生命呈现的现实意义。

但这并不意味着艺术是对实现生活的再现，因为，存在性境域的显现向形式凝聚，现实只是其中的一部分，除此之外还包括对现实的超越层面。

那么，作为存在性境域的显现活动向直觉符号形式的凝聚的艺术，如何又超越现实并构成对现实的批判呢？这可以从下面三个方面看出来。

其一，存在性境域的显现活动本身就是从人的初始展开的"澄明的显身敞开"而来的，所以这里遵从的是生命自由展开的逻辑，而不是现实本身的逻辑。在这种生命自由展开的逻辑中，包含两种对现实存在构成超越的价值，这就是生命的自由展开和经由生命自由展开而"澄明显露"的本真真理。如果没有这样的生命自由展开的逻辑和在自由展开中"澄明显露"的真理，那就不可能进行任何呈现和意义生成，因为没有这样的超越，就不可能脱离现实自身的逻辑。这就像一个被关在"铁屋"中的人，如果他不能从自身的生命展开的本性中揭示出自身的自由，那他就不可能构成对"铁屋"的反抗。

其二，存在性境域的显现向直觉符号形式凝聚，本身还包含一种维度，这就是可能性的维度，这个可能性维度展开的是人的可能性之境，是基于人的自由而开辟出来的广阔领域。这种可能性维度对既存现实的逻辑也同样构成了超越和批判。在具体的艺术实践活动中，这种可能性维度是以想象力、幻想和乌托邦精神等表现出来的。我们知道艺术活动是一种深具想象力的、幻想的活动，过去大家以为这想象力、幻想就是人的一种能力。其实想象力和幻想只能从人的可能性维度才能得到真正的、本源性的解释。否则想象力和幻想都只是虚妄的、没有根基的，更别说通过想象力和幻想来提供对现实的超越和批判了。艺术品都有虚构性，但艺术的虚构却能够表达普遍的真理。曹雪芹说他的《红楼梦》是“满纸荒唐言，一把辛酸泪”。“满纸荒唐言”是虚构，“一把辛酸泪”则是真实。这是因为艺术的虚构呈现的是存在性境域的显现活动所敞开的可能性维度所凝聚的符号形式的缘故。在此种可能性维度基础上，大家可以从根本上来理解艺术的虚构与真理的关系。

其三，存在性境域的显现活动向形式的凝聚，会根据生命的自由展开、自由展开中“澄明显露”的真理和可能性维度，创造性地生成一种直觉显现形式的言说逻辑，这个形式是自足独立的，它并不依据现实逻辑而存在，也不依赖与既存现实的指认关系来获得意义，而是会形成自身的意义。这个自足独立的直觉形式本身形成一种超越的力量，并构成对现实的批判。正如马尔库塞所说：“那种构成作品的独一无二、经世不衰的同一的东西，那种使一件制品成为一件艺术作品的东西——这种实体就是形式，借助形式而且只有借助形式，内容才获得其独一无二性，使自己成为一件特定的艺术作品的内容，而不是其他艺术作品的内容。故事被述说的方式，诗文内含的结构和活力，那些未曾说过、未曾表现过以及尚待出场的东西；点、线、色的内在关联——这些都是形式的某些方面，它们使作品从既存现实中分离、分化、异化出来，它们使作品进入到它自身的现实之中：形式的王国。”①

知识版图扩张

苏珊·朗格论诗的创造

诗产生的是它自己的完整世界，正如绘画产生的是一种空间的连续一样。诗与现实世界的关系与绘画同现实世界的关系是一样的——当现实的事件进入诗的运行轨道之中的时候，便变成了诗的题材或材料，正如现实世界的事物只能是绘画的题材一样；不管它们展现出来的意象是何等逼真，它们仍然是一种纯粹的意象，丝毫也不会与现实事物混淆起来。这是一种创造的幻象或表现性的形式，其中包含的每一个成分都是为加强它的符号性表现——对生命、情感和意识的符号性表现——而存在的。诗，也像其他一切艺术一样，是抽象的和富有含义的。在有机统一性和节奏性方面，它有点儿像音乐；在形象性方面，它又有点儿像绘画。*

虽然朗格的上述论述针对的是诗，但我们却可从中领悟到从人的存在性境域到诗的形式的凝聚的意蕴。

* [美] 苏珊·朗格：《艺术问题》，155 页。

① [美] 马尔库塞：《审美之维——马尔库塞美学论著集》，193 页，北京，三联书店，1989。

这样，艺术对现实的关联与超越都本质地诞生于其本性之中，是存在性境域的显现活动向直觉符号形式的凝聚本身，既把现实纳入自身的观照和显现之中，同时又构成对它的本质性的批判和超越关系。这种超越和批判不是外加的或附加的，而是本源于自身的创造性活动之中的。认识到这一点，对我们认识艺术的本性非常重要。

（三）作为显现的艺术活动的展开环节

艺术归属于人的存在性境域的显现活动，而它的显现就是将存在性境域已经形成的显现向澄明显现的直觉符号形式凝聚，这个向澄明显现的直觉符号形式凝聚的整个过程就构成了艺术活动。这个艺术活动由三个环节构成。

第一个环节是投射—赋形，就是将存在性境域的显现活动投射为一种纯粹的、自由的符号形式。它的具体体现就是艺术创作。在投射—赋形中出现了艺术家。艺术家是隶属于投射—赋形活动的一个元素。

第二个环节是保存，即存在性境域的显现凝聚为艺术品。艺术品并不是艺术，它只是艺术作为存在性境域的显现活动向直觉符号形式凝聚的载体和保存。

第三个环节是交付和传播，即艺术作为存在性境域的显现的直觉符号形式凝聚必然交付给观众和历史，并在交付中使其归属于历史性的人们的流传，也就是艺术品的接受过程。当观众、读者观赏艺术品时，则是作为显现的艺术活动的最后一个环节。

或许，有人会认为，艺术的这种交付和艺术品的接受过程，不应该算在艺术活动的范围。对此，大家应该这样来考虑：如果艺术作为存在性境域的显现向直觉符号形式的凝聚，当它凝聚为艺术品时，就意味着显现活动已经结束，那么这种显现就只存在于作品的刻画中，这种刻画就还是死的。达·芬奇的《蒙娜丽莎》藏在博物馆的库房，《红楼梦》放置在图书馆的某个书架的某一格中，秦始皇陵兵马俑深埋地下，就像尘封的档案不与读者、观者见面，那它们都是死的东西。只有当它们进入读者、观者的观赏之中，才能重新从保存再次进入显现的生命领域。

因此，艺术活动历史地具有交付和传播的使命，从存在性境域的显现起源，中间经过意义生成事件的直觉符号形式的凝结和艺术品的保存以及交付，再回归于存在性境域的显现的、作为生命展开的鉴赏历史运动，也就是进入到意义生成事件的历史序列中。这样，艺术品的欣赏活动也就本质地归属于艺术活动的一部分。

由于艺术本源于存在性境域的显现活动，那么，艺术家、艺术品及其欣赏活动，都必须重新据此而得到界定。

第二节
艺术创作和艺术品

◎**艺术创作**○什么是艺术创作○艺术创作的本质○人在艺术作为存在性境域的显现活动中的地位○艺术创作与艺术家○艺术创作与艺术家的关系○艺术家何为○艺术家的“天才”　◎**艺术品**○什么是艺

术品○艺术品的存在方式○作为显现的“介质”而存在○作为独立自足的“有意味的形式”而存在○作为流传而存在

艺术作为存在性境域的显现活动向澄明显现的符号形式的凝聚，其展开的过程，就构成了艺术活动。艺术活动就是存在性境域的显现活动向澄明显现的符号形式凝聚、积聚的过程，在这个过程的无论哪个环节，存在性境域的显现活动本身都是核心，没有它就没有艺术创作，也就没有艺术作品，更没有艺术的接受。那么，从存在性境域的显现活动向直觉符号形式的凝聚的意义上，如何来重新界定艺术创作、艺术品呢？

一、艺术创作

（一）什么是艺术创作

1. 艺术创作的本质

我们一向习惯于认为，艺术创作是艺术家的一种主体性行为，即艺术家作为主体主导着艺术品创造的过程。按照这样的理解，艺术家就是艺术品的主体，也是艺术的主体了。但这种常识之见是一种错觉。

一个很显然的事实可以说明这一点。我们都知道，在原始时代，曾经有过一个漫长的原始艺术发展时期，这个时期是没有艺术家的。在这个无艺术家的艺术创作时期，诞生了迄今都无法超越的、放射着永恒魔力的神话、原始艺术品和史诗。而在后来有了艺术家后，也还存在这样一些无确定作者的艺术创作：伟大的民间传说、故事、童话和民歌、民谣。有些民间传说甚至不是在一个文化体和民族中流传，而是在多个文化体和民族中流传，比如中国的“梁祝”，再比如文艺复兴之后在西欧流传的“唐璜的故事”、“浮士德传说”等。这种没有确定作者的创作就是无主创作。从这种无主创作看，可以说，艺术创作不一定非得要艺术家，艺术家也不是艺术创作的主体。

既然这样的艺术创作是无名的，并没有一个确定的艺术家来进行这样的创作，那么是什么样的伟大的力量，支撑和创作了这些伟大的神话、史诗、民间故事、传说和歌谣呢？或许有人会说，这是由众多的民间艺人、人民群众口口相传创作的，虽然不能指明作者，但肯定是由人创作的。这是不可否认的。但问题仍然存在：那么这些不同的人甚至是不同时代的人，有时甚至是不同文化和国籍的人，怎样去创作一个主旨、情趣如此统一的艺术品呢？诞生神话的力量是什么呢？

答案只能是，人的存在性境域的显现活动自身凝聚出了这些伟大的无名氏作品。这种人的存在性境域的显现活动的自身凝聚，会形成某种无意识或集体无意识，而为某个时代的大多数人所经验，并卷入到这个存在性境域的显现活动的自身凝聚的过程中，成为它的加工者和传播者。当这些加工者和传播者被卷入到存在性境域的显现活动中时，他们并不是这种显现活动的主体，而是它的参与者。在其参与中，他们必须听从存在性境域的显现活动自身凝聚的召唤。也就是说，存在性境域的显现活动向直觉符号形式的凝聚，具有其自主性，每一个参与到这种显现过程的人，只能听从显现本身的逻辑。正是在这个意义上，神话、原始艺术、史诗、民间传说、民谣等，才在没有作者的情况下得以诞生。

从人类的艺术活动史上普遍存在的无主创作，我们可以得出两个重要结论：其一，艺术家并不是艺术创作的主体，艺术创作也不能从艺术家的创作而得到界定；其二，支配艺术创作的本源性力量，是人的存在性境域向直觉符号形式凝聚的显现活动。

这样我们就可以得出定义：艺术创作的本质，就是人的存在性境域的显现活动向澄明显现的直觉符号形式凝聚的形成过程。这个凝聚的形成过程，可以自主地进行，从而构成神话、民间传说和民间歌谣，也可以通过某个具有特殊天赋的人——艺术家——来进行。无论是哪种情况，艺术创作都本源地归属于存在性境域的显现活动，而不是归属于创作者。艺术创作只有在这个意义上才能得到本质的理解。

2. 人在艺术作为存在性境域的显现活动中的地位

艺术既然归属于存在性境域的显现活动，那么，人在这种存在性境域的显现活动中处于何种地位呢？在有了具名的作者之后，艺术创作中作者的地位又如何呢？这应该从下面几点来理解。

第一，存在性境域的显现活动中，本身已经有人参与和嵌入，也就是说存在性境域的显现活动中已经有人的自身敞开和显身，这就是人自身存在的历史性展开或敞开。但是，人的这种卷入和嵌入，并不意味着人是存在性境域的显现活动的主体，因为人本然地隶属于这个存在性境域的显现活动的展开过程。

第二，人作为存在性境域的显现活动的嵌入者，同时也是存在性境域的显现活动的保存者。也就是说，他将这种自己参与和嵌入其中的存在性境域的显现活动向澄明的符号形式的凝聚保存和守护下来。我们在上面所讨论的神话、史诗和民间传说的发生，就说明了人在存在性境域的显现活动中的地位。

第三，艺术创作中具名的作者的地位，也应该从上面的两个方面来加以理解。也就是说，作者并不是艺术创作的主体，他只是艺术创作的参与者，在创作活动中，作者也得听从存在性境域的显现活动向直觉符号形式凝聚的自身逻辑的支配和召唤，而不是作者的主观决断。艺术家并不是艺术创作的源泉和主宰者。

（二）艺术创作与艺术家

1. 艺术创作与艺术家的关系

那么，艺术创作与艺术家到底是什么关系呢？

作为存在性境域的显现活动向直觉符号形式凝聚的艺术，显然不是本源于艺术家的主体性行为，因此，艺术创作不能根据艺术家的个人的主体性行为加以理解，也不能把艺术归于艺术家作为创作主体的情感表现加以理解。“表现论”的观点应该在这个意义上得到纠正。相反，艺术家却归属于这个存在性境域的显现活动本身，因为艺术家只能通过这个存在性境域的显现活动而得到界定。没有这个存在性境域的显现活动，就没有艺术家，甚至不会诞生艺术家。

但是，存在性境域的显现活动中本来就有人参与和嵌入，而存在性境域的显现活动向澄明显现的形式凝聚，也不能没有人，这就诞生了民间艺人、艺术家。那么在这个向澄明显现的形式凝聚的过程中的艺术家，是否就是其主体呢？在这个向显现符号形式凝聚的过程中，艺术家也不是主体，因为他得聆听存在性境域的显现活动本身的要求，并要深深地嵌入到存在性境域的显现活动中的"澄明的显身敞开"之中。在这一过程中，不存在主体与客体之分，也不存在创作者与被创作者之别。人包括艺术家只是这个存在性境域的显现活动向显现的形式凝聚的领受者、持有者和守护者。也就是说，人本源地嵌入这个存在性境域的显现活动向显现的符号形式凝聚的过程中，并把显现的真理和显现的符号形式保存下来、领受下来并守护着它。

因此，人一方面嵌入到存在性境域的显现活动中并历史性地展开着自己，另一方面又必须是这个存在性境域的显现活动所显示的真理的收获者、领受者和守护者，否则，存在性境域的显现活动所呈现的存在真理就没有意义。正是在这个意义上，才诞生了艺术家。

艺术家就是本真地嵌入存在性境域的显现活动中并收获着、领受着和守护着这种显现活动向真理显现的符号形式凝聚的人。其实，我们每个人或多或少都是这样的人。在这个意义上，人人都是艺术家，只不过艺术家比我们大多数人更多地领受了存在性境域的显现向直觉符号形式领域凝结的重任而已。

2. 艺术家何为?

作为本真地嵌入到存在性境域的显现活动之中并收获、领受和守护着这种显现活动向真理显现的直觉符号形式凝聚的人，艺术家本质的作为是什么呢？

第一，本真地聆听存在性境域的显现活动所呈现的存在性真理。因为，在人的存在性历史展开中，人自身的显身敞开和事物的显身敞开，以及两者的交互呈现所凝结的存在性境域的显现中，就有真理发生，它是一种"澄明的显身敞开"状态，这是最本真的状态。因此，艺术家的第一个职责是本真地聆听和领受。庄子所谓"虚心待物"、"心与物冥"，宗炳所谓的"澄怀味象"，说的就是这种本真的聆听。

第二，将本真地聆听到的存在性境域的显现活动所凝聚的存在性真理领受下来、保存下来，守护着这真理的澄明显现的状态。这里的领受、保存和守护，并不是像仓库保管员所做的那样，而是把聆听到的存在性境域的显现活动的真理和澄明敞开的状态刻画下来，以澄明显现的符号形式置于显要之处，使其获得持驻的形式。因此，艺术家的第二个职责就是本真地刻画和守护。

我们在所有艺术博物馆和历史博物馆中，都能体会到艺术家们怎样地记录了人类的心灵史。这正是因为伟大的艺术家能够持久而坚强地守护存在性境域的显现所呈现的存在真理，并将其刻画下来，使之保持在人类自身的集体记忆中。艺术博物馆和历史博物馆就是保存这样的集体记忆的场所。

第三，在贫乏的时代，在存在性境域的显现活动中澄明显现的真理被遮蔽的时代，艺术家是这样一种独特的人，他大胆地守护和持驻于存在性境域的显现活动所显示的真理和人的本真状态，并用他所聆听到的"澄明的显身敞开"境域所显现的真理，召唤人们返回本真状态。这就是鲁迅先生在"铁屋"中"呐喊"的缘故，也是卡夫卡在异化的状态下写作的缘故。

我们在前面讨论艺术的“模仿说”和“再现说”时，都提出了一个非常尖锐的问题，这就是艺术如何能够既来源于生活，又能超越生活的自身逻辑，并构成对生活的现存秩序的超越和批判，尤其当现实生活的逻辑是邪恶的、败落的，就像鲁迅先生所面对的“铁屋”，或者卡夫卡所面临的异化状态。这时，人类凭什么能够走出黑暗、腐败的现实逻辑，而返回本真的存在状态，返回到事物本身呢？这正是艺术所能做的，而且在艺术发展的历史中一直是这样做的，它也因此而创造了自身的辉煌历史。艺术为什么能够在历史的不同境遇中保持自身的超越现存秩序的批判维度呢？它怎样才能既来自现实又超越现实的逻辑呢？答案在于：艺术植根于人的存在性境域的显现活动，在这种存在性境域的显现中，就有存在的真理发生，就有人存在的本真意义生成。艺术家作为此本真真理的聆听者、守护者，在堕落的、黑暗的时代将其聆听和守护的本真真理带入人们的生活，呼唤沉沦于现存秩序中的人们返回对自身存在真理的亲近和领会，从而使自身成为真正的艺术家。

因此，真正的艺术家、作家、诗人，并不是因为他们写作、绘画、写诗等而成为艺术家、作家、诗人的，而是因为他们比常人更深切地卷入到了存在性境域的显现活动向直观符号形式的凝聚的过程之中。据此，我们可以确定，断定写作、创作是否属于艺术创作，创作出的东西是否真是艺术品，唯一的、可信的标准就是在这些创作中、在作品中是否有存在性境域的显现，是否有存在的真理发生。有，就是艺术品，无论这作品是否完美或者是否看上去“美”；如果没有，即使看起来“美”，那也与艺术没有关系。

从这个角度上说，艺术创作没有题材大小之分，只有卷入的深广程度之别。只要卷入到了人的存在性境域的显现活动中去，卷入到了存在真理的发生投射的过程，就是不朽的，就具有永恒的价值。当然，《红楼梦》比唐传奇《莺莺传》要伟大，但这个差别只是它们各自在卷入存在性境域的显现活动的深广程度上的差别。也就是说，《红楼梦》比《莺莺传》更深广地卷入到了对人的存在性境域的显现活动之中。

3. 艺术家的“天才”

艺术家既然不是艺术创作的主体，也不是存在性境域的显现活动向澄明显现的形式凝聚的主体，那么艺术家的创造体现在什么地方呢？体现在以下三个方面。

第一，艺术家是保持着本真地嵌入存在性境域的显现活动的人，所以，他能够本真地守护澄明显现的形式凝聚。而常人则多是生活在利害算计和概念化的生活之中，他们在日常的沉沦和遮蔽中疏离于本真存在的真理。

第二，在贫乏的时代，在多数人处于被利害算计、概念生活遮蔽的状态下，艺术家有勇气克服遮蔽，而努力返回到存在性境域的显现活动所呈现的澄明的显身敞开之境。这也就是为什么艺术家要进行“心斋”、“坐忘”、“虚静其心”，要不断地进行“返回事物本身”的奋斗。

第三，艺术家比常人更具有语言的和形式的才能，能够娴熟掌握存在性境域的显现活动所要依赖的显现“介质”的本性和规律。这是艺术家的职业才能。

如果说，艺术家有什么天才，他的天才就体现在这三个方面。过去的理论是把艺术家的“天才”吹嘘得天花乱坠，弄得很神秘。其实，艺术家的“天才”既不在于他们的超乎常人的想象力及丰富的感情等方面，也不在于如精神分析所说的那样有着更丰富的无意识生活并敢于把自己的无意识生活吐露出来的方面。艺术家作为艺术家，其才能的创造性方面，就在于他更深地嵌入到了人的存在性境域的显现活动之中，用诗性的直觉形式把本真存在的真理置于常人的面前，勇敢地呼唤沉沦中的人们返回到事物本身。只有在这个意义上，康德所谓的“天才为艺术立法”的说法才能成立。

二、艺术品

现在，我们的讨论由艺术创作转向艺术品，追问什么是艺术品，艺术品的存在方式是什么。

（一）什么是艺术品

什么是艺术品呢？从现象上来说，所谓艺术品，就是由艺术家创作的、以某种固定的介质承载的并以具体的符号形式存在的人工制品。但是，艺术品作为人工制品，又不同于一般的人工制品，一般的人工制品是为了某种使用的目的而制作的，因此，它的存在在于使用，而使用就意味着消耗，并在消耗中完结。但艺术品却没有这样的使用、消耗和完结的性质，它另有本质。我们对艺术品通常的感觉是，它比普通的人工制品“多了点什么”。那么，这个“多了点什么”是什么呢？

这个“多了点什么”就是，艺术品是艺术的成形显身，它是艺术作为人的存在性境域的显现活动向澄明显现的形式凝聚的具体化和确立。在这种向显现的形式凝聚的具体化和确立中，存在性境域的显现中所呈现的、所澄明袒露的真理、存在物的本质等，进入了一个熠熠生辉的光亮之处，并在这灼灼的光亮之处恒定下来，在恒定中显示自身。如果说，艺术是存在性境域的显现活动向显现的直觉符号形式的凝聚，是创造澄明显现的“有意味的形式”，那么，艺术品就是这创造澄明显现的“有意味的形式”的场所和承载者。

因此，艺术品的存在归属于显现，它是存在性境域的显现活动向澄明显现的直觉符号形式凝聚的领地或领域。艺术品唯一归属的就是这种显现的领域，它自立于这种显现，建立和持驻于显现的独立自足的直觉符号形式之中。除此之外，别无他者。

那么，艺术品与其他人工制品之间到底有何区别呢？应该说，所有的人工制品都包含人的存在性境域的显现层面，即使是最简单的石器、一把镰刀、一个粗糙的陶器、一间土坯房子，都包含对人的存在性境域进行显现的基本层面，从中我们可以辨认出人的存在状态。因为它们也本然地刻画着人的劳作的痕迹。但非艺术品的人工制品中的这个显现的层面是被遮蔽的，它们是供使用的器具，而不是纯然地归属于显现的领域，它们的本性是使用并在使用中消耗掉。一旦它们在使用中被消耗掉，它们的生命也就完结了。如果一般人工制品的使用价值被剥离，如果它们并没有完全在使用中被消耗掉，那么，就会裸露出其作为显现的基本层面。这时，我们就会发现其艺术的蕴涵，这显现的层面就会熠熠生辉。比如原始时代的石器、宋代的青瓷碗等在今天的博物馆中所发出的光辉。

思想深呼吸

杜尚的《泉》与艺术品的定义

图 7—3 是 20 世纪著名的艺术家杜尚名噪一时的作品《泉》的照片。1917 年为了参加一次展览，杜尚到商店里买了一个男用小便池，在上面写下了“泉”和落款，便送到展览馆去参展。当然这个作品被拒绝了。但它从此名声远播。杜尚的这个带有反艺术的恶作剧性质的行为之所以出名，一是因为它开了用“现成品”来做“艺术品”的先河，二是因为它向到那时为止所有的艺术品定义提出了挑战。可以说，从 1910 年起，现代主义艺术的探索和实验，就不断打破艺术品所有已有的定义和界限，出现了许多既不符合传统艺术品概念，也很难用艺术理论来确切加以定义的“作品”，如后来的观念艺术、装置艺术、行为艺术等。

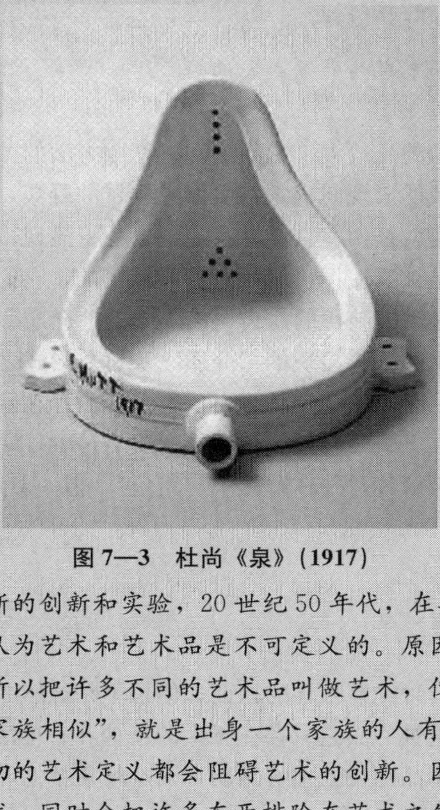

图 7—3　杜尚《泉》(1917)

面对艺术领域不断的创新和实验，20 世纪 50 年代，在英美分析哲学的阵营中就出现了一种理论，认为艺术和艺术品是不可定义的。原因是艺术品并没有一种确切的本质，我们之所以把许多不同的艺术品叫做艺术，仅仅是因为它们有一种维特根斯坦所说的“家族相似”，就是出身一个家族的人有相似之处而已。同时，这种理论认为任何确切的艺术定义都会阻碍艺术的创新。因为一个确切的定义会把某些东西定义为艺术，同时会把许多东西排除在艺术之外，而这会妨碍艺术领域内的创新和革命性变化。因此，这种理论主张应该放弃对艺术品的定义。但这种理论主张遭到了严厉的批评，因为这种理论是一种理论上的懒惰行为。而真正的理论应该面对难以定义的东西的挑战。

为了迎接艺术品定义的挑战，20 世纪 60 年代美国艺术批评家阿瑟·丹托撰写了《艺术界》一文，认为艺术品确实没有固有的本质，但人们之所以用艺术称呼它们，是由于一个时代或艺术活动圈子里的理论权威或专家使用了他们共同认可的理论。因此，他认为决定何为艺术的并不是什么艺术的本质，而是一个作品出现于其中的艺术界，是艺术界来决定什么是艺术和什么不是艺术。尽管丹托的“艺术界”理论开辟了界定艺术品的另一个路径，但这个路径过于依赖艺术专家和艺术圈子了。

针对丹托“艺术界”理论的缺陷，美国美学家迪基提出了“艺术体制”的界定思路，即艺术品得以界定并非由于其有什么内在的本质，而是由诸如画廊、美术馆、博物馆、艺术批评家和艺术理论等方面组成的“艺术体制”来完成的。迪基把这种定义方法称为“程序性定义”，即确定一个人工制品是否是艺术品，是由一个社会中的艺术体制的议事程序来进行的。迪基的“艺术体制”理论确实深化了丹托的定义方式，也将艺术体制在决定何为艺术时的权能彰显了出来。但这个界定方式还是赋予了体制内的人过大的权力，也没有回答这个艺术体制是如何按照上面的原则来确定它的程序的。

此后，还有许多关于艺术品定义的争论，并一直在争论。大家在此可以思考这些争论对界定艺术和艺术品的方式的选择。

因此，艺术品与非艺术品的一般人工制品之间有三个方面的差别：(1) 艺术品归属于纯然的显现领域。作为存在性境域的显现向直觉符号形式领域的凝聚，艺术品就是为了此显现而存在的，它们再无别的目的。也就是说，它们源自显现，为了显现，并存在于显现之中。但一般的人工制品蕴涵的显现层面是被其使用价值所遮蔽和掩盖的，它们不是纯粹为了显现，而是为了使用。(2) 艺术品是一种显现的纯粹的、自由的形式的“介质”刻画，并且就作为这种纯粹的、自由的形式而存在或客观化于其显现的“介质”和符号形式之中。但一般人工制品却是作为一种被使用的器具而存在，不是以纯粹的、自由的形式而存在。(3) 艺术品作为显现的纯粹的、自由的形式，它们的存在方式归属于流传，在历史流传中，它们作为显现的本性不会被消耗掉，而是在流传中不断地被解读，并在解读中“增值”。但一般人工制品却在使用中被消耗，并在消耗中最终完结。

(二) 艺术品的存在方式

艺术品的存在，并不是一种纯粹精神的东西，但也不是纯然的物。有些人把艺术品看作纯粹的精神产品，并认为作为精神产品它只存在于人的精神和心理活动中。这种看法看似重视所谓的精神，其实却忽视了艺术品存在的独特品质，而这种独特的存在方式所具有的品质，要比纯然的精神产品深湛。

要了解艺术品的存在方式，还得从艺术作为存在性境域的显现向显现的直觉符号形式凝聚开始，从这里会发现艺术品存在的方式的不同层面。

1. 作为显现的“介质”而存在

我们已经知道，艺术作为存在性境域的显现活动向澄明显现的直觉符号形式凝聚，这种形式凝聚并不脱离在存在性境域中已经敞开显现的事物，而是把这个已经敞开显现的事物本身捕捉为形象、形式，因此，它是在存在性境域所开启的显现中已经敞开的事物中建立、确立、投射到这个存在性境域的直觉符号显现本身的。这就使得艺术和艺术品不可能脱离存在物的物性的敞开显现。这就意味着，艺术品包含一个最实在的层面，这就是物的物性的开启。

艺术品直接在存在性境域的显现所敞开的事物本身中确立、建立自身恒定的直觉符号形式，这就意味着它建立于对物的物性的开启上，使得艺术品首先是一种作为显现的介质而存在。这也就是说，艺术品不能脱离诸如大理石、颜料、光、形体、声音甚至笔、墨、纸、乐器等，而纯粹地存在于精神领域。国画存在于宣纸水墨之中，音乐存在于乐器的演奏与空气的振动中，绘画存在于光、色、线的呈现中等等。而今天的互联网上或者影像艺术，也有一个基本的诸如光电子介质的物的物性的开启。

艺术品的这种作为显现“介质”的存在非常显明。绘画以画布、纸、颜料而存在，雕刻以木头或岩石而存在，音乐以声音而存在……物的物性的开启所形成的介质，它的本性就是显现，并且它确立、持驻于自身的显现性，拒绝人们对它的利用。也就是说，在艺术品中，作为显现的介质保持着它自身作为显现的本性，并坚守这种本性。这对作为显现的介质的显现本性的守护，是艺术品作为显现的形式的基本领域和地基。

思想深呼吸

艺术终结了吗?

第一个表述艺术终结的是德国哲学家、美学家黑格尔。黑格尔在他1828年的《美学》中宣布，由于绝对精神已经发展到了哲学阶段，即绝对精神返回到自身了，因此，作为绝对精神之感性显现的艺术的使命就让位给了哲学，并且哲学已经将艺术的感性方面吸收到了自身内部，这样艺术的使命就终结了。艺术当然还会存在，但不再作为绝对精神得以显示的主要渠道了。黑格尔的这一推断当时就产生了重要的影响。

到了20世纪初的现代主义者那里，则不断地有激进的艺术家做出艺术死亡或终结的断言。但影响最大的则是1984年美国艺术批评家阿瑟·丹托撰写的《艺术的终结》。在这篇著名的文章中，丹托重述了黑格尔的论断，并认为那种以哲学为目标的艺术，那种按照线性的进步历史观演进的艺术，那种被框定在美的范围内的艺术，那种把艺术限定在对现实进行似真表达的艺术，确实已经终结。艺术不再以某种哲学为目标。它走向了多元，走向了自身的哲学。在这种情况下，“做什么都是可以的”，但做什么也都无所谓、无方向了。这就是他所谓的“艺术的终结”。自此以后，艺术终结论就成了研究艺术所必须面临的重要问题。但也有许多人在反对丹托的论断，认为艺术没有终结。如果有终结的话，那也只是某种哲学理论下的艺术终结了，比如说作为真理显现的艺术终结了。

但艺术终结论最重要的支持来自批量进行复制生产的机械复制媒介，如数字媒介。

对此，你是怎么看的呢？大家可以将丹托的《艺术的终结》、本雅明的《机械复制时代的艺术作品》以及海德格尔的《艺术作品的本源》放在一起阅读，并形成自己的看法。

因此，艺术品中的物，不是被利用的材料，在这里它也不是纯粹的物理的物，而是已经敞开的物的物性，是作为显现的介质而独立存在的，并只作为显现的介质而存在。因此，过去认为艺术品中的介质只是一种被利用的材料的思想是错误的，因为这种思想从根本上忽视了介质如何根本地属于艺术品的显现。

当然，由于介质具有物的物性的一面，这也就使得艺术品在遮蔽的状态下只是一个物，即当艺术品不进入审美活动之中的时候，它只是一个物。

2. 作为独立自足的“有意味的形式”而存在

艺术品作为显现的介质而存在，在这种显现的介质的显现中，建立和持守的是存在性境域的显现活动向显现的直觉符号形式的凝聚，此凝聚所形成的是“有意味的形式”，而不是别的。因此，艺术品在显现的介质上建立的是独立自足的“有意味的形式”。

艺术品作为存在性境域的显现活动向澄明显现的形式凝聚的建立，它在作为显现的介质的显现中聚集的是一种独立自足的直觉符号形式。因为这种向直觉符号形式的凝聚、聚集，是人的存在性境域向直觉符号形式的投身和建立，是人以整全而自由的生命对其生存的或批判、或肯定、或询问、或质疑、或超越，并把这种或批判、或肯定、或询问、或质疑，连同其所批判、肯定、询问和质疑的生存状态，投射为可直觉感受的符号形状，因此，这是一个意义发生的事件。这种聚集虽然是对存在性境域的显现中已经敞开显现的事物和存在性境域本身的聚集和凝聚，但它所建立的是一种纯然自立的世界。当这种纯然自立的世界建立后，它就不再依赖于它的本源而生存，而是获得了自身的生命和自足独立的存立。

在艺术品的独立自足的“有意味的形式”中，被凝聚和被显现的，已经不再是事物本身，而是属于事物的敞开显现的领域，在这里，事物获得了一种更为本真的存在，一种符号存在，也即一种被照亮的存在。这就像郑板桥的竹子，他的眼中之竹不同于心中之竹，心中之竹又不同于笔中之竹，落实在画纸上的这个竹子已经是一个存在性境域的显现所凝聚的形式。齐白石用水墨在宣纸上所成就的虾也是如此。也就是说，在显现的形式的凝聚中，事物获得了一种在澄明显现的敞开中独立形式的存在。这样，艺术品作为独立自足的“有意味的形式”，就不再依赖现实世界而具有它自身的意义。

因此，我们在解读艺术品时，不必去参照这个形式、形象的外在根据，比如，大家看郑板桥画的竹子，就没有必要拿现实中的竹子去进行比较，去看它画得像还是不像，而是就在这用墨所铸造的竹子的形式中就能够获得一切。郑板桥画的竹子，既不依赖于外部现实中的竹子而存在，也不依赖于外部现实中的竹子而获得意义。它是独立的、有自身生命和意味的形式。

3. 作为流传而存在

艺术品的存在方式还有一个层面，这就是它作为流传或传播而存在。

艺术品作为存在性境域的显现活动向显现的直觉符号形式的凝聚的确立和保存，其存在就是为了流传。确立、保存和显现，都具有流传的本性，这就是它作为刻画、显现的意义。艺术品作为存在性境域的显现活动向显现形式的凝聚，此凝聚就具有恒定下来、确立下来，超越时间的腐蚀、超越历史的剥蚀，而获得持久的留存。显现和凝聚如果没有流传性，那就不是显现。也就是说，艺术作品的流传性并不是一种外加的属性，而是其作为显现的直觉符号形式凝聚所生成的一种存在方式。显现向形式的凝聚本身就具有流传的本性。因此，这里的“流传”，不是货币流通，也不是某种东西的传布，而是一种显现的凝聚所成就的持驻形式，这种持驻形式具有可流传性，即持驻地显现于此形式中。它类似于中国古代所说的“圣人垂象”、“垂文”的“垂”。所谓“垂”，就是持驻地显现于此。

从原始时代开始，艺术品就具有显现出来、凝聚下来，使已经呈现的存在性境域的真理获得永恒生存的特征。这也就是直到现在，艺术和艺术品仍然保持着其原始的纪念性和纪念碑的性质的原因。在此意义上，艺术品是一个族类、一个社会集体记忆的一部分。美术馆、博物馆，其存在并不是一个仓库的功能，而是一种保存和传播集体和社会文化记忆的场所。

持驻的形式的刻画所获得的流传性，并不是作为财物的收藏而流传，而是召唤人们逗留、栖居于艺术品所建立的澄明显现的直觉符号形式中，召唤在历史的道路上过着“旅人”生活的人们，回到其本真呈现的存在性境域的显现的根源上，在那里获得本源之水的滋润。

人属于其历史，历史总意味着一方面趋向未来，一方面趋向消逝。艺术作为人的存在性境域的显现的形式凝聚，它刻画、记录了人自身的存在性历史。而这种记录和刻画召唤人们进入其中，并照亮他们走向未来的路。

由此，我们进入关于艺术品的接受的讨论。

第三节
作为意义生成事件的艺术品的接受

◎艺术品的接受的本性和特征○艺术品的接受的本性○艺术品的接受的特征○创造性○开放性○历史性　**◎作为意义生成事件的艺术品的接受过程**○艺术品接受的基本过程○艺术品接受过程中的“视域融合”○“期待视野”○艺术品的接受行为与存在之间的本质性关系

既然艺术品的存在方式中本然地具有流传性，而流传就意味着有一个接受、欣赏的过程。艺术品的接受不是艺术品存在方式之外的事情，而是归属于艺术活动本身。艺术品的流传、接受和欣赏的过程，归属于艺术品本身的历史。过去的理论认为，艺术品的接受过程不属于艺术活动的自身范围，而是艺术活动之外的事情。这种观点认为，艺术品一旦创作完成，艺术活动也就完成或完结了。但这样理解的最大问题就是，如果作品不被接受，如果作品作为存在性境域的显现活动的形式凝聚的刻画和保存，不能够与接受者的存在性境域的显现活动进行自由交流，那么，完成的作品也就是死的作品，它所承载的意义事件就会淹没在物的遮蔽之下，永远不会向人言说存在的真理。这样，艺术作为存在性境域的显现，到了艺术品这一环节也就中断了、完结了，而它的价值却没有实现，也就是显现的交付、流传本性没有实现。因此，显现的交付和流传本性，就会内在地规定艺术品的流传。艺术品的生命本然地属于历史中的流传。

一、艺术品的接受的本性和特征

思想深呼吸

读者与作品之间的不稳定关系

诗人吐出第一个词，画家画出第一笔，雕刻家在介质上凿下第一道刻痕，即存在性境域向形式凝聚的最初时刻，就开始了一个作品的创作，同时也生成了另外一样东西——作品需要被阅读，才能被拯救。也就是说，形式诞生的同时也创造了一个读者。作者是信息的制造者、符号的熔铸者，但是这就像任何一封信件需要收信人一样，这些信息、符号也需要一个法术家破解它们，辨认出它们的意义，让沉默的声音发声说话。

但是，这并不是说作品的文本规定了读者应该怎样读和怎样确定文本的意义。作者与读者的原初关系就已经呈现出一种绝妙的吊诡：在作品召唤一个读者到场的同时，作者也必须撤离和退场，这样，作品才能完成，才能获得自己独立的生命。不过，在读者真正到场之前，文本还是沉默的存在，直到有阅读能力的目光或倾听的耳朵把自身投射到这文本的字里行间，文本才复活过来，开始从沉默中言说。所有的文本都有赖于读者的拯救。

这样，在作者与读者之间就有一个微妙的时间差，前者退场，后者才真正出场。这个时间差造就了两个有差异的存在性境域。如此，作者就无法控制读者，读者也无法完全了解作者。因此，解构主义者德里达才认为，作品在读者那里是一种自由漂流，意义在漂流的延异中播散。文本与读者之间的差异，是自由意义生成的基本保证。

对此，卡夫卡晚年写的一篇寓言，道尽了其中的奥妙：

> 所有的寓言所说的我们不懂的地方还是不懂，要不就是说些我们早就知道的东西。这和我们每天生活面对的种种问题截然不同。有人曾经针对此点问道：“干吗要这么顽固？只要照着寓言做，你自己就会变成‘寓言’，这样子就能解决每天碰到的问题。”
>
> 另一个人说：“我打赌这也是个寓言。”
>
> 第一个人说：“你赢了。”
>
> 第二个人回答说：“是啊！从寓言上来说，我是对的。”
>
> 第一个人答道：“不对，从现实生活上来说就是你赢，但是从寓言上来看，你输了。”

你能对卡夫卡的这个寓言做一个单一意义的解读吗？如果不能，那你就懂了这个寓言。

过去，我们认为，对作品的接受过程，就是读者、观赏者对承载于作品中的意义进行理解并按原意接受的过程。而一件作品的意义在作者创作它时，就已经完成，已经由作者灌注到了作品之中。接受者的任务、接受者的核心工作，就是去理解并准确把握作品的原意。这就足够了。那么，艺术品的接受过程真是如此吗？卡夫卡的这个寓言或许显示了作品与接受者之间的不稳定关系。

（一）艺术品的接受的本性

艺术品的接受、鉴赏、欣赏，简单地说，就是体味艺术品所确立、建立的“有意味的形式”，重建其中的艺术意象，以获得审美经验。但这并不是说，在艺术品的接受和欣赏中，接受者是完全被动的，而是意味着接受者、欣赏者的创造性参与和进行新的意义生成。因此，艺术品的接受过程不是类似于教科书的学习的过程，而是一个创造性的意义生成过程，它对接受者来说，是一个重要的意义生成事件。

中国古代流传的伯牙与钟子期的故事，就是我们领会艺术品接受的很好的例子。如果钟子期不是创造性地领会了伯牙的“志在高山”、“志在流水”，而是只听到了琴声，那就不是“知音”了。因此，所谓“知音”，并不是单纯地理解对方所说的，还必须创造性地形成自己的意义。

艺术品的接受和欣赏的过程，实际上是一个艺术品怎样在接受者、观赏者这里产生意义的过程。产生意义的唯一条件就是，只有当接受者创造性地参与、嵌入到艺术品的意义重建中，才能使艺术品从沉寂状态向自己言说，才能让艺术品袒露自己的秘密。只要艺术品对接受者还保持缄默，艺术品就还处于沉睡之中，它的意义就还未被揭示。唯一使艺术品从沉默中开口说话的条件，就是接受者创造性地参与到艺术品意义的激活过程之中，积极参与到艺术品意义的重建之中。

因此，从本性上说，艺术品的接受的过程，是艺术品与接受者之间形成意义生成关系的过程，是接受者在艺术品的“有意味的形式”的启示下创造意义的过程。对于艺术品来说，在这种创造性的接受过程中，它从一个沉寂的状态转向了活的言说，它开始对人说话；从接受者来说，他在这个创造性的接受过程中，接受者必须以自身的存在性境域的敞开，来交换作品的敞开，在接受者的存在性境域的敞开与作品的存在性境域的敞开的交互转让中，形成新的意义生成事件。于此，接受者获得了自身生命的有意味显现，而这对他来说，就是他自己的生命的意义生成事件。

（二）艺术品的接受的特征

作为艺术品与接受者之间的意义生成—创造关系的接受过程，它具有如下特点。

1. 创造性

一个艺术品虽然召唤人们逗留于它的近旁，但如果没有接受者的积极参与和创造性的嵌入，它的召唤就得不到回应。在艺术品方面，它只是一种启示性的召唤，它并不是一个已经完成了的审美事实，而是有待接受者的参与，并建立与作品之间的意义生成关系。因此，真正的审美实现有待接受者积极的、创造性的参与才能完成。

这种创造性主要体现在接受者用他自己的生命经验、用他自己的存在性境域的显现所构成的人生，来重新激活艺术品中那“有意味的形式”，并使它获得新的意义，也使得接受者获得自身的生命意义。比如大家读《红楼梦》，如果不把自己的生活经验、自己对人性的具体看法带到对其中人物、情节的理解中，那这部伟大的小说所写的一切，都还是死的、没有生命的。大家读《红楼梦》或许都有这样的经验，这就是一会儿自己是林黛玉——随着她哭，随着她悲，随着她葬花，自己仿佛也是葬花人；一会儿自己又变成了贾宝玉——随着他调皮，随着他逃学，随着他也有了某些公子哥儿的习气。这种在阅读过程中，将自己投射、移情到人物身上去的现象，就是作品意义创造性生成的具体体现。小孩子看《西游记》，自觉地扮演孙悟空、猪八戒或某个妖怪，也同样是理解中意义生成的过程，自有其创造性。

图 7—4 是 20 世纪超现实主义画家米罗作于 20 世纪 30 年代的《绘画》。它属于半具象的绘画作品。也就是它抽掉了许多具象的信息，而走向了抽象。但它也保留了几许重要的具象的信息，这些具象的信息成了阅读这幅画的重要线索，这些线索引导大家进行联想，并在联想中有所解读。大家可通过这个作品，来体会艺术品接受过程中的创造性和开放性。

图 7—4 米罗《绘画》

2. 开放性

所谓开放性，就是艺术品本身作为一种召唤，虽然有它自身的含义和启示，但它的含义和启示并不是只有一种意义，并以此种意义来规定接受者的理解。这就是说，艺术品的“有意味的形式”只是一种“召唤结构”。作为“召唤结构”，它主要是召唤人们进入一种意义生成、意义呈现的创造活动中，而不是把一种固定的意义强加给接受者。这就使得艺术品与接受者之间的意义生成关系是一种开放的格局，它允诺接受者依照自己的存在性境域的显现而阐释艺术品，创造性地形成自己的生命意义。这就使得在同一个作品面前，会有多种意义发生。这就是为什么说“一千个人眼中就有一千个哈姆雷特”。同样，读《红楼梦》，一千个人的《红楼梦》也都是不同的。

但这也并不是说，对同一个作品的不同的理解，就不属于这个作品。这些众多的理解仍然属于这个作品。

3. 历史性

所谓历史性，就是指艺术品的接受过程是一个历史的意义形成过程。这种历史过程有两种状态：一是同一个人在不同时期理解同一个作品，其间所形成的意义也不是完全一致的，而是变化的、不断深入的；二是每个艺术品都有一个接受的历史过程，这个历史过程中，同一个艺术作品会获得不同的理解。比如陶渊明的诗，在他的时代没有得到很高的评价，但是到了宋代，却居于非常高的地位，因为这时人们才更为全面地认识了他的诗。

同样，同一个作品在理解和接受的历史中的变化，并不是与作品无关的，这些理解的历史也同样归属于这个作品本身，即归属于作品的历史流传。我们前面说，艺术作品的存在方式中就有在流传中存在。每一个艺术品都有其流传史，这个流传史本质地是由理解和接受的历史构成的。

二、作为意义生成事件的艺术品的接受过程

（一）艺术品接受的基本过程

一个艺术品的接受过程，虽然也是一个直觉活动的过程，但并不是一蹴而就的，而是一个逐渐深化的过程。这个过程可以分为三个阶段。

第一个阶段是“观”：停留、逗留于艺术品面前，直接观审它，与艺术品建立直觉活动的关系。

在这个阶段，主要是让艺术品的符号形式直接进入眼帘，逐渐让艺术品的符号形式展示于自己的面前。这个阶段有时是瞬间完成的，比如观赏一幅画；但在更多的时候，它需要一个漫长的过程。看完一部电影，起码需要一个半小时，听一首乐曲也需要经历一个时间过程，阅读一部三部曲的长篇小说，则需要更长的时间。这个过程中，就会产生读者的记忆与期待之间、作品的继续展开与是满足还是不满足读者的期待之间的矛盾而复杂有趣的体验，这其中就已经

有了促使从“观”向更高层次发展的力量。

第二个阶段是“品”：在对作品有了直觉的了解后，去细心品味其中的奥妙、滋味，了解深藏在符号形式下面的更深一层含义。其实这个过程在“观”的阶段已经出现，只是尚未深入。在“品”的阶段，原来的认识就会不断地引导自己向深处走。

在这个阶段主要进行的是将符号形式与深层意义之间的关系建立起来，并根据接受者自己的存在性境域和生命经验，细致地品味艺术品，充实、丰富、发展和完善由艺术品所启示出来的意象。宋代郭若虚曾记录了这样一个故事：唐代著名画家阎立本有一次见到了南朝时期张僧繇的画，张僧繇是南朝时期著名的画家，但阎立本初看，却觉得没什么，是“徒具虚名”。第二天又去，才看出了点味道，以为是“近代佳作”。第三天又去，这次的体会又深入了，认为“名下无虚士”，这才“坐卧观之，留宿其下，十余日不能去”。这第三天，就该是“品”了。

第三个阶段是“悟”：接受者将艺术品中的形式、所启示的意义以及自己的生命经验结合为一个整体，形成一种新的活的经验体，也就是在自己的欣赏中生成了具有自己生命的新的“有意味的形式”，即中国古代艺术理论中所说的“得意而忘象，得象而忘言”的境界。正如清代薛雪所说：“夫读之既熟，思之既久，神将通之，不落言诠，自明妙理。”（《一瓢诗话》）

如果说，在“观”的阶段，艺术品还处于接受者的知觉活动领域的话，那么，到了“品”的阶段，艺术品就进入了接受者的直觉活动领域，到了“悟”的阶段，艺术品中的一切就已经进入了接受者的心里，完全转化为接受者的“心象”，而这些“心象”就既与艺术品所显现的形式意味相关，也与接受者自己的生命相关。因此，这种“心象”就既不完全是作品的，也不完全是读者的，而是两者的一个创造性生成物。这个创造生成物，作为活的形象会一直活生生地生存于接受者的心中，仿佛是自己的亲友。当这个“悟”所获得的“心象”生成时，接受者自己也就产生了自己的意义生成事件。

当然，并不是所有的接受过程都能完成接受的这三个阶段，有时对一个作品的接受可能只停留在“观”的阶段，或“品”的阶段，却很难达到“悟”的阶段。衡量是否达到了“悟”的阶段的一个标志，就是接受者是否可以离开艺术品，而让艺术品中的符号形式活生生重显于接受者的心里。如果你读了作品之后很久，这个作品所创造的意境、在你的心中所建立的“心象”还会引起你的激动、温暖和快乐的感觉，那么，就可以说，你的接受真正进入了意义生成的创造过程。艺术品也在这样的情况下，变成你自己生命存在的显现。

（二）艺术品接受过程中的“视域融合”

在对艺术品的接受过程作了上面的陈述后，现在我们来看在这个过程中到底发生了什么。

我们可以把艺术品的接受过程分为两极，一极是艺术品，一极是接受者。就艺术品一极而言，它关涉艺术品的自身、作者和这个作品得以诞生的存在性境域的显现活动的凝聚。作者和艺术品得以诞生的存在性境域的显现活动的凝聚，当然都体现在了艺术品自身的“有意味的形式”之中了。因此，这个艺术品有它的意义，它召唤接受者进入它的世界。就接受者一极而言，接受者也并不是一片空白，而是一个有自己的生活经验和思想的存在者，因此，在他响应艺术品的召唤并进入艺术品的符号形式时，他正是以自身的生命的敞开而把自身交付了出去，他只有这样地将自身的生命敞开并交付出去，艺术品的自身结构才能向他敞开和交付自身。这样，艺术品一极和接受者一极才能发生我们前面所说的“澄明的显身敞开”，在这种“澄明的显身敞开”中进行交互的呈现，并最终融合为一个新的存在性意义生成事件。

我们把艺术品一极所具有的“有意味的形式”所包含的一切看作一种“初始视域”，而把接受者所带入到作品的理解中的自己的生命经验或存在性境域看作“现今视域”。这里所说的“视域”，简单地说，就是一个人某时张开眼睛看出去，他的视野中所能看到的一切。这里是指一个艺术品作为“存在性境域的显现活动”的形式凝聚所形成和包含的“存在性境域”。据此，艺术品的形成、生成过程有它得以确立的独特的存在性境域的显现的“视域”，这就是“初始视域”。接受者也有他进入作品时的存在性境域所构成的“视域”，即“现今视域”。当艺术品一极与接受者一极之间发生了交互呈现的关系，那么，这种关系就意味着作品的“初始视域”与接受者的“现今视域”之间的相互碰撞、冲突、激发和最终的融合。

在艺术品的接受过程中，接受者的“现今视域”，主要体现在他的“期待视野”中。所谓“期待视野”，简单说就是读者“带入”阅读活动中的预期和期待，它是由读者先行具有的“前见”、他的现存在所赋予他的一切构成的。“期待视野”存在于两个层面：一是整体性预期，就是针对整部作品而产生的心理期待；二是微观期待，即针对每个句子、人物或情节而形成的具体期待。正是这些心理期待激活了读者的生命，也激活了每一个句子和词语，使得阅读或观赏活动的整个过程变得活灵活现，充满活力。

在具体的观赏活动中，本文或者满足了观赏者的一些预期，或者使另一些预期落空，这就形成了本文与观赏者之间的张力。如果本文的展开处处满足了观赏者的预期视野，阅读就会变得乏味；如果本文视野展开出乎观赏者的意料，就会使观赏者感到振奋。但如果本文视野展开与观赏者的预期视野之间差距过大，或张力过大，观赏者就会觉得“看不懂”。这时就需要接受者调整自己的期待视野，或者调整自己的观赏角度。

阅读或观赏活动的过程，是一个本文视野与观赏者的预期视野之间的复杂互动。它们相互激发，相互激荡。结果，“初始视域”和“现今视域”都不再保持一如既往的状态，而是都发生了变化，“初始视域”发生了变化而获得了新的现今的意义，接受者的“现今视域”也发生了调整，而获得了“初始视域”的启示。这种“初始视域”与“现今视域”之间经过相互碰撞、相互激励、相互修正并最终形成一个审美经验的统一体，形成读者的意义生成事件，就叫作“视域融合”。这时，作品和接受者就不再是亦然故我，而是都发生了改变，得到了意义生成事件的升华和照亮。

理论释例

从尼采如何接受比才的《卡门》看接受中的意义生成事件

昨天，你相信吗？我第二十次听了比才的杰作。我又一次怀着温柔的敬意参加了音乐会，又一次没有跑开。我竟然没有觉得不耐烦，这实在大大出乎我的意料。这样的一部作品让人完整！听了它的人几乎也成了一部“杰作”。事实上每一次我听《卡门》的时候，我都感觉我比以往任何时候都更是一个哲学家，是一个更好的哲学家，我变得宽容、快乐、普通，而又安宁。

…………

再重申一次：当比才的音乐开始向我说话时，我变成了一个更好的人，一个更好的音乐家，一个更好的听众。还可能有更好的聆听方式吗？我甚至用耳朵在这音乐的背后探听。我听到了它的第一起因。似乎在它出生时我就在助产了。在这大胆音乐带来的恐慌面前我颤抖了，那些欢快的场面让我狂喜不已，这些甚至是比才自己也不能驾驭得了的。而且奇怪的是，听的过程中我并没有用过脑子，或者说我并不明了我到底对它做了多少思考，因为那时正有其他一些想法在我的脑海中漫游……可曾有人注意过么，音乐能解放人的灵魂？音乐能给思想插上翅膀？一个人越是一个音乐家，就越是一个哲学家？灰暗的抽象的天空被闪电所照亮，那光亮是如此之强，使得一切细节都无处遁藏，人因而能发现问题，因而能从山顶鸟瞰世界。*

尼采对法国作曲家比才的《卡门》的接受，向我们展示了在艺术品的接受过程中发生的最非凡的事情：比才的音乐“让人完整”，让人“几乎也成了一部‘杰作’”，使尼采这样的人成为“一个更好的哲学家”，这就是艺术品的接受作为意义生成事件的最好见证。

---

* ［德］尼采：《尼采反对瓦格纳》，19～20页，济南，山东画报出版社，2002。

因此，在艺术品的接受过程中，真正发生的就是艺术品与接受者之间的“澄明的显身敞开”所形成的交互呈现，以及在这种交互呈现中所达到的“视域融合”。这种“澄明的显身敞开”所形成的交互呈现和“视域融合”，就是艺术品接受过程中发生的重要的意义生成事件。这样的意义生成事件，就是审美活动。

（三）艺术品的接受行为与存在之间的本质性关系

从以上的分析中，我们虽然知道了在艺术品的接受中，接受者与艺术品之间的关系，我们也已经知道，艺术品的接受过程是一个创造的过程和意义生成过程。但是，这并没有回答一个根本的问题，就是艺术品的接受行为与存在之间是否有本质性的关系呢？伴随这一问题还有这样的一系列问题：为什么我们会进入博物馆、美术馆、音乐厅、电影院呢？为什么我们会拥书就枕、废寝忘食地阅读诗或小说呢？为什么在长期没有与真正的艺术品接触后会有生活的贫乏之感呢？为什么一个失去神话传统的民族是贫乏的民族呢？所有这些行为都是一种局限在自我范围内的娱乐活动吗？

其实，前面我们已经说过，在艺术品的接受过程中，艺术品敞开的是艺术家参与其中的存在性境域的显现活动，它交付的是艺术品所敞开的存在性境域，并召唤、启示接受者进入这一存在性境域的显现之中。同时，接受者也敞开自身，并通过与艺术品中敞开的存在性境域进行一种“澄明的显身敞开”转让，即艺术品敞开的存在性境域与接受者自己的存在性敞开之间进行“澄明的显身敞开”转让。

因此，在艺术品的接受行为中，接受者并不是单纯地在进行自我观赏，而是通过艺术品，进入到了一个意义生成的存在性境域的显现领域，并与存在之间发生本质性的关系。这种本质性的关系体现在如下三个方面。

第一，通过与作品所敞开的存在性境域进行“澄明的显身敞开”的转让，接受者进入了“澄明的显身敞开”境域，并与存在的真理发生本质的关系。这里，接受者所进入的“澄明的显身敞开”境域已经不再是由艺术品所敞开的存在性境域，而是存在真理呈现的领域。因为，当他与艺术品所敞开的存在性境域进行“转让”之后，艺术品已经被转移到了接受者当下的新的存在性境域的显现之中。

第二，在艺术品的接受中，接受者本质地进入到了自身存在性境域的显现活动之中，并形成了自己的意义生成事件。这个意义生成事件与艺术品所呈现的意义事件是完全不同的。在这个意义事件中，艺术品所展示的已经消融其中，而接受者自身的存在则投射于其中。这个时候，他就会通过这样的投射而获得自身存在的完整性和可能性，或者自己的异样的存在。

第三，通过艺术品的接受行为，接受者敞开自身，让艺术品中敞开的存在性境域是其所是地呈现自身，同时，在艺术品交付其存在性境域的显现过程中，艺术品的敞开之域也让接受者本真地敞开进入，这样在艺术品的作者与接受者之间通过“澄明的显身敞开”的转让，也就交换了各自的自由。接受者通过对方的自由呈现认识到了自己的自由，作者也通过接受者的自由敞开而获得了自己的自由。这样，按照萨特的说法，自由辨认出自身，就是喜悦。通过这种自由的“转让”，接受者与存在之间发生本质性关系。

以上三个方面显示，艺术品的接受行为，并不是一种所谓的附庸风雅的作为，也不是单纯的娱乐活动，而是一种通过艺术品所承载的存在性境域的敞开，进入“澄明的显身敞开”境域并与存在发生本质性关系的行为。从这个意义上说，艺术品从来就不教育人，而是召唤人进入“澄明的显身敞开”的真理发生之域，并卷入到真理发生的历史长河之中。通过这种用自由交换自由的过程，接受者才能从内心理解那些流传的文字、刻痕和笔触，不再透过任何解释的语言，而是作为一种壮阔的、直接的、无言的经验，重新创造也重新定义世界，即透过艺术品又超越它们。这就使阅读或观赏类似于宗教的超度，从而成就人自身：使人成为人。

【思考题】

1. 英国美术史家贡布里奇在他的名著《艺术的故事》一书中说，没有艺术，只有艺术家。你认为这个说法对吗？

2. 在了解了历史上那些对艺术的各种定义之后，你认为给艺术下明确定义的行为有益吗？可在课堂上就此进行分组辩论。

3. 艺术如何既关涉现实又超越现实？举例说明。

4. 研究你的家乡的一个民间传说、故事或一首民歌的形成和流传，看看它是怎样诞生的，并阐释它对你理解艺术创作有什么样的启示。

5. 近年来，国内一直流行一种所谓“私人写作”的说法，你认为这个说法成立吗？就此写一篇短文。

6. 一件艺术品被创作完成之后，艺术家的使命就算结束了，但艺术品的生命才刚刚开始。你同意这个说法吗？艺术品的流传（接受）是否也是创造性活动？在课堂上分组讨论此问题。

7. 查阅某个艺术品或某个作家的接受史，譬如陶渊明在中国历史中的接受过程，或者某首流行歌曲的接受过程，来谈谈艺术接受的本性，写一篇短文。

8. 翻译是否也是一种接受过程？有人说，翻译中真正丢掉的是诗性的东西。谈谈你自己的看法。

9. 为什么说艺术品在接受过程中真正发生的是“视域融合”？就你自己对你最喜爱的作品的接受经验进行分析，并写一篇短文。

10. 艺术品的接受行为与存在之间有没有关系？本章主张艺术的接受过程，就是接受者用自己的自由交换作者的自由。谈谈你自己的体会。此问题可在课堂上分组讨论。

11. 在你自己对艺术品的欣赏经验中，有没有哪个艺术品曾经改变过你？写一篇体会文章。

参考书目

1. 李泽厚．美学四讲．北京：三联书店，1989.
2. 朱光潜．谈美//朱光潜美学文集（第1卷）．上海：上海文艺出版社，1982.
3. 克莱夫·贝尔．艺术．北京：中国文联出版公司，1984.
4. 苏珊·朗格．艺术问题．北京：中国社会科学出版社，1983.
5. 苏珊·朗格．情感与形式．北京：中国社会科学出版社，1986.
6. 克罗齐．美学原理．北京：人民文学出版社，1983.
7. 北京大学哲学系美学教研室．西方美学家论美和美感．北京：商务印书馆，1980.
8. 徐复观．中国艺术精神．上海：华东师范大学出版社，2001.
9. 鲍桑葵．美学史．北京：商务印书馆，1985.
10. 康德．判断力批判（上卷）．北京：商务印书馆，1985.
11. 恩斯特·卡西尔．语言与神话．北京：三联书店，1988.
12. 雅克·马利坦．艺术与诗中的创造性直觉．北京：三联书店，1991.

第一版后记

这次修改，除了文字的修改外，主要在第五章、第六章和第七章有重要观点上的丰富，同时，在全书中增加了几十条长短不等的“插文”。这些“插文”是专为学生更加真切地进入审美活动的诗性天地而特别设计的，有些是针对学科内的争论问题，有些是为理解理论的核心问题而设计的例证分析和经典范例，有些则属于扩展知识面。当我通校全书时，发现这些“插文”具有采光的效果，让人获得一种通透和开阔的视野，就像建筑物上有了落地窗一样，这时我才更深刻地领略到出版社在策划设计这套系列教材时的构想之妙。

本书后附有“教学大纲”。无论是教师、学生使用，还是美学爱好者购买本书，都可先读这个“教学大纲”，以便快速了解本书的思路。

本教材 2003 年出版后得到学界肯定，也得到中国人民大学出版社诸位编辑的赞许，这样，便被纳入“21 世纪中国语言文学通用教材”系列。

看来，书的命运和人的命运一样，重要的都在于被社会赏识。而对于被赏识者来说，唯一需要的，就是心存感激。

作者谨识

2005 年 3 月 6 日于北京

第二版后记

这次修订不仅对文字部分做了改正，更主要的是在每一章的开始加了一个“插文”，叫做“导读烛光”，目的是对每章要讨论的内容提供一个适合读者的感性经验的问题切入的契机，同时使该章要讨论的问题显示出来。另外，此次修改最大的调整是对思考题重新进行设计，第二版的思考题是全新的。这次思考题的设计，主要不是针对对内容的重复和记忆，而是针对对问题的理解和思考，因此，这些思考题亦可看作一种全方位开放的思考题，目的是引导大家更进一步扩展自己的理解，或者扩展自己对问题理解的范围，注重的是读者能力的培养。

自由地思考，是我们每个人的责任。那么，如何思考？思考总是依据他人或通过他人来进行。我的“教材观”亦是如此。这本教材并不是让大家遵从本书的思想，而是提供一个契机，让大家通过本书来进行思考。

一本书有自己的命运。感谢读者和许多教师对这本教材的厚爱。感谢中国人民大学出版社的支持，感谢编辑的热心而负责的工作。

作者记

2007 年 5 月 1 日

第三版后记

第三版的修订，主要在下面三个方面：第一，第五章的思想表述有改变，增加的那个意思在我看来是很重要的。第二，对第二版中的“插文”进行了分类，分别取了“知识版图扩张”、“理论释例”、“思想深呼吸”等名称。“知识版图扩张”是为了让读者了解行文中提到的思想家或者对某些概念作更进一步解释而设的，相当于一种知识链接，以扩展读者的知识版图；“理论释例”则是那些为理解内文而增加的例证解释；“思想深呼吸”则是对某些有争议的问题、学科前沿问题的进展的提要性介绍。在这三者中，内容都有所增加，“思想深呼吸”的插文增加最多，主要是想把美学学科的前沿问题和能够促使读者进一步思考的问题带入本书中。第三，增加了十几幅艺术图片。增加这些图片不仅是为了使本书多点色彩，更主要的是为了使大家从作品来进入内文的阐述中。此次修订对内文中的许多句子也进行了修改，以便更准确地表达意思。另外，修订后的本书列入“21世纪中国语言文学系列教材”。

修订中对中国美学的资源和例证给予了足够的重视，这不仅是为了中西资源的平衡，更是想表明审美的真理亦曾发生在中国，而不是只发生在古希腊和欧洲。

准备修订本书的想法自2009年就有了。因为本书第二版出版后，我收到了一些使用本书做教材的美学同行的来信和建议。中国人民大学使用过或读过本书的本科生和研究生们亦反馈了他们的积极的意见。非常感谢他们。我对这些意见和建议的吸纳以及本次整体修订，是在这样的原则下进行的：如何更为精准地去交美学的底，如何更加彻底地回到审美活动本身，并以此来阐述一种适应21世纪的美学理论。但愿这种努力能够使本书的文字站立在纸上，向每一个阅读它的人说出审美的理论故事来。

本书后面附有一个大纲。我仍然建议使用本书做教材的同行和读者阅读大纲。那里面阐述了我在撰写本书时的一些重要运思的思想路径。出门时带上地图总是好的！

非常感谢读者和使用本书做教材的同行。你们的阅读就像温暖的眷顾的目光，正是在这种眷顾的目光下，这本小书走上了它的知识远行。再次感谢中国人民大学出版社编辑们认真、负责的态度！

作者谨识

2012年2月5日于北京

第四版后记

这本教材已经11岁。此次修订展现了它岁月磨砺后的新面孔。

此次修订依然遵循了本教材的编写原则，更加真切地“回到审美活动的事情”本身，以及更加适应21世纪美学的发展。具体来说，第一、二、三、四、五章的修订主要是在文字表述上的改动。第六、七两章则文字改动比较大。主要是为了更深切地把审美活动的赋形和直觉符号形式的创造讲清楚。由此，本教材的重心无形中出现了转移。这个转移对于从符号形式和艺术的维度来领会审美活动是有帮助的。

为了有助于本教材的使用，郎耀辉通读了全稿，提出了宝贵的修改意见，并帮助编写了PPT。这个PPT可以为使用本教材的美学教师和学生提供方便。在此感谢郎耀辉。

本教材长期得到了美学界同行的支持和学生、美学爱好者的喜爱。在这个教材使用存在不公平竞争的年头，这种支持和喜爱尤为珍贵！一并感谢。

作者记

2016年3月

图书在版编目（CIP）数据

美学概论/牛宏宝著. —4版. —北京：中国人民大学出版社，2016.4
新编21世纪中国语言文学系列教材
ISBN 978-7-300-22528-9

Ⅰ.①美… Ⅱ.①牛… Ⅲ.①美学-高等学校-教材 Ⅳ.①B83

中国版本图书馆CIP数据核字（2016）第042038号

普通高等教育“十一五”国家级规划教材
北京高等教育精品教材
新编21世纪中国语言文学系列教材
美学概论（第四版）
牛宏宝　著
Meixue Gailun

出版发行	中国人民大学出版社		
社　　址	北京中关村大街31号	**邮政编码**	100080
电　　话	010－62511242（总编室）		010－62511770（质管部）
	010－82501766（邮购部）		010－62514148（门市部）
	010－62515195（发行公司）		010－62515275（盗版举报）
网　　址	http://www.crup.com.cn		
	http://www.ttrnet.com(人大教研网)		
经　　销	新华书店		
印　　刷	北京昌联印刷有限公司	**版　　次**	2005年3月第1版
规　　格	185 mm×260 mm　16开本		2016年5月第4版
印　　张	16	**印　　次**	2022年6月第6次印刷
字　　数	383 000	**定　　价**	32.00元

关联课程教材推荐

ISBN	书名	作者	单价
978-7-300-19272-7	国学概论	黄高才	28.00 元
978-7-300-13740-7	马克思主义文艺论著选讲（第五版）	陆贵山	59.00 元
978-7-300-20486-4	美学原理	王一川	29.80 元
978-7-300-24346-7	文学理论实用教程（第二版）	杨守森	34.00 元
978-7-300-22242-4	西方文化概论	曹顺庆	35.00 元
978-7-300-16758-9	西方文论概览	杨慧林 耿幼壮	39.80 元
978-7-300-08052-9	西方文艺理论史——从柏拉图到尼采	章安祺等	35.00 元
978-7-300-12114-7	西方文艺理论史精读文献（第三版）	章安祺	48.00 元
978-7-300-14072-8	新编马克思主义文论	冯宪光	38.00 元
978-7-300-24495-2	新编文学理论（第二版）	童庆炳	45.00 元
978-7-300-14071-1	新编西方文论教程	杨守森	45.00 元
978-7-300-18421-0	新编中国文学批评发展史（第三版）	袁济喜	42.00 元
978-7-300-19271-0	艺术学概论（第二版）	潘必新	25.00 元
978-7-300-22115-1	中国传统文化概要（第三版）	冯希哲	35.00 元
978-7-300-19270-3	中国当代文艺思潮（第三版）	陆贵山	55.00 元
978-7-300-17231-6	中国民间文学概论（第三版）	黄　涛	49.00 元
978-7-300-21022-3	中国文化概论（第三版）	金元浦	49.80 元
978-7-300-19495-0	中国文化概论（精编本）	金元浦	38.00 元

配套教学资源支持

尊敬的老师：

衷心感谢您选择使用人大版教材！相关的配套教学资源，请到中国人民大学出版社网站（www. crup. com. cn）免费下载，或是直接与我们联系。

欢迎您随时反馈教材使用过程中的疑问、修订建议以及您个人制作的课件。您的课件一经采用，我们将署名并付费使用。

样书申请及课件处理，请联系：
龚洪训
电话：010－62515637
电子邮件：6130616@qq. com

选题策划及出版，请联系：
刘　静
电话：010－62513587
电子邮件：12918646@qq. com

地址：北京海淀区中关村大街 31 号
邮编：100080

俯仰天地　心系人文

www. crup. com. cn

中国人民大学出版社网站

欢迎登录浏览，了解图书信息，下载教学资源